# 생물고고학

인간유해 연구에 대한 통합적 접근

BIOARCHAEOLOGY
An Integrated Approach to Working with Human Remains

# 생물고고학
## 인간유해 연구에 대한 통합적 접근

데브라 마틴·라이언 해로드·벤투라 페레즈 지음
김범철 옮김

사회평론아카데미

# 생물고고학

인간유해 연구에 대한 통합적 접근

2022년 10월 25일 초판 1쇄 인쇄
2022년 11월 11일 초판 1쇄 발행

지은이 데브라 마틴·라이언 해로드·벤투라 페레즈
옮긴이 김범철

편집 김천희
표지·본문디자인 김진운
본문조판 민들레
마케팅 최민규

펴낸이 고하영·권현준
펴낸곳 (주)사회평론아카데미
등록번호 2013-000247(2013년 8월 23일)
전화 02-326-1545
팩스 02-326-1626
주소 03993 서울특별시 마포구 월드컵북로6길 56
ISBN 979-11-6707-083-8 93900

우리에 앞서 간 이들,

아직 우리와 함께 있는 이들에게 이 책을 바친다.

조지George A., 휴훼Juj, 뎁 주니어Deb Jr., 마이크Mike, 도디Dodie,

리라Lira, 롤라Lola, 쥬니퍼Juniper, 리틀 베어Little Bear (데브라 마틴)

스테파니Stephanie, 카엘Kael, 아마라Amara, 앤Anne, 니콜Nicole,

기즈모Gizmo (라이언 해로드)

캐슬린Kathleen, 밀리Millie (벤투라 페레즈)

## 옮긴이의 말

대부분의 일에는 계기가 있다. 청동기시대 (생계)경제와 사회조직에 몰두했던 역자가 '생물고고학'에 관심을 갖고 번역까지 하게 된 데에는 두 가지 계기가 있었다. 한 가지 계기는 캘리포니아대학교 이상희 교수와의 관계 때문에 생겼다. 이상희 교수와는 대학 선후배 사이지만 이 교수가 미국 유학을 떠난 이후로 아주 짧게 접촉한 것 외에는 영향을 받을 만한 기회는 없었다. 그러다가 2012년 하와이에서 개최된 미국고고학대회의 한 세션에서 만나게 되었고 충북대학교로 몇 번 강연 초청을 했다. 그리고 의기투합하여 공동연구 주제를 찾게 되었다. 그러던 중 나 스스로 '인골 人骨'을 다루는 분야에 너무나도 무지함을 절감하게 되었다. 섣불리 공동연구를 하다가는 이 교수에게 폐를 끼칠 것 같다는 생각도 들었다. 그래서 이런저런 논문과 책을 조금씩 들춰보게 되었다. 그러다 '공부하는 셈 치고 번역을 한번 해볼까?' 하는 생각이 어렴풋이 들었다. 이것이 이번에 이 책을 번역하게 된 먼 계기라고 할 수 있다. 하지만 천성이 게을러서 차일피일 미루기만 했다. 그러던 중 가덕도(장항) 유적의 보고서를 자세히 살펴보게 되었고 뭔가 '불끈하는' 마음이 솟구쳤다. 초보적이라도 글을 한번 써봐야겠다는 마음을 먹게 되었다. 「가덕도(장항) 유적의 사회적 생물고고학: 신석기시대 매장 관행에 대한 통합적 이해 시론」(2017,『韓國新石器研究』34)은 그렇게 나오게 되었다. 이 논문을 계기로 번역에 대한 어렴풋했던 생각이 조금 더 강렬(?)해졌다. 그렇다고 곧바로 이 책을 번역하겠다는 생각으로는 이어지지 않았고 실행할 기회도 없었다.

그러다 한강문화재연구원 신숙정 원장님이 번역을 제안하셨다. 그전까지는 번역에 대한 생각이 현실화될 것이라는 확신이 없었다. 신 원장님은 번역할 책은 알아서 선택하라고 하셨지만 나름 예의를 갖춘답시고 몇 권의 책을 후보로 올렸더니 대뜸 이 책을 골라주셨다. 이것이 이 책을 번역하게 된 직접적인 계기이다.

사실 생물고고학은 명칭에 고고학이 붙긴 했으나 전문가들도 대놓고 생물인류학의 일부라고 얘기한다. 그만큼 신체와 관련된 전문용어가 많이 등장한다. 학부생 때 배웠던 해부학 용어로는 10분의 1도 해결되지 않았다. 인터넷과 의학용어사전, 다른 이가 쓴 책들을 수도 없이 참고했다. 그런 만큼 힘에 겨웠다. 원어를 번역하지 않고 음역하거나 요즈음 분위기와는 동떨어진 한자 용어를 많이 사용했다. 법률 용어와 비슷하다고 보면 될 듯하다. 나도 무슨 뜻인지 모르겠는데 이 책을 보고 공부할 학생들은 오죽하겠나 하는 생각이 들어 더 열심히 관련 자료를 참고해서 되도록 쉬운 용어를 쓰려고 노력했다.

　　분야에 익숙하지 않았던 만큼 원저자들과는 일면식도 없을 뿐만 아니라 잘 알지도 못한다. 다만 여기저기서 그들의 성과와 유명세는 알 수 있었다. 제1저자인 마틴Debra Martin은 네바다주립대학교 인류학과 석좌교수이다. 스프링거Springer 출판사의 총서 'Bioarchaeology and Social Theory'의 편집자이며, *International Journal of Osteoarchaeology, KIVA: Journal of Southwestern Anthropology and History* 등 학술지의 편집위원장이다. 널리 알려진 *The Bioarchaeology of Violence* (U. Press of Florida, 2012), *Bioarchaeology of Climate Change and Violence* (Springer, 2013), *Bioarchaeological and Forensic Perspectives on Violence* (Cambridge U. Press, 2014), *Bioarchaeology of Women and Children in Times of War* (Springer, 2017), *Massacres* (U. Press of Florida, 2018), *Bioarchaeology of Frontiers and Borderlands* (U. Press of Florida, 2020) 등의 공동 편저자이기도 하다. 공동 저자 해로드Ryan Harrod는 이 책을 출판할 당시 네바다주립대학교 소속이었으나 현재는 알래스카주립대학교 인류학과 겸임교수로 재직하고 있다. 마틴 교수의 제자로 2013년 박사학위를 받은 젊은 연구자이다. 저서 *The Bioarcheology of Social Control* (Springer, 2018)를 낸 바 있고, 신진 학자일 때부터 *Bioarchaeology of Climate Change and Violence* (Springer, 2013) 등 여러 책을 공동 편저한 이력도 있다. 다른 공동 저자인 페레즈Ventura Pérez는 현재 매사추세츠주립대학교 인류학과 부교수로 *Landscapes of Violence*의 편집위원장이기도 하다. *The*

*Bioarchaeology of Violence* (U. Press of Florida, 2012) 등의 공동 편저자이다. 마틴 교수와는 사제 간은 아니지만 굳이 학연을 들추자면 매사추세츠주립대학교 박사과정 후배(?)라고 할 수 있다.

이유는 알 수 없으나 세 사람은 이 책을 비롯하여 꽤 여러 공동 편저를 출간했다. 학술지에 실린 논문은 일일이 열거하기도 어려울 정도이다. 모두 생물인류학을 기초로 하여 고고학의 여러 가지 문제에 접근한 내용이다. 특히 현재 생물고고학 연구의 핵심 주제인 '폭력', '불평등', '극단적 외상' 등이 주요 주제이다. 최근 유수의 고고학 학술지에 가장 활발하게 논문이 발표되고 있는 분야가 생물고고학이고 핵심 주제도 주로 다루어지고 있으니, 앞으로의 확장 가능성도 꽤 크다. 개설서 성향이 강한 이 책에서도 해당 주제가 제법 심도 있게 다루어졌다. 생물고고학 전체의 기풍이 그러하듯, 핵심 주제 역시 현실 참여engagement의 담론과 깊은 관련이 있다. 인류 역사상 불평등한 사회·경제 체제의 진화를 연구 주제로 삼아온 역자가 (번역을 검토했던 다른 생물고고학 개설서에 비해) 이 책에 마음이 끌린 이유도 그와 무관하지 않다.

사실, 생물고고학 개설서는 대표적인 것만 10여 종에 이르고 각각이 나름의 장단점을 가지고 있다. 어떤 것은 생물인류학의 개설서에 좀 더 접근하여 기술적인 내용에 치중하고, 어떤 것은 유해 송환, 법제화 등의 문제나 불평등, 폭력, 젠더, 보건 등에 관련된 사회이론을 훨씬 더 비중 있게 다루기도 한다. 이 책은 부제에서 천명하듯, 생물고고학의 이론화나 실천에 관련된 여러 사항을 균형감 있게 포괄하고 있다. 기술적인 사항에 두려움을 가질 필요도 없다. 따라서 인간유해 분석에 숙련되지 않은 고고학 전공자나 일반인도 빠르게 생물고고학의 윤곽을 파악하기에 적합하다. 한편, 대학의 생물고고학 입문 교재로도 충분해 보인다. 앞서 살핀 대로, 최근 생물고고학의 확장세는 매우 가파르다. 우리 대학들의 고고학 및 교양 교육도 이 분야에 좀더 관심을 가져야 할 뿐만 아니라, 과목편제에도 반영해야 할 듯하다. 현재의 이런 상황이 이 책의 효용에 기대를 갖게 한다.

전에도 몇 권의 책을 냈고, 그때마다 사과와 감사의 마음을 전했다. 당연히 감사의 마음은 전하지만 적어도 이번에는 사과할 상황은 만들지 않으려 했다. 그러나 또 그렇게 하지 못했다. 천성이 게으른 탓에 최종 결과를 내기까지 적잖은 시간이 걸렸다. 번역을 후원해주신 한강문화재연구원과 출판을 담당한 사회평론아카데미에 무척 죄송하다. 너그러운 이해를 부탁드리는 것밖에 달리 할 것이 없어 더욱 민망하다.

감사할 분들이 많지만, 신숙정 원장님께 가장 큰 감사의 마음을 전한다. 번역을 지원해주신 것 때문만은 아니다. 새로운 도전을 할 수 있게 해주셔서 진심으로 감사드린다. 타성에 젖을 만한 나이에 그러지 않도록 해주셔서 감사드린다. 적잖은 시간을 기다리느라 불만을 가질 만도 한데 오히려 좋은 말로 격려해주신 사회평론아카데미 관계자들께도 감사드린다. 막바지에 많은 힘이 되었다. 또한 논문이나 책을 쓸 때 옆에서 읽어주고 고쳐주며 나름대로 제안도 해준 제자들에게 감사한다. 특히 박성현 군에게 고맙다.

종종 이런저런 설명은 해주지만 아내와 아들은 내가 하는 일을 정확히 아는 것 같지 않다. 그래도 언제나 나를 믿어주는 가족이 있어 새벽까지 연구실에서 몰두할 수 있었다. 고맙다. 아직도 이런저런 책을 사주면서 폭넓은 독서를 종용하시는 아버지, 이유는 알 수 없으나 아들이 공부를 잘할 것이라고 믿어주시는 어머니께도 감사드린다.

N16-1, 152호에서 김범철

# 차례

# 3장 인간유해 관련 연구사업의 체계　　　　95

# 4장 최선의 실천: 발굴지침과 화석화 과정에 대한 고려　　　147

# 5장 매장요소와 인간유해

# 6장 개인의 생물고고학: 정체성, 사회이론, 인골분석　　227

1장

# 생물고고학의 실천

생물고고학은 유해로부터 도출될 해석에 관련된 인문·자연적 변수를 둘러싼 온갖 복원을 포괄하여 풍부하게 구성된 맥락에서 고대 및 중·근세 유해를 연구하는 학문이다. 인류학 연구의 일부인 만큼, 그 모든 분과—고고학, 체질인류학, 문화인류학, 응용/실행인류학, 언어[인류]학—에서 생성된 광범위한 과학적 방법과 이론들로 정보를 획득한다. 그런데 생물고고학자들은 필요에 따라 의학, 법의학, 해부학, 역학疫學, 영양학, 지구과학, 인구학 등 분야로부터도 도움을 받는다. 생물고고학 연구과제의 핵심은 과거에 대해 더 잘 알기 위하여 고고학적 기록을 활용하면서 유해를 과학적으로 연구하는 것이다. 생물고고학자는 자체 맥락에서 주검으로부터 도출될 경험 자료로 입증될 수 있는 (또는 그렇지 못한) 인간행위에 대한 가설을 수립한다. 최상의 상태에서 생물고고학은 인간행위와 그 양태가 특정 시기에 특정 문화에서 나타나는 이유를 설명하고자 한다. 생물고고학은 유일하게 생물학 및 문화적 존재로서 인간에 대한 유구하면서도 범문화적인 시각을 제공한다. 생물고고학은 전 지구에 걸쳐 장구한 시간 동안의 인류 경험에 뿌리박고 있다. 생물학적 정체성과 문화적 맥락을 복원함으로써, 인간행위의 핵심에 있는 복잡성을 조명할 수 있게 한다. 생물고고학은 인류학인바(Armelagos 2003), 현재로선 헤아리기조차 어렵지만 인류생활사의 여러 중요한 측면을 밝힐, 다른 분야에서 찾기 힘든 잠재성을 가지고 있다.

## 1.1 인류학으로서 생물고고학

생물고고학은 인류학의 한 분야인 생물인류학에 속하는바, 인류에 대한 과학적 연구에 초점을 맞추고 있다. 그런 포괄성 속에서, 생물고고학은 진화론 및 생물문화적biocultural 틀로 인간행위를 설명하고자 한다. 생물고고학의 연구는 특정 집단에서 나타나는 질환이나 조기사망이 다른 집단에서는 왜 그렇지 않은지를 설명하는 데 유용할 퍼즐조각이다. 그리고 언제, 어떤 조건에서 폭력과 전쟁이 사회적 목적을 달성하는 데 활용될까? 생물고고학자는 가부장제, 노동의 성별분화, 사망이나 발병의 차별적 양상, 연령대별 보건문제 등에 관련된 행위의 이면에 흐르는 이유를 탐색하기 위해 양성兩性 내부의 상사·상이성과도 씨름한다. 최근 들어, 생물고고학은 어린이를 부각하기도 한다. 사회에서 어린이는 어떤 역할을 하는가? 영유아 사망의 위험은 어떠한가? 높은 영유아 사망률은 해당 집단의 어떤 생계양상에 대해 알려주는가?

이런 복잡한 질문들은 일련의 흥미로운 방법 및 이론, 다른 분야 자료들과 함께 인류학의 여러 분과에서 입수된 정보들을 활용하거나 종합할 것을 요구한다. 인류학자로서 생물고고학자는 자기 분야 내에서도 매우 전문화되어 있지만, 인간이 처한 상황에 대한 관찰을 해석하는 방식에서는 여전히 보편이론가로 남아 있기도 하다. 미국인류학회American Anthropological Association 홈페이지에서는 〈인류학이란What is Anthropology〉 제목으로, 인류학 연구가 수행되고 있는 사회적 맥락을 다음과 같이 표현하고 있다─인류학자는 우리가 그들의 문화양상이나 과정을 이해하고자 하는, 또는 그들의 삶이 개선되어야 하는 사람들과 협력해야 한다. 협업은 사회적 간극을 메워줄 것이며, 인류학자가 그들의 문화와 행위를 연구하는 사람들에게 더 큰 목소리를 내게 함으로써 자신의 언어로 자신을 대변하게 한다. 관련된 인류학은 공동체의 목적과 우리 연구의 상호작용으로부터 솟아나는 사회변화 노력을 지지해야만 한다.

과거이든 현재이든 사람에 대한 연구는 개인이나 문화나 사회나 지식체계의 다양성을 인정할 것을 요구받는바, 인류학자는 강력한 직업윤리의 규약을 고수해야 한다(American Anthropological Association 2012).

가장 적절한 생물고고학이란 이러한 신조에 잘 부합하는 것인데, 생물고고학에 대한 그러한 접근태도는 이 책에서 시종일관 강조될 것이다. 동시에 미국은 물론 세계 다른 곳에서도 상이한 여러 종류의 생물고고학이 실행되고 있음을 알아야 한다. 어떤 류는 좀 더 기술적記述的이며 특수주의적인 반면, 다른 류는 문화적 맥락에 대한 정보를 매우 제한적으로 활용하기도 한다. 모든 생물고고학의 저작에는 여전히 인간행위를 이해하려는 본질적 목적에 다가가기 위해 유용한 또는 융합적인 무언가가 있을 듯하다.

그런데 생물고고학이 현재는 물론, 미래 세대를 위해 지구를 좀 더 좋은 곳으로 만드는 데 일조하고자 한다면, 통합적이고(데이터세트와 적용이론을 결합하는), (현실) 참여적이며(학문경계를 넘어서 좀 더 광범위한 집단의 가치목표를 추구하는), 그리고 윤리적(과학적 과정에 관련된 자성적이며 순수한 관심을 유지하는)이도록 노력해야 한다. 솔직하게 말하자면, 특히 맥락정보의 많은 부분이 없어져버린 수집품에 의존해야만 하는 상황에서 모든 생물고고학 연구가 그런 세 측면 모두에 대해 논의하거나 성과를 도출할 수는 없을 것이다. 다만, 기본적인 생각은 다양한 수준의 분석을 활용하고자 하는 것이다. 가능한 한 통합성, 책임성, 윤리성을 생물고고학 연구에 흡수함으로써 얻어지는 것이 적지 않을 것이다. 그것이 문제를 제기하거나 규정하는 방식으로 작동하게 할 것인데, 그야말로 이 책이 견지하는 바이기도 하다.

## 1.1.1 생물고고학의 통합성, 참여성, 윤리성

생물고고학은 인류학의 전체적 사명에 부합하도록 과학적 연구를 수행하는 한 분야로서 항상 이론·방법론적으로나 윤리적으로 인류학 연구가 수행되는 것과 동일한 방식으로 수행되어야만 한다. 아멜라고스George J. Armelagos는 생물고고학의 역사와 다양한 자료 연결방식에 관해 설득력 있게 개관하고 있다(Armelagos 2003). 그는 식물재배의 기원에 관한 초기 연구와 그것이 인간생물학이나 인구학에 끼친 영향이 어떻게 인류의 안녕을 떠받치는 요소들의 복합적인 연결망을 이해하는 토대가 되었는지를 보여주고 있다. 그의 사례연구는 생물고고학 조사의 통합적 속성과 인간 유해로부터 얻어진 자료가 고고학적으로 복원된 생계행위 및 식이食餌 관련 자료와 결합하여 상승효과를 낼 방안에 대해 상술하고 있다. 더 나아가, 인간유해에 대한 동위원소분석이 민족지식물학이나 동물고고학의 복원에 의해 밝혀진 동식물적 식이 요소에 대한 분석과 병합된다. 그리하여, 생물고고학은 다양한 데이터세트를 형식적인 방식으로 통합할 수 있는 잠재력을 갖는다.

생물고고학자들이 만든 질문은 세상의 과학자들에 의해 제기되었던 것이다. 전쟁은 왜 터지나? 왜 기근이 드나? 왜 여성이 성폭행 당하나? 어떻게 질병의 확산을 막을 수 있나? 다소 본질에서 벗어나더라도, 자료와 관련될 수도 있는 좀 더 담대한 문제들에 대한 생물고고학 연구를 수행하는 것은 유용하다. 생물고고학 연구는 현대 사회의 문제를 이해하고 해결하는 데 매우 유용할 수 있다. 그런데 이것은 시작단계에서부터 연구기획이 광범위하게 통합적일 때만 가능하다.

그러므로 통합적이고 책임성 있는 생물고고학은 질문들이 구조화되는 방식을 확장하고자 한다. 인간행위에 대한 폭넓고 비교문화적cross-cultural이며 역사적인 입장의 연구는, 절박하면서도 현재에도 계속되는 문제들의 저변에 흐르는 복잡한 인간 행위를 이해하는 데에 기여할 중요한 학문 활동이다. 생물고고학은 (몇 가지만 꼽아도) 폭력, 질병, 불평등, 식이 등의 기원과 진화에 관한 정보를 제공하는 유일한 학문적 노력일 것이다. 아멜라고스가 결론 내린 대로, "… 과거에서 도출된 본질적인 통찰력이 미래에 대한 시사점을 제공할 때 우리는 풍요로워진다. …(Armelagos 2003: 34)."

현존하는 문제의 기원을 찾는 것은 매우 특정적이며 역사적으로 우발적인 요소를 분리시켜 인간행위를 자리매김하고 설명하는 데 유용하기 때문에 생산적이다. 종종 특정의 발현(예를 들어, 문화적으로 결정된 젖을 떼는 나이, 남성이 전쟁에 참여해야 하는 나이 등)에서 복잡한 행위를 이해할 수 있으려면, 그것들이 언제 처음 나타나고,

어떤 상황이 그것들을 추동했는지 알도록 과거를 깊게 들여다보는 것이 유용하다. 생물고고학 연구는 현재의 문제들을 더 큰 시공의 틀에 자리매김하는 잠재력을 가지고 있다. 이러한 비교문화적이면서도 시간적으로 심층적인 분석을 활용함으로써, 생물고고학은 한 문화 내 또는 문화들 사이의 인간 변이는 물론, 외부자극을 다루거나 그에 적응하는 비서구적 방식을 이해하는 데에 기여한다.

생물고고학 연구에서 통합성이나 책임성이 증진되다 보면, 자기성찰이나 인간 유체를 대상으로 수행하는 과학 연구의 윤리적 함의에 대한 관심이 있을 수밖에 없다. 생물고고학자들이 으레 맞닥뜨리는 윤리적 관심이란 무엇인가? 미국이나 고고학이 수행되는 다른 나라들에서도, 원주민집단은 인간유해의 발굴과 보관을 둘러싼 책무에 대해 강조해왔다. 인간유해에 기반한 연구는 반드시 이러한 종류의 과학적 분석이 그 유해를 조상으로 바라보는 사람들에게 어떤 영향을 미칠지 고려해야 한다. 「(미주) 원주민분묘 보존 및 반환 법령The Native American Grave Protection and Repatriation Act, NAGPRA」이나 여타 국가에서의 유사한 금지령, 법률, 명령조치 등은 인간유해를 다루는 방식을 영원히 변화시켰다. 「(미주) 원주민분묘 보존 및 반환 법령」이나 그런 류의 조치들은 발견의 순간부터 분석과 해석에 이르기까지, 이전에는 예상할 수도 없었을 경이롭고 생산적인 방향으로 생물고고학자와 원주민 또는 후손들을 화합하게 하였다(Martin and Harrod 2012: 31).

오늘날, 실질적으로 다양한 여러 단체를 통과하면서 승인된 계획 없이는 인간유해에 대한 어떤 분석도 수행할 수 없다. 어떤 분석이라도 그에 앞서, 생물고고학자와 기타 여러 이해당사자 간 합의와 일정한 협업적인 노력이 획득되어야 한다. 박물관이나 정부조직으로부터 종족 대표나 원주민위원회에 이르기까지, 연구계획서, 발굴허가, 매장지에 대한 접근허가 등이 엄격하게 통제된다. 후손집단의 더 깊은 유대와 인간유해 자체에 대한 좀 더 세세한 이해는 좀 더 협력적이고 합의된 노력의 산물이다.

이 책은 뼈나 미라를 분석하는 방법을 배우고자 하는 초보자를 위한 것은 아니다. 기성 생물고고학자나 이미 인간뼈대학은 물론 현장과 실험실에서 요구되는 훈련 과정 및 방법론에 익숙한 생물고고학도를 위한 것이다. 생물고고학을 염두에 둔 연구자·교수·강사는 물론 생물고고학이 포괄하는 것에 대한 좀 더 큰 그림을 알고자 하는 (학부 및 대학원) 학생을 위해 집필되었다. (현장에서건 실험실에서건) 연구 과제를 기획하거나 수행하면서 도움이 필요하고 참신한 발상을 원하는 사람들에게 특히 유용할 것이다.

생물고고학이나 인골에 대한 포괄적 연구에 처음인 이들은 화이트Tim D. White 와 동료들이 쓴 『인간뼈대학Human Osteology (3판)』(2012)으로 시작할 것을 추천한다. 이 책은 인간뼈대학이나 생물고고학 분야에 적합하면서도 포괄적인 최신의 훈련 매뉴얼이다. 참고할 만한 다른 하나의 주요 저작은 라슨Clark S. Larsen의 『생물고고학: 인골에 의거하여 행위 해석하기Bioarchaeology: Interpreting Behavior from the Human Skeleton』(1997)인데, 이 책은 자료와 방법을 통합하는 기초를 놓았다. 바익스트라Jane E. Buikstra와 베크Lane A. Beck의 편저, 『생물고고학: 인간유해에 대한 맥락적 분석Bioarchaeology: The Contextual Analysis of Human Remains』(2006)은 예전 및 현재 인골생물학과 체질인류학 종사자들의 지적 궤적에 대한 나름의 관점을 제시한다. 지성사에 대한 좀 더 비판적 시도는 블레이키Michael Blakey, 아멜라고스, 랜킨-힐Lesley M. Rankin-Hill과 블레이키, 마틴Debra L. Martin 등의 연구에서 찾아볼 수 있다(Blakey 1987; Armelagos 2003; Rankin-Hill and Blakey 1994; Martin 1998).

이 책은 앞서 언급한 노력들을 반복하지도, 생물고고학 저작들에 대한 소모적인 개괄을 제공하지도 않는다. 대신 생물고고학 분야의 최근 학술활동에서 도출된 "모범사례"에 대한 지침서나 매뉴얼이 될 것이다. 생물고고학을 구성하는 몇몇 중요 분야에 대한 간략한 개요를 제공한다. 각 장에서는 선별된 분야들의 선도적 연구에 대해 논의되는데, 생물고고학 연구의 틀을 만들어가는 데 유용할 것이다. 인용된 문헌들은 생물고고학을 가르치는 데, 연구 과제를 기획하는 데 특히 유용할 것이다. 인용문헌은 단지 독자들이 올바른 방향으로 가는 출발선을 제공할 것이다.

다음은 생물고고학의 새로운 방향을 따라 확립된 경향에 대한 개괄이나 생물고고학 연구에 많은 정보를 병합할 지침이다. 이는 현대 생물고고학이 추구하는 바에 대한 가장 광범위한 개괄이다. 단언컨대, 미국에서 시행되는 생물고고학에 대한 편견이 있지만 현대 생물고고학은 세계화된 실체로 좀 더 국제적 시각을 포함하기도 한다. 백골화된 유해(대對 미라화된 유해)에 대한 관심도 있다.

반대급부가 크기 때문에 통합적이고 참여적이며 윤리적인 생물고고학의 실천은 중요하다. 세상은 위기에 처해 있고 사람들은 죽어간다. 종파전쟁, 폭력조직, 빈곤, 난민의 증가, 자원고갈, 환경훼손 및 각종 "주의"―인종(차별)주의, 남녀차별주의, 연령차별주의, 동성애 혐오, 계급주의― 등은 우리 모두를 괴롭히는 고민거리들이다. 생물고고학 연구는 이런 모든 문제들에 대한, 독창적이면서도 긴요한 관점을 제공할 수 있다. 시공을 가로지르는 인간생태학 관련 자료는 그 모든 문제들을 직시하게 한다. 또한 생물고고학 자료는 인간의 다양성을 이해하고, 인간행위의 유동성을 보여줄 매우 소중한 요소를 제시한다. 이런 자료들로 무장한 채, 앞서 언급한 문제들에 대해 비서구적 접근이나 좀 더 광범위한 고려를 담보한 시각으로 의문을 제기할 수 있다. 인간적응에 대한 생물고고학 자료는 그런 문제 중 다수가 어떻게 역사적으로 고착되고 문화적으로 구조화되었는지 부각한다.

### 1.1.1.1 생물고고학 연구의 목표

생물고고학은 (사망연령, 성별, 신장, 병리, 체형, 외상 등과 같이) 유해로부터 얻어진 정보와 (인구밀도, 환경적 요인들, 기후양상, 해당 지역의 식료자원, 거처, 가족구조 등과 같은) 당사자가 생활했던 환경 및 문화의 여타 측면을 통합한다. 그리하여, 뼈대학이나 고병리학의 의학·법의학적 측면에 초점을 맞추고 있는 (백골이건, 미라건) 유해에 대한 전통적인 연구와 구별될 수 있을 것이다. 생물고고학은, 고대 또는 역사적 무덤 구조물이나 부장품에만 주목하는 매장고고학이나 장송 관련 연구와도 구별될 수 있다. 여전히 생물고고학자들은 생물학적, 문화적 관찰에 매장의 맥락을 포함하고자 노력한다. 그러므로 생물고고학은 단순히 인간 분묘만을 강조하는 고고학은 아니다. 오히려 생물고고학 지식의 목적은 죽음의 양상으로부터 의미를 창조적이고 혁신적인 방법으로 복원할 수 있도록 모든 가능성을 병합하는 것이다.

생물고고학이 사자死者에 대한 연구로부터 의미를 창출해가고자 하는 목표를 달성하기 위한 실행방식은 다섯 가지 측면으로 구성된 연구법을 활용하는 것이다. 곧, (1) 생물고고학 연구는 순전히 기술적이지는 않으며, 특수한 일군의 가설이나 의문에 주의를 환기하기 위하여 다양한 원천 ― 예를 들어, 뼈, 유물, 고고학적 복원 등 ―으로부터의 자료를 활용하고자 한다. (2) 생물고고학 연구는 항상 해당 과제의 윤리적인 측면과 연관되어야만 한다. 이는 생물고고학이 적절하다면 매 접점마다 관련 당사자를 포함하거나 그들과 협업을 시도하는 자체적인 기풍을 가져야 한다는 점으로 치환된다. 이제야 생물고고학은 그러한 기풍을 명확히 하거나 법제화된 의무조항을 넘어서는 일군의 원칙으로 유도되는 초기단계에 있다. 「(미주) 원주민분묘 보존 및 반환 법령」에 따라 법제화가 진행되면서, 인간유해를 다루는 지침이 생기긴 했지만, 생물고고학은 그것을 넘어서야 할 필요가 있다. (3) 특히 개인들의 정체성과 일대기를 제공한다는 측면에서 생물고고학 연구는 인간유해로부터 얻어지는 체계적이고 엄정하며 재연 가능하고 과학적으로 적절한 (정량·정성적) 자료를 포괄해야만 한다. (4) 생물고고학 연구는 (가능하다면) 매장의 맥락과 부장품에 대한 상세한 데이터를 포괄해야만 한다. 끝으로, (5) 생물고고학 연구는 해석을 인간행위에 관련된 좀더 광범위한 이론적 사안과 연결해야 한다. 생물고고학자는 최선의 과업 수행 및 최적의 발견사항 해석 방법에 대한 결정에 어떤 특정 종류의 이론이 정통할지에 수용적이어야 한다. 그리고 그 발견들은 인류학의 광범위하며 포괄적인 여러 문제들과 연결되어야 한다. 그리하여 생물고고학은 연구과제, 윤리, 인골·매장·고고자료와 '이론'을 통합하게 된다.

## 1.2 이론·방법론적 접근

생물인류학은 과거 집단을 현존하는 그 후손들로부터 분리해온 적잖이 긴 역사가 있다. 금세기로의 전환 무렵, 미국에서는 생물인류학자(는 물론 민속학자나 고고학자)를 자신들이 인류학 방법을 훈련받았던 서부의 주들로 파견하는 것에 관심을 기울였다(상세한 고찰은 Martin 1998 참조). 이런 초기 연구들은 (유럽인 도래 이전의) 미주美洲 원주민에 대한 특정 방식의 상상을 시작했다. 이는 그 조상의 인골이나 유물을 통해 고대인들을 연구하는 방법론적 과학을 창출했지만, 동시에 그러한 연구를, 오늘날 원주민들의 관심이나 갈등으로부터 분리시키기도 했다.

예를 들어, 엄격한 과학적 경험자료가 없는 상태에서, 초기 학자들은 고대세계를 역사시대 또는 현대 원주민들이 처한 상황과 유사하게 묘사하곤 했다. 이는 곧 원주민공동체로 하여금 자신들의 조상에 대한 고고학 및 생물학 연구를 경계하고 그러한 발굴의 결과를 부적절하거나 무례한 것으로 받아들이게 했다. 이는 후손들의 직접적인 동의나 협조 없이 인간유해를 발굴하거나 분석하는 것을 금지하는 법 제정이라는 결과를 초래했다. 1990년에는 「(미주) 원주민분묘 보존 및 반환 법령」이 통과되어 발굴과 분석방식을 바꾸게 된다.

과학적 분야로서 생물고고학은, 과정고고학이 일련의 과학적 원리와 생태학적 설명을 마련하기 시작했던 1980년대 초에 모양을 갖추게 된다(Binford and Binford 1968). 동시에, 생물인류학에서는 진화론적 변화에 대한 관심과 현재 인류, 특히 제한적이고 열악한 생태적 환경에 사는 이들이 직면하고 있는 다양한 적응의 문제에 대한 고려를 병합하는 수단으로서 인간적응성의 개념이 개발된다(Buikstra and Cook 1980; Larsen 1987; Goodman et al. 1988). 어떻게 인류가 삶을 영위하고 (행동학·심리학·발달학적으로 또는 유전학적으로) 환경적 제약과 유해인자에 적응해왔는지에 초점을 맞추는 질문을 통해, 인간적응성의 개념은 분명하게 과정고고학과 생태학적 관점을 공유하게 된다.

## 1.2.1 고고학적 맥락에 인간유해 병합하기

인골분석에 대한 한층 새롭고 혁신적인 접근은 생물인류학이나 인간유해에 대한 연구를 고고학과 병합하면서 나타나게 된다. 바익스트라는 일찌감치 인골은 물론 관련된 중요한 인문·자연환경 변수들도 조사하는 혼성의 방법론적 틀 안에 자리매김할 인골분석 프로그램을 주창한다(Buikstra 1977). 20여 년 후, 라슨은 역사, 방법, 자료 등 인골분석의 새로운 패러다임이 되어버린 것의 모든 부분을 묘사하는 데에 전념한 교재를 편찬하게 된다(Larsen 1997) 아멜라고스는 1980년대 생물고고학의 발달은 1970·80년대 동안 이론·방법론적으로 쇠퇴한 분야였던 인골생물학이 정체停滯를 탈피하게 해주었다고 지적했다(Armelagos 2003: 28). 생물고고학은 인류의 진화와 적응에 관한 질문거리를 만드는 신선한 새 길을 마련하였을 뿐만 아니라, 유해분석과 고고학을 연결했다.

바익스트라, 라슨, 아멜라고스 등이 발전시켜온 것처럼, 생물고고학자들은 과학적 탐구에 대한 깊은 열성을 가지고 있다. 검증할 수 있는 가설을 수립하고 혼성의 방법론과 학제적 접근을 활용하면서, 주로 (고고학 현장이 아닌) 실험실 환경에서 작업했던 이른 시기 생물인류학자가 활용하던 좀 더 기술적인 기법으로부터 탈피하게 된다. 생물고고학은 단순기술을 넘어서는 인골분석으로 옮겨갈 뿐만 아니라, 인골생물학의 방법이나 자료를 고고학과 혼합한다. 민족지학, 화석형성학, 법의학, 의학, 역사, 지질학 등 관련 분야의 접근법들은 인골분석 및 해석과 연계하여 활용될 수 있는 보완적이며 의미심장한 데이터세트를 제공할 수 있다.

워커Phillip L. Walker는 과거 집단의 폭력에 관계된 생물고고학의 방법, 이론 및 자료에 대해 회고하고 있다(Walker 2001). 그는 유골로부터 부상과 폭력에 대한 해석에서 강식추론을 활용하기에 매우 유용한 흐름도(Walker 2001: 577)를 고안하였다. 문화적 맥락, 생물학적 과정 및 화석형성학이 더해진 인골분석에 대한 관심을 통해, 워커는 생물고고학은 독립적으로 가설을 검증할 수 있고, 해야만 한다고 설명하고 있다.

뼈대학/인골분석과 생물고고학의 차이는 후자가 인간행위에 관한 광범위한 문제들에 대한 분석에 일조할 수 있는 학제적이고 비교문화적 연구도구를 채택하고 있다는 것이다. 그 목표는 식이, 인구규모 및 밀도, 권력이동과 계층화, 자원에 대한 차별적 접근에서의 변화 등의 사회·생태적 맥락 속에서 생물학 자료를 해석하는 것이다. 다각적인 작업가설, 과학적 방법론, 강식추론을 이용함으로써, 생물고고학은 해석에 여러 갈래의 증거들을 활용할 수 있게 된다. 가장 중요하게, 가변성이 제외된 것은 아니며, 오히려 그 어떤 갈래의 증거들에 대비하여 고려·평가됨으로써 (도외시되다기보다는) 상세하게 설명된다.

## 1.2.2 인간유해에 윤리적 고려 병합하기

생물고고학 작업에 관련된 다른 하나의 영역은, 인간유해, 부장품, 매장맥락, 분묘자료에 대한 연구와 관련하여 법적 의무(예를 들어, 「(미주) 원주민분묘 보존 및 반환법령」)와 윤리적 고려(이 분야에서 윤리·도덕적 의무를 구성하는 것에 대한 탁월한 개괄을 보려면 Ferguson et al. 2001 참조)를 의식적으로 고수하는 것이다. 오늘날의 호피Hopi 부족을 연구한 퍼거슨Thomas J. Ferguson과 동료들은 "유해의 훼손이 호피 사람들을 괴롭게 하는 것임을 마음 속 깊이 새겨야 한다. 매장연구의 결과를 알림에 있어, 호피 부족에게는 무덤 훼손에 대한 진정한 영적 관심이 그 어떤 과학적인 연구보다 훨씬 중요하며 … 고고학자에게 흥미로운 결과나 발견으로 여겨지는 것이 그러한 결과를 창출하게 한 무덤에 대한 신성모독으로 왜곡될 것임을 고고학자들은 이해할 필요가 있다(Ferguson et al. 2001: 22)."라고 지적한다.

생물고고학자에게는 현존하는 후손들의 삶을 경시·훼손하지 않는 방식으로 수집된 정보를 사용할 의무가 있다. 미국에서는 발굴에서 얻어지는 자료에 관하여 원주민단체 대표들과의 협업·협의하는 것이 과거를 바로잡고 포괄성의 기풍을 진작하기 시작하는 한 통로가 된다. '좋은 과학good science'은 배타적이지 말아야 한다. 과학적 연구나 출판에 앞서 학술저작을 검토하면서 부족민과 협력하는 것이 규정은 아니었지만, 생물고고학자들 사이에서 그렇게 하는 (아주 작은) 경향이 이 분야의 포괄적인 속성상 훨씬 풍부한 해석을 도출하게 되었다(Ferguson et al. 2001; Kuckelman et al. 2002; Ogilvie and Hilton 2000; Spurr 1993 등 참조). 연구대상이 되는 고대인들과 가장 가까운 사람들이 제공하는 협조나 미묘한 다층적 부가지식이 없다면, 과학자들이 도출한 해석은 전문적 기교나 최신의 방법론에 기초했을지는 모르나 해석의 내용에 있어서는 완전히 틀리거나 불완전하게 된다. 생물고고학자들은 미주 원주민(은 물론, 세계 각지의 원주민)이 종종 참여를 거부하거나 신비스럽고 공표가 부적절하게 여겨지는 정보를 차단할 수 있다는 점도 수용해야 한다. 이러한 틀 안에서 수행되는 생물고고학은 과거 생물인류학을, (2장에서 보다 깊이 논의될) 우드John W. Wood와 파월 Shirley Powell의 고고학을 위한 제안(Wood and Powell 1993)처럼 좀 더 소통적이고 관계적인 과정으로 변모시켜가고 있다. 거기에는 참여자들 간 협업적이고 반사적인 과정으로서의 의사결정과 연구가 포함될 것이다. 의미를 도출하기 위하여 세상에 대한 현대적 유추를 과거에 덧씌우지 않는 것도 중요하다. 인문·자연환경에 대한 복원, 구전, 민족지, 연구대상과 밀접하게 연결된 사람들의 생각 등으로부터 얻어진 여타 경험자료의 조직적 다층구조가 없다면, 생물고고학자는 이론모형이나 실제 관찰에 의거했을지언정, 정확성이나 엄정성이 결여된 각본들을 산출하고야 말 것이다.

생물고고학은 사실상 학제적인 연구 분야인바, 인골에서 얻어진 자료의 적절한 사용과 의미 부여에 대해 다양한 관점을 가진 다른 분야 사람들이 자료수집이나 좀 더 중요하게는, 자료해석을 검토하고 문제 삼는 것이 보장된다. 이런 이유만으로도 21세기의 생물고고학은 포괄적인 과학 분야가 되어야 한다.

## 1.2.3 환경 및 문화와 인간유해 병합하기

1980년대 이전 제목에 생물고고학이라는 단어가 들어간 책은 얼마 되지 않았지만, 지금은 5·60여 종이 된다. 아가왈Sabrina C. Agarwal과 글렌크로스Bonnie A. Glencross가 공동으로 편집한 『사회적 생물고고학Social Bioarchaeology』(2011)은 생물문화적 틀을 활용한 인간유해 연구를 보여주는 여러 사례를 제시하고 있다. 두 편집자는 각 저자들에게 인간유해 연구를 인문·자연환경 복원 등 영역에 병합할 것을 독려했다. 이 책은 생물문화적 집성(Goodman and Leatherman 1998 참조)의 구축을 계속해가야 하고, 생물학 자료가 인문적 자료를 압도하지 않는 설명모형을 진정으로 마련해야 할 필요성을 가장 명확하게 설명한 한 사례이다. 이는 생물고고학자에게는 강력한 도구이고 현장에서는 더욱 지배적인 관점 중의 하나이다.

생물고고학자는 (연령, 성별, 질병상태 또는 인구밀도 등과 같이) 과학의 측면에서는 집단 수준에 관련된 사안들이, 개인의 수준에서는 생애의 사건이라는 점을 항상 되뇌어야 한다(Swedlund 1994). 출생, 죽음, 사춘기, 혼인, 통과의례, 질환 등은 모두 의례, 의식, 이념 및 기타 문화적 관행을 통해 표현되고 의미가 찾아지는 생물학적인 전환점이다. 그러한 전환은 세대를 이어줄 시점, 친족 및 집단의 정체성에 주목할 논점도 마련해준다. 누진적으로 흡수된다면, 그것들은 성장, 조절, 인구구성, 역병이력 등의 포괄적 진화 과정에 대한 자료를 제공한다. 그러한 것들은 해당 사회가 제대로 돌아가고 있음을 알려주는 실체적인 기록이자 시각적인 알림이 된다. 한 가족에게 아이의 사망, 한 집단에게 전염병 창궐은 이념적, 적응적 조정이 요구되는 구체적인 경험을 준다. 한 설명모형에서 이 모든 것을 포함한다는 것은 쉽지 않지만 할 수 없는 일은 아니다.

### 1.2.3.1 생물문화모형의 활용

생태학적 틀 속에서 인구학적, 생물학적, 문화적 과정을 연결하는 것은 오늘날 고고학자나 생물인류학자에게 흥미로울 종류의 문제를 다루는 데서 필수적이다. 그러한 문제에는 정치적 중앙집권화와 질환의 관계, 인구의 재편 또는 붕괴가 사망률에 미치는 영향, 사회분화나 자원에 대한 차별적 접근과 보건의 관계 등이 포함된다. 이런 종류의 문제들은 여러 학문 분야의 경계에 가로놓여 있는바, 다차원의 접근을 요구한다.

인간유해로부터 얻어지는 자료에 대한 해석에는 (뼈 손상의 존재 여부·심각성·상태를 검토함으로써) 압박요인에 대한 개인의 저항성, 압박요인의 (인문·자연적) 근원, 완충체계의 효과 등을 평가하는 작업이 필요하다. 압박에 대한 적응의 개념은 복잡하다. 생물고고학에서 사용되는 바대로, 압박이란 어떤 종류이든 상해에 의해 발생하는 생리적 파열이다(Goodman et al. 1988: 177). 압박은 인간유해로부터 축적된 경험증거에 의거하여 측정되고 평가될 수 있다는 점이 무엇보다도 중요하다.

인간유해 분석의 방법은 지난 10년간 엄청나게 진보해서, 이전에는 입수가 불가했던 식이나 보건에 관련된 생물학적 정보를 획득할 수 있게 되었다. 과거를 돌아보면, 인골분석은 원래 시간의 흐름 속에서 질병의 지리적 분포나 진화를 확인하고 집단 간 유전적 관계를 정립하는 것을 목표로 함으로써 기술적이었다. 질환 경과에서 생물적 요소와 문화의 상호작용을 강조하는 최근의 경향은 지극히 유용하며, 인적 조건에 관한 직접적 정보를 획득한다(생물문화모형에 대한 완결된 검토나 학사적 서술은 Zuckerman and Armelagos 2011 참조).

고대 집단에서의 압박에 관련된 연구는 뼈대체계의 수용력에 영향을 미쳤을 여러 변수의 맥락 속에서 변화에 대한 뼈의 반응을 이해하는 작업을 필요로 한다. 뼈대나 치아의 정량적 변화는 성장과 발달은 물론 뼈의 유지·복원에 교란이 있었음을 반영한다. 관찰된 뼈의 변화를 유발하는 문화적·비문화적 압박요인은 종종 추정될 수 있다. 생애 각 단계에서 압박 표식이 발생했는지에 대한 진단은 물론, 집단의 전체적 사망률과 비교될 수도 있다.

믿기지 않을 만큼 간단한 모형(그림 1.1)이 커다란 생물문화적, 생태적 맥락에서 인간적응력과 보건 관련 정보를 병합하기에 유용한 틀을 제공한다. 그 모형에서, 물리적 환경은 생존에 필수불가결한 자원의 원천으로 비춰진다. 자원의 제약이 있으면, 그에 따라 집단의 생존력도 제한된다(그림 1.1의 상자 1). 인구집단의 적응은 환경적 제약으로부터 그 집단을 완충해주는 문화체계에 의해 증진된다(그림 1.1의 상자 2). 기술, 사회조직은 물론 집단의 이념조차도 환경적 압박요인이 걸러지는 여과 기능을 제공한다. 그런데 문화적 관행은 그 역시 압박의 원천이 될 수 있다. 예를 들어 북미에서 농경의 발달은 인간이 쓰고 남을 만한 열량의 산출을 가능하게 했는데, 파생된 인구밀도의 증가나 집약농법으로 인한 생태변화는 전반적인 보건에 부정적 영향을 미쳤다. 코헨Mark N. Cohen과 아멜라고스, 코헨과 크레인-크레이머Gillian M. M. Crane-Kramer는 인간 건강에 미친 농경의 영향에 관련된 신·구대륙의 수많은 사례연구를 제시하고 있다(Cohen and Armelagos 1984; Cohen and Crane-Kramer 2007).

개별 구성원이 (6·7장에서 논의될) 생리적 압박을 받을 수 있는 가능한 모든 경우에 대해 생각해보면, 압박이 미치는 영향은 그 압박을 받는 개인의 연령, 성별, 전반

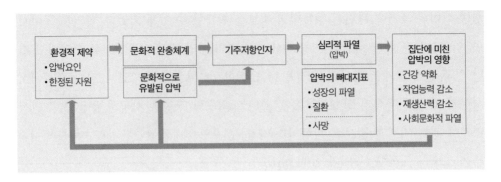

**그림 1.1** 압박에 대한 생물문화모형

적인 보건 상태에 따라 다를 것이라는 인식이 중요하다(그림 1.1의 상자 3). 이 기주宿
主저항인자에는 연령과 성별은 물론 개인의 전반적 신체 상태가 포함된다. 어린이나
노인들은 건강한 성인보다 음식 공급을 감소시키는 계절성 가뭄으로 더 큰 타격을
받는다. 많은 출혈을 동반한 난산 경험이 있는 여성은 출산 경험이 없는 여성에 비
해 음식부족이나 추위에 따른 압박을 더 심하게 받는다. 이질에 시달린 사람은 건강
한 사람보다 전염성 감염에 대한 저항력이 낮을 것이다. 그러하여, 부유함 등이 질환
으로 인한 사망을 완충할 수 있거나 피지배적 지위가 상대적으로 발병률이나 사망
률을 높일 수 있기 때문에, 기주저항성은 태생적으로 생물학적일 뿐만 아니라 문화
적이다. 이에 관련된 훌륭한 선례는 「어떻게 인종은 생물학이 되는가: 사회적 불평
등의 체현How Race Becomes Biology: Embodiment of Social Inequality」의 제목으로 발표된 그
래블리Clarence C. Gravlee의 연구이다(Gravlee 2009). 이 연구는 어떻게 기주저항성이,
어떤 사람 또는 기주가 다른 이 또는 기주보다 "가치가 있어서" 음식, 의약품, 처치,
보호 등에 대한 접근권을 가지는 포괄적인 정치경제체제의 한 부분인지를 설명하고
있다. 그래블리는 "… 인종 간 불평등은 해당 인종 집단 또는 개인의 (말 그대로) 생물
학적 안녕에 구현된다(2009: 47)."라고 밝힌다. 이 같은 논리는 연령이나 성별과 같이
개인 생애에 걸쳐 있는 여타의 생물학적 현상이 불평등이나 자원에 대한 차별화된
접근의 영향일 수도 있다는 것으로 확대될 수 있다.

전형적으로 뼈 조직은 압박과 질환에 특정되지 않고 보편적인 방식으로 반응하기 때문에, 특정 원인의 진단이 불가능한 경우가 많다. 다행스럽게도 가장 커다란 설명력을 가지는 것은 특정 병인이 아니라, 오히려 생리적 교란의 심각성, 지속성, 시간적 추이이다. 이러한 보편적인 압박요인은 뼈의 변화로부터 읽히고 묘사될 수 있다(그림 1.1의 상자 4). 압박에 대한 반응은 종종 순응하거나 그를 극복하려는 생물학적 노력이 추동하는 전형적인 생리적 변화인데, 이는 빈번하게 상대적으로 영구적인 뼈대학상 지표에 나타나게 된다. 인간의 뼈나 치아(또는 보존된 연조직)로부터 얻어지는 정보는 옛사람들이 생전에 얼마나 양호하게 생활했는지에 대한 방대한 증거를 제공한다.

개인 차원에서의 생리적 변화를 밝히는 것이 중요하지만 인류학적 관점에서 보자면 보건과 적응이 개인을 넘어 모집단이나 공동체로 확장되는 관계의 포괄적 연결망에 부합한다는 것을 깨닫는 것이 더욱 중요하다고 하겠다(그림 1.1의 상자 5). 예를 들어, 개인의 영양결핍은 개인의 뼈와 치아를 검사함으로써 확인될 수 있다. 집단 내 많은 사람이 겪는 혹독하고 장기적인 영양결핍은 작업역량, 출산율, 사망률에 부정적인 영향을 미칠 가능성이 있다. 그것은 개별 공동체의 사회·정치·경제구조를 와해시키거나 전체 사회를 위태롭게 할 가능성이 있다.

종종 생태적 압박이 인과적으로 생물학적 압박과 연관되기도 하지만, 생태적 요소가 압박의 유일한 원인은 아니다. 이념과 권력의 변화로 인해 전쟁이 만연할 수 있으며, 이는 생물학적 압박이나 사망의 원인이 되기도 한다. 가장 단순화한 형태로 제시된 이 모형은 단변인과 단순 환류고리를 제시함으로써 대체로 과정주의적인 듯보일 수도 있겠다. 그러나 이 모형은 훨씬 복잡한 (그리고 후기과정주의적인) 문화적 요인을 생물학적 압박을 야기하는 원인기제로 쉽게 수용할 수 있다.

상자 5에서 상자 1·2로의 피드백은 문화적이면서 집단수준의 변화가 더 나아가 (자연 및 인문) 환경체계에서의 변화들을 유발할 수 있는 방식을 반영하고 있다. 그러한 과정 중에는 더 나아가 문화의 아ᅟ체계, 즉 서로 불가분의 관계를 맺으면서 압박요인에 대응하는 경제·정치·사회체계도 영향을 받게 된다.

이러한 보편적 모형은 발견적heuristic 장치로서는 정적이면서도 단순요인들을 상자 안에 담고 있는 있다는 느낌을 줄 수 있을지 모르겠으나, 생물고고학자에게는 소중하게 여겨진다. 게다가 조건이 역사적으로 우발적이고 관계적이며 매우 역동적이라는 점을 감안하면, 이 설명모형은 시공의 특정 지점에 맞춰질 수 있다. 이 생물문화모형은 (실제) 활용하고 있는 연구자들이 만들어내기 때문에 역동적이고 복합적이다. 자연·인문적 맥락에 대한 방대한 양의 고고정보들이 있다면, 이 설명모형은 여러 추가적인 특질을 가짐으로써 역동적 요인이나 과정이 작동할 모든 가능성을 가시화하는 데에 활용될 수 있을 것이다.

### 1.2.3.2 특정 연구과제에 적합한 생물문화모형의 적용

많은 생물고고학자들은 그러한 생물문화모형(그림 1.1)의 독창적 변형들을 창출해오면서 다양한 문화, 지역, 시대 등에 관련된 특정 연구주제에 맞게 적용할 수 있게 했다. 예를 들어, 쉐리던Susan G. Sheridan은 생물문화모형을 비잔틴문화의 사적史的 연구에 적용하였다(Sheridan 2000). 그녀는 역사상 중요한 고고유적을 분석했기에 모형의 구축에 관련된 다양한 갈래의 다른 정보도 갖게 되었다. 그 시대에 적합한 적응과 관련된 문제의식이 그녀가 환경, 문화, 생물학적 잔적에 대한 정보를 포괄하는 방식을 만들어가게 했다. 비잔틴의 성 스테파노St. Stephen's 유적과 관련하여, 자신 나름의 발견적 장치들을 통해 각각이 여러 환류고리에 연결된 상자들의 원형배치로 그 모형을 개조해놓았다. 그의 연구에는 역사기록과 유적에 대한 풍부한 고고자료가 포괄되어 있기 때문에, 그런 방대한 정보를 이용하여 인간유해에서 추출된 자료가 제 맥락 속에 있게 하였던 것이다. 쉐리던은 "… 편력이나 전례의 기록, 미술품이나 도상, 법이나 의료 관련 서류, 물질문화, 다양한 연대측정방법 모두는 문화적 맥락에 대한 우리의 이해에 기여해왔으며, 생물문화적 배경에 대해서도 마찬가지이다."라고 쓰고 있다(2000: 576).

이용 가능한 특정 자료를 고려할 수 있도록 기본적인 생물문화모형을 수정하고 강화할 몇 가지 방법이 있었다. 쉐리던은 역사적인 고고유적에 대한 문헌기록에 접근할 수 있었기 때문에 그것들을 고려할 수 있었다. 생물고고학에서 무엇보다 중요한 것은 연구자로 하여금, 활용이 가능하고 해당 문제에 결정적일 수 있는 종류의 정보를 체계적으로 구성할 생물문화적 접근을 활용할 수 있게 하는 것이다. 그러한 점은 주커만Molly K. Zuckerman과 아멜라고스가 "… 생물문화적 접근들은 생물고고학이 생물인류학 내에서 기술적인 시도로부터 사회·문화·정치적인 정보로 무장된 역동적인 동력으로의 전이를 촉진하면서 그 분야의 변혁을 이루어왔다 … 궁극적으로 생물문화적 접근은 연구자로 하여금 과거는 물론 현재와 미래에 있어서도 인류의 보건을 위협하는 것들에 대한 이해를 가능하게 할 것이다."라고 피력(2011: 28)한 데에 잘 요약되어 있다.

## 1.2.4 유해와 맥락 자료 병합하기

한편으로 발견적 모형과 틀 사이의, 다른 한편으로는 가설과 이론 사이의 차이에 대한 생각에 종종 혼동이 있다. 여기서 논의될 뿐만 아니라, 많은 생물고고학 연구에서 활용되는 생물학적 설명모형과 같은 모형은 실제 세상을 어림잡을 수 있도록 설정되며, 생물고고학자는 연구대상이 되는 집단을 파악하기에 가장 중요하다고 간주되는 변수를 입력하게 된다. 바익스트라나 굿맨Alan H. Goodman, 아멜라고스 같은 생물고고학 방법의 선구자들이 그 모형의 활용을 구상하기 시작(Buikstra 1977: 82; Goodman and Armelagos 1989: 226)할 무렵, 사람들이 살고 있는 환경 및 문화적 맥락을 이해하는 것이 중요함을 발견하게 되었다. 그러고는 특정 배경에서 인간행위에 영향을 미친 가장 중요한 변수들을 간과하지 않기 위해, 그 모형들을 활용하면서 인간유해를 분석하고 해석하였다. 이들 모형은 다양한 경로—예를 들어, 유적에 관련된 고고자료, 매장의 맥락, 뼈와 치아의 분석을 통한 생물학 자료, 민속사 정보—로부터 얻어지는 방대한 정보를 자리매김하고 구성하기에 지극히 유용한 방식이었다.

이러한 보편모형의 장점은 환경 속에서 문화-생물학 상자에, 중요하게 고려해야 한다고 여기는 어떤 종류의 정보든 채울 수 있다는 것이다. 그런데 어떤 연구자도 혼자서 문화에 관련된 모든 중요한 개개 정보를 수집할 수 없다는 점은 언급되어야 한다. 연구자들은 언제나 어떤 자료를 수집할 것이고 어떤 것은 포함하지 않을 것인지를 결정하게 된다. 인간유해에서 자료를 수집하는 데 초점을 맞추지 않은 접근법은 가장 유용하지 않을 것이다. 연령, 성별, 현저한 병리현상 등 몇 안 되는 지표만을 수집하는 것은 폭넓은 해석을 허용하지 않을 것이다.

그것이야말로 (3장에서 논의될) 특정의 고고학 사례연구로부터 얻어질 수 있는 실제자료에 의거하여 해답을 찾거나 유도될 수 있는 질문과 일련의 가설로 생물고고학 연구를 시작하는 것이 가장 좋은 실행이 되는 이유이다. 아동이 관심대상이라면, 그 연구는 아동이 포함된 인간유해가 있는 사례연구를 수용할 것이다. 그 연구 초점이 폭력의 역할에 있다면, 외상이나 무기와 같은 유물에 대한 생물학 및 고고정보가 있어야 할 것이다. 남녀의 노동유형 차이에 관심이 있다면, 부착부enthiseal의 변화(근육의 사용 지점과 크기가 뼈 형태를 변하게 함)와 사용 양상의 측면에서 성인 남성과 여성을 비교하기에 충분한 크기의 표본을 확보해야 한다.

생물고고학자나 고고학자는 흔히, 특정의 연관이나 관계를 알려 줄 어느 정도 이 자료가 축적된 인간행위의 측면들에 대한 저자을 통해 제시된 특정 이론에서 드러난 바에 의거하여, 그러한 질문과 가설을 고안한다. 이론이란 일관되게 핵심인자가 항상 특정의 행위나 반응의 근저에 있음을 알게 됨으로써 형성된다. 많은 논의와 관심거리를 불러일으키는 인간의 상태에 대한 폭넓은 관찰은 설명력을 갖게 되는바, 이론은 그에 기초한다.

그러나 개별 생물문화모형은 하나의 이론은 아니다. 이론이란 생물문화모형 등을 이용하여, 세심하게 수집·정리한 자료를 연구자가 납득하고 해석할 수 있도록 해 준다. 성별의 진화나 노동의 성별분화에 관련된 일련의 이론으로 수행되는 연구에 접근하려면 특정의 자료집성에 관한 고찰에 초점을 맞춰야 한다. 인간유해는 물론 묘제나 부장품의 종류 및 수, 사회적 정체성에 관련된 여타 속성으로 가시화될 성적 분화와 관련지을 고고학적 맥락에 대한 자료 수집이 강조될 것이다. 성에 따른 노동구분의 진화에 관련된 이론과 남성·여성성에 관한 문화적 구조화에 관한 이론은 서로 다르되, 다양한 사회·환경적 배경 속에서 성의 역할에 대한 사고라는 측면에서는 동일한 갈래이다.

인간행위에 관한 이론은 사회·자연과학 분야의 다양한 지적 전통으로부터 도출되는데 생물고고학자는 그런 이론들에 친숙해짐으로써 도움을 받을 수 있다. 고고학자는 이론을 활용하는 이점을 누려왔지만 생물인류학자나 생물고고학자는 그렇게 한 이력이 상대적으로 일천하다. 진화 이론은 생물인류학에는 막대한 영향을 끼쳤음에도, 불평등과 젠더에 관련된 이론만큼 생물고고학 연구의 기저를 이루지는 못했다.

생물문화적 영역들을 가로질러 통합하고, 인간행위에 대한 폭넓은 사고에 관여하고, 다양한 관점을 병합함에 있어 윤리적이기를 지향하는 생물고고학 연구에 있어서 중요한 것은 분명한 이론으로 특징지어진다는 점이다. 이론의 유도등불 없이 인간 유해로부터 수집된 자료는 인간이 왜 그런 일을 하는지를 설명하기에 덜 유용하며, 인류학자가 아닌 연구자나 문외한인 대중에게도 덜 흥미로울 것이다. 해석을 위한 이론을 수용하지 않는 생물고고학 연구는 더 광범위한 과학 및 인문학 독자들에게도 덜 유용하게 된다(생물고고학에서의 이론에 대한 심도 있는 논의는 3장 참조).

### 1.2.4.1 사례연구: 고대 아라비아

이론과 생물문화모형의 결합을 통해 생물고고학이 인간 상태의 다른 여러 측면들과 연관될 수 있는 통로를 제공받게 된다. 예를 들어, 바우스천Katheryn M. Baustian은 청동기시대(대략 서기전 2200~2000년) 아라비아반도의 조산아나 신생아 사망 원인을 조사하기 위하여 생물문화모형(그림 1.2)을 수용하였다(Baustian 2010). (민족사나 공문서 기록을 활용한) 이 지역 초기 주민에 대한 연구는 일부다처나 조혼이 매우 선호되었음을 밝혀냈다. 이러한 초기 연구에서 그녀는 아라비아반도 원주민집단의 친족 및 가족구조의 기원과 진화에 관한 이론적 지식을 결합하였다. 그러면서 무덤에서 발견된 많은 수의 조산아 및 영유아의 인골자료를 해석하기 위해서는 훨씬 폭넓은 맥락에서 산모-영유아의 보건 상태를 검토해야만 한다는 것을 알게 되었다. 친족 및 혼인에 관련된 이론적 지식과 사회조직의 형태에 관한 민족지 정보를 포함함으로써, 그녀는 고대 아라비아에 대한 좀 더 큰 그림을 볼 수 있었다. 산모-영유아 보건에 대한 임상기록을 부가함으로써 작동할 수도 있는 잠재적 생물문화적 인자들을 구상화하는 데에 도움이 되었다.

즉, 인골자료가 맥락화될 수 있는 방법을 개발하기 위해, 그녀는 민족사 및 의학적 정보와 함께 친족에 관한 이론을 활용하였다. 의학서적은 조산 및 영유아 사망과 관련하여, 일부다처, 근친혼, 중매조혼의 잠재적 영향 범위를 분명히 해주었다. 그림 1.2에서 보듯이, 다양한 간행물로부터 얻어진 매우 특화된 정보들은 그 설명모형을 수립하는 데에 이용되었고, 실제자료는 높은 비율의 조산이나 영유아 사망에 대해 설명해주는 (일부다처나 근친혼 등과 같은) 인간행위에 관련된 이론을 활용하여 해석되었다.

이 설명모형을 수립함에 있어, 바우스천은 인골들이 수습된 텔 아브락Tell Abraq 유적에 관련된 환경, 문화, 동식물상의 주요 양상을 복원하였다. 고대 지리·생태 환경에 대한 고고학적 복원에 기초한 연구에 의거하면, 지하수의 불소 농도가 높았을 것이라는 점, 모기와 모래파리가 창궐했을 것이라는 점, 우물이나 여타 담수원에 대한 근접이 물리적 환경의 도전적 측면이었을 것이라는 점 등이 잘 입증된다.

온난하고 습윤한 환경은 주거 구조의 형식에 중요한 역할을 했을 것인데, 실제로도 (텔tell이라고 불리는) 넓고 높은 흙벽돌 축대 위에 세워진 건물은 중심부와 주위 성채에 우물이 있다. 이러한 고고자료는 거주자들에게 담수에 대한 제약이 주어졌음을 확증하였다. 대추야자나 곡류와 같은 재배종은 일상의 식이에서 중요한 부분을 차지했다. 이러한 측면들은 그 유적에서 벌어졌던 문화적 활동의 일부를 형성함으로써, 주민의 식이에 관련된 문제를 완충하였을 것이다.

일부다처의 친족구조에 대한 이론적이고 인류학적인 연구들은 문화적으로 유발된 압박인자가 발병과 사망의 전체 양상에서 어떤 역할을 했을 것임을 제시하고 있다. 중매결혼과 어린 신부, (사촌 간) 근친혼, 조기 이유 등은 모두 일부다처와 관련된 행위이고, 임상적으로 조산이나 산모-영유아 질환의 높은 비율과도 연관된다. 또한 사육동물―이 경우, 양이나 염소, 낙타―과의 근접생활은 사람에게로 전파되기도 하는 동물원성 감염 비율의 증대를 초래하기도 한다.

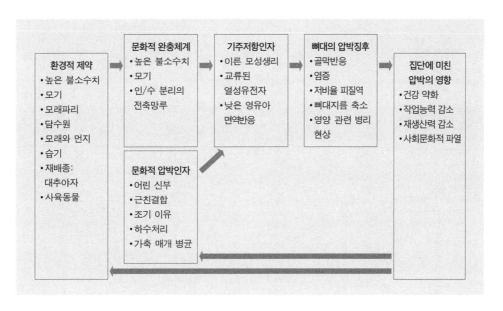

**그림 1.2** 아라비아반도 고대 집단에 적용된 압박의 생물문화모형

산모-영유아 보건에 대한 그녀의 관심 때문에, 중요하게 고려되어야 할 기주저 항인자는 어린 산모의 생리, 사촌 간 혼인으로 인한 열성유전자의 전달, 조산아의 미숙한 면역체계 등이 된다. 영유아 유해에 주목하면서, 그녀는 인골로부터 전염병, 염증, 성장과 발달의 측면, 영양학적 압박에 관련된 자료를 수집하였다(그 방법에 관해서는 6·7장 참조).

이러한 인자들은 증가하는 영유아 사망이나 증가하는 모성 사망의 가능성과 관련하여, 뭉뚱그려져 인구집단에 미친 영향의 측면에서 해석되었다. 유적에 대한 고고학적 복원으로부터 생성된 자료와 유해의 생물고고학 자료를 취합하면서, 바우스천은 이 유적에서 보이는 많은 수의 조산 및 영아사망에 대한 확장성 있는 설명을 도출해낼 수 있었다. 일부다처 친족안배의 기원과 성격에 관한 이론들은 특수하게는 고대 아라비아의 맥락에서 영유아 사망률이나 여성 발병률뿐만 아니라, 일반적으로는 산모-영유아의 복지에 있어서 문화의 역할에 관련된 그녀의 논의를 매우 폭넓게 해주었다.

영유아의 보건과 관련하여 가장 중요한 환경 및 문화요소들에 대한 주의를 환기

| 환경적 제약 | 문화체계 | 기주저항인자 | 생리적 파열<br>(압박) | 집단에 미친<br>압박의 영향 |
|---|---|---|---|---|
| **환경: 고산지대**<br>• 불안정한 기후와 강우<br>• 불안정한 용수<br><br>**식생/식료**<br>• 광범위한 산포<br>• 불안정한 수확<br>• 불안정한 식이<br>• 불안정한 열량섭취<br><br>**재배종**<br>• 응집성<br>• 예측가능성<br>• 생산성의 불확실성<br>• 새로운 생태적소<br>• 일년생 선구식물 | • 농경<br>• 식량저장<br>• 식량가공<br>• 조리기술<br>• 재분배<br>• 친족체계<br>• 공유<br>• 무역<br>• 취락<br>• 가족규모<br>• 정보교류<br>• 이주 | **고위험군**<br>• 영유아<br>• 이유기 아동<br>• 가임여성<br>• 노령층<br>• 허약한 사람<br><br>**악화촉진 요인**<br>• 혈액유실<br>• 임신<br>• 수유<br>• 생리<br>• 빈혈<br>• 기생충<br>• 열악한 식이<br>• 질환<br>• 작업부담<br>• 고온/저온<br>• 감염<br>• 상해<br>• 전쟁/폭력 | **뼈대 지표**<br>• 사망연령<br>• 성비<br>• 연령비<br>• 신장<br>• 골유실<br>• 관절염<br>• 외상<br>• 강건성<br>• 이형성<br>• 치아 결함<br>• 감염<br>• 빈혈<br>• 부식<br>• 마멸<br>• 농양<br>• 동원소비<br>• 미량원소 | **환경: 높은 고도**<br>• 영유아 사망률 증가<br>• 수명 감소<br>• 출산율 변화<br>• 모성사망률 증가<br>• 신장 축소<br>• 골유실 증가<br>• 관절염 빈도 증가<br>• 외상 증가<br>• 이형성 감소<br>• 장애 빈도 증가<br>• 불안정한 감염<br>• 빈혈 빈도 증가<br>• 치아 병리현상 증가 |

**그림 1.3** 미국 서남부 유럽인 도래 이전 집단에 적용된 압박의 생물문화모형

하기 위해 생물문화모형을 활용하지 않았다면, 친족 및 가족제도에 관련된 이론적 지적들을 병합하지 않았다면, 그 연구는 단순히 고대 무덤에 심각하게 많은 수의 조산아나 만삭아가 있었음을 보고하는 정도였을 것이다. 사회이론에 더해진 생물문화모형은 영유아사망에 대한 매우 폭넓은 해석이 가능하게 하였고, 궁극적으로 그러한 죽음을 설명하는 복잡한 기초인자들을 밝혀냈다.

### 1.2.4.2 사례연구: 고대 미주대륙

미국 남서부 고대 푸에블로Pueblo 집단(약 900~1100년)에 대한 생물고고학 연구에는 완전히 다른 일련의 인자들이 포함되어 있었다. 애리조나주 북동부의 블랙 메사Black Mesa로 불리는 지역에 소재한 수많은 주거유적에서 나온 유해와 관련하여, 마틴과 동료들은 고대 환경과 역사상의 문화적 관습에 대한 광범위한 고고학 및 민족지 문헌을 이용할 수 있었다(Martin et al. 1991). 자원이 한정된 황량하고 척박한 사막 환경에서의 생존과 적응에 관련된 질문을 부각하고 맥락화하는 방식으로, 이 연구를 위한 생물문화모형이 구축되었다(그림 1.3). 고도가 높은 탓에 자원은 예측성이 떨어지고 용수원은 한시적이며 가변적이었다. 북미 소나무 환경은 주민에게 간헐적이고 예측 불가한 식료자원을 제공한다. 옥수수농업은 예측 가능하고 집합적인 식료원을 확보할 수 있게 했지만 짧은 생육 기간과 강우 부족으로 인해 제약을 받기도 하였다.

사막 환경에서의 인류 진화와 적응에 대한 이론들은 남서부 주민들이 200여 년의 한발과 계절적 식량 부족, 간헐적 용수공급을 극복할 수 있었던 방법을 고려하는 데에 일조하게끔 활용되었다. 농업은 겨울과 여름 강우량의 결합 공급에 의존하는데, 둘 다 공급이 부족했다. 블랙 메사의 환경은 양질의 농경지가 매우 적고, 성공적인 수확에 관련된 기후나 수리水利적 변수의 파동이 심해서 매우 불안정하다.

문화적 혁신은 유물의 고고학적 양상에 의거하여 복원되었다. 식량 저장, 식량 가공 도구, 조리용기 및 교역물품 모두는 그러한 척박한 환경에서의 생존력을 제고할 수 있는 완충재를 시사한다. 취락분포유형의 고고학적 복원, 저장유구 및 교역은 블랙 메사의 주민들이 한발과 식량 부족을 완충할 수 있었던 다양한 방법을 시사하고 있다. 가족의 소규모화, 빈번한 계절적 이동 및 광역적인 연대와 친족결속의 형성을 통해, 그 주민들은 자원과 환경의 불안정성을 상쇄할 정보를 공유할 수 있었던 듯하다.

유적에서 확보된 모든 개별 유해에 대한 완전한 분석을 통해, 영유아 사망률이나 성인 발병률에 영향을 미쳤을 영양학적 압박을 받았던 인구집단이었음이 밝혀졌다. 그러나 생물학 자료는 심각한 영양결핍이나 기근을 뒷받침하지는 않았다. 대신, 대체로 영유아에 영향을 주었을, 그 지역에서 흔히 있음직한 경증에서 중증도의 압박을 시사했다. 전반적으로 순한 병리적 특성은 몇 차례 생리적 파열에 대한 대응이나 그로부터 회복한 역량을 시사하고 있다. 종합하자면, 유년기 성장이나 발달에 관련된 자료는 비록 블랙 메사가 작물을 재배하기에는 황량하고 척박한 환경이었을지라도, 대규모의 공동체로는 이 지역에서는 가능하지 않았을 계절적 이동이나 다각적 식이의 유지, 정치적 자치와 같은 성인들의 전략을 통해 어린이를 보호할 수 있었을 것이다. 적응력과 조직상의 전략으로 블랙 메사의 푸에블로 선조들은 200년 넘게 안정적이고 보속保續적인 생활양식을 창출했다. 좀 더 넓은 맥락에서 보자면, 이 사례연구는 인류가 고통스런 환경적 압박을 처리하기 위해 다양한 문화적 전술들을 구사할 수 있다는 점을 알려주었다.

광역적인 사막화와 지구온난화에 동반하여 서서히 부각되는 큰 문제들이 늘어나면서, 덥고 건조하며, 예측이 어려운 사막 환경에서 어떻게 인구집단이 상대적으로 건강을 유지할 수 있는지에 대한 정보는, 현안의 포괄적인 국가적 담론에서 중요하게 된다. 생물고고학 자료는 전체로서의 집단에 미치는 영향을 이해하므로, 더욱 중요하게는 노년까지 생존하지 못하는 개인들로부터 성장과 보건에 관한 자료를 확보하는 데 필수적이다. 인간 적응력의 한계가 어떠한가에 대한 설득력 있는 자료는 인구집단의 그러한 일부, 즉 젊어서 죽는 사람들이다.


## 1.3 요약

옛사람들의 질환 및 사망 양상에 주목하는 연구가 인간행위에 대한 설명력과 인간이 처한 상황에 대한 더 나은 이해에 더해질 중요한 정보를 제공한다는 것이 다소 역설적으로 보일 수 있다. 인류학은 인간행위의 이유와 자신들의 생존에 미치는 영향에 관련된 질문에 응답하려는 접근에 있어 태생적으로 학제적이며 전일적인 몇 안 되는 분야 중 하나이다. 사망은 사회적, 물리적 환경에서의 과제에 대한 일련의 누적된 생물·행위·문화적 대응의 최종결과이다. 개인들은 항시 자신들이 처한 환경을 따라 조정하는데, 그러한 조정은 그들의 (개인 수준의) 생존이나 (집단 수준의) 재생산 역량에 반영된다.

문화 및 환경의 맥락에서 상호작용하는 생물학적 실체로서 인간에 관련된 기록인 인골자료는 고고기록 중 매우 독특한 부분이다. 인간의 보건과 생존력에 영향을 주는 중요한 인자들 간 관계를 명확히 하는 발견적 방법으로서 생물문화모형을 활용하는 것은 단순기술적인 연구를 넘어서게 하는 유일한 경로임이 증명되었다. 연구자가 확보할 수 있는 인자나 제기되어야 하는 질문 및 가설과 관련하여 중요성을 가지는 인자들을 포괄하게 함으로써 그런 설명모형들은 매우 유용하다.

발견을 해석하는 데 어떤 이론을 활용해야 할지를 어떻게 알까? 인간행위에 관련된 이론들은 상이한 여러 지적 전통에 기반하고 있다(3장 참조). 불평등의 생성에 초점을 맞추는 정치경제이론으로부터 자연선택에 초점을 맞추는 진화이론까지, 상이한 맥락에서 작동하는 남성-여성 관계의 방식에 초점을 맞추는 젠더이론까지, 생물고고학 자료가 기여할 일련의 질문과 가설을 구축하는 많은 접근들이 있다. 정체성에 관련된 새로운 이론들은 정체성 자체가 사회적으로 구축·체화·경험되는 방식을 보여준다. 이른바 3세대 젠더이론은 선천적이고 선험적인 분석개념으로서의 남성-여성 범주를 약화시키고 폐기하는 데까지 이르고 있다. 연구자로 하여금 언제, 어디서, 어떻게 그러한 범주들이 존재하게 되었으며, 그것들이 불평등에 관련된 인류의 경험이나 체계에 무슨 함의를 가지는지를 검토하게 하는 새로운 이론들이 나타나고 있다. 실천이론practice theory은 더 포괄적인 일련의 정치·사회적 제약과 기회 속에서 개인 체험을 고려하기를 역설한다. 마르크스주의이론은 권력관계나 자원 생산·분배의 통제를 이해하고자 한다. 수행되는 연구를 거르거나 부각하기 위해 활용하는 이론의 종류에는 한계가 없지만, 여기서 중요한 것은 그러한 연구의 성격을 결정짓는 인간행위에 관한 이론의 본체가 있다는 점이다.

인류학 조사에 활용되는 인간유해의 분석은 변화와 인간 반응체계의 장·단기적 파생효과 및 기제를 이해하는 데에 시간적 깊이나 지역적 다양성을 부여하기 위해서 생물고고학의 학제적 특성을 이용하기도 한다. 생물고고학 연구는 역사나 맥락의 영역을 부가함으로써, 인간 생활의 과거 과정과 현재의 상황을 연결하는 잠재력을 가진다. 생물고고학 연구는 식민화와 질환, 장애, 사망의 특정한 관계 등과 같은 더 포괄적인 사회적 문제를 제기하는 수단으로도 활용되어왔다. 장애와 질환이 불평등 및 자원에의 접근성과 연관됨에 대한 이해 부족이 고대인에게만 한정된 것은 아니다.

그러므로 생물고고학 연구는 가용의 경험 자료에 의거하여 해결될 연구과제로 개시할 때 더 유용하고 타당해진다. 그에 아울러, 생물고고학 연구는 항상 연구사업의 도덕적 측면에도 주목해야 한다. 이는 연구사업의 특정 분야에 관해 부족대표와의 협업을 구성하거나 인가를 위해 박물관 자문위원회에 연구에 대해 설명하는 것을 의미할 수도 있다. 그러한 연구들은 체계적이고, 엄밀하며, 재연될 수 있어야 하고, 과학적으로 적절해야 한다. 마지막으로, 생물고고학 연구는 자료에 대한 해석과 인간행위에 관련된 더 포괄적인 이론적 쟁점을 연결시켜야 한다. 다른 사람이 해당이론에 의거하여 양상과 과정을 이해해왔던 주제와 방식에 관한 포괄적인 일체의 정보를 명확히 하는 것이 필수적이다. 그런 후에 발견사항은 광범위하고 포괄적인 인류학적 질문과 연결되어야 한다.

소페어Joanna R. Sofaer는 "… 경험적 관점을 취할 수 없고 뼈대학 정보가 스스로에 대해 말한다고 가정할 수도 없다. … 신체란 동시에 생물학적이고, 상징적이고, 물질적이기 때문이다(2006: 11)."라고 함으로써 그러한 종류의 통합적 연구의 본질을 간취하고 있다. 자료를 이해하거나 광범위한 질문과 문제에 자료를 적용하는 다양한 방식을 통해 사고에 일조할 구도, 설명모형, 그리고 특히 이론 등의 활용으로 생물고고학은 충만하게 된다.

# 참고문헌

Agarwal, S. C., & Glencross, B. A. (2011). *Social bioarchaeology*. Malden: Wiley-Blackwell.

American Anthropological Association. (2012). *What is Anthropology? http://aaanet.org/about/ WhatisAnthropology.cfm*. Accessed February 15, 2013.

Armelagos, G. J. (2003). Bioarchaeology as anthropology. In S. D. Gillespie & D. L. Nichols (Eds.), *Archaeology is anthropology* (pp. 27-41). Washington, DC: Archaeological Papers of the American Anthropological Association, No. 13.

Baustian, K. M. (2010). *Health Status of Infants and Children from the Bronze Age Tomb at Tell Abraq, United Arab Emirates*. MA thesis, University of Nevada, Las Vegas, Las Vegas.

Binford, S. R., & Binford, L. R. (1968). *New perspectives in archaeology*. Chicago: Aldine Transaction.

Blakey, M. L. (1987). Intrinsic Social and Political Bias in the History of American Physical Anthropology: With special reference to the work of Aleš Hrdlička. *Critique of Anthropology, 7* (2), 7-35.

Buikstra, J. E. (1977). Biocultural dimensions of archaeological study: A regional perspective. In R. L. Blakely (Ed.), *Biocultural adaptation in prehistoric America* (pp. 67-84). Athens: Southern Anthropological Society Proceedings, No. 11, University of Georgia Press.

Buikstra, J. E., & Beck, L. A. (2006). *Bioarchaeology: The contextual analysis of human remains*. Burlington: Academic.

Buikstra, J. E., & Cook, D. C. (1980). Palaeopathology: An American account. *Annual Review of Anthropology, 9*, 433-470.

Cohen, M. N., & Armelagos, G. J. (1984). *Paleopathology at the origins of agriculture*. Orlando: Academic.

Cohen, M. N., & Crane-Kramer, G. M. M. (2007). Ancient health: Skeletal indicators of agricultural and economic intensification. In C. S. Larsen (Ed.), *Bioarchaeological interpretations of the human past: Local, regional, and global perspectives*. Gainesville: University Press of Florida.

Ferguson, T. J., Dongoske, K. E., & Kuwanwisiwma, L. J. (2001). Hopi perspectives on southwestern mortuary studies. In D. R. Mitchell & J. L. Brunson-Hadley (Eds.), *Ancient burial practices in the American Southwest* (pp. 9-26). Albuquerque: University of New Mexico Press.

Goodman, A. H., & Armelagos, G. J. (1989). Infant and childhood mortality and mortality risks in archaeological populations. *World Archaeology, 21*, 225-243.

Goodman, A. H., & Leatherman, T. L. (1998). Traversing the Chasm between biology and culture: An introduction. In A. H. Goodman & T. L. Leatherman (Eds.), *Building a new biocultural synthesis: Political-economic perspectives on human biology* (pp. 3-41). Ann Arbor: University of Michigan Press.

Goodman, A. H., Brooke Thomas, R., Swedlund, A. C., & Armelagos, G. J. (1988). Biocultural perspectives on stress in prehistoric, historical, and contemporary population research. *American Journal of Physical Anthropology, 31* (S9), 169-202.

Gravlee, C. C. (2009). How race becomes biology: Embodiment of social inequality. *American Journal of Physical Anthropology, 139* (1), 47-57.

Kuckelman, K. A., Lightfoot, R. R., & Martin, D. L. (2002). The bioarchaeology and taphonomy of violence at Castle Rock and Sand Canyon Pueblos, Southwestern Colorado. *American Antiquity, 67*, 486-513.

Larsen, C. S. (1987). Bioarchaeological interpretations of subsistence economy and behavior from human skeletal remains. In M. B. Schiffer (Ed.), *Advances in archaeological method and theory* (Vol. 10, pp. 339-445). San Diego: Academic.

Larsen, C. S. (1997). *Bioarchaeology: Interpreting behavior from the human skeleton*. Cambridge: Cambridge University Press.

Martin, D. L. (1998). Owning the sins of the past: Historical trends in the study of Southwest human remains. In A. H. Goodman & T. L. Leatherman (Eds.), *Building a new biocultural synthesis: Political-economic perspectives on human biology* (pp. 171-190). Ann Arbor: University of Michigan Press.

Martin, D. L., Goodman, A. H., Armelagos, G. J., & Magennis, A. L. (1991). *Black Mesa Anasazi health: Reconstructing life from patterns of death and disease*. Carbondale: Southern Illinois University Press.

Martin, D. L., & Harrod, R. P. (2012). Special forum: New directions in bioarchaeology. *SAA Archaeological Record, 12* (2), 31.

Ogilvie, M. D., & Hilton, C. E. (2000). Ritualized violence in the prehistoric American Southwest. *International Journal of Osteoarchaeology, 10*, 27-48.

Rankin-Hill, L. M., & Blakey, M. L. (1994). W. Montague Cobb (1904-1990): Physical anthropologist, anatomist, and activist. *American Anthropologist, 96* (1), 74-96.

Sheridan, S. G. (2000). 'New Life the Dead Receive': The relationship between human remains and the cultural record for Byzantine St. Stephen's. *Revue Biblique, 106* (4), 574-611.

Sofaer, J. R. (2006). *The body as material culture: A theoretical osteoarchaeology*. Cambridge: Cambridge University Press.

Spurr, K. (1993). *NAGPRA and archaeology on Black Mesa, Arizona*. Window Rock: Navajo Nation Papers in Anthropology, No. 30, Navajo Nation Archaeological Department.

Swedlund, A. C. (1994). Issues in demography and health. In G. J. Gumerman & M. Gell-Mann (Eds.), *Understanding complexity in the prehistoric Southwest. Santa Fe Institute Studies in the Sciences of Complexity Proceedings* (Vol. 16). Reading: Addison-Wesley Publishing Company.

Walker, P. L. (2001). A bioarchaeological perspective on the history of violence. *Annual Review of Anthropology, 30*, 573-596.

White, T. D., Folkens, P. A., & Black, M. T. (2012). *Human osteology* (3rd ed.). Burlington: Academic.

Wood, J. J., & Powell, S. (1993). An ethos for archaeological practice. *Human Organization, 52* (4), 405-413.

Zuckerman, M. K., & Armelagos, G. J. (2011). The origins of biocultural dimensions in bioarchaeology. In S. C. Agarwal & B. A. Glencross (Eds.), *Social bioarchaeology* (pp. 15-43). Malden: Wiley-Blackwell.

2장

# 생물고고학자의 기풍

고대 또는 역사시대 인간유해를 대상으로 한 작업이 법적, 윤리적, 도덕적 함의를 내포하고 있다는 점에는 의심의 여지가 없다. 구속력이 있는 법제나 인간유해 연구가 부당하다고 생각하는 원주민들이 함의에 의해 제기되는 문제가 신진학자에게는 부담스러울 것이다. 그러나 그러한 대안적 관점을 장애나 과제로 간주하기보다는, 많은 생물고고학자들은 생물고고학이 어떻게 교육되어야 하고, 어떻게 연구되어야 하는지를 수정해감에 따라 제기되는 쟁점으로 포용하고 있다. 그러한 쟁점을 담당 과학자들이 반드시 수행해야 할 것으로 규정하는 대신, 생물고고학자들은 어젠다를 재편하고 고고자료를 다루는 방식에 대한 더 포괄적인 세계관을 구축할 계기로 여기고 있다. 우드John W. Wood와 파월Shirley Powell은 생물고고학에 강력하게 연관된 지식의 본질적인 부분을 제시하고 있다(Wood and Powell 1993). 그들은 고고학적 실천의 기풍이 변화해야 하는 몇 가지 흥미진진한 이유를 들고 있다. 생물고고학 역시 그 연구가 어떻게 수행되어야 하는지에 관련된 기본적 기풍을 변화시킴으로써 바뀔 수 있다. 기풍은 일상의 실천을 형성하는 일련의 근본적 믿음을 함축한다. 이 장은 인간유해를 대상으로 하는 연구에 관련된 기초적인 기풍은 모든 수준에서 인간유해와 유물이 연결되는 좀더 큰 맥락과의 접촉을 담보해야 함을 제안한다. 거기에는 후손집단, 지방공동체, 군·주·연방 법규나 정부 및 지자체의 규정, 관련 인골자료를 보관하는 유해보관소나 박물관 등이 포함된다.

이렇게 복잡하고 서로 얽힌 분위기에서 작업하는 생물고고학자는 점점 더 많이 자기 연구의 중요성을 전달하고 설명해야만 한다. 자신들의 연구를 위해 인간유해나 다른 유물에 대한 접근이 허가되어야 하는 이유를 전달할 수 있어야 한다. 연구대상이 된 개인은 뼈 자체를 훌쩍 넘어서 더 큰 사회정치적 맥락의 일부인바, 그러한 연구가 비밀스레 여겨질 수만은 없다. 생물고고학이 그 안에서 작동하고 그에 따라야 하는 현대 정치 및 법조 영역이 인간유해에 대한 연구로 스며들고 있다. 1장에서 언급했듯이, 1989년에 통과된 「미주 원주민 (미)국립박물관 법령National Museum of the American Indian Act, NMAIA」뿐만 아니라, 1990년에 통과된 「(미주) 원주민분묘 보존 및 반환 법령NAGPRA」 및 근래의 그 개정안 등 법령들은 인간유해를 다루는 연구에 계속적으로 제약과 어려움을 가하고 있다.

현대 생물고고학의 위치가 어디인지를 평가하고 이해하기 위해서, 인간유해 연구의 흐름에 대한 개괄은 필수적이다. 다양한 접근으로 고대 인간유해의 과학적 분석법을 개척했던 초기 체질인류학자들의 기풍에 관한 논의가 그 처음에 온다. 1980년대 이전에는 맥락을 고려하지 않은 채, 1990년대 이전에는 부족집단 후예들의 허락이나 협조 없이 분석이 진행되어왔는데, 인간유해에 대한 연구는 현대 사회와의 폭넓은 연관성을 가질 많은 기회를 일실했었다. 기술적記述的 형태학이나 분류학에 대한 사적史的 주목이 분석을 압도함으로써, 과거와 현재(그리고 죽은 자와 산 자)를 유용한 방식으로 연결할 수도 있었던 통합적 연구가 어렵게 되었다.

둘째, 「(미주) 원주민분묘 보존 및 반환 법령」 제정이 생물고고학 영역에 미친 영향을 되짚어보는 것도 중요하다. 1990년대 생물고고학계로부터는 다양한 반응이 있었지만, 자신들의 대규모 연구에 대한 자기비판적 또는 성찰적 평가는 거의 포함되지 않았다. 연구를 위해서는 모든 인간유해에 접근할 수 있어야 한다는 전통적인 관점으로부터 조사에 대한 과학적 연구가 진행되어야 한다면, 그것이 언제일지는 후손집단이 결정해야 한다는 좀 더 현대적인 생각으로 생물고고학의 기풍이 천천히 변해가고 있었다. 1990년대, 일부 생물고고학자들은 법의인류학(이 분야에 대한 3장의 논의 참조)과 같은 중립적 연구 영역으로 옮아갔지만, 학계 전반에 있어서 그 기풍을 바꾸는 중대한 전이가 진행되지는 않았다. 여전히 「(미주) 원주민분묘 보존 및 반환 법령」이나 유사 법령들에 대한 체질인류학자와 생물고고학자의 입장에 대한 문제제기가 바뀌어야 함을 분명히 하고 있었다.

생물고고학자들에 의해 축적된 최근 지식은 기풍에 있어서 근본적 전이가 있음을 보여주고 있다. 부족의 대표나 회의체와 긴밀하게 협업하는 새로운 세대에 의해, 생물고고학 연구 수행과 관련하여 새로이 부상하는 규약이 강화되고 체계적으로 정비되어왔다. 군·주·연방 법령을 불문하고, 생물고고학자는 인간유해와 관련된 어떤 사업이든 수행하기에 앞서 반드시 (1) 해당 연구를 수행하는 전체적 함의는 무엇인지, (2) 그 연구가 후손이나 지역 공동체에 미치는 영향은 어떠한지, (3) 수집·전파된 정보가 인류학 밖에서 부정적인 방식으로 사용될 소지가 있는지 등의 사항을 고려해야 한다. 마지막 고려사항은 연구자로서는 종종 판단하기 매우 어렵지만, 가장 중요시해야만 하는 것이다. 자료를 생성하는 어떤 과학자도, 그 자료가 미래에 어떻게 사용될지 평가하거나 추적하기는 어렵다. 문화인류학자조차도 이 문제와 씨름하고 있다. 챠콘Richard J. Chacon과 멘도사Rubén G. Mendoza는 문화인류학자가 원주민집단에 대한 민감한 민족지자료를 출간하는 (또는 출간하지 않는) 문제를 둘러싼 많은 윤리적 파급효과와 씨름하는 방식에 관련된 흥미로운 사례연구를 제시하고 있다(Chacon and Mendoza 2012). 이 장의 사례연구는 미국 및 국제적 상황에서 인간유해를 다루는 작업에 관련된 복잡성을 보여준다.

## 2.1 통합과 참여에 대한 미국 내 역사적 경향 및 일실한 기회

생물고고학은 자연과학과 사회과학 모두에 걸쳐 있으며 과거에 대한 엄청난 양의 정량·정성적 자료를 생성한다. 대부분의 생물고고학자는 과거에 대한 이해가 암

연구나 지구온난화 연구만큼이나 중요하다고 굳게 믿는다. "과거가 장애이고 부담이었다면, 과거에 대한 지식은 가장 안전하고 신뢰할 만한 해방구(Weaver 1960: 22)"라고 역사가이자 윤리주의자였던 액튼 경Lord Acton이 언급한 바에 많은 이들이 동의할 것이다. 그러나 여전히 생물고고학자들은 어떻게 현재가 안고 있는 문제를 해결하는 데 과거에 대한 자신들의 연구가 유익한 영향을 미칠 수 있는지를 제대로 설명하지 못하고 있다. 체질인류학(과 그 하부 분야로서 생물고고학)에 대한 비판적 검토를 통해, 많은 연구자들이 과거와 현재를 연결하는 질문을 던지는 연구를 구성하는 데에 실패한 탓이라는 점을 지적해왔다(Walker 2000; Martin 1998; Alfonso and Powell 2007; Larsen and Walker 2005; Walsh-Haney and Lieberman 2005; Kakaliouras 2008; Turner and Andrushko 2011).

모든 과학에는 순전히 기술적이며, 좀 더 포괄적인 결론을 내리지 않은 연구들이 존재한다. 이는 생물고고학이나 그 쌍둥이 하위 분야라 할 수 있는 (6·7장에서 논의될) 고병리학에 있어서도 그러하다. 한때 고고학자나 체질인류학자가 고대 인골이나 분묘를 발굴한 뒤, 인골을 계측하고 사망연령이나 성별 및 병리현상을 추정하기 위해 인골 표면을 분석하는 것이 매우 용이했다. 초기에는 단순히 모든 계측치나 병리현상에 관련된 어떤 발견이라도 기록하는 저작들이 넘쳐났다. 전적으로 사례연구에 기반한 저작물 중 일부는 유용하지만 한계를 보인다. 종종 어떤 연구자들이 서너 개의 사례연구를 취하여 시·공에 걸친 양상을 분석할 수는 있겠지만, 그리 쉽지는 않다. 기술적 연구들은 자료의 수집과 보고에 관련된 일련의 표준방법을 거의 사용하지 않는다.

따라서 기술적 연구들은 관찰사항의 증대나 병리현상이 인골조직에 어떻게 반영되는지에 대한 이해에 부가될 수 있으나, 인간의 상태에 관련된 좀 더 포괄적인 주제와 연결되기는 매우 어렵다. 양적 계측에 기초하는 기술적 연구는 인간의 허약함이나 회복력에 관한 포괄적인 개념을 구축하는 데에 활용될 수 있는 틀을 형성하기는 하겠지만, 그러한 방식으로 활용하기에는 대체로 지나치게 특정적이거나 편협하다.

「(미주) 원주민분묘 보존 및 반환 법령」은 생물고고학자가 포괄적인 질문이나 자신들의 연구를 당면문제와 연결시킴에 있어 좀 더 (현실)참여적이도록 하는 데에 간접적인 역할을 했다. 1990년대에 들어, 연구를 위해 인간유해에 접근하기를 원하던 생물고고학자들에게는, 원주민 인골 연구가 중요한 이유를 분명하면서도 일반적인 언어로 밝히는 것이 더더욱 필요하게 되었다. 그러는 과정에서 모든 과학자가 인간유해에 접근할 수 있는 권리를 갖는다는 점을 내포하는 대답 정도로는 충분하지 않다는 것이 명확해졌다. 생물고고학자와 원주민 공동체 간 관계의 조정이나 복구를 시도하면서 현존하는 후손들이 제기하는 관심사에 대해 호의적인 연구과제들이 「(미주) 원주민분묘 보존 및 반환 법령」 이후 새로운 생물고고학의 모범이 되었다. 이러한 접근은 현재 생물고고학의 표준이 되는 기초를 만들었다.

최근 들어, 생물고고학자는 추구하는 질문과 답변을 좀 더 현대 사회에 연관되고 적합하게 만들어가면서, 자신들의 연구와 그에 대한 대중적 인식 사이의 괴리를 개선하기 위해 노력해왔다. 원주민집단과 생물고고학자 사이의 협업은 미래지향적인 길로, 이 분야의 새로운 "모범사례"의 핵심에 자리하고 있다. 예를 들어, 미국에서 연구자들은 최근 몇 십 년간 미주 원주민집단과의 협력 속에서 자문과 연구를 증진시켜왔다(Harrod 2011; Dongoske 1996; Stapp and Longnecker 2008; Miller 1995). 「(미주) 원주민분묘 보존 및 반환 법령」과 같은 법령이 부재한 여러 나라에서 활동하는 생물고고학자들도 동일한 모범사례를 따르는바, 이러한 협업이 단순히 그 결과만은 아니다(Turner and Andrushko 2011; Pérez 2010). 문화인류학자나 고고학자 역시 협업이 지극히 생산적일 수 있다는 것을 알게 되었다(Chacon and Dye 2007).

미국의 원주민이나 여타 나라의 원주민 모두가 선조의 유골이 과학적 분석을 수행하는 생물고고학 실험실의 차갑고 딱딱한 책상에 놓여야 함을 납득하지는 않을 것이다. 아마도 실코Leslie Marmon Silko가 "우리 것이 아닌 양상으로 우리 현실을 해석하는 것은 우리를 더욱 모르게 하며, 더 자유롭지 못하게 하고, 더 고립시키는 데만 일조할 것(1987:93)"이라고 한 데서 아마도 가장 잘 표현되었을 듯, 대중서나 매체는 그러한 감상의 사례로 차고 넘친다. 생물고고학자는 인골을 계측하고 분석하는 가치를 알지 못하는 이들에게 연민을 느끼며, 대응할 수 있게 채비해야 한다. 1장에서 논의한 대로, 생물고고학자는 인류학자다. 죽은 자가 산 자에게 의미하는 것이 무엇인지에 대한 관념의 차이가 분명히 있기 때문에, 인류학에서 훈련된 것이 이 사안에 있어서는 도움이 된다. 실전에서 생물고고학자들은 죽음과 사후세계에 관련된 다양한 관념에 정통해야 한다(이는 5장에서 훨씬 심도 있게 논의된다).

## 2.1.1 체질인류학의 역사

체질인류학은 린네Carl Linnaeus에 의해 개발된 형태 비교나 다윈Charles R. Darwin과 월레스Alfred R. Wallace에 의해 제안된 공동조상으로부터의 분기分岐와 같은 원리에 의거하여 탄생했다. 역사를 통틀어, 연구자들이 범주나 분류체계를 생성하는 수단으로서 (흔히 "형[식]type"이라고 불리는) 개별 집단 구분의 특질에 주목해온 것은 그러한 연원의 산물이다. 그러한 작업의 상당 부분은 우선적으로 인간과 화석인류의 관계를 인지하는 작업에 초점이 맞춰졌지만, 일부 연구자들은 그 원리를 현존하는 인간에도 적용했다. "인종race" 개념은 현생인류를 몇 형식이나 별개 집단으로 분류하고자 했던 데서 연원한다(Brace 2005). "인종"이라는 용어는 감각에 의해 인지되는 신체적 특성을 달리하는 별개 인간집단을 기술하는 데에 활용되었다. 이러한 접근에서 근저의 믿음은 과거 어느 때 "순수한" 형이 존재했고, 비록 교배는 있어왔으나 신체 특징의 계측을 통해 그러한 시원적 형이 어떠했는가를 간취할 수 있다는 가정에 의해 뒷받침되고 있다.

과거에는 상이한 인종을 지성, 재능, 정치성향, 개성 등 능력의 차이와 연결시키는 경향이 있었는데, 그 개념에는 문제의 소지가 있다. 예를 들어, 미국에서 인종과 특정 사회·정치적 운동을 연관 짓는 작업은 노예제, 예속, 인종차별, 강제적 불임(예를 들어, 우생학) 등을 포함한 여러 잔혹행위를 정당화하는 데에 일조했다. 미국으로 유입된 아프리카인, 즉 미국 흑인이나 기타 다양한 이민자집단을 대상으로 행해졌다.

체질인류학 분야에서 "인종"은 연구자들을 구분하는 개념이 되어왔다(Stocking 1982). 일부는 집단 간 신체적인 변이가 워낙 미미하고 무의미해서 명확하고 배타적인 부류로 구분하는 것이 득이 되지 않는다고 주장한다(Brace et al. 1993; Brace 1964, 2005; Armelagos and Salzmann 1976; Van Gerven et al. 1973; Goodman 1994). 다른 일부는 부류 사이에서 관찰되는 차이가 의미를 가질 뿐만 아니라, 구분될 만한 "인종"을 규정한다고 주장한다(Birkby 1966; Gill 1998; Ousley et al. 2009; Sauer 1992, 1993). 이 논쟁의 양쪽 입장에 대한 학술적 연구는 기저의 원인과 표현형의 (해부학적) 수준에서 보이는 변이의 중요성을 다루려 한다.

전통적으로, 인류의 변이에 대해 형식학적 접근을 선호하는 연구자는 피부색, 두발 형태, 코 모양, 몸의 구조 등 "고전적 특질"로 불리는 외형적인 특징을 활용하여, 전체 집단을 몇 부류로 나누어왔다. 여타 연구자들은 그러한 종류의 신체적 특질들이 환경에 대한 적응의 결과이고, 그러므로 그것들은 단순히 표현형에 반영된 지역성이라고 설명해왔다. 유전학이나 DNA를 이용한 좀 더 최근의 방법들은 형식화된 특질의 유용성을 넘어서는 개인적 변이의 중요성을 설명하기 위해 이 논쟁에 활용되어왔다. 해부학 또는 유전학적 특질이 이용되는지 여부에 관계없이, 이른바 인종 간 차이가 지역별 적응 양상과 표현형의 유사성을 좀 더 많이 반영한다는 점을 제시하는 압도적인 증거가 있다(Brace 2005). 인간의 변이는 집단 사이에서는 유동적이며, 집단 내에서는 복합적이다.

체질인류학의 기초를 닦았던 초기 연구자들은 집단 사이의 인간 변이를 위계적으로 바라보는 경향이 있었다. 그들은 진화가 발전적이라는, 지금으로서는 진부한 생각에 영향을 받았다. 문제는 그들이 인간집단 사이에서 인지한 차이가 다윈이 되새finch의 변이에 대해 알아냈던 것과 같은 지역별 특성화에 기인했다는 점이다. 그 차이가 기후조건에 대한 적응임이 인정되더라도, 일부 체질인류학자들은 그 변이를 상이한 인간 종의 존재에 대한 증거로 활용했다(Nott and Gliddon 1854). 이른바 인종은 분리된 종으로 비춰졌을 뿐만 아니라, 연구자들은 그 각각이 신과의 친연성에 따라 존재의 대사슬Great Chain of Being(Lovejoy 1936; Hoeveler 2007)로 알려진 위계적

체제 속에서 등급 지어질 수 있다고 주장했다.

인간집단을 분리된 종으로 고안한 것은 여러 차원에서 문제의 소지가 있다. 이 미심쩍은 인간 종은 생물학적 측면에서 정해진 종 구분의 방식을 위배하고 있다. 생물학적으로 다른 종이란 교배하지도, 생육이 가능한 자손을 출산하지도 못하는 어떤 두 생명체이다. 인구집단에 관한 한, 어떤 인간집단의 어떤 구성원도 어떤 이성과 성공적으로 짝지을 수 있으며, 그런 것을 똑같이 할 수 있는 자식을 낳을 수 있다. 더욱이 과학적으로 타당하지 않을 뿐만 아니라, 논리적으로도 허위인 종 지정은 수용하기 어렵다. "종"에 관해 유전정보가 밝힌 바에 대한 인식이 있기 전부터, 인류를 개별 집단으로 분리할 때 활용되는 신체적 차이 또는 "고전적 특질"은 매우 미미하여 가장 상이한 사람도 그들이 다른 것보다는 더 많은 측면에서 서로 닮았다.

미국에서 체질인류학이 정식으로 발달하게 되자, 과학은 "인종" 관념이 개념을 정립하고 혼인제한, 분리, 우생, 그리고 마침내는 유럽에서의 대학살 등과 같은 사회·정치적 정책의 방향을 정하는 한 방편으로서 활용을 촉진하는 중대한 역할을 하는 도구가 되었다. 체질인류학자가 인간유해를 입수·분석하는 데 있어 여러 방면으로 영향을 미치는바, 이러한 유산을 이해하는 것은 중요하다. 그것은 다음에는 곧장 자기 "인종"으로 인해 선조들의 인골이 유럽계 미국인 조상의 인골과 달리 처리된다는 원주민들의 항의 증가로 이어졌다. 1990년대 이전, 분묘를 훼손하는 것이 불법이었음(또 여전히 그러함)에도 불구하고, 역사 및 선사시대 미주 원주민의 유해를 발굴하고 수습하는 것이 빈번했다. 예를 들어, 네브래스카주에서 「(미주) 원주민분묘 보존 및 반환 법령」이 인류학에 미친 영향을 분석하면서 브라운은 어떤 인간유해라도 교란하는 것은 불법이며(Brown 1995-1996), 미주 원주민의 분묘를 보호하기 위해서는 여전히 하나의 연방법으로 통과되었어야 함을 밝히고 있다. 1979년, 체로키Cherokee부족이 테네시(강)유역 개발공사Tennessee Valley Authority, TVA가 원주민의 분묘를 없애거나 분석하지 못하도록 했던 공판―시쿼야Sequoyah 대 테네시(강)유역 개발공사[620F.2d 1159]―이 열렸다. 유럽계나 아프리카계 모두, 미국인 개인의 분묘는 즉각 재매장되었지만, 미주 원주민의 분묘는 보관되고 연구되었다는 점에서 이 소송이 중요하다(Ferris 2003: 161). 「(미주) 원주민분묘 보존 및 반환 법령」의 제정을 위해 미주 원주민이 선도하였던 이 분쟁은 인간유해에 대한 형식분류적, 궁극적으로는 인종주의적 접근의 직접 산물이다.

### 2.1.1.1 "과학적 인종주의"에서 계측의 역할

체질인류학과 "인종"(및 인골, 형[식]) 간 밀접한 연결은 미국에서 초기 연구의 초점이 표현형(신체적 외양)의 변이를 설명하는 데에 집중되었기 때문이다. 체질인류학 분야에서, 그 개념은 인체측정anthropometry으로 불리는 기법을 통해 계측이나 통계처리를 수행하면서 좀 더 정량화되었다. 인체측정(학)은 인간집단을 구분 지으려는 의도에서 개발된 신체구조 연구이다. 바스William M. Bass는 자신의 책에서 인체측정(학)을 생체계측법somatometry, 두부頭部계측법cephalometry, 뼈대계측법osteometry, 두개頭蓋계측법craniometry 등 네 부류로 구분하고 있다(Bass 2005). 살아 있는 인간에 대한 연구여야 한다는 전통적인 관점에서 볼 때, 일반적으로 인체측정(학)에 연관된 두 가지 기법은 "생체 또는 시체에 대한 계측"으로 정의되는 생체계측법과 "두개와 안면"의 계측인 두부계측법이다(Bass 2005: 62). 체질인류학자들은 모든 분야에서 더이상 적극적으로 생체계측법과 두부계측법의 기법을 차용하지 않는다. 대조적으로, 두개계측법과 뼈대계측법은 여전히 인간유해 연구에서 계량적 조사법의 근저를 형성하고 있는바, 그 두 기법의 활용에 역사적으로 결부된 문제 몇몇을 논의하는 것은 중요하다.

그 첫 번째인 두개계측법, 즉 두개골과 안면 뼈의 크기와 모양을 정하기 위한 계측법의 활용은 1775년에 블루멘바흐Johann Friedrich Blumenbach에 의해 개발되었다. 두개계측법은 논란의 소지가 있는 분석방법이고, 항상 그래왔다. 아멜라고스George J. Armelagos와 동료들에 따르면, "… 두개골의 활용이 생물학적 친연성을 평가하는 데에 지극히 중요하다"는 것은 1896년 피르호Rudolf Virchow까지 거슬러 올라간다(Armelagos et al. 1982: 308). 오늘날에도 여전히 그 활용이 계속되고 있다.

엘-나자르Mahmoud Y. El-Najjar와 맥윌리엄스Kenneth R. McWilliams가 미국 체질인류

학의 창시자라고 평가했던 모턴Samuel George Morton이야말로 두개계측법의 가장 열렬한 활용자 중 한 사람이었을 것이다(El-Najjar and McWilliams 1978). 모턴은 전 세계여러 인간집단의 두개골 용량 또는 뇌의 평균 크기를 비교한 광범위한 연구로 알려져 있다. 그 자료나 자신의 다른 연구를 활용하면서, 모턴은 1800년대 중반 인간집단간의 위계를 설정하였다. 다른 연구자들은 이 연구에 의거하여 종종 다양한 수준의지성에 기반한 "인종"의 위계를 지속시켜왔다.

린네를 비롯한 당시의 여러 과학자들이 그랬듯, 유럽, 특히 영국에 자리 잡은 가장 연한 피부색의 집단이 그 위계의 정점에 있는 반면, 어두운 피부색의 아프리카 사람들이 가장 낮은 집단이었다는 것은 놀랍지도 않다. 모턴의 연구 및 유사한 연구들이 가지는 문제는 두개골 용량에서의 그 정도 미세한 변이가 가상의 인종집단 내에서 일관적이거나 지능과 상관된다는 그 어떤 증거도 없다는 것이다. 모턴의 연구에 대한 굴드Stephen J. Gould의 재분석은 오류를 내포한다는 지적(Lewis et al. 2011)이 있기는 하지만 상관성이 결여된다는 점은 굴드에 의해 처음 폭로되었다(Gould 1981). 그런 비판에도 불구하고, 다른 연구자들은 두개골이나 뇌의 용량과 지능 사이에는 상관성이 없다는 그의 원래 주장을 지지해왔다(Jackson 2010; Gravlee et al. 2003a·b; Boas 1912; Carey 2007).

인간집단을 구분 짓기 위하여 체질인류학자가 사용하는 두 번째 방법은 뼈대계측인데, 주로 뼈를 재는 것으로 정의되지만 일부 연구자들은 신체 중 후두개postcranial 특징에 대한 계측에만 이 용어를 쓴다(Bass 2005: 62). 이 기법은 두개계측법보다는 덜 논란이 되어왔는데, 지능이 몸의 크기와는 상관되지 않고, "… 후두개 유해에 대한 인종적 평가는 두개골 연구만큼 체질인류학자의 관심을 끌지 못했기(Armelagos et al. 1982: 318)" 때문이었다.

뼈 분석의 역사를 탐색하는 목적은 체질인류학 분야를 폄훼하려는 것이 아니라, 오늘날의 생물고고학자들이 인간유해 분석에 접근하는 방식 중 일부가 대체로 과학적 데이터로 뒷받침된 인종주의자적 선언의 등장을 유도했던 연구들에서 사용되었던 것과 동일한 방법에 기초하고 있다는 점을 인정하기 위해서다. 당시의 거의 모든 과학자들이 이념적이거나 정치적인 의제에 영향을 받았던 것으로 보이는데, 그것이 체질인류학만의 특이점은 아니다. 그럼에도 불구하고, 과학자들이 자기 연구의 편향성을 시인하거나 연구의 의미를 반추함에 있어 많은 진전이 있었다.

과학적 데이터의 오용은 매우 부정적인 결과를 초래할 수 있다. 그 극단적인 예에는 과학적인 인종주의를 활용함으로써 노예제를 유지하거나 원주민의 재배치를 정당화하는 정치적 동기가 인류학 또는 의학 연구에 의해 옹호되었다는 사실도 포함된다(Johanson 1971; Brooks 1955; Horsman 1975). 어떻게 그러한 정책이 통과될 수 있었는지 이해함으로써 체질인류학 분야에서 "인종"이라는 용어의 역사적 변천에 대한 이러한 간략한 회고가 현대 생물고고학을 위한 기풍의 형성에 관련된 후속 논의의 배경이 된다. 이 분야에 대한 이런 역사적 맥락화가 없다면, 인간유해 분석을 둘러싼 통합성, 참여성, 윤리적 고려 등의 기풍 진작이 그다지 시급하지도 적절하지도 않게 보일 수 있다.

## 2.1.2 생물문화적 접근의 발달과 현대 체질인류학의 태동

체질인류학의 역사를 통틀어, 인종 분류를 반대하고, 인간 변이를 이해할 보다 함축적인 방법을 개발하려는 연구자들이 있었다(Washburn 1951; Boas 1912; Cobb 1939; Montagu 1942). 최근 몇십 년 동안 체질인류학 분야는 집단 간 표피적인 신체상 차이에 대한 질문에서 적극적으로 탈피하기 시작했다. 왜냐하면 명확히 그러한 접근이 폭넓은 이론 또는 현실적 질문에 답하지 못하기 때문이다. 대신 인간 사이 변이가 생물적, 문화적, 생태적, 지리적 변이의 산물이 되는 경로와 그러한 변이가 집단들 사이에서 어떻게 달라지는지에 대한 질문을 구성해야 한다는 노력이 있어왔다.

이런 주안점 전환의 동기는 과학의 유익한 비교수단을 구제하는 것이었다. 인체계측법의 부활은 그 좋은 예이다. 인류학 내에서, 이 방법은 성장이나 발달을 영양결핍이나 질환에 연결시키는 여러 연구들에 활용되고 있다(Bogin and Keep 1999; Vaughan et al. 1997; Komlos 1989, 1995).

인류학 밖에는 "… 작업의—그것을 행하는 사람과 그것이 수행되는 방식, 활용하는 도구와 설비, 수행하는 장소, 그리고 작업상황의 심리사회적인 측면에 관련된 — 과학…"으로 정의되는 인간공학ergonomics이라는 분야가 있다(Pheasant and Haslegrave 2006: 4). 이는 공학, 생체역학, 심리학 및 비중이 증대되고 있는 인류학 등의 연구자들로 이루어진 학제적 분야이다. 인간공학의 목표는 일반적으로 비즈니스(Sagot et al. 2003; Chaiklieng et al. 2010; Hendrick 2003) 및 군대(Gordon 1994; Rogers 2011; Huishu and Damin 2011)에서 인간 이용자와 함께 가능한 한 효율적으로 기능하도록 제품, 작업 공간 및 직업 활동을 설계하는 것이다. 시장에서 생산품의 성공에 미치는 영향력이나 작업장 부상에 관련된 상당한 비용 절감의 가능성으로 인해 이 분야는 현대사회에 매우 적합할 수 있다. 인체계측이 오늘날의 체질인류학에서 활용되는 두 번째이자 더 유익한 경로는 대사질환이나 영양상태에 대한 연구에서이다(Vaughan et al. 1997; Komlos 1995; Hsieh and Muto 2005). 그러므로 인체측정(학)이 형식분류 작업에서 활용된 방법이었을지라도, 연구의 좀 더 중요한 영역에서 수행할 역할이 있기도 하다.

인골분석을 좀 더 구체적으로 들여다보면, 초점에도 변화가 있었다. 최악의 경우, 인골분석은 두개골계측법이나 병리학에 주목했고, 최선의 분석은 매장·인구·보건의 요소에 대한 인구추정치를 제시했다. (1장에서 논의한 대로) 좀 더 통합적인 접근과 결합하면서 생물문화모형은 뼈의 성장과 변화에 환경과 문화가 미친 영향을 본격적으로 논의하기 위해 계측의 활용을 촉진해왔다. 인간유해를 분석했던 초기 연구자들 중 일부가 인류학자가 아닌 내과 의사나 해부학자였다는 점에 주목하는 것은 중요하다. 1970년대 시공에 걸친 인간의 변화를 이해하는 데 있어 좀 더 전체론적인 접근에 관심을 가진 인류학자들에게는 중대한 전이가 있었다(Larsen 1987; Cohen and Armelagos 1984; Buikstra 1977; Gilbert and Mielke 1985; Huss-Ashmore et al. 1982).

체질인류학의 한 분야로서 생물고고학은 통합론과 전체론의 시도로부터 성장하게 되었다. 인간유해 연구에 대한 이러한 접근은, 유해뿐만 아니라 그것이 처한 맥

락에 대한 정보(예를 들어, 매장의 형식, 분묘에 관련된 부장품, 매장 경관 등)를 이해하는
데에 초점을 맞춤으로써 훨씬 포괄적이다. 생물고고학의 목표는 인골을 분석하는 것
이라기보다는 개인의 생애를 이해하는 것이었다. 인간유해에 대한 계측치는 이제 유
전자, 문화 및 환경 간 상호작용의 함수관계 속에서 인간집단 사이의 차이를 검토하
는 데에 이용되는 듯하다. 이러한 전환은 생물문화모형(Goodman and Leatherman
1998; Buikstra 1977; Blakely 1977)과 인간행위생태학(Smith and Winterhalder 1992;
Cronk 1991)의 발달과 수용이라는 결과를 낳았다.

체질인류학이라는 용어는 생물인류학biological anthropology으로 치환되기도 하지
만, 전자 대신 후자를 사용하게 된 전환의 이면에는 흥미로운 역사적 배경이 있다.
인류학에서 "체질"이란 용어는 육신으로서 신체에 대한 언급을 상기시킬 뿐만 아니
라, 자연의 물리적 법칙과 관계된다. 다윈과 월레스에 의해 제안된 대로, 신체와 형
태는 공동조상으로부터의 분지를 이해하는 데 이용되어왔다. 그러한 초기 연구들은
현재 우리의 발달과정을 이해하고자 절멸 또는 현존하는 인간집단과 그 조상에 대
한 비교에 초점을 맞췄다. 그런 연구 중 일부는, 형태나 차이가 "형(식)"이나 형식분
류 모형으로 환원되면서 위험스런 전환을 감행했다. 형(식) 간 신체적 변이에 대한
주목은 '가장 먼저 어떤 변이를 고려할 것인가'라는 질문에 답을 구할 수단을 제공하
지 못했다.

체질이라는 용어와는 대비되게, "생물"은 일반적으로 유기체와 그 생애를 포함
하여 생명에 대한 연구를 의미하는 것으로 받아들여진다. 생물학이 인류학과 결합
하면서, 주제는 물론 신체에 대한 체질적 특성을 넘어서 제기될 수 있는 것들에 대한
가능성을 확장한 듯하다. 생물인류학은 생명의 모든 측면이나 인간됨이 의미하는 바
를 살피는 연구에 접근하는 데에 있어 좀 더 포괄적이다. 체질인류학보다 좀 더 그러
한데, 생물인류학은 영양상태, 외상, 질병, 대사질환, 호르몬, 인지, 행위 등을 포괄하
는 주제를 섭렵한다.

과거의 체질인류학에서 현재의 생물인류학까지, 새로운 교과서에서도 그러하거
니와 오늘날 활동하는 거의 모든 생물고고학자가 스스로를 생물인류학자로 간주하

더라도 두 용어는 혼용된다. 체질로부터 생물로의 전환은 연구자들이 답하려고 애쓰는 질문의 확장에 대한 상징인 동시에 좀 더 통합적(예를 들어 생물문화적) 질문의 진정한 표식이다.

생물문화적 접근을 활용하는 생물고고학 연구는 과거 인간의 적응과 질환에 대한 연구를 위해 중요하다(Brickley and Ives 2008; Martin 1994; Merbs and Miller 1985; Powell 2000; Roberts and Manchester 2005; Ortner 2003). 그러한 연구는 전염병의 확산과 향후 발병의 예방을 이해하는 데 중요하다(Armelagos and Barnes 1999; Barrett et al. 1998; Roberts and Buikstra 2003; Roberts 2010). 부가적으로 그러한 연구는 어떻게 단기간에 걸쳐 환경조건이 한 집단의 장기적 보건에 영향을 미치는지를 이해하는 데 유용하다. 현대 임상문건의 활용은 간혹 단속적이고 불완전한 의학 기록이나, 수십 년간 지속되었음에도 질환 양상을 밝히지 못한 장기적 연구에도 의존해야 한다. 생물고고학 연구는 사회적 과정을 보건의 상황에 연결할 수 있고, 그런 측면에서 오늘날의 인류 문제 해결에 매우 포괄적인 활용성을 가진다.

## 2.2 법제화와 생물고고학에의 영향

미국에서 새로운 법제화나 법령이 생물고고학에 미친 심오한 영향을 이해하기 위해서는 미주 원주민 주권이라는 더 넓은 맥락에서의 논의가 필요하다. 우리의 가장 영향력 있는 지도자들을 포함해 대부분의 사람에게 부족주권의 개념은 생소하다(Cobb 2005: 119). 주권은 "독립국가가 그에 의해 통치되는 최상위의, 절대적, 불가항력의 권력; … 외세의 간섭 없이 내무内務를 규제할 수 있는 권리 및 권력과 결합되는 한 국가의 대외적 독립"으로 정의될 수 있다(Black 1968: 1568; Garner 2009). 1492년 이전 및 유럽인 접촉의 시점에 따라 그 후 몇 세기 동안 부족은 분명히 주권국가였다. 식민지와 대서양 건너의 지배세력은 개별 부족국가들을 인정하고, 조약 및 기타 법률 문건을 통해 그들을 다루었다(Pevar 2012: 1-6). 미국 건국의 아버지들이 새로운 미합중국을 위한 헌법의 초를 잡을 때, 원주민을 두 번이나 언급하였다(Pevar 2012: 56-59). 제2관 2조 2항에 있는 통상조항은 "외국과의, 몇몇 주들에 있어서는 원주민 부족과의 통상을 규제할 권력을 의회가 가짐"을 규정한다(Pevar 2012: 57). 제2관 2조 2항에 있는 통상조항은 대통령과 상원에 조약을 체결할 권한을 준다. 여기에는 원주민 부족과의 조약이 포함된다(Pevar 2012: 57).

미합중국헌법의 표현에 나타난 원주민 부족국가에 대한 인식이 그들에게 외국과 동일한 지위를 부여한 듯하지만, 연방대법원은 이를 달리 해석해왔다. 1832년에, 연방대법원은 우스터Worcester부족 대對 조지아주(31 U.S. 515) 건에서 두 헌법조항이 의회에게 원주민과 부족에 관한 전권을 갖도록 "필요한 모든 것"을 부여하게 판결했다. 그보다 10년 전(1823년), 연방대법원은 존슨Johnson 대 매킨토시M'Intosh(21 U.S. 543) 건에서 북미대륙의 "발견"과 그 원주민에 대한 "정복"으로 인해, 미국 내 모든 사람과 재산은 그 법에 따르도록 판결했다.

미합중국헌법에서 원주민과 부족에 관한 언급 및 후속하는 연방대법원의 해석은 미국 내 원주민 부족이 주권을 심하게 제한해왔다. 예를 들어, 완전한 주권의 결여는 부족이 외국을 상대로 전쟁을 선포할 수 없음을 의미한다. 그런데 연방정부는 부족자치정부를 인정한다. 원주민 부족은 자신을 통치할 고유의 권리를 갖는다. 가장 최근에는 2002년 연방항소법원이 지적한 대로, "원주민 부족은 자체로 주이거나 연방정부의 일부도 아니며, 그 둘 어떤 것의 하위조직도 아니다. 오히려 주권기구에 예속되지도, 그들보다 후행하는 미합중국에서 연원하지도 않은 주권적 정치체이다. [원주민 부족은] ⋯ 그들의 원래 부족주권에 의거하여 자치 권력을 행사하도록 권한이 주어져 있다"(Pevar 2012: 82).

이러한 고유의 부족주권은 여러 해 동안 연방정부에 의해 심각하게 제한되어왔다. 연방대법원은 원주민과 부족에 대한 절대적 권력을 의회에 부여하면서, 헌법을 포함한 연방 문서를 해석해왔다. 그러한 절대적 권력은 수많은 부족권력을 제한하거나 제거하는 다양한 연방 법령을 통해 행사되어왔다(Pevar 2012: 82-83). 연방정부의 허가 없이 부족영토의 매도를 금지하는 것 등은 명백한 규제에 포함된다.

앞서 언급한 바와 같이, 외국에 대해 전쟁을 선포할 수도 없다. 부족과의 정부 대 정부 관계를 무조건적으로 인정하지 않거나 명백하게 한정하면서 부족권력에 대한 가장 심각한 제한이 발생한다. 제약을 받은 부족은 연방으로 승인되지 않은 것으로 간주된다(Pevar 2012: 271-274). 연방으로 인정되지 않은 부족은 미국 정부에 의해 승인되지는 않되 부족체로서 계속 존재할 수 있지만, 원주민 부족을 대상으로 수립된 정부 정책에도 부적격이어서 그 부족 구성원은 사실상 정부의 미주 원주민으로 간주되지 않는다. 게다가 그러한 부족은 「(미주) 원주민분묘 보존 및 반환 법령」의 보호 하에 있지 않다.

부족주권에 대한 제약은 연방대법원에 의해 계속 인용되지만 부족이 자치를 유지할 수 있는 몇몇 영역이 있기도 하다. 부족은 자체적인 정부를 구성할 수 있고(Pevar 2012: 84-85), 자신들의 지도자를 선출할 수 있으며(Pevar 2012: 87), 자체의 법원체제를 유지할 수 있고, 연방정부의 간섭 없이 부족 구성원 자격을 결정할 수 있다(Pevar 2012: 90-93). 이는 모두 부족주권과 자치의 지극히 중요한 측면이다. 부족이 미국 정부의 형성 이전에 가졌던 수준의 주권은 행사할 수 없지만, 원주민과 부족에 대해 스스로 부여한 절대 권한을 가진 미국 의회가 아직까지도 부족자치의 모든 측면을 제거하지는 않아 왔다.

미국 내 부족집단에 대해 내려진 미국 독립 이후의 조치에 대한 이러한 간략한 소개는 「(미주) 원주민분묘 보존 및 반환 법령」을 비롯한 여타 법령의 통과에 동반된 혜택과 과제 모두를 이해하는 데 중요하다. 그런 종류의 법안들이 생물고고학의 발달에 미친 심오한 영향에 대한 아주 간략한 설명은 매우 여러 차례 있었다. 만약 현역 생물고고학자의 기풍 전환으로 생물고고학이 진정하게 변모하려 한다면, 그 영역에서 윤리적 연구가 의미하는 바의 복잡성에 대한 좀 더 온전한 평가로부터 시작되어야 한다.

생물고고학자는 「(미주) 원주민분묘 보존 및 반환 법령」 및 생물고고학자나 고고학자와 부족을 연결하고자 하는 광범위한 확장프로그램에 친숙해져야 한다. 「(미주) 원주민분묘 보존 및 반환 법령」에 대해 알아야 할 모든 것은 http://www.nps.gov/

nagpra/에서 찾을 수 있다. 그러나 「(미주) 원주민분묘 보존 및 반환 법령」(및 미래에 나타날 어떤 법적 강제력이 있는 규칙과 규제)이 완벽하지는 않을 뿐더러, 법이 모든 고대 분묘, 뼈 또는 고고유적을 보호하지는 못한다. 그야말로 이 책이 생물고고학자가 기풍, 즉 과학적 책임, 법과 규제를 넘어서는 도덕적 규약, 사회적 정의와 포괄성에 대한 의무에 기초한 일상의 실천성을 갖추어야 함을 옹호하는 이유이기도 하다.

## 2.2.1 과거는 누구의 것인가?

부족주권이 생물고고학에 가장 많은 영향을 준 것은 선조의 유골을 수습하고 보호할 권리를 보장하는 「(미주) 원주민분묘 보존 및 반환 법령」과 같은 법의 수립이다. 「(미주) 원주민분묘 보존 및 반환 법령」 아래에서, 연방으로 승인된 미주 원주민 부족과 하와이 원주민조직만이 분묘와 문화적 물품에 대해 권리를 주장할 수 있을 것이다. 이들 법령 이전에는 누구나 뒷일을 거의 걱정하지 않은 채 유해나 유물을 파내거나 묻힌 장소로부터 가져올 수 있었다. 그 결과, 비학술적인 사람들이 종종 값어치가 나가는 물건이나 기념물을 노리고 표식이 없는 무덤을 도굴하였다. 초기 고고학자들은 약탈자이거나 도굴꾼은 아니었지만, 윤리적이란 용어에 대한 일부 표준적 이해에 의거한다면 비윤리적일 만한 고고학적 분묘 발굴의 사례가 많았다. 그러한 활동은 유해를 자기 선조로 인식할 만한 후손집단에 대해서나 그들이 그런 활동을 어떻게 느낄지를 고려하지 않는 데서부터 적극적으로 무덤에서 유물을 훔치는 데까지 걸쳐 있다(Riding In 1992; Cole 1985; Thomas 2000).

무덤을 발굴하는 논리는 발견물이 사회에 득이 된다는 것이었다. 인간유해 발굴과 조사는 북미대륙의 본래 거주민에 대한 좀 더 과학적인 이해를 창출했다는 점이 설명되었다. 그런 논리와 원주민의 유해를 취득하는 방법은 이제야 의심받게 되었다.

생물고고학 연구가 살아 있는 사람의 사망이나 신체적 훼손을 유발하지는 않기 때문에 인골 연구가 의학실험과 같지는 않다. 그런데 에코-호크Water R. Echo-Hawk에 따르면, "목적과 무관하게, 원주민분묘를 수용하는 활동이 해당 원주민에게 미친 영향은 항상 동일하다. 곧, 심리적 손상과 영혼의 고통이다(Echo-Hawk 1988: 2)." 퍼거슨Thomas J. Ferguson과 동료들이 언급한 바에 따르면, "고고학자들이 마음에 간직해야 할 한 가지는 인간유해에 대한 교란이 호피Hopi부족을 괴롭힌다는 것이다. … 매장 연구의 결과를 공표하는 데 있어, 고고학자는 호피부족에게는 분묘의 훼손에 대한 진정한 영적 관심이 그 어떤 과학적 연구[중 어떤 것]도 압도한다는 것을 이해해야 하며 … 고고학자가 흥미로운 결과나 발견물이라고 알아낸 것은 그 대상이 되었던 무덤에 대한 신성모독으로 왜곡된다(Ferguson et al. 2001: 22)."

생물고고학 연구에 관한 기풍이 바뀌면서, 자신이 수집한 정보를 현존하는 후손들의 삶을 경시하거나 축소하지 않는 방식으로 이용하는 것이 생물고고학자에게는 의무가 된다. 분묘에 대한 발굴로부터 얻어진 자료나 유해 분석과 관련하여 원주민집단의 대표와 협업·협의하는 것은 그러한 윤리적 고려를 강화하는 한 경로이다. 생물고고학자가 그 간단한 신조를 따르는 것에 실패하고서 현존하는 사람을 대상으로 한 연구의 영향에 대한 고려를 넘어서는 과학자의 권리를 강조한다면, 그 결과는 이 분야의 지속적인 파열이 될 것이다. 왓킨스Joe E. Watkins에 따르면, 그러한 접근은 미주 원주민으로 하여금 인류학자나 고고학자를 불신하게 하는 결과를 초래했다(Watkins 2003).

그러한 점은 (1989년에 통과된) 「인간유해에 관한 버밀리온협약Vermillion Accord on Human Remains」의 윤리적 선언과 (2003년에 작성된) 「미국고고학회 윤리규약SAA Code of Ethics」의 대비에서 명확해진다. 양자 모두 인간유해가 결부된 연구를 적절하게 수행하는 방법에 관해 인류학자와 고고학자를 안내하지만, 추구하는 목표에는 양자 간 차이가 있다. 미국고고학회 윤리규약은 과거가 모든 이에게 속한다고 전제하는 반면, 버밀리온 협약은 과거에 대한 문화자료가 오늘날 현존하는 문화와 연결되는바, 인류학자는 과거를 이해하기 위해 원주민집단과 함께 작업해야 한다는 인식을 주장한다.

왓킨스는 어떤 집단이 과거를 대변해야 하는지가 좀 더 관심거리인바, 누가 과거를 소유하는가에 대한 주장을 극복할 필요가 있다고 촉구한다(Watkins 2003). 그는 "마운드 빌더부족Mound Builders"에 관한 속설을 예로 들면서, 얼마나 과학이 객관적이지 않은지, 그리하여 원주민의 역사가 자료와 잔적을 분석하는 사람들의 세계관에 의해 왜곡될 수도 있는지를 설명하고 있다(Watkins 2003: 132). 과학에 태생적인 오류가 있음을 피력하지는 않지만, "지식은 필연적으로 구체적이며, 파편적이고, 처한 상황을 반영하게 된다는 것이며, 더 나아가 그 구축과 주장, 수행은 도덕적이고 정치적인 파급효과가 있는 활동(Lang 2011: 75)"인 만큼 "진정한" 객관성 확보는 불가능하다. 생물고고학자로서 우리는 자신들의 일상생활에 대한 세세한 정보를 알려주지 않는 죽은 사람을 대상으로 작업하는바, 우리가 수집한 자료에 의거하여 내리는 어떤 해석도 맥락의 중대한 부분을 결여하고 있다. 고고학적 복원과 민족지기록이 맥락에 대한 많은 부분을 알려줄 수 있지만, 과학적 해석에 살을 붙이는 작업에서 종종 원주민집단이 결정적인 역할을 할 수도 있다.

## 2.2.2 「(미주) 원주민분묘 보존 및 반한 법령」이 생물고고학에 끼친 영향

인간유해로 작업하는 체질인류학자의 「(미주) 원주민분묘 보존 및 반환 법령」에 대한 반응은 다양하고도 각각 특이했다. 일부는 전직하여 의과대학에 자리를 잡거나 문화유산관리 사업을 하는 민간 영역의 직장으로 옮겨갔다. 많은 주들에서 발굴 도중 맞닥뜨리는 분묘는 아직도 그 자리에서는 분석할 수 있지만, 실험실에서의 전면적인 분석은 세심한 검토를 요하는 업무라서 할 수 없다(4장 참조). 다른 일부는 단순하게 미국 내 수집품으로 작업하는 것을 중단하게 되었다. 아직도 학문적 자유를 잃게 된 것을 애석해하며, 「(미주) 원주민분묘 보존 및 반환 법령」을 거스르거나 약화시키려는 체질인류학자도 있다.

그러나 많은 생물고고학자는 기조를 유지하며, 박물관이나 여타 인골보관소가 「(미주) 원주민분묘 보존 및 반환 법령」의 요구를 충족하는 데 일조했다. 「(미주) 원주민분묘 보존 및 반환 법령」의 법적 의무를 따르는 과정에서 많은 생물고고학자들은 박물관이나 여타 보관소에 아직 연구되지 않은 수백 건의 소장품이 있다는 것을 발견하게 되었다. 준법활동에는 주나 연방의 보관소에 소장된 모든 분묘와 인골에 대한 철저하고 체계적인 목록화가 포함된다. 이는 생물고고학자에게 많은 연구와 고용을 창출해 주었다. 주요한 준법활동 중 하나로 박물관과 부족대표 간 협의회가 포함된다. 많은 생물고고학자에게 그러한 협의회는 미주 원주민과 대화하고 협업하는 첫 기회였다. 그 경험은 교훈적이고 긍정적이었던바, 10년간의 준법활동과 협의는 생물고고학에 새로운 기풍의 토대를 구축하는 데 일조하게 되었다. 이는 어떻게 「(미주) 원주민분묘 보존 및 반환 법령」이나 유사한 법률적 강제가 생물고고학자를 변화시켰는지를 보여주는 한 사례에 불과하다.

오늘날 생물고고학은 성장하는 세부 분야이다. 지난 몇 년간 생물고고학의 지식의 폭, 깊이, 양은 극적으로 증대되어왔다. 이러한 성장은 생물고고학, 법의인류학, 고병리학 전공의 교원이 있는 대학 학과의 발달과 확장은 물론 이들 상호 중첩적인 분야에서 훈련된 연구자의 폭증에서 분명히 보인다. 한 소식통에 따르면, 2008년부터 2010년 사이에 생물고고학자의 고용이 28%의 잠재적 증가를 보였다(Huds 2011). 생물고고학을 전공한 인력의 증가는 2010년에 두 자리, 2012년 세 자리였던 데에 비해 2013년 열두 자리의 고용에서 보듯, 생물고고학자를 구하는 공고를 낸 인류학과가 증가했다는 데에서도 드러난다(미국인류학회AAA 웹사이트 참조).

그러므로 「(미주) 원주민분묘 보존 및 반환 법령」의 영향은 이제 중요한 개선으로 비춰진다. 이는 연구자들로 하여금 고고학적 맥락에서 얻어진 자료로 답해질 의미 있는 연구과제를 공식화하도록 했다. 또한 생물고고학 분야를 좀 더 포괄적이면서 현실세계의 문제에 참여적인 과업으로 만들어왔다.

### 2.2.2.1 사례연구: 미국 남서부

「과거의 잘못을 시인하기: 미국 남서부 유해 연구의 역사적 경향Owning the Sins of the Past: Historical Trends in the Study of Southwest Human Remains」(1998)이라는 논문에서 마틴

Debra L. Martin은 미국 한 지역을 대상으로 앞서 언급한 경향을 간취해내고 있다. 미국 남서부는 많은 고고학자와 체질인류학자들에게 초기 유적현장 중 하나였다. 미국 남서부는 본래 1800년대 후반부터 일부 미국 인류학의 거장들에게는 훈련장이자 실험실이었다. 체질인류학의 창시자 중 한 사람인 흐르들리치카Aleš Hrdlička는 1908년부터 이 지역에서 연구를 수행했다. 주로 두개골 계측법에 초점을 맞추며, 개인을 형식분류체계에 자리매김하는 비교형태학에 의거한 인골분석에 대한 접근법을 개발하였다.

　　1920년대에, 키더Alfred V. Kidder는 뉴멕시코주 산타페 외곽에서 페코스 푸에블로Pecos Pueblo로 명명된 푸에블로부족 선조의 대규모 유적을 발굴하고 있었다. 인간유해는 하버드대학교 피바디박물관Peabody Museum의 후튼Earnest A. Hooten에게 직접 보내졌다. 1천여 기의 분묘에 대한 분석으로 그는 연령, 성별, 질환 등에 대한 정보를 제공했다. 그런데 그 연구의 주요 초점은 성인의 두개골에서 얻어진 계측자료에 의거한 형태적 형(식)에 있었다. 그 결과가 뜻밖의 것은 아니었다. 곧, 확장적인 분석을 완성하면서 그 부락pueblo의 거주민은 미주 원주민이었을 것으로 결론지었다. "페코스 수집품에서 내가 분류한 여덟 개의 두개골 형태 형(식) 중 장두형의 바스켓메이커부족Basketmakers, 즉 의사擬似-오스트랄로이드나 의사-니그로이드를 제외한 모두는 몽골로이드 혼종의 분명한 증거를 보였는데, 그들은 사실 특성상 압도적으로 몽골로이드였다(Hooten 1930: 344-363)."

　　수많은 역사기록에 잘 나타난 사실대로 페코스유적에는 미주 원주민이 거주했던바, 그러한 발견이 그다지 새롭거나 흥미롭지는 않다. 1619년 잔인하고 억압적인 공관이 설립되기 전 1500년대 동안 스페인인들이 식량을 약탈하러 왔을 때, 페코스는 2,000명이 넘는 주민으로 붐비던 큰 마을이었다. 그다음 200여 년 동안, 주민들은 말 그대로 굴복당하면서 스페인 정복자나 성직자에게 노동력을 착취당하게 되었다. 마지막 공동체 구성원들이 마을을 버리고 다른 유서 깊은 부락에 합류하는 1838년까지 페코스주민들은 그것을 견뎠다.

　　형태학이나 형식분류에 대한 주목이 수십 년간 인간유해를 다루는 연구를 주도했다. 1980년대까지, 병리학처럼 여타 생물학적 지표에 초점을 맞추면서 남서부의 유해로 수행된 연구는 소수였다. 여전히 많은 연구들이 기술적인 분석을 고수했지만, 일부는 적응, 인구, 위기에 처한 하위집단들에 주목하는 생물문화적 분석을 수행하도록 진척되어갔다. 그런데 그러한 경향은 다소 늦게 나타났으며, 남서부에 있는 많은 수의 미주 원주민은 여전히 체질인류학이라면 도굴, 두개골 변공, 약탈을 연상하는 결과를 초래했다.

1980년대 이전, 미주 원주민에게 흥미로울 연구를 수행하는 대신「(미주) 원주민분묘 보존 및 반환 법령」이 정착했음에도 생물고고학자들은 계속해서 자신들의 목표와 관심을 강조했다. 1940년대 이래, 여전히 남서부에 살고 있는 사람들이 높은 조기사망의 위험에 처해 있었고, 백인들보다 높은 질환의 부담을 안고 있었다는 인구학·역학·의학적 증거들이 있었다. 미주 원주민은 보호구역에서의 생활 개선과 사회정의를 위한 긴 투쟁을 시작하고 있었지만, 체질인류학자들은 그러한 사실에 무심한 채, 실험실에서 인골자료 연구하기를 계속했다. 보호구역 내 미주 원주민들의 삶은 인종차별주의, 빈곤, 질환과 조기사망 등으로 점철되어 있었다. 실존했던 선조-후손관계는 거의 고려되지 않은 채 그 사람들의 조상이 연구되고 있었다.

실제로 의학 학술지의 보고들은 미주 원주민의 조기사망률이나 성인발병률이 일반적인 미국 인구에서 나타나는 비율보다 높고 불균형적임을 보여주었다. 보건에 미친 환경오염의 영향에 주목하자면, 네바다시험소Nevada Test Site나 로스알라모스Los Alamos와 같은 주요 핵실험지대에 인접한 나머지 미주 원주민들이 방사능 조사照射량의 가장 큰 타격을 받았다. (미국) 주택도시개발부[U.S. Department of] Housing and Urban Development, HUD의 주택건설에 있어서 납 함유 수준은 원주민 아동의 높은 납 함유를 유발했거나 계속적으로 유발해오고 있다. 전통적인 생계활동은 원주민들로 하여금 강과 바다의 독성 오물에 노출되게 하였다. 뼈와 치아에서 얻어진 독성 광물이나 미량원소의 "이전" 및 "이후" 수준을 보여주는 경성자료硬性資料로 무장하면서, 보다 나은 감시활동을 위해 노력하는 활동가들은 그것을 생활개선에 활용하고 있다. 정치과정과 생물학적 영향을 이렇게 연결시키려면, 광범위한 역사적 관점과 다각적인 접근이 필요하다.

원주민에게 중요한 사안을 회피함으로써, 생물고고학자에 의해 생성된 자료가 남서부 미주 원주민들에게는 좀처럼 유용하게 여겨지지 않았다. 일부 자료는 오늘날에도 계속되는 원주민에 대한 횡포를 방조하게끔 이용되어왔다. 예를 들어, 델로리아Ella C. Deloria는 유력자, 대체로 동부의 과학자들이 원주민을 희생시켜 자신들의 사업에 힘썼다고 주장하고 있다. 한 사례에서, 그는 "[1930년대에는] 인간 두개골 용량이 상이한 인종의 지능을 반영한다는 생각은 신성하게 선언된 과학적 진실[이었다]. 정부 고용인들이 갓 묻힌 사체로부터 두개골을 분리하여 동부 과학자들이 잴 수 있게끔 밤에 무덤을 털기까지 보호구역에 원주민들은 거의 없었다(1997: 6)." 두개골이 "인류학 연구의 진전"에 이용되는 그러한 종류의 활동은 원주민이 생물고고학과 가장 많이 관련된 것들이다.

1980년대 동안 그리고 현재까지도, 일부 생물고고학자들은 미국 남서부에서 최신 연구로 간주될 수 있는 것들을 해왔다. 일례로, 스토더Ann L. W. Stodder는 원사시대(대략 1400년대) 푸에블로의 두 선조집단의 적응에 있어서 일련의 인구학·역학적인 요소를 검토했다(Stodder 1990). 매라과 다양한 생물문화적 요소들에 대한 그의 세심한 분석은 그 초기 농경민에게 주어졌던 척박한 사막 환경에 대한 적응이 인구집단의 일부에게 난제였음을 보여주었다. 이러한 정보는 사막화가 진행되는 척박한 환경조건에서 살아가는 집단들이 겪는 한발과 기근에 대한 현재의 논의에서도 중요하다.

마틴은 애리조나주 북부에서의 블랙 메사 고고조사사업Black Mesa Archaeological Project이나 뉴멕시코주 북부에서의 라플라타 고속도로사업La Plata Highway Project 등과 같은 몇몇 대규모 고고조사(사업)를 수행했다(Stodder 1990). 인간유해에 대한 부수적 분석은 (1장과 5장에서 논의되었던) 생물문화모형을 활용하면서 폭넓은 데이터세트를 통합하는 작업에 의거하였다. 그러한 보건 문제의 일부는 강우가 불안정하며 생육기간이 짧은 지대에서 사막 농부가 되는 과제와 연관되어 있다. 어린이들의 만성적인 중이염과 같은 불량한 보건에 관련된 다른 근원적인 이유는 나바호Navajo나 호피 어린이들이 요즈음까지도 고통받는 문제이다. 사막의 바람이나 일반적인 환경 조건은 현대적 조정에도 불구하고, 오늘날에조차 귓병을 풍토병으로 만드는 한 요인이다. 귓병의 지속과 관련하여 오늘날 남서부에 사는 사람들이 일반적으로 의료복지에 대한 접근이 어렵다는 점도 지적되고 있다.

미국 남서부에서 얻어진 더 큰 규모의 뼈 수집품 다수는 송환되어왔다. 일례로 1999년 여름, 미국 역사상 가장 큰 규모의 인간유해 송환이 있었다. 하버드대학교 직원들은 2,000여 기가 넘는 페코스 푸에블로 분묘를 뉴멕시코주의 헤메즈 푸에블로Jemez Pueblo부족에게 반환하였다. 그 유해들은 약 70년 동안 하버드대학교에 보관되어 있었다. 인간유해와 함께 수백 개의 부장품도 포함되어 있었다. 헤메즈 푸에블로 원주민들은 자기 선조들을 돌려받음으로써 대단히 만족했고, 지금은 국립공원인 페코스 푸에블로유적에 "역순고고학reverse archaeology"으로 불리는 과정을 통해 그들을 다시 묻었다(Archaeology, Volume 52 Number 4, July/August 1999). 최근 모건Michèle E. Morgan은 『페코스 푸에블로 재고: 사회·생물학적 영역Pecos Pueblo Revisited: The Social and Biological Dimensions』이라는 제목으로, 원래의 고고발굴에 의거한 최근 지식을 담은 책(Morgan 2010)을 편저했다. 그 책은 송환 이전 수행되었던 일부 전문적인 연구를 포함하고 있지만, 온전한 생물고고학 연구로 인정되지는 않는다.

### 2.2.2.2 사례연구: 컬럼비아고원지대

컬럼비아고원Columbia Plateau은 「(미주) 원주민분묘 보존 및 반환 법령」 전·후 생물고고학 연구의 역사가 상이함을 보여주고 있다. 컬럼비아고원에 대한 고고조사의 역사를 분석하면 인간유해 연구자들 간 소통을 활성화하고 협업을 신장하는 움직임이 있다는 점을 알게 된다. 그런데 항상 그런 것은 아니었다. 그러한 전환은 「(미주) 원주민분묘 보존 및 반환 법령」 선포의 직접적 결과이다.

컬럼비아고원에 관한 한, 미국 남서부를 특징짓는 길고 화려한 연구사는 없다. 그런데 미국 내에서 가장 유명한 「(미주) 원주민분묘 보존 및 반환 법령」 사례의 하나로 주목되었던바, 이 지역은 이 법령이 생물고고학에 미친 영향에 대한 논의에서 특히 주목을 끈다. 그 사례는 1996년에 백골상태로 발견된 매우 오래된 성인 남성의 뼈를 누가 소유하는가에 대한 논란을 포함하고 있다. 그는 케네윅인Kennewick Man 또는 "고대인The Ancient Man"으로 알려지게 되었다(Mason 2000).

이 개체는 보정연대로 8,340~9,200년 전으로 비정(Chatters 2000: 299)되며 폭력의 피해자로 발견되어 관심을 끌게 되었다. 엉덩뼈[腸骨, ilium]에 박힌 화살촉과 함께 몇몇 다른 비치명적 외상이 있다(Chatters 2000, 2002). 케네윅인의 지극히 오랜 연대나 폭력의 증거가 보인다는 점과 더불어, 두개골 크기와 모양에 대한 초동분석은 일부 연구자에게 그가 미주 대륙 원주민이 아니라 전적으로 다른 인종이라는 점을 제시했다.

유해를 그 지역의 부족민에게 송환하고자 했던 육군공병대와 그것을 연구하고자 했던 과학자들 간에 아직도 해결되지 않은 논란이 이어졌다. 지역 부족들—우마틸라 보호구역의 부족연합Confederated Tribes of the Umatilla Reservation, 야카마보호구역의 부족 및 집단연합Consolidated Tribes and Bands of the Yakama Nation, 네즈퍼스부족과 콜빌연합부족Nez Perce, and the Colville Confederated Tribes—은 모두 그 개체가 자기 선조 중 한 명이라고 주장한다. 일군의 생물고고학자들은 그러한 주장에 이의를 제기하며, 역사상 과학적 중요성을 가지는 비 유해기 철저히게 분석되어야 한다고 주장했다. 판사 한 명이 과학자에게 우호적으로 결정하면서 부족으로의 송환을 거부하기 전까지 소송은 거의 6년간 계속되었다. 부족주권과 과학탐구의 권리에 관한 견해에 근본적인 문제를 제기했던 첫 사례였는데, 이 소송의 중요성은 재매장을 넘어서까지 확장된다. 법원이 결정을 내리기는 했지만, 여러 차례 항소되고 논란이 되었으며 거의 해마다 새로운 소송이 다가오고 있다.

최근, 유해가 송환되지 않고 과학자에 의해 연구되도록 분투해온 과학자 중의 한 사람인 스미소니언 재단의 생물고고학자 오슬리Douglas W. Owsley는 새로운 자료가 케네윅인이 원래 발견 장소인 컬럼비아고원의 내륙지역 출신이 아니라는 점을 제시한다고 밝혔다. 오슬리는 대담을 통해, 뼈에서 추출된 동위원소 자료가 케네윅인이 해양성 동물을 섭취했고 그래서 해안지역 주민임을 밝혀준다는 점을 시사한다(Mapes 2012)고 밝혔다. 오슬리는 두개측정법에 의거하여, 그 개체는 미주 원주민과 연결되지 않는다고 생각하며, 오히려 아시아-폴리네시아계라고 진술했다. 그 유해를 분석했던 다른 생물고고학자들은 케네윅인은 동아시아인, 미주 원주민 그리고 유럽인 등 현대 인간집단에서 보이는 특성들을 혼합적으로 보유하고 있음을 밝히고 있다(Powell and Rose 1999). 더구나 그래블리Clarence C. Gravlee와 동료들에 의해 독립적으로 확증된 보아스Franz U. Boas의 연구(Boas 1912)에 의거하건대, 두개골 측정은 세대에 따라 유동적이다(Gravlee et al. 2003a·b). 8,000년 넘도록 가용 동식물상에 영향을 주었을 기후의 극적인 변화(Chatters 1998)가 있었다면, 현대 문화의 측면에서 케네윅인을 정확히 어디에 자리매김해야 할지 알 길이 없다. 5000년도 더 된 인간유해가 들춰낸 회색지대로 인해 이 사례는 「(미주) 원주민분묘 보존 및 반환 법령」의 과제를 부각시킨다. 계통을 증명하기는 거의 불가능하다.

오늘날 미국 쪽 컬럼비아고원에서 수행되는 생물고고학은 거의 없다. 고원의 캐나다 부분에서는 생물고고학 연구가 매우 활발하다. 예를 들어, 북슈스왑부족협회 Northern Shuswap Tribal Council의 카누 크릭Canoe Creek, 소다 크릭Soda Creek, 도그 크릭Dog Creek 등 원주민집단은 최근 들어 생물고고학자 말리Ripan S. Malhi와 동료들에게 브리티시컬럼비아주에서 발견된 홀로세 중기(약 5,000년 전)의 두 분묘에서 얻어진 DNA의 분석을 승인하였다(Malhi et al. 2007). 2기의 분묘에서 분석된 미토콘드리아 DNA mtDNA가 새로운 하플로그룹haplogroup, 즉 연구자가 유전적 집단을 인지할 수 있게 해주는 단상형 유전자의 군집 또는 대립유전자의 조합이 밝혀졌던바, 이 연구가 중요하다. 그 시사점은 초기 집단이 오늘날에 비해 유전적 다양성을 보일 가능성이 있다는 것이다. 이 연구사업은 외지인인 생물고고학자와 원주민 대표 간 협업을 포함하는 통합적이고 참여적이며 윤리적인 생물고고학 조사를 반영한다. 인류학자와 부족 간의 관계가 형성되어 있지 않았다면, 이 연구는 완결되기 어려웠을 것이다.

### 2.2.3 「(미주) 원주민분묘 보존 및 반환 법령」과 생물고고학의 공존

「(미주) 원주민분묘 보존 및 반환 법령」에 대한 공통적인 오해는 그것이 체질인류학 연구를 방해한다는 것이다. 진실은, 대부분의 경우 생물고고학자와 원주민의 목표가 양립할 수 있다는 것이다. 「(미주) 원주민분묘 보존 및 반환 법령」이 실질적으로 체질인류학에서의 인간유해 분석에 긍정적인 영향을 미쳤을 수 있다는 점이 연구를 통해 알려져 있다. "송환운동 및 가장 최근에는 「(미주) 원주민분묘 보존 및 반환 법령」이 학문 분야로서 뼈대학과 북미 생물고고학에 중대한 긍정적 기여를 하였다(Rose et al. 1996: 99)." 드러난 두 가지 주요한 진전은 등록 과정의 개선과 아울러 이전부터 보관되어오던 미검수 유해의 평가이다. 1990년 「(미주) 원주민분묘 보존 및 반환 법령」의 통과 이전, 원주민의 허가, 그들에 의한 입력 및 그들에 대한 (기록보존)책임 없이 고대 인골자료에 대한 많은 분석이 이루어졌다. 과거, 인골은 체질인류학자에 의해 분석을 목적으로 실험실로 보내졌다. 그리하여 생물학적 해석은 역사적, 문화적, 환경적 배경으로부터 유리되었다.

인간유해 수장품收藏品 등록 작업이 의무화된바, 「(미주) 원주민분묘 보존 및 반환 법령」은 박물관들에 특히 유익했다(Ousley et al. 2005). 등록 작업에는 비록 한시적일지라도 좀 더 많은 직원을 추가할 수 있는 재정지원이 요구되었다. 전체적으로 「(미주) 원주민분묘 보존 및 반환 법령」의 혜택으로 인해, 수장되어 있던 인간유해에 대한 재평가나 등록이 촉진되었을 뿐만 아니라, 토목사업이나 자연침식으로 우연히 노출되어 발굴이 필요할 때 인류학자로 하여금 최대한 신속하고 효과적인 분석을 수행하도록 압박하게 되었다. "한 생물고고학 개요에 따르면 발굴된 인골 20,947개체의 64%가 전혀 연구되지 않았다고 밝힌다. 뼈대학자가 관심이 없어서가 아니라, 전부를 연구할 시간과 비용이 충분치 않은 탓에 그 인골들은 분석되지 않은 채 남겨졌다(Rose and Green 2002: 215-216)."

마지막이자 종종 간과되는 「(미주) 원주민분묘 보존 및 반환 법령」의 혜택은 다양한 학술단체나 체질인류학에 종사하는 연구자들 간 소통을 증진시켰을 뿐만 아니라, 학계 밖으로 정보의 확산을 촉진하였다는 것이다. 후자의 경향이야말로 「(미주) 원주민분묘 보존 및 반환 법령」의 정립이 촉발한 가장 커다란 발전이다. 생물고고학자가 점점 더 다른 연구자와 자료 및 과거를 밝히는 정보를 확장하는 발전을 공유하면서 후속 연구를 위한 함의는 커진다.

## 2.2.4 법제화를 넘어서: 미국 밖에서의 생물고고학

인간유해를 대상으로 하는 연구의 과거와 미래에 대한 비판적 분석이 아마도 북미대륙 원주민집단들 사이의 생물고고학 연구에서 생겨났다고는 하지만, 세계 다른 지역의 집단에 대해서도 동일한 고찰이 적용되어야 한다. 미합중국 밖에서는 「(미주) 원주민분묘 보존 및 반환 법령」과 같은 법이 적용되지 않더라도, 다른 나라도 인간유해를 보호하기 위한 그들 나름의 법을 정리하고 있다. 2004년 무렵, 남아프리카공화국의 「국가유산자원법National Heritage Resources Act, NHRA」, 호주의 「(1984년도)원주민 및 토레스해협 제도 주민 문화유산보존법Aboriginal and Torres Strait Islander Heritage Protection Act 1984, ATSIHPA」, 뉴질랜드의 「사적법Historic Places Act, HPA」 등과 같이 몇몇 국가들이 유사한 법을 제정하였다(Seidemann 2004). 더구나 여타 국가들—예를 들어, 캐나다, 덴마크, 스코틀랜드 등—은 분묘를 보존할 공식적인 법이 부재함에도 송환운동을 안착시켰다(Curtis 2010; Thorleifsen 2009; Simpson 2009).

마침내, 정부의 법령 없이도 후손문화집단에 직접 유해를 송환하는 박물관이 늘었다(Ferri 2009; Pérez 2010). 이 운동의 저변에 깔린 생각은 분묘를 보호하는 공식적인 법이 없는 국가에서조차, 연구자는 그 유해가 반영하는 원주민집단을 인정하고 가능하면 후손들을 연구에 참여케 할 의무가 있다는 것이다(Singleton and Orser 2003; Martin 1998: 171). 이러한 법률 제정과 인류학자와 원주민집단 간의 점증하는 협업으로부터 간취해야 하는 메시지는 인간유해가 결부된 어떤 연구에서도 일차적 관심사 중의 하나는 개인으로서의 유골에 대한 윤리적 처치라는 점이다. 컬럼비아고원의 남쪽 부분에 대한 연구에서 협업의 중요성은 중대한 관심사였다(Harrod 2011). 실제 유해가 다루어지거나 교란되지 않았거나 분석된 자료가 이미 송환되었거나, 어쨌든 그 과정 중에 있는 미주 원주민으로부터 얻어진 것인바, 「(미주) 원주민분묘 보존 및 반환 법령」과 같은 법이 적용되지 않았더라도, 원주민 단체와 교섭하여 연구수행의 허가를 받아야 한다는 사실에서도 드러났다. 비록 필요 없어 보이더라도, 그러한 협업은 종국에 연구를 현저하게 신장시켜줄 소통을 유도했다.

### 2.2.4.1 사례연구: 야퀴부족

2007년에서 2009년 사이, 페레즈Ventura Pérez는 미국자연사박물관American Museum of Natural History, AMNH과 야퀴Yaqui부족 사이의 국제 송환을 돕는 팀의 일원이었다. 참여자 모두는 그 전사들을 고향과 가족들에게 돌려주는 최종적인 결과에 만족했다. 부족이 동족을 인계하게 된 그날, 부족의 원로는 "이제야 이루어졌구나."라고 말했다. 대부분의 부족원로들도 마찬가지였겠지만 그의 말은 의미심장했다(그림 2.1). 해결책이 궁극적으로는 「(미주) 원주민분묘 보존 및 반환 법령」의 관점을 넘어선 것이었기에 의미 있는 기여를 할 수 있다는 입장을 견지해야 했다.

역사는 개인적인 경험의 렌즈를 통해 바라봐질 때 의미 있게 된다는 말이 있다. 이 사례는 야퀴전사Los Guerreros, 그들과 야퀴부족 후손공동체의 사회적 상호작용, 그 송환의 국제적 영향에 관한 이야기이다. 이 송환을 둘러싼 슬픔과 기쁨 사이에 미묘하면서도 복잡한 기류가 흘렀다. 야퀴부족에게 있어 이 송환은 공동체에 심대한 영향을 끼쳤으며, 오래된 상처와 잊지 못할 기억을 되뇌게 했다. 삶과 죽음, 그리고 오래 지속된 전사들의 매장과 애도의 과정은 야퀴부족의 사회현실에 영향을 주었다. 그들의 송환과 배경 이야기는 직접 경험하지는 않았지만 그 부모나 조부모는 그러했던, 여러 세대의 부족민에게 심대한 영향을 준 폭력에 대한 기억을 불러일으켰다. 유골의 송환은 후손들에게 뿐만 아니라, 야퀴부족과의 교류를 통해 인골의 분석만으로는 밝힐 수 없었던 그 남성들, 여성들, 어린이들에 대해 더 많이 알게 된 생물고고학자에게도 큰 힘이 되었다.

저항의 시들, 특히 유럽 사회에 의해 야기된 경제·정치·사회적 압박에 직면하면서 자신들의 정체성과 사회구조를 유지하려 했던 원주민사회에 회자되는 것들을 이해하기 위해서는 지배문화가 어떻게 정당화된 구조적 폭력의 행사를 통해 소수문화를 강압하고 제한하는지를 인지해야만 한다. 1902년 6월 8일에 멕시코 군대에 의해 자행되었던, 124명의 야퀴족 남자, 여자, 어린이에 대한 학살, 인간유해나 물질문화자료에 대한 흐르들리치카의 후속적인 수집, 뉴욕에 있는 미국자연사박물관으로의 이송, 그리고 그 후손 공동체나 더 큰 지구촌에 미칠 사회적 영향을 탐색하면서

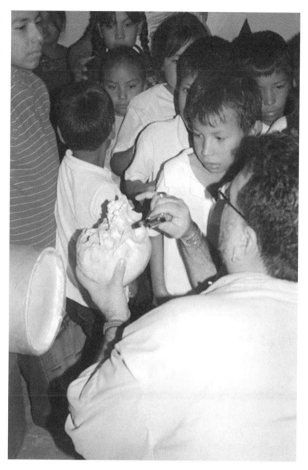

**그림 2.1** 멕시코 소노라 비캄의 원주민 부락에서, 생물고고학자가 조상들의 유해를 어떻게 분석하는지를 야퀴학생들에게 설명하고 있는 페레즈 박사

자기 동족이 야퀴원주민구역Yaqui Zona Indigena으로 송환되도록 한 야퀴부족의 성공적인 노력 등을 검토하면 그 점을 설명할 수 있다.

당시 미국 신문들은 계속되는 야퀴전쟁 중 또 하나의 소규모 전투처럼 보도하였고, 당시 멕시코를 여행하고 있었던 미국 체질인류학자의 행동이 아니었다면, 역사서술에서 하나의 각주 정도로 남았을 것이다. 흐르들리치카는 미국자연사박물관을 위해 멕시코에서 하이드Hyde 탐사의 일부로 지원되었던 연구를 수행하고 있었다. 야퀴대학살 3주 후, 흐르들리치카는 토레스Torres 장군의 승인을 받아 현장으로 갔다. 현장에 있는 동안 흐르들리치카는 12개체로부터 뼈를, 그 외 사람들의 신체로부터 물질문화 항목을 수집하였다(그림 2.2).

**그림 2.2** 야퀴 전사가 멕시코 소노라 비캄에 재매장되는 날

2007년 페레즈는 뉴욕에 있는 미국자연사박물관에서 연구를 수행하고 있었는데, 흐르들리치카에 의해 야퀴인 유골이 그곳으로 왔다는 사실이 그의 관심을 끌었다. 인간유해에 대한 분석을 마친 후, 페레즈와 동료들은 그 정보를 파스쿠아 야퀴 Pascua Yaqui부족에게 알렸는데, 그리하여 송환 과정이 시작되었다.

페레즈는 신속하게 수행하지 않으면 그 송환이 이루어지지 않을 것이며, 하려거든 야퀴부족이 「(미주) 원주민분묘 보존 및 반환 법령」을 따라 모색하도록 해야 한다고 믿게 되었다. 페레즈는 연방에 의해 승인된 부족인 파스쿠아 야퀴가 「(미주) 원주민분묘 보존 및 반환 법령」을 따르는 미국자연사박물관으로부터 선조들의 유해와 물질문화자료를 요구할 권리가 있다고 굳게 믿었다. 그런데 그 과정 초기에는 그런 상황이 도래하지 않을 것임이 부족들에게는 분명해 보이기도 했다. 논리는 간단했다―파스쿠아 야퀴는 미합중국 연방에 의해 승인된 부족이고 「(미주) 원주민분묘 보존 및 반환 법령」은 미국법이다. 유골과 물질문화자료는 멕시코에서 수집되었고, 미국의 부족은 그 송환이 이루어지게 하도록 미국법을 적용할 수 없다. 물론, 다른 대부분의 부족과 마찬가지로 미국-멕시코 국경을 따라 거주했던 야퀴부족이 이런 강제된 국제적 경계의 양쪽 모두를 점유하면서 돌아다녔다고 한다면, 그 점은 합당하지 않다. 그 유골은 분명히 파스쿠아 야퀴의 조상이었다. 그들이 미국의 박물관에 있었지만 「(미주) 원주민분묘 보존 및 반환 법령」의 대상은 되지 않는다고 주장되었다. 대신, 미국자연사박물관은 유골이 (멕시코)국립인류학·역사학연구소Instituto Nacional de Antropología e Historia, INAH에 반환되어야 한다고 주장하였다. (멕시코)국립인류·역사학연구소는 1939년 선사시대(유럽인 도래 이전의) 고고학·인류학·역사학·고생물학적 유산의 연구·보존·진흥을 보호하고 지원하기 위하여 멕시코 정부의 연방사무소로 설립되었다.

우리의 의도는 그러한 결정의 현명함을 논란 삼기보다는 그 진술의 함의를 고려하는 데 있다. 잠시만 미국자연사박물관과 (멕시코)국립인류학·역사학연구소의 입장을 고려해보자. 파스쿠아 야퀴가 「(미주) 원주민분묘 보존 및 반환 법령」에 따라 성공적으로 그 수장품을 송환했을 때, 어떤 종류의 판도라의 상자가 열린 것일까? 멕시코에서 수집되었지만 문화적으로는 미국에서 연방에 의해 승인된 부족에 소속된 고고수집품은 얼마나 되나? 그 송환이 진행되게 할 수 있었던 원칙적 이유 중 하나를 강조하는 것은 중요하다. 그 수장품은 미국자연사박물관이나 (멕시코)국립인류학·역사학연구소에 의해 수집된 고고자료로 간주되기보다는, 역사적 대량학살 현장이자 인권문제로 인식되었다. 미국자연사박물관은 (멕시코)국립인류학·역사학연구소가 허가한다면 인간유해와 물질문화자료를 야퀴부족에게 반환할 것이라는 점에 동의했다. 미국자연사박물관은 (멕시코)국립인류학·역사학연구소에 그 자료를 반환하였고, (멕시코)국립인류학·역사학연구소는 다시 야퀴부족에게 반환하였다. 이 점은 지극히 중요하게 인식되어야 한다. 미국자연사박물관은 멕시코에서 수집된 자료를 문화적으로 관련된 미국 연방이 승인한 부족에게 주지 않았고, (멕시코)국립인류학·역사학연구소는 그 고고자료를 멕시코의 부족에게 반환하지 않았다(그림 2.3).

이를 통해 문제 ─ 유사한 상황이 발생할 때, 「(미주) 원주민분묘 보존 및 반환 법령」이 적용될 수 있는가? 또 그래야 하는가? ─ 를 피해 갔다. 지금으로서는 이 문제

**그림 2.3** 2009년 10월 그 조상이 멕시코 소노라 비캄으로 송환되는 날, 야퀴 소녀와 함께 있는 페레즈 박사

에 대한 분명한 해답은 없다. 그러나 고려되어야 할 문제이기는 하다.


## 2.3 토착고고학

토착고고학indigenous archaeology은 특정 지역에 거주하거나 연구대상이 된 집단의 후손인 원주민집단에 의해서 수행·감독되거나 그들과의 협력 속에서 수행되는 고고학을 지칭하기 위해 사용된 용어이다. 이는 원주민학자나 여타 사람에게 연구수행방식을 고안하는 데에 참여할 권한을 부여함에 있어 중요한 진전을 의미한다. 원주민집단은 자신들의 문화유산을 관리하고, 때로는 고고학이 제공하는 과학적 지식을 활용하게 된다. 과학적 탐구를 절충하는 대신, 다른 지적 전통과의 협업은 학문적 인식론에 이의를 제기했으며, "… 우리 분야의 지성적 성장에 실질적인 기여"를 촉발했다(Colwell-Chanthaphonh 2010).

토착고고학을 고고학 내 세부 분야로 정립하는 것이 매우 중요하다. 이는 미국 흑인연구, 여성연구, 종족연구, 미주 원주민연구 등과 같은 분야의 창출을 촉진했던 인권운동과 유사하다. 학술영역에서 자원을 재조직할 수 있는 여지를 창출하는 것이나 이전에는 알려지지 않았던 연구 분야를 조명하는 것은 중요하다.

연구자에 대한 혜택을 넘어, 토착고고학의 목표에 부합하는 사업은 특정 토착집단과 그 문화유산 사이의 지속적인 괴리를 다루고자 한다. 이는 종종 학술단체에 의해 인정되지 않는 압박의 역사적 결과이다. 토착고고학의 발달 이전, 원주민집단은 자기 조상에 관련된 자료와 인간유해가 어디에서 처리되며, 이관·수장되고 분석되어야 한다는 논의에서 목소리를 내지 못했다(Lippert 2006: 431).

「탈식민고고학Decolonizing Archaeology」이라는 제목의 『계간 미주 원주민American Indian Quarterly』 최근 특집호는 자신들의 문화유산관리에 적극적으로 종사하는 전 세계 단체를 대상으로 한 다양한 연구 사업을 알려주고 있다. 그들은 현행의 고고학이 다른 형태의 식민주의이므로 분석대상이 된 사람들의 투입이 전무한 것을 거의 고려하지 않은 채 서구적 시각만을 견지한 "타인"의 연구라고 느끼기 때문에 탈식민고고학이라고 명명된다는 것이다(Atalay 2006). "식민주의가 원주민을 비토착적 관리의 틀 안에 살게 했다면 고고학의 탈식민화는 토착적 관리의 틀, 곧 연구자와 원주민 공동체 간에 연구의 진행 과정, 결과, 혜택에 대해 협의하는 틀 안에서 수행할 고고학자들을 포함해야만 한다(Smith and Jackson 2006: 341)." 이 인용구는 고고학을 그 문제의 일부로 자리매김하고 스스로 변모하여 해결의 일부가 됨으로써 제기된 더 포괄적인 지성적 주제를 담고 있다.

토착고고학의 패러다임을 따른다고 해서 원주민이기를 원하거나 원주민 역사에 연결된 고고학을 수행해야 하는 것은 아니다. 의도는 이론과 관행이 고고기록을 풍부하게 하면서도 진정한 불평등을 개선하기 위하여 원주민공동체에게 정중하고 책임감을 느끼면서 토착적 가치를 관통하도록 하는 것이다(Atalay 2006). 그리하여 토착고고학의 목표는 이 책이 생물고고학의 기풍 변화를 유도하는 논의와 함께 옹호하는 목표에도 실질적으로 부합한다. 예를 들어, 토착집단이나 부족의 대표들에게 자문하고 협력을 구할 때, 참여의 규칙은 참여자 누구나 자신의 견해를 자유롭게 표현할 수 있어야 한다는 것이다(Mador et al. 1995: 481 참조).

고고기록의 보존과 보호가 미국고고학회의 사명이나 윤리관의 핵심이다. 고고 자원의 근본적 가치는 고고학자가 발굴을 통해 구분해낼 수 있는 정보로부터 얻어 진다(Lynott and Wylie 1995). 고고학자는 "[…] 특별히 고고자료를 연구할 수 있는 자 격이 있는 집단"으로 자리매김된다(Lynott and Wylie 1995: 29).

이는 누가 또 자격이 있는가 하는 문제를 제기한다. 과거를 알 수 있는 방법―예 를 들어, 고고학 또는 민족지학 기법, 녹취사료―이 많다는 의견에 동의한다면, 고 고자료의 해석에 많은 이해당사자도 조력할 자격을 가질 수 있어 보인다. 물질문화 연구에 국한되지 않고 인류의 노력으로서 고고학이 관련되어야 한다(McGuire 1997: 86). 그렇듯, "[…] 고고학의 다변성은 다양한 공동체와 맺고 있는 우리의 관계로부 터 나타나야 한다(McGuire 1997: 86)." 복수의 고고학 및 이해당사자에 관한 생각은 토착고고학이 우리 분야에 중대한 기여를 한다. 이해당사자에 대한 주목은 "[…] 우 리는 [과학적이고 지적인] 관심이 당면의 정당한 것만은 아니라는 점을 인정해야 한 다(McGuire 1997: 86),"라는 주장에서 증폭된다.

다만 "원주민주의Aboriginalism"의 구식모형이나 "고결한 야인Noble Savage"의 관념 을 지향하는 운동을 반영한다고 주장하면서, 일부 고고학자는 토착고고학의 창출에 찬성하지 않는다(McGhee 2008). 그러한 연구자 중 많은 수는 과거를 이해함에 있어 비판적 접근을 취하는 객관적인 과학을 수행하기보다는 연구자들이 우리가 과거를 해석하는 방식을 토착집단이 지시하도록 허용하고 있다고 믿는다. 이에 대해 크로제 Dale R. Croes는 토착고고학은 과학자들에게 희생으로 볼 수 없고, 상호 유익하고 동등 한 협력으로 인식되어야 한다고 주장한다(Croes 2010: 215). 원주민집단이 자기 선조 에 관련하여 수행·제시되는 연구를 관리하면서 외지인 고고학자와 오랫동안 매우 성공적인 관계를 맺고 있는 세계 여러 지역에서 수많은 사업이 벌어지고 있다. 토착 고고학은 협업을 촉진하지만, 콘클린Beth Conklin이 주장하는 바대로 특정 집단을 만 족시키기 위하여 연구가 수정되어야 한다(Conklin 2003: 5)는 것은 아니다.

원주민집단과 고고학자 양측 모두가 관련된 연구를 생성하는, 협업적 관계를 수립하는 사업의 사례는 많다. 버지니아주에서 치카호미니Chickahominy, 마타포니 Mattaponi, 난세몬드Nansemond, 파문키Pamunkey, 라파하녹Rappahannock, 그리고 어퍼 마타포니Upper Mattaponi 등 부족이 워로워코모코 조사단Werowocomoco Research Group, WRG에서, 지역 고고학자와 함께 작업하는 버지니아 원주민 자문위원회Virginia Indian Advisory Board, VIAB를 형성하고 있다. 이 협업의 목적은 버지니아사Virginia Company가 포와탄Powhatan 수장사회와 조우했던 워로워코모코유적의 역사에 대한 더 나은 이해를 도모하는 것이었다(Gallivan and Moretti-Langholtz 2007). 애리조나주에서는 화이트 마운틴 아파치 부족White Mountain Apache Tribe과 고고학자 간 협업이 위력을 발휘하는 의미심장한 사례를 제시했다. 아파치부족에게 자문하고, 그들과 협업함으로써, 원주민과 연구자들은 아파치요새Fort Apache, 곧 전통적인 생활방식의 상실을 상징하는 장소를, 요새의 아픈 역사를 보여주면서도 과거와 현재의 아파치문화를 찬양하는 문화유산센터로 변모시킬 수 있었다(Colwell-Chanthaphonh 2007).

더 포괄적인 공동체 내에서 현시화되고 있는 토착고고학의 더욱 중요한 산물 중 하나는 과거의 잘못에 대해 정의를 바로 세우는 방법을 제공한다는 것이다. 이는 식민권력에 의해 고통받고, 착취당하고, 복속되었던 원주민집단의 경우에는 특히 그러하다(Colwell-Chanthaphonh 2007). 정의에 대하여 콜웰-찬타폰Chip Colwell-Chanthaphonh이 보복의 뜻으로 말하지는 않는데, 응보應報의 정의는 대체로 도움이 된다기보다는 파괴적이기 때문이다(Colwell-Chanthaphonh 2007). 대신, 그는 협업을 통해 달성될 수 있는 형태의 정의는 치유적임을 시사한다. 이 두 가지 개념 간의 차이는 미국에서 수백만 명의 원주민을 상대로 한 집단학살에 대해 어떻게 정의가 찾아질지에 따라 설명될 수 있다. 응보의 정의는 유책인사를 처벌하는 것이 될 것이지만 집단학살은 여러 세대 전에 발생했기에 지금은 처벌받을 사람이 없다. 설혹 수백만 명의 삶을 파괴하고 전체 문화를 유린했던 잔혹함에 대해 소수를 벌하는 만족감이 있었다 하더라도, 그 징벌이 후손공동체의 많은 이에게 만족스럽지는 않을 것이다. 대신, 그는 정의는 치유적이어야 하며, 과거와 현재의 화해를 모색해야 한다고 주장한다. 정의는 과거의 진실을 밝히는 지속적인 과정이고 자료를 해석하는 여러 방도가 있을 수 있지만, 모든 관점과 결론이 고려되어야 한다. 그런데 모든 관점/결론이 동등하게 유효한 것이 아님을 지적하는 것은 중요하다. 그러므로 "치유의 정의"는 중요한 형태의 정의로 폭력이 만연할 때 개인이나 공동체가 치유를 구하는 방식이다(Colwell-Chanthaphonh 2007: 37). 원주민집단과 고고학자 간 가장 생산적인 협업이 어떤 결론이 유효할지를 결정하게 된다. 챠콘과 멘도사는 방만한 옹호적 입장의 잠재적 위험을 인식하면서 교훈적 사례를 제시한다(Chacon and Mendoza 2012b: 489-490).

토착고고학이 고고학의 가치 있는 새로운 접근이라는 점에 대해서는 의심의 여지가 없지만, 실리만Stephen W. Silliman은 일부가 자신이 "협업적 토착고고학"이라 부르는 것을 조명하는 반면, 다른 일부는 그것이 다른 탓에 나머지 고고학으로부터 분리한다고 언급(Silliman 2008: 4)하면서 자극적인 관점을 제시하기도 한다. 그는 대신 고고학은 변모할 필요가 있는데, 전체적으로 "… 좀 더 방법론적으로 풍부하고, 이론적으로 흥미로우며, 문화적으로 민감하고, 공동체의 공감을 얻으며, 윤리적으로 자가하며, 사회적으로 올바른(Silliman 2008: 4-5)" 접근에 다가가야 한다고 주장한다. 다양한 분야의 연구자를 포함하는 연구가 점차 늘어나면서 협업에 대한 그런 요구가 대두되는데, 챠콘과 멘도사는 관련 사례를 보여주고 있다(Chacon and Mendoza 2012).

챠콘과 멘도사는 수많은 협업에 참여해왔는데, 그들의 충고 중 일부는 부족대표자들이 해당 연구의 결론에 동의하지 않을 때 어떻게 해야 하나에 대한 구체적 전범典範이기도 하다(Chacon and Mendoza 2012). 부족의 원로들이나 대표자들이 발견에 대한 설명을 들을 비공식적인 만남을 주선할 것을 제안한다. 이는 보통 출간 이전에 있어야 한다. 부족대표자들이 대안적인 결론이나 자료해석의 다른 방법을 제시하도록 권해야 한다. 이 과정은 충분한 시간을 가지고 이루어져야 한다. 만약 연구자가 여전히 원래 결론이 옳다고 믿는다면, 결과의 발간물에는 부족에 의해 제기된 반론을 담은 정확한 대조표가 제시되어야 한다. 부족은 그들의 대안적 관점이 요약된 발간물을 볼 기회를 가져야 한다. 이러한 전범은 독자들로 하여금 자료를 설명한 두 가지 방법의 장점에 비춰볼 때, 어떤 해석에 찬성할지 스스로 결정할 기회를 제공하는 것이다(2012년 챠콘과의 사적 대화).

생물고고학의 미래에 대하여 여기서 제안하는 것 역시 그와 같은 기풍의 근본적인 변화이다. 윤리적인 실행을 가르치는 한 방편으로 생물고고학을 배우는 학생들에게 여러 군·주·연방 법률을 배우게 하기보다는, 법적으로 규정된 것을 넘어서는 윤리적 접근을 신장할 더 포괄적인 영역을 제시해야 한다. 학생이 토착고고학의 한 과목을 수강케 하기보다는, 협업적 연구의 새로운 경로를 제시하는 방식으로 과거를 현재와 통합하게끔 과거를 알고 사고하는 많은 종류의 방법에 노출되도록 해야 한다.

## 2.4 요약

「(미주) 원주민분묘 보존 및 반환 법령」 및 유사한 법이나 명령이 정착되어 있다. 그것들은 주로 윤리적으로나 도덕적으로 올바른 일을 한다는 것이 무엇을 의미하는지에 대한 분명한 지침이 없는 회색지대에서 작동할 것이다. 세계 각지의 생물고고학자들은 현존하는 후손들에 대해 책임을 느낀다는 것이 무엇을 의미하는지를 이해함에 있어 기민하고 유연해야 할 것이다. 그것은 관련된 집단, 연구의 시점, 장소에 따라 매우 다른 형태를 취할 것이다. 올바른 진행 경로가 하나만 있는 것은 아니기에, 어떻게 생물고고학자가 자신의 연구를 수행할 것인지에 내재하는 기풍을 개발하는 작업은 정밀해질 시간을 갖게 될 것이다. 현대 생물고고학은 어떤 상황에서든 신뢰할 만한 과학적 연구가 어떠해야 하는지에 대한 이해를 수반한다. 원주민집단과의 협업을 포함해야 하겠지만, 상황이 달라지면 그것은 단지 부족대표들과 적절한 서류양식을 채우는 것을 의미할 수도 있다. 챠콘과 멘도사는 윤리적 지침이 건별, 지역별로 다듬어져야 한다고 주장한다(Chacon and Mendoza 2012).

"정치적으로 올바른"이란 말은 종종 이 책이 옹호하는 종류의 접근을 특징지을 때 사용되기도 한다. 「(미주) 원주민분묘 보존 및 반환 법령」 및 유사한 법, 규정, 규칙 등에 대한 그러한 반응은 학문적 자유나 과학적 무결성이 그러한 법들에 의해 변질된다고 느낀 생물고고학자들에게는 환영받지 못했다. 특히 그것이 일부 과학적 연구가 다른 것보다 좀 더 윤리적일 가능성을 제기할 경우, "정치적으로 올바른"이라는 문구는 일부 연구자들에게 혐오감을 주는 것들을 해소하는 연막장치가 되기도 한다. 일반적으로 생물고고학의 학생이나 전업자들은 그러한 종류의 비난은 무시한다.

생물고고학에 대한 윤리적 접근은 인권을 무시하지 않을 것이며, 이미 정해진 궤적을 따르지도 않는바, 윤리적 생물고고학을 실천하는 방법을 포괄하는 기풍을 개발하는 것이 중요하다. 모든 생물고고학자들의 세계관이 책임성 있고 윤리적인 과학 연구의 운용을 증진시킬 실천을 포괄하도록 변모할 수 있다면, 통합적이며, 참여적이고, 윤리적인 시도로 그 역할을 보장할 수 있을 것이다. 우드와 파월이 인용한 그린Ernestine L. Green의 저작에서는 윤리적 고고학을 한다는 것이 무엇을 의미하는지에 대해 "자신들의 문화사가 고고조사의 대상이 되는 집단의 정당한 관심에 세심해지고, 그것을 존중해라(Green 1984: 22)."라는 간결한 답변을 제시한다(Wood and Powell 1993: 409). 곧 각 연구자는 스스로 다양한 집단으로부터 제기되는 문제를 해석하고 다루는 방법을 결정해야만 할 것을 제안하는바, 거기에는 '정당한 관심'으로 시작되는 세심한 어법이 중요하다.

# 참고문헌

Alfonso, M. P., & Powell, J. (2007). Ethics of flesh and bone, or ethics in the practice of paleopathology, osteology, and bioarchaeology. In V. Cassman, N. Odegaard, & J. Powell (Eds.), *Human remains: Guide for museums and academic institutions* (pp. 5-20). Lanham: AltaMira Press.

Armelagos, G. J., & Barnes, K. (1999). The evolution of human disease and the rise of allergy: Epidemiological transitions. *Medical Anthropology, 18* (2), 187-213.

Armelagos, G. J., Carlson, D. S., & Van Gerven, D. P. (1982). The theoretical foundations and development of skeletal biology. In F. Spencer (Ed.), *A history of American physical anthropology, 1930-1980* (pp. 305-328). New York: Academic.

Armelagos, G. J., & Salzmann, Z. (1976). Problems of racial classification. *Acta Facultatis Naturalium Universitatis Comenianae Anthropologia, XXII*, 11-13.

Atalay, S. (2006). Indigenous archaeology as decolonizing practice. *American Indian Quarterly, 30*(3/4), 280-310.

Barrett, R., Kuzawa, C. W., McDade, T. W., & Armelagos, G. J. (1998). Emerging and re-emerging infectious diseases: The third epidemologic transition. *Annual Review of Anthropology, 27*, 247-271.

Bass, W. M. (2005). *Human osteology: A laboratory and field manual* (5th ed.). Columbia: Missouri Archaeological Society.

Birkby, W. H. (1966). An evaluation of race and sex identification from cranial measurements. *American Journal of Physical Anthropology, 24*(1), 21-27.

Black, H. C. (1968). *Black's Law Dictionary: Definitions of the terms and phrases of American and English juriprudence, ancient and modern.* St. Paul: West Publication, Co.

Blakely, R. L. (1977). *Biocultural adaptation in prehistoric America.* Athens: Southern Anthropological Society Proceedings, No. 11, University of Georgia Press.

Boas, F. (1912). Changes in the bodily form of descendants of immigrants. *American Anthropologist, 14*(3), 530-562.

Bogin, B., & Keep, R. (1999). Eight thousand years of economic and political history in Latin America revealed by Anthropometry. *Annals of Human Biology, 26*, 333-351.

Brace, C. L. (1964). A non-racial approach toward the understanding of human diversity. In A. Montagu (Ed.), *The concept of race*(pp. 103-152). London: Collier Books.

Brace, C. L. (2005). *'Race' is a four-letter word: The genesis of the concept.* Oxford: Oxford University Press.

Brace, C. L., Tracer, D. P., Yaroch, L. A., Robb, J. E., Brandt, K., & Nelson, R. (1993). Clines and clusters versus "Race:" A test in ancient Egypt and the case of a death on the Nile. *American Journal of Physical Anthropology, 36*, 1-31.

Brickley, M., & Ives, R. (2008). *The bioarchaeology of metabolic bone disease.* London: Academic.

Brooks, S. T. (1955). Skeletal age at death: The reliability of cranial and pubic age indicators. *American Journal of Physical Anthropology, 26*(1), 67-77.

Brown, T. F. (1995-1996). The Native American Grave Protection and Repatriation Act: A necessary but costly measure. *The Nebraska Anthropologist, 12*(1), 89-98.

Buikstra, J. E. (1977). Biocultural Dimensions of Archaeological Study: A regional perspective. In R. L. Blakely (Ed.), *Biocultural adaptation in prehistoric America* (pp. 67-84). Athens: Southern Anthropological Society Proceedings, No. 11, University of Georgia Press.

Carey, D. P. (2007). Is bigger really better? The search for brain size and intelligence in the twenty first century. In S. D. Sala (Ed.), *Tall tales about the mind and brain: Separating fact from fiction* (pp. 105-122). Oxford: Oxford University Press.

Chacon, R. J., & Dye, D. H. (2007). *The taking and displaying of human body parts as trophies by Amerindians.* New York: Springer Science and Business Media.

Chacon, R. J., & Mendoza, R. G. (2012). *The ethics of anthropology and Amerindian research: Reporting on environmental degradation and warfare.* New York: Springer.

Chaiklieng, S., Suggaravetsiri, P., & Boonprakob, Y. (2010). Work ergonomic hazards for musculoskeletal pain among University Office Workers. *Walailak Journal of Science and Technology, 7*(2), 169-176.

Chatters, J. C. (1998). Environment. In D. E. Walker Jr. (Ed.), *Handbook of North American Indians, Volume 12: Plateau* (pp. 29-48). Washington, DC: Smithsonian Institution Press.

Chatters, J. C. (2000). The recovery and first analysis of an early Holocene human skeleton from Kennewick, Washington. *American Antiquity, 65*(2), 291-316.

Chatters, J. C. (2002). *Ancient encounters: Kennewick Man and the first Americans.* New York: Touchstone.

Cobb, A. J. (2005). Understanding tribal sovereignty: Definitions, conceptualizations, and interpretations. *American Studies, 46*(3-4), 115-132.

Cobb, W. M. (1939). Race and runners. *The Journal of Health and Physical Education, 7*(1), 1-9.

Cohen, M. N., & Armelagos, G. J. (1984). *Paleopathology at the origins of agriculture.* Orlando: Academic.

Cole, D. (1985). *Captured heritage: The scramble for Northwest Coast artifacts.* Vancouver: UBC Press.

Colwell-Chanthaphonh, C. (2007). History, justice, and reconciliation. In J. L. Barbara & P. A. Shackel (Eds.), *Archaeology as a tool of civic engagement* (pp. 23-46). Lanham: AltaMira Press.

Colwell-Chanthaphonh, C. (2010). Remains unknown: Repatriating culturally unaffiliated human remains. *Anthropology News, 51*(3), 4-8.

Conklin, B. (2003). Speaking truth to power. *Anthropology News, 44*(7), 3.

Croes, D. R. (2010). Courage and thoughtful scholarship: Indigenous archaeology partnerships. *American Antiquity, 75*(2), 211-216.

Cronk, L. (1991). Human behavioral ecology. *Annual Review of Anthropology, 20*, 25-53.

Curtis, N. G. W. (2010). Repatriation from Scottish Museums: Learning from. *Museum Anthropology, 33*(2), 234-248.

Deloria, V., Jr. (1997). *Red Earth, White Lies: Native Americans and the myth of scientific fact.* Golden: Fulcrum Publishing.

Dongoske, K. E. (1996). The Native American Graves Protection and Repatriation Act: A new beginning, not the end, for osteological analysis—A Hopi perspective. *American Indian Quarterly, 20*(2), 287-297.

Echo-Hawk, W. R. (1988). Tribal efforts to protect against mistreatment of Indian Dead: The quest for equal protection of the laws. *Native American Rights Fund Legal Review, 14*(1), 1-5.

El-Najjar, M. Y., & McWilliams, K. R. (1978). *Forensic anthropology: The structure, morphology, and variation of human bone and dentition.* Springfield: Thomas.

Ferguson, T. J., Dongoske, K. E., & Kuwanwisiwma, L. J. (2001). Hopi perspectives on southwestern mortuary studies. In D. R. Mitchell & J. L. Brunson-Hadley (Eds.), *Ancient burial practices in the American Southwest* (pp. 9-26). Albuquerque: University of New Mexico Press.

Ferri, P. G. (2009). New types of cooperation between museums and countries of origin. *Museum International, 61*(1-2), 91-94.

Ferris, N. (2003). Between colonial and indigenous archaeologies: Legal and extra-legal ownership of the archaeological past in North America. *Canadian Journal of Archaeology, 27*, 154-190.

Gallivan, M. D., & Moretti-Langholtz, D. (2007). Civic engagement at Werowocomoco: Reasserting Native narratives from a Powhatan place of power. In J. L. Barbara & P. A. Shackel (Eds.), *Archaeology as a tool of civic engagement* (pp. 47-66). Lanham: AltaMira Press.

Garner, B. A. (2009). *Black's law dictionary digital* (9th ed). Westlaw BLACKS: West Group.

Gilbert, R. I., & Mielke, J. H. (1985). *The analysis of prehistoric diets*. Orlando: Academic.

Gill, G. W. (1998). The beauty of race and races. *Anthropology News, 39*(3), 1-5.

Goodman, A. H. (1994). Problematics of "Race" in contemporary biological anthropology. In N. T. Boaz & L. D. Woke (Eds.), *Biological anthropology: The state of the science* (pp. 221-243). Bend: International Institute for Human Evolutionary Research.

Goodman, A. H., & Leatherman, T. L. (1998). *Building a new biocultural synthesis: Politicaleconomic perspectives on human biology*. Ann Arbor: University of Michigan Press.

Gordon, C. C. (1994). Anthropometry in the U.S. Armed Forces. In S. J. Ulijaszek & C. G. N. Mascie- Taylor (Eds.), *Anthropometry. The individual and the population* (pp. 178-210). Cambridge: Cambridge University Press.

Gould, S. J. (1981). *The mismeasure of man*. New York: W. W. Norton and Company.

Gravlee, C. C., Russell Bernard, H., & Leonard, W. R. (2003a). Boas's changes in bodily form: The immigrant study, cranial plasticity, and Boas's physical anthropology. *American Anthropologist, 105*(2), 326-332.

Gravlee, C. C., Russell Bernard, H., & Leonard, W. R. (2003b). Heredity, environment, and cranial form: A re-analysis of Boas's immigrant data. *American Anthropologist, 105*(1), 125-138.

Green, E. L. (1984). *Ethics and values in archaeology*. New York: The Free Press.

Harrod, R. P. (2011). Phylogeny of the southern Plateau-An osteometric evaluation of inter- tribal relations. *HOMO—Journal of Comparative Human Biology, 62*(3), 182-201. doi:10.1016/j.jchb.2011.01.005.

Hendrick, H. W. (2003). Determining the cost-benefits of ergonomics projects and factors that lead to their success. *Applied Ergonomics, 34*(5), 419-427.

Hoeveler, D. J. (2007). The measure of mind. *Reviews in American History, 35*(4), 573-579.

Hooten, E. A. (1930). *Indians of Pecos Pueblo: A study of their skeletal remains*. New Haven: Yale University Press.

Horsman, R. (1975). Scientific Racism and the American Indian in the mid-nineteenth century. *American Quarterly, 27*(2), 152-168.

Hsieh, S. D., & Muto, T. (2005). The superiority of waist-to-height ratio as an anthropometric index to evaluate clustering of coronary risk factors among non-obese men and women. *Preventive Medicine, 40*(2), 216-220.

Huds, D. (2011). Salaries of Bioarchaeologists. eHow. Accessed October 15, 2012.

Huishu, Z., & Damin, Z. (2011). Simulation and ergonomics analysis of pilot visual information flow intensity. *Journal of Beijing University of Aeronautics and Astronautics, 5,* Article 5.

Huss-Ashmore, R., Goodman, A. H., & Armelagos, G. J. (1982). Nutritional inference from paleopathology. *Advances in Archaeological Method and Theory, 5,* 395-474.

Jackson, J. P., Jr. (2010). Whatever happened to the cephalic index? The reality of race and the burden of proof. *Rhetoric Society Quarterly, 40*(5), 438-458.

Johanson, G. (1971). Age determination from human teeth. *Odontologisk Revy, 22* (Suppl 21), 1-126.

Kakaliouras, A. M. (2008). Toward a new and different osteology: A reflexive critique of physical anthropology in the United States since the passage of . In T. W. Killion (Ed.), *Opening archaeology: Repatriation's impact on contemporary research and practice* (pp. 109-129). Santa Fe: School of Advanced Research Press.

Komlos, J. (1989). Nutrition and economic development in the eighteenth-century Habsburg Monarchy: An anthropometric history. Princeton: Princeton University Press.

Komlos, J. (1995). *The biological standard of living on three continents: Further explorations in anthropometric history.* Boulder: Westview.

Lang, J. C. (2011). Epistemologies of situated knowledges: "Troubling" knowledge in philosophy of education. *Educational Theory, 61*(1), 75-96.

Larsen, C. S. (1987). Bioarchaeological interpretations of subsistence economy and behavior from human skeletal remains. In M. B. Schiffer (Ed.), *Advances in archaeological method and theory* (Vol. 10, pp. 339-445). San Diego: Academic.

Larsen, C. S., & Walker, P. L. (2005). The ethics of bioarchaeology. In T. R. Turner (Ed.), *Biological anthropology and ethics: From repatriation to genetic identity* (pp. 111-120). Albany: State University of New York Press.

Lewis, J. E., DeGusta, D., Meyer, M. R., Monge, J. M., Mann, A. E., & Holloway., R. L. (2011). The mismeasure of science: Stephen Jay Gould versus Samuel George Morton on skulls and bias. *PLoS Biology, 9*(6), 1-6.

Lippert, D. (2006). Building a bridge to cross a thousand years. *American Indian Quarterly, 30*(3/4), 431-440.

Lovejoy, A. O. (1936). *The great chain of being: A study of the history of an idea.* Cambridge: Harvard University Press.

Lynott, M. J., & Wylie, A. (1995). *Ethics in American archaeology: Challenges for the 1990s, revised* (2nd ed.). Washington, DC: Society for American Archaeology.

Mador, M. J., Rodis, A., & Magalang, U. J. (1995). Reproducibility of Borg scale measurements of dyspnea during exercise in patients with COPD. *Chest, 107*(6), 1590-1597.

Malhi, R. S., Kemp, B. M., Eshleman, J. A., Cybulski, J. S., Smith, D. G., Cousins, S., et al. (2007). Haplogroup M discovered in prehistoric North America. *Journal of Archaeological Science, 34,* 642-648.

Mapes, L. V. (2012). Kennewick Man Bones not from Columbia Valley, scientist tells tribes. Seattle Times. Accessed October 15, 2012.

Maresh, M. M. (1955). Linear growth of the long bone of extremities from infancy through adolescence. *American Journal of Diseases of Children, 89,* 725-742.

Martin, D. L. (1994). Patterns of health and disease: Health profiles for the prehistoric Southwest. In G. J. Gumerman (Ed.), *Themes in Southwest prehistory* (pp. 87-108). Santa Fe: School of American Research Press.

Martin, D. L. (1998). Owning the sins of the past: Historical trends in the study of Southwest human remains. In A. H. Goodman & T. L. Leatherman (Eds.), *Building a new biocultural synthesis: Political-economic perspectives on human biology* (pp. 171-190). Ann Arbor: University of Michigan Press.

Mason, R. J. (2000). Archaeology and Native American oral tradition. *American Antiquity, 65*(2), 239-266.

McGhee, R. (2008). Aboriginalism and the problems of indigenous archaeology. *American Antiquity, 73*(4), 579-597.

McGuire, R. H. (1997). Why have archaeologists thought that the real Indians are dead and what can we do about it. In T. Biolsi & L. J. Zimmerman (Eds.), *Indians and anthropologists in post colonial America* (pp. 63-91). Tucson: University of Arizona Press.

Merbs, C. F., & Miller, R. J. (1985). *Health and disease in the prehistoric Southwest.* Tempe: Arizona State University.

Miller, E. (1995). *Refuse to be Ill: European contact and aboriginal health in northeastern Nebraska.* Unpublished Ph.D. dissertation, Arizona State University, Tempe.

Montagu, A. (1942). *Man's most dangerous myth: The fallacy of race.* New York: Columbia University Press.

Morgan, M. E. (2010). *Pecos Pueblo revisited: The biological and social context.* Cambridge: Peabody Museum of Archaeology and Ethnology Harvard University.

Nott, J. C., & Gliddon, G. R. (1854). *Types of Mankind: Or Ethnological researches, based upon the ancient monuments, paintings, sculptures, and crania of races, and upon their natural, geographical, philological and Biblical history.* Philadelphia: Contributions by Louis Agassiz, William Usher, and Henry Stuart Patterson. Lippincott, Grambo & Co.

Ortner, D. J. (2003). *Indentification of pathological conditions in human skeletal remains.* London: Academic.

Ousley, S. D., Billeck, W. T., & Hollinger, R. F. (2005). Federal repatriation legislation and the role of physical anthropology in repatriation. *American Journal of Physical Anthropology, 128*(S41), 11.

Ousley, S. D., Jantz, R. L., & Freid, D. (2009). Understanding race and human variation: Why forensic anthropologists are good at identifying race. *American Journal of Physical Anthropology, 139*(1), 68-76.

Pérez, V. R. (2010). From the singing tree to the hanging tree: Structural violence and death with the Yaqui Landscape. *Landscapes of Violence, 1*(1), Article 4.

Pevar, S. L. (2012). *The rights of Indians and tribes.* Oxford: Oxford University Press.

Pheasant, S., & Haslegrave, C. M. (2006). *Body space: Anthropometry, ergonomics, and the design of work* (3rd ed.). Boca Raton: CRC Press.

Powell, J. F., & Rose, J. C. (1999). Chapter 2. Report on the Osteological Assessment of the "Kennewick Man" Skeleton (CENWW.97.Kennewick). *In Report on the Nondestructive Examination, Description, and Analysis of the Human Remains from Columbia Park, Kennewick, Washington* [October 9]. Washington, DC: National Park Service. http://www.nps.gov/archeology/kennewick/.

Powell, M. L. (2000). Ancient diseases, modern perspective: Treponematosis and tuberculosis in the age of agriculture. In P. M. Lambert (Ed.), *Bioarchaeological studies in the age of agriculture: A view from the Southeast* (pp. 6-34). Tuscaloosa: The University of Alabama Press.

Riding In, J. (1992). Without ethics and morality: A historical overview of imperial archaeology and American Indians. *Arizona State Law Journal, 24,* 11-34.

Roberts, C. A. (2010). Adaptation of populations to changing environments: Bioarchaeological perspectives on health for the past, present and future. *Bulletins et Mémoires de la Société d'anthropologie de Paris, 22*(1-2), 38-46.

Roberts, C. A., & Buikstra, J. E. (2003). *The bioarchaeology of tuberculosis: A global perspective on a re-emerging disease*. Gainesville: University Press of Florida.

Roberts, C. A., & Manchester, K. (2005). *The archaeology of disease* (3rd ed.). Ithaca: Cornell University Press.

Rogers, R. M. (2011). *Design of military vehicles with the soldier in mind: Functionality and safety combined*. Warren: US Army RDECOM-TARDEC, No. 21658.

Rose, J. C., & Green, T. J. (2002). and the future of skeletal research. In M. A. Park (Ed.), *Biological anthropology: An introductory reader* (pp. 214-217). Boston: Reprint *General Anthropology, 4*(1), 8-10 (1997). McGraw-Hill.

Rose, J. C., Green, T. J., & Green, V. D. (1996). is forever: Osteology and the repatriation of skeletons. *Annual Review of Anthropology, 25*, 81-103.

Sagot, J.-C., Gouin, V., & Gomes, S. (2003). Ergonomics in product design: Safety factor. *Safety Science, 41*(2-3), 137-154.

Sauer, N. J. (1992). Forensic anthropology and the concept of race: If races don't exist, why are forensic anthropologists so good at identifying them? *Social Science & Medicine, 34*(2), 107-111.

Sauer, N. J. (1993). Applied anthropology and the concept of race: A legacy of Linneaus. *National Association for the Practice of Anthropology, Bulletin, 13*, 79-84.

Seidemann, R. M. (2004). Bones of contention: A comprehensive examination of law governing human remains from archaeological contexts in formerly colonial countries. *Louisiana Law Review, 64*(3), 545-588.

Silko, L. M. (1987). Landscape, history, and the pueblo imagination. In D. Halpren (Ed.), *On nature* (pp. 83-94). San Francisco: North Point.

Silliman, S. W. (2008). Collaborative indigenous archaeology: Troweling at the edges, eyeing the center. In S. W. Silliman (Ed.), *Collaborating at the Trowel's edge: Teaching and learning in indigenous archaeology* (pp. 1-21). Tucson: University of Arizona Press.

Simpson, M. (2009). Museums and restorative justice: Heritage, repatriation and cultural education. *Museum International, 61*(1-2), 121-129.

Singleton, T. A., & Orser, C. E., Jr. (2003). Descendant communities: Linking people in the present to the past. In L. J. Zimmerman, K. D. Vitelli, & J. Hollowell-Zimmer (Eds.), *Ethical issues in archaeology* (pp. 143-152). Walnut Creek: AltaMira Press.

Smith, C., & Jackson, G. (2006). Decolonizing indigenous archaeology: Developments from down under. *American Indian Quarterly, 30*(3/4), 311-349.

Smith, E. A., & Winterhalder, B. (1992). *Evolutionary ecology and human behavior*. New York: Aldine de Gruyter.

Stapp, D. C., & Longnecker, J. (2008). *Avoiding archaeological disasters: Risk management for heritage professionals*. Walnut Creek: Left Coast Press, Inc.

Stocking, G. W., Jr. (1982). *Race, culture and evolution: Essays in the history of anthropology*. Chicago: The University of Chicago.

Stodder, A. L. W. (1990). *Paleoepidemiology of Eastern and Western Pueblo Communities*. Unpublished PhD Dissertation, University of Colorado, Boulder, Boulder.

Thomas, D. H. (2000). *The Skull Wars: Kennewick man, archaeology, and the battle for Native American identity*. New York: Basic Books.

Thorleifsen, D. (2009). The repatriation of Greenland's cultural heritage. *Museum International,*

$61$(1-2), 25-29.

Turner, B. L., & Andrushko, V. A. (2011). Partnerships, pitfalls, and ethical concerns in international bioarchaeology. In S. C. Agarwal & B. A. Glencross (Eds.), *Social bioarchaeology* (pp. 44-67). Malden: Wiley-Blackwell.

Gerven, V., Dennis, P., Carlson, D. S., & Armelagos, G. J. (1973). Racial history and bio-cultural adaptation of Nubian archaeological populations. *The Journal of African History, 14*(4), 555-564.

Vaughan, L. A., Benyshek, D. C., & Martin, J. F. (1997). Food acquisition habits, nutrient intakes, and anthropometric data of Havasupai adults. *Journal of the American Dietetic Association, 97*(1), 1275-1282.

Walker, P. L. (2000). Bioarchaeological ethics: A historical perspective on the value of human remains. In M. Anne Katzenberg & R. S. Shelley (Eds.), *Biological anthropology of the human skeleton* (pp. 3-39). Hoboken: Wiley.

Walsh-Haney, H., & Lieberman, L. S. (2005). Ethical concerns in forensic anthropology. In T. R. Turner (Ed.), *Biological anthropology and ethics: From repatriation to genetic identity* (pp. 121-132). Albany: State University of New York Press.

Washburn, S. L. (1951). The new physical anthropology. *Yearbook of Physical Anthropology, 7*, 124-130.

Watkins, J. (2003). Archaeological ethics and American Indians. In L. J. Zimmerman, K. D. Vitelli, & J. Hollowell-Zimmer (Eds.), *Ethical issues in archaeology* (pp. 129-142). Walnut Creek: AltaMira Press.

Weaver, R. M. (1960). Lord Acton: The historian as thinker. *Modern Age, 4*, 13-22.

Wood, J. J., & Powell, S. (1993). An ethos for archaeological practice. *Human Organization, 52*(4), 405-413.

3장

# 인간유해 관련 연구사업의 체계

2장에서 인간유해를 다루는 연구의 역사적 궤적이 논의되었다면, 이제는 생물고고학 연구와 인간유해가 연관되는 과정의 매 단계에서 제기될 법적, 윤리적 문제가 신가하게 다루어져야 한다. 법적 측면은 연구수행을 위한 공식허가를 구하는 작업을 포함한다. 허가는 부족단체가 검토할 제안서의 작성부터 서류양식 기입, 박물관 대표자의 승인까지 그 어떤 것도 될 수 있다. 인간유해가 결부된 연구사업을 구체화하면서 제기되는 윤리·도덕적 문제는 법적 문제보다 처리하기가 더 복잡한 만큼, 중요하다.

연구사업은 가능한 한 법적이고 윤리적인 고려를 하면서도 통합적이고 참여적으로 세심하게 기획되어야 한다. 미국에서 「(미주) 원주민분묘 보존 및 반환 법령 NAGPRA」이나 세계 각지에서 다른 종류의 법안 시행 이전, 연구기획은 어느 정도 연구자가 다른 이와의 논의 없이도 할 수 있었겠지만, 더 이상은 아니다. 인간유해가 결부된 사업을 수행하는 사람들은 사업이 기획될 때부터 윤리적 측면에서 숙고하여 수립해야 한다. 일부 연구가 부적절하거나 수용이 어려울 것으로 간주되는 경고나 규약이 있는지 알기 위해 법적 측면까지도 조사되어야 한다. 예를 들어, 동위원소분석(8장 참조)을 통한 계통이나 식이食餌 연구를 위해 자그마한 뼛조각이나 치아 에나멜질이라도 파괴되는 연구사업은 법적으로 허가되지 않을 수 있다. 더 나아가, 특정 연구에 대해서는 부족의 제재가 있기도 하다. 그런데 인간유해의 작은 부분에 대한 파괴가 요구되는 기법은 주나 지방기관의 허가로 수행되어왔다(예를 들어, Dongoske 1996; O'Rourke et al. 2005 참조).

## 3.1 생물고고학과 법의인류학: 보완적 방법, 상이한 접근

법의인류학forensic anthropology은 생물고고학과 밀접하게 연관된다. 생물고고학처럼, 법의인류학 역시 체질인류학의 하위 분야이다. 그래서 생물고고학과 동일한 방법들을 많이 사용하고 있다. 인간유해를 연구하는 이 두 접근의 주요한 차이는 법의인류학자가 일차적으로 오늘날의 현대적 맥락에서 극히 최근의 사망을 다루며, 법집행, 인권단체 또는 형사사법기관과 연계하여 연구한다는 점이다. 법의法醫라는 용어는 "법원과 관련됨"을 의미(McCaffrey et al. 1997: ix)하는바, 법의인류학자는 법적 맥락에서 인간유해를 동정하고 분석한다. 비록 생물고고학과 방법을 공유하지만, 법의인류학은 법의과학 분야와도 밀접하게 연관된다. 법의인류학은 인류학자가 점점 많이 고용되고 있는 법조계의 일부이기도 하다(Hunter and Cox 2005; Dupras et al. 2011). 전문성이 증대되는 또 다른 분야는 "재난고고학disaster archaeology"으로 지칭된다(Gould 2007).

니콜라스George P. Nicholas가 지적하듯, 고고학자와 체질인류학자는 법의학과 인권유린의 영역에서 작업한 유구하고 화려한 역사를 가지고 있다(Nicholas 2004). 법의고고학forensic archaeology 분야는 법의학적 문제와 관련하여 미국에서는 생물인류학의 일부로 인정된다(Hunter 2002). 인골을 다루었던 여러 초기 인류학자들은 의학 분야에서 해부학 교육을 받았다. 그러한 연구가 공식적 분야로 발달한 직후, 후튼 Earnest Hooten이나 흐르들리치카Aleš Hrdlička와 같은 초기 체질인류학자들이 법의 사건을 다루기 시작하였다(Thompson 1982). 1936년, 흐르들리치카는 범죄사건과 관련하여 FBI를 도운 최초의 인류학자가 되었는데, FBI에 따르면 그는 "…미국 인류학계에서 가장 박식한 사람"이라고 언급되어왔다(Ubelaker 1999: 728).

원상태의 사체에 대한 세심한 노출과 범죄현장에 관계된 물질문화의 기록·촬영에 표준적인 고고학기법이 매우 성공적으로 활용되어왔다(Skinner et al. 2003; Sigler-Eisenberg 1985; Saul and Saul 2002; Sorg and Haglund 2002). 더구나 가제트 Robert H. Gargett는 두 분야 간 교섭의 또 다른 영역으로서 매장된 잔적 중 인문적 작인 作因, agency에 초점을 맞춰왔다. 미코지Marc Micozzi와 갤러웨이Alison Galloway 등을 인용하면서, 가제트는 어떻게 분해속도가 해체에 영향을 미치며, 의도적 매장 대 자연적 매장에 대해 무엇을 언급할 수 있는지를 탐구하고 있다(Gargett 1999). 마지막으로 굴드Stephen J. Gould의 글(Gould 2005)은 재난현장의 인간유해에 대한 수습과 해석을 담당할 고고학 특별대응팀(Forensic Archaeology Recovery)을 조직하고 훈련하는 데서 교본적인 역할을 해왔다.

법의작업은 희생자의 신원 파악과 형사 및 민사 사건의 판정에 초점이 맞춰진 방법 위주의 접근이며, 범죄과학, 법의병리학, 법의인류학, 법의치의학, 법의공학, 독물학, 행위과학, 문서감정 등을 포괄한다. 그러한 작업은 테러행위(세계무역센터, 오클라호마시티), 분리주의 내전(보스니아), 종족말살(르완다), 집단학살(과테말라), 전쟁(베트남, 아프카니스탄)의 상황에서 더욱 복잡해진다. 그러한 종류의 인도주의적 작업은 법의학 훈련을 받은 인류학자들이 지역공동체나 사망했을 친지에 대한 신원 확인을 모색하는 사람들과 접촉하게 했다(Steele 2008). 가해자와 희생자 사이에 어떤 일이 일어났었는지에 대한 증거를 맞춰가야 하는바, 그러한 작업에는 극단적인 폭력의 특성이 관련된다(Ferllini 2007에서 관련된 사례 참조).

법의인류학은 대체로 미국에서는 주·연방 경찰과, 미국 밖에서는 인도주의자 및 여러 나라 정부와의 공조 속에 수행된다. 실질적으로 미국의 모든 주정부는 오늘날, 범죄부서 내에 전직 체질인류학자나 생물고고학자를 고용하고 있다. 네크로서치NecroSearch처럼, 경찰과 협업하여 매장·은폐된 사체를 찾아 회수하기 위해 체질인류학자나 생물고고학자를 채용하는 민간조직도 있다. 인간유해를 다루는 지난 10년의 작업에 대한 최근의 관심은 라이크스Kathy Reichs, 코너Beverly Connor, 바스William Bass 및 그의 조력자인 제퍼슨Jon Jefferson, 버크Jan Burke 등 작가들의 인기 있는 책들이 불러일으킨 법의인류학에 대한 대중적 관심에 의해 추동되었다. 〈씨에스아이CSI〉나 〈본즈Bones〉 등 텔레비전 수사극의 인기도 인간유해가 사건 해결에 활용되는 방식에 대한 관심을 자극해왔다.

법의인류학자가 미확인 희생자의 확인을 돕기 위해 평가하는 인구학 및 신원 파악상의 특징에는 연령, 성별, 신장, 계통 등이 포함된다. 법의인류학은 체질인류학사와 평행적으로 발달해왔으므로, 인간집단 간의 변이를 논의하기 위해 최근 "인종" 대신 "선조집단ancestral group"의 개념이 채택되었다. 대체로 집단 간의 변이는 계량화하기 어렵고, 오래된 분류 범주—예를 들어, 백인종Caucasoid, 흑인종Negroid, 황인종Mongoloid 등—는 표현형 발현에서 보이는 현존의 변이를 간취하지 못한다(Steadman 2009).

많은 사회과학자들은 굳세게 인종이나 선조집단의 존재를 부정하겠지만, 많은 법의인류학자들은 사람들이 실종된 또는 미확인된 친지—예를 들어, 작전 중 실종병사soldiers missing in action, MIAs, 테러의 희생자[세계무역센터], 살인사건 희생자—의 신원을 확인하는 데에 일조하는 그 어떤 전술도 환영하는 경향이 있다고 주장한다. 식별한 수 있는 인간변이에 대한 주장은, 오래된 과거 인간집단이 지리적으로나 유전적으로 어느 정도 서로 고립되어 있었으며 다양한 지역에 적응하는 특질이 진화하였다고 하는 추정에 의거한다. 인골로부터 얻어진 정보의 제공에는 알려진 체질·유전적 표지로 확증될 수 있는, 해부학적으로 특정된 특질을 알리는 작업이 포함된다(Gill 1998; Ousley et al. 2009; Sauer 1993, 1992).

법의인류학자 대부분의 역할은 감식, 사후변질, 외상 등에 집중된다(Rhine 1998; Maples and Browning 1994). 상대적으로 연력이 일천한 법의인류학 분야가 당면한 문제 중 하나는, 법의과학에 뿌리박은 전문화된 지식과 수행자가 인류학의 다른 분과에서 훈련된다는 확신 사이에서 균형을 찾을 필요성이다(Buikstra et al. 2003). 인류학자들이 죽음과 폭력이 관련된 현장조사에 참여하게 되면서, 예전에는 상상조차 어려웠던 새로운 역할이 점차 보편화되고 있다. 인류학자가 행방불명된 사체를 찾아 확인하고, 검사하는 데 중요한 역할을 수행하고 있다는 점은 분명하다. 학제적 연구와 여러 세부 분야에 대한 섭렵을 통해, 인류학은 종종 죽음, 정신적 외상, 사회적 격변을 야기하는 폭력, 전쟁, 인권 등 문제에 대한 다양한 견해를 조망하는 방법을 제공한다.

다양한 형태의 폭력, 은밀하고 악랄한 형태의 전쟁, 인권 감시나 배제에 관련된 광범위한 활동 등은 인류학자에게 100년 전에는 상상조차 할 수 없었던 일거리를 만들어주었다. 따라서 다음은 생물고고학자뿐만 아니라, 법의인류학에 주목하는 이들에게도 해당된다. 미래 법의인류학자들은 기초적인 인골분석만을 숙련해서는 곤란하다. 일상의 폭력을 다룸에 있어 이론 및 실전적 접근을 할 수 있도록 인류학의 4개 분과 모두에서 훈련받을 필요가 있다. 그런 방식으로 법의인류학은 폭력, 전쟁, 감시, 인권 등 연구의 이론 및 경험적 문제에 대한 학제적 탐구에 참여하게 된다. 인류학이 폭력 연구에 가져다주는 강점은 세계 도처에서 자행되어온 폭넓은 잔학행위를 야기하는 동력을 전일적으로 검토할 수 있게 하는 비판적이면서 지성적이고, 비환원주의적 관점이다. 그러한 강점은 법의인류학이 인류학의 나머지 분야와는 단절된, 지극히 전문적인 기술자를 배출하는 함정에 빠지지 않기 위해 필요하다.


## 3.2 연구과제: 맥락 속의 인간유해

인간유해가 발견되는 맥락은 인골 자체만큼이나 중요하다. 5장은 인간유해가 주로 발견되는 매장의 맥락에 대한 개관을 제공한다. 거기에는 정식묘지, (폐허가 된 고대도시의) 집단묘지, 분묘, 패총지대의 야트막한 구덩이, 거주구역 바닥 아래 매장지, 거주지 바깥의 생소하거나 독특한 장소 등이 포함된다. 매장은 완전할 수도, 부분적으로 완전할 수도, 해체될 수도, 혼합될 수도, 심하게 훼손될 수도 있다. 이러한 맥락에서 얻어진 자료가 인간유해로부터 얻어진 정보에 부가되는 것이 중요하다. 그러나 그것은 맥락이 포함하는 것에 대한 더 포괄적이고 다중적인 개념의 일부에 불과하다. 맥락은 종종 일상에서 사용되는 거주·작업구역, 의례건조물, 식료저장, (토기나 석기 같은) 물건, 사육·재배된 동식물 등에 관한 정보를 제공하는 더 넓은 고고유적을 포함한다. 매장공간의 물리적 시설이나 고고유적을 넘어, 맥락은 그 유적에서 살았던 사람들과 연관된 관념과 문화도 포괄한다. 그러므로 맥락은 고고학적 또는 다른 부분의 정보로부터 복원될 고찰대상 집단에 관련된 거의 모든 것을 포함하는 데에까지 확장될 수 있다.

그러나 일부 맥락 정보는 다른 측면보다도 중요한바, 자료를 병합하는 방법이 체계적이고 과학적인 접근에 의거하는 것은 중요하다. 생물고고학자는 과학적 탐구에 깊은 책임감을 가진다(White et al. 2012; Larsen 1997). 복수의 방법론이나 학제적 접근을 활용하면서 검증 가능한 가설들을 수립하는 작업은, 이전 접근의 좀 더 서술적인 기법으로부터의 중대한 이탈이다(Martin 1998). 생물고고학은 인골분석을 서술에서 탈피시켰으며, 골생물학에서 연원한 방법과 자료를 다른 관점과 융합하고 있다. 민족지학, 화석형성학, 법의학, 의학, 역사학, 지질학 등 관련 분야의 접근법은 인골의 분석·해석과 연계하여 활용될 데이터세트가 보완되고 부각될 가능성을 제공한다.

과거 집단에서의 폭력에 대한 연구와 관련된 생물고고학의 방법·이론·자료에 대해 검토하면서 워커Phillip L. Walker는 맥락과 자료를 그렇게 병합하는 사례를 제시한다. 그는 인골에 나타난 상처와 외상의 해석에서 강식強式추론을 활용하는 데 기여할 유용한 도식을 제시하고 있다(Walker 2001: 577). 일단 뼈의 상처에 대한 자료가 수집되면 인골에 나타난 외상을 보고하는 일부 연구는 중단되지만, 워커는 그것이 바로 맥락의 여타 측면에서 차용된 좀 더 통합적인 연구의 출발점이라고 느끼고 있다. 뼈에서 얻어진 증거에서 출발하지만, 화석형성학(4장 참조)이나 매장요소에 대한 고고학적 복원(5장 참조), 의례의 측면(9장 참조)에 연관된 일련의 질문을 던지면서, 그의 순서도상 좀 더 통합적인 연구에 착수한다. 그의 접근은 단순기술을 넘어 확장될 해석을 창출하기 위한 맥락자료 병합의 필요성을 설명한다. 맥락 복원은 과제기획의 일부이기 때문에 그런 것이 가능하다. 뿐만 아니라, 자료를 수집·분석하고 가설을 검증할 체계적 방법 때문이기도 하다.

생물고고학은 독립적으로 가설검증에 활용될 수 있고, 또 그렇게 되어야 한다 (Armelagos 2003). 기술적記述的인 인골분석과 생물고고학의 차이는 후자가 가설검증에 유용한 인간생물학에 관련된 광범위한 자료의 분석에 일조하는 학제적이고 비교문화적 연구기법을 채택한다는 것이다. 생물고고학의 목표 중 하나는 식이의 변화, 인구규모 및 밀도의 증가, 권력과 계층화에서의 변화, 자원에 대한 차별화된 접근과 같은 사회·생태적 맥락에서 생물자료를 해석하는 것이다. 복수의 작업가설, 과학적 방법론, 강식추론을 사용함으로써, 생물고고학은 해석에서 다방면의 증거를 활용할 수단을 제공한다. 무엇보다 중요하게 변이성이 빠지지 않는데, 오히려 모든 방면의 증거에 대비해 고려되고 가늠됨으로써 (무시되는 것이 아니라,) 밝혀지게 된다. 인골을 활용하면서 연구과제를 설정하기 위해서는 많은 요소를 고려하게 된다. 그것이 실패하면, 후에 사법 및 부족기구, 심사자 또는 최종결과물을 평가하고 시각의 한계를 발견한 그 어떤 사람에 의해서도 문제기 제기되는 사업이 되고 말 것이다.

인간유해를 소재로 한 거의 모든 연구가 "왜, 어떤 사람은 늙기 전에 사망하는가?"라는 질문의 일부 측면을 다룬다. 그러한 질문에 대한 거의 모든 해답은 세 영역에 놓여 있다. 그들은 병을 얻거나(고병리현상), 사고를 겪거나(생전이나 사망전후 외상 흔적에 더해 맥락증거), 살해당했다는(사망전후 외상 흔적에 더해 맥락증거) 것이다. 전체 인구집단이나 공동체 차원에서, 죽음은 주로 연령, 성별, 직업, 사회적 지위, 경제적 지위 및 식료, 용수, 은신처 등 자원에 대한 접근성과 같은 요소들에 의해 유형화된다. 미국에서는 질병통제예방센터Centers for Disease Control and Prevention, CDC, 국제적으로는 세계보건기구World Health Organization, WHO가 현재 인구집단에 대해 질병, 열악한 보건, 불구, 사망의 유형과 경향을 추적하는 것처럼, 고대나 역사시대 유해에 대한 분석은 과거 인구집단에 대한 유사한 연구를 가능하게 한다.

열악한 보건이나 조기사망의 유형에 관한 흥미진진한 질문은 어떤 환경적, 문화적, 생리학적, 생물학적 요소들이 그러한 패턴을 가장 잘 설명하는지를 더 널리 조사하도록 구조화될 수 있다. 범문화적으로 또는 시간의 흐름에 따라, 자료를 비교하는 연구는 해석을 체계화하는 데에 유용한 시각을 제공한다. 이는 어떤 집단이 다른 집단에 비해 질병, 외상, 요절을 덜 경험한다는 사실을 부각하는데, 그리하여 그 설명은 이론화하여 제시될 수 있다. 궁극적으로 생물고고학은 인간행위를 설명할 수 있기를 모색한다. 이는 인간의 생사에 관해, 어떤 과학 분야도 제공하지 못하는 매우 독특한 관점을 제공한다. 크럼리Carole L. Crumley는 「신대륙 질서 속의 고고학: 세계에 제공할 수 있는 것Archaeology in the New World Order: What We Can Offer the Planet」에서 고고학 연구의 중요성에 대해 매우 흥미로운 몇 가지 이유를 공개하였다(Crumley 2006). 그녀는 인간이 지구온난화와 환경악화의 위기에 책임이 있기는 하지만, 일부 부류는 지구에 대해 보속적이고 비파괴적인 공동체를 구축하는 데에 혁신적이고 창의적이라는 점을 보여주는 과학적 자료도 많다는 것을 고고(및 생물고고)자료가 명확히 하고 있음을 몇 가지 구체적인 방식으로 제시한다. 아멜라고스George J. Armelagos는 생물고고학이 "…환경과의 관계, 즉 역사적으로 우리는 환경과 어떻게 상호작용했으며, 현재에는 어떻게 상호작용하고 있는지에 대한 이해에 필수적인 직관을 제공할 수 있다."라고 언급하면서 그러한 점을 강조하고 있다(Armelagos 2003: 34).

생물고고학자는 연구를 수행함에 있어 일반적으로 어떤 질문에 답하거나 어떤 현상을 설명하는 데에 대한 관심으로부터 출발한다. 보통 어떤 일에 대한 관심은 특정 주제에 관한 어떤 생각이나 견해를 촉발시킨다. 특정 단계에서 생물고고학자는 특정 주제에 관해 지식을 축적하기 위해, 또한 어떤 종류의 발견이 문헌에 이미 알려져 있는지에 대해 알기 위해 많은 양을 독파하기도 한다(DiGangi 2012). 항상 선행연구가 기초가 되는바, 그것은 중요한 단계이다. 한 주제와 관련하여 폭넓은 독서의 산물 중 하나는 다른 연구자들이 우리가 이해하려 한 주제에 관해 자기 연구를 어떻게 문제화하는지를 발견하는 기회를 갖는다는 점이다. 그 주제가 이미 어떻게 접근되어 왔고 또 되고 있으며, 어떤 각도나 관점에서 자신의 문제를 구조하고 있는가? 이는 연구사업이 수립되는 과정에서 고려되어야 하는 종류의 문제이다.

## 3.2.1 경험자료의 필요성

시간의 흐름에 따라, 환경·정치·경제적 구조, 생계와 식이, 취락분포 유형에서의 변화가 어떻게 인구구조와 발병·사망률에 심각한 영향을 미치는지를 인류학자나 역사학자가 이해할 수 있었던 것은 순전히 고고기록에 나타난 인간적응에 관한 경험자료에 의해서다. 『농경 출현 무렵의 고병리학 *Paleopathology at the Origins of Agriculture*』에서는 그에 관해, 지금에야 고전적이고 과도하리만큼 포괄적이 되어버린 일련의 사례들을 찾을 수 있는데, 그 책은 세계 각지에서의 생계경제 변화와 관련된 보건상태의 변화에 대해 매우 체계적으로 초점을 맞추고 있다(Cohen and Armelagos 1984).

법적, 윤리적 어려움에도 불구하고, 과거 인간유해에 대한 분석에 집중하는 한 가지 이유는, 그것이 말 그대로 국가 또는 식민지배 이전 집단의 인간생물학에 대해서는 유일하게 가용할 수 있는 정보이기 때문이다. 생사에 대한 문헌기록을 남긴 집단조차도 종종 인골에 대한 철저한 분석을 통해 획득될 수 있는 특정성과 정확성을 결여하고 있다(6·7·8장 참조). 질병은 인류역사의 궤적에 심대하게 영향을 미쳐왔지만, 거의 어떤 문화변동 설명모형도 이주하기를, 출산을 더 또는 덜하기를, 전쟁을 일으키기를, 한 지역을 폐기하기를 결정하는 데 미친 풍토병의 영향을 통합하지 않고 있다. 지역 수준에서 분석된 인구나 질병 관련 실제자료는, 안정화되고 인구집중이 일어나는 시기 또는 반대로 불안정하고 인구이동이 일어나는 시기 동안 열악한 보건, 식이의 부적합, 상이한 사망률의 역할을 제시할 수 있다(Steckel and Rose 2002에서 적합한 사례 참조).

초기 학자들은 인골에서 얻어진 경험자료 없이, 역사시대 또는 동시기의 원주민 생활양식을 관찰하면서 식민시대 이전의 과거를 가시화했다. 예를 들어, 식민화 이전의 생활을 복원하던 고고학자들의 노력은 미국 남서부에 집중되었다. 탐험은 1930년대 무렵에도 보편화되었는데, 미국자연사박물관American Museum of Natural History, AMNH이나 스미소니언의 국립자연사박물관Smithsonian National Museum of Natural

History 등의 박물관에 의해 승인되었다(Stodder 2012). 하나의 결과물로 고고학자 콜튼Harold S. Colton이 『사이언스Science』에 기고한 글은, 지질하고 썩어가는 용수원 근처에 사는 사람들로 붐볐던 호피Hopi 마을에 체류했던 자신의 경험에 심대한 영향을 받았다(Colton 1936). 민족지유추를 활용하면서, 그는 식민시대 이전 정착마을의 생활은 질병과 질환에 의해 위협받았을 것임을 피력했다. 비슷하게, 1933년 호피 마을에 살았던 문화인류학자 티티예프Mischa Titiev도 비위생적인 환경과 많은 주민이 겪는 일반화된 불량한 보건을 반복적으로 언급하면서도, 건강과 질환에 대한 당시의 태도를 주로 그런 생활양식을 결정하게 된 예전의 상황과 연결시키곤 했다(Titiev 1972). 곧, 콜튼은 푸에블로Pueblo가 오늘날 질환을 앓고 있기 때문에 과거에도 그랬음이 분명하다고 느꼈던 반면, 티티예프는 푸에블로가 과거에도 질환을 앓았기 때문에 오늘날에도 그러하다고 생각했다.

보건과 질병의 연대기에 대한 이 두 가설 어느 쪽도 경험자료로 입증되지 않았다. 사실, 콜튼과 티티예프의 관찰 모두 호피의 경험이나 푸에블로 선조들에 대한 우리의 이해와 연관되어 있지만, 그 가설들은 질병과 사망에 대한 모든 증거들에 대비해서 검증되어야만 한다. 보건과 질환의 영역에 대한 좀 더 포괄적인 이해는 생물고고학 조사결과 및 민족사자료, 다른 사람들과의 협업을 조합한 좀 더 통합적인 접근이 적용된 후에야 이루어지게 되었다(Martin et al. 1991; Stodder 2012).

생물고고학자는 생태·문화적 환경의 변화와 인간의 대응 변화 간 역동적인 면을 관찰할 수 있는 독특한 위치에 있다. 고대 질환 양상에 대한 설명은 지금의 보건 문제에 대한 논의로 유도될 수 있다. 현대사회에서, 영유아나 아동의 보건은 어머니, 가족, 공동체의 역할에 직접적으로 연결된다. 생리적 파열이나 인구집단에 대한 압박의 영향을 이해하는 것은 곧바로 문화적 완충이나 환경적 제약에 대한 이해로 되돌아온다. 어떤 공동체에 있어서든 어떻게 질병과 조기사망이 기능적이고 적응적인 결과에 영향을 미치는지를 이해하는 것은 지극히 중요하다. 예를 들어, 열악한 보건이 반드시 사망을 유발하지는 않더라도 성인의 노동역량을 감퇴시킬 수는 있다. 젊은 성인 여성에서 산모합병증이나 사망률이 높으면 재생산력이 감퇴할 수 있다. 일시적이든 만성적이든 건강문제를 경험한 개인은 사회적 교류나 결속의 형성을 교란시킬 수도 있고 사회적 지원체계를 왜곡할 수도 있다. 모든 인간집단에서 유사한 굴곡을 추정할 수도 있고, 질병의 기원과 변천사를 이해하는 데에 요구되는 시간적 깊이를 제공하는바 옛 공동체들을 대상으로 그 연관된 문제가 탐구되어야 한다.

그 결과, 보건의 굴곡과 관련하여 그러한 가설을 제안하는 데에 주목하는 향후의 연구자는 성장파열·질환·사망의 뼈대학적 지표를 평가하면서 압박의 인구학적, 생물학적 영향을 측정할 수 있다(6장 참조). 뼈에 남는 병리학적 변형에 의해 계량화될 질환과 건강악화는 일차적으로 손상에 대한 체계적인 기술을 통해 평가된다. 압박은 성장과 발달의 차별적 양상에 의해 드러난다. 인구학적으로, 고고유적에서 수습된 인간유해의 절대다수는 18세 미만인데, 중요한 단계의 치아와 인골 자료를 활용하면 아동의 성장과 발달은 유사하게 열악한 지역에 살고 있는 현재 집단과 비교될 수 있다(7장 참조). 성장과정에서 인지할 수 있는 연령 관련 파열은 아동기 발달 교란과 생리적 파열의 양상에 대한 중요한 정보를 담보한다. 특정 (영양상의, 감염적인, 퇴행성) 질환의 분포와 빈도 또한 보건이력의 필수부분이다. 선사시대 집단에 대해 철분결핍빈혈과 같은 영양학적 질환의 양상과 빈도가 기록되면, 식이의 부적절함을 이해하는 데에 분명한 함의를 가지게 된다. 많은 인골계열을 대상으로 기록되는 감염성 질병 역시 인구양상, 인구밀도, 정주화의 정도에 대한 지표를 제공한다.

## 3.2.2 생과 사의 유형 및 과정 설명하기

인간행위는 일반적으로 환경의 도전에 대한 적응을 촉진하는 방향으로 심하게 유형화되어 있다. 적응은 여러 세대에 걸친 유전학적 적응부터 개인 일생에서의 생리학적 적응이나 순응까지 상이한 여러 수준에서 있을 수 있다. 1장에서 논의된 생물문화적 모형은 인류가 적응해야 했던 그 어떤 환경에서 그러한 도전을 검증하는 생산적 도구임이 증명되어왔다. 생물고고학 연구는 인간 적응의 한계를 이해하는 데에 있어 중요한 확장이다. 생물고고학은 대체로 영양부족, 극단적으로 덥거나 추운 기후, 해충이나 맹수에 노출, 사람 간 폭력 등 압박요인에 굴복할 위기에 처한 개인에 대한 정보를 제공한다.

생태적 맥락에서 인구학적(7장), 생물학적(6장), 문화적 과정을 연결하는 것은 과학자나 여타 분야 전문가들이 지대한 관심을 보이는 종류의 질문들을 다룰 때 필수적이다. 생물고고학에서 얻어진 경험자료에는 연령, 성별, 집단 내에서 가장 취약한 개인들의 생리적 구성을 이해하는 데에 기여할 예측적 특성이 있다. 예를 들어, 정치적 집중화와 질환, 인구재편 또는 붕괴와 사망률 사이의 관계, 사회계층화, 자원에 대한 차별적 접근, 보건 사이의 관계에 대한 이해는 대체로 열악한 보건이나 조기사망의 위험에 처한 집단들을 이해하는 데에 유용하다. 여러 학문 분야의 경계를 가로지르는바, 그런 류의 문제들은 자료수집에 있어 다원적인 접근을 요구한다.

양상이 전체집단에서 위기에 처한 아囚집단에 관련된 특정 종류의 정보를 밝히더라도, 개인들에 대한 분석에서도 얻어진 것들이 많다. 특정 질환의 기원과 진화에 관련된 질문은 흔히 나병, 암, 결핵 등 오늘날에도 인류를 괴롭히는 질병의 징후가 누구에게서 보이는지가 (연대)비정될 수 있는 맥락에 개인을 자리매김하는 작업에 따라 결정된다. 스토더Ann L. W. Stodder와 팔코비치Anne M. Palkovich는 개인에 초점이 맞춰진 연구들을 엮은 편저를 냈다(Stodder and Palkovich 2012). 이 책은 매장된 집단 또는 인골 소장품 중에서 비상하고 독특한 개인이 집단에 대한 중요한 자료를 밝힐 수 있는 방식을 설명하고 있다. 이 책의 개별연구는 더 포괄적인 생물문화적, 환경적 맥락에 개인을 자리매김했기 때문에 그들의 생전의 삶에 대한 해석이 다른 종류의 자료와 잘 병합되었다.

연구를 위해 인간유해에 대한 접근권한을 획득한 생물고고학자들은 기초자료를 수집하거나 발견에 대한 기본적인 기술을 생성하는 것이 매우 간단하다는 점을 알게 된다. 저작들을 보면 그런 종류의 연구들은 매우 보편적이다. 그러나 기술적 연구들은 인간행위를 이해하기 위해 거대한 규모로 양상, 해석 또는 경로를 확증하고자 하지 않는다. 사실, 집단 전체의 적응 과정을 이해하기 위하여 집단 수준에서의 분석을 포함하는, 이론주도적이고 엄정하게 분석적인 연구를 생산하기는 매우 어렵다. 그러나 그런 형태의 연구가 단순히 기술적인 분석보다는 연구의 미래에 훨씬 더 시사적이며 유용하다.

로빈스 슈그Gwen M. Robbins Schug는 시공에 걸친 분석을 통해 보건과 질병의 유형과 과정을 보고하는 것이 유용하다는 사례를 제시하고 있다. 그의 분석은 인도 동석시대Chalcolithic period(서기전 약 1400~700년)의 아동 인골에서 얻어진 보건·성장·발달에 관련된 자료의 활용에 초점을 맞추고 있다. 생물학자료와 고고학적 복원상, 고기후자료를 병합하면서, 그는 기후변화와 우기雨期의 가변성이 인간의 적응에 미치는 영향을 검토한다(Robins Schug 2011). 시간적 깊이(여러 시기의 인골)를 가지고 있기 때문에 농업적 풍요의 시기부터 많은 공동체가 무너지면서 발생한 중대한 변화에 대해 기록할 수 있었다. 로빈스 슈그의 생물고고학 연구는 시간의 흐름 속에서의 인간 적응에 대한 생물문화적 접근을 활용하면서, 인간-환경변화의 복합성에 관한 새로운 관점을 제공하고 있다. 더구나 그의 연구는 오늘날 전 세계 과학자들이 열렬하게 주목하고 있는 주제인 기후변화의 영향을 이해하고자 하는바, 현대사회에 대한 직접성과 중요한 함의를 가지고 있다.

## 3.3 생물고고학에서의 사회이론

1장에서 논의한 대로, 설명모형은 어떤 것이 작동하는 방식을 단순화한 것이다. 그것은 생물고고학자가 인간행위에 대한 해석에서 중요할 만한 변수를 추적할 수 있게 해주는 발견적 도구이다. 어떤 현상이든 통째로 조사하는 것은 불가능하다. 설명모형은 연구대상인 현상의, 한정적이지만 매우 중요한 측면을 반영한다. 설명모형은 어떤 것이 작동하는 방식의 실상을 특정 관점에서 보여준다. 그러므로 각 연구자들이 연구대상이 된 어떤 것의 상이한 측면들에 주목할 수도 있지만, 한 사람의 연구자가 그 어떤 것을 전체로 모형화할 수 있는 경우는 흔치 않다. 설명모형의 활용은 무엇이 인간유해의 맥락을 구성하는지를 생각하는 한 방식을 제시한다. 이는 환경

복원으로부터 매장요소에 대한 분석에 이르기까지 중요한 모든 것을 포괄할 것이다. 유용성이 증명된바, 생물고고학자 대부분은 생물문화적 관점이나 설명모형의 활용에 의존한다(Zuckerman and Armelagos 2011; DiGangi and Moore 2012 참조).

그런데 설명모형이 이론은 아니다. 어떤 문화적 행위는 왜 적응에 도움이 되며, 어떤 생태적 변수는 다른 것보다 중요한지에 대한 이론적 생각의 기저에 흐르는 어떤 것이 있을 수 있지만, 생물문화적 관점이나 그 설명모형은 단순히, 대부분 인간적응에 상관된 또는 그를 예측할 수 있는 그 변수들을 인지하는 도구이다. 생물문화적 관점에 관련된 가장 중요한 것은 그런 연구가 생물적 특성을 압도하거나 생물적 특성이 문화를 압도하도록 하지는 않는다는 점이다. 분석에서 이 두 영역은 등가로 취급된다.

이론은 단일 현상을 설명할 수 있고, 새 자료가 등장하더라도 유지될 수 있는 보편적인 원리를 포함하는 성향이 있다. 그러나 이론의 설명적 특성은 종종 검토·재평가되기도 한다. 견고한 이론은 폭넓게 적용되면서 설명력을 가지는 것이다. 분석에 활용되는 이론은 자료에 대한 특별한 해석을 만들어가는 데에 일조하는 것들이다. (80년이나 되었지만) 파슨스Talcott Parsons는 사회 연구에서 이론의 역할에 대한 사려 깊은 논문을 제시했다(Parsons 1938). 그가 베버Max[imilian K. E.] Weber로부터 들었던 "카이사르를 이해하려 한다고 해서 카이사르일 필요는 없다"라는 취지의 진술을 독자들에게 상기시킨다(Parsons 1938: 13). 생물고고학자가 과거의 행위를 이해하려 한다고 해서 과거에 살았을 필요는 없다. 파슨스는 이론과 경험적 연구가 서로에 의해 강화되며, 다른 한쪽 없이는 무의미해짐을 보여주면서 양자의 긴밀한 관계를 설명하고 있다.

연구자가 스스로 사회이론을 차용하고 있음을 의식하거나 세심하게 인지하지 못하더라도 특정 이론의 활용은 흔히 이루어질 수 있다. 예를 들어, 농경민집단에서 조기사망이 더 빈번하게 나타난다던지, 전쟁 기간 중 남성은 두부 손상을 입게 된다던지, 포로들은 의례 중 고문을 받거나 살해당한다던지 등을 알려주는 생물고고학 자료를 이해하기 위해, 그것들이 기록된 시기와 장소에서 그 현상이 발생하는 이유에 대한 널리 알려진 생각을 인용하는 것은 상대적으로 쉽다.『고고학에서의 사회이론Social Theory in Archaeology』의 서론에서 쉬퍼Michael B. Schiffer는 "… (이 책은) 분명히 사회이론에 관심 있는 고고학자에게 호소하고자 한다. 실제로 이는 모든 고고학자, 즉 과거의 인문현상에 대한 설명에서 **명시적으로 또는 암묵적으로 사회이론을 차용하는 모든 이들을**[이 책 필자들의 강조] 의미한다."라고 천명하고 있다(Schiffer 2000: vii). 달리 표현하자면, 연구자가 자신이 수집한 자료를 이해하려 할 때마다, 인간의 동기, 이념 및 행위의 다른 측면이 인용된다는 것이다.

인간유해로부터 획득된 자료의 해석에 일조할 수 있는 이론은 다양하다. 앨라배마 주립대학교University of Alabama의 대학원생들은 인류학에서 활용되는 일반이론의 훌륭한 목록을 모아왔는데, 진정 좋은 출발점이 된다(http://anthropology.ua.edu/cultures/cultures.php로 바로가기). 어떤 이론이 활용될지가 결정되어야 한다. 이론은 연구(의 주제)를 정하고 다룰 수 있게 그 초점을 좁히는 데에 일조하며, 발견사항에 대한 해석력을 확장할 수 있는 체계를 제공한다. 인간의 행위나 적응에 관련된 이론은 자연·사회과학은 물론 인문학을 포괄하는 다양한 지적 전통 속에서 공식화된다.

게다가, 인류학자는 인간행위에 관련된 수많은 이론을 만들어왔는데, 거기에는 종종 폭넓은 진화 및 행위연구가 인용된다. 생물고고학 연구에서 활용할 수도 있는 이론을 확인할 길은 없다. 중요한 것은 정확하게 적용되는, 한편으로는 혁신적이고 획기적인 방식으로 인간행위에 대해 생각할 수 있는 가능성을 부여하는 이론을 발견하는 것이다. 연구자가 발견하고자 하는 것과 연관된다면 어떤 이론도 적합할 수 있다. 여기서는 생물고고학자들에 의해 생산적으로 활용되어온 이론들에 대한 간략한 개괄이 제시된다. 이론들은 서로 중복적이기 쉽고, 일부 연구자는 복수의 이론들을 생산적으로 혼용해왔다.

## 3.3.1 이론: 인간행위의 진화

인류학에서 진화이론은 긴 역사를 가지고 있다. 원래 초기 체질인류학자들의 초보적인 이론적 관점들은 20세기 초 진화가 복합적인 인간행위나 문화의 존재를 설명할 수 없다고 논박되면서 실효를 상실하게 되었다. 인류학자들이 차용한 초기 진화론적 모형들이 과도하게 단순하다는 것이 문제였다. 어떻게 진화 과정이 인간행위를 이해하는 데에 기여할 수 있는지를 설명하는 좀 더 발전된 모형이 개발되는 것은 화이트Tim D. White의 작업을 필두로 한 신진화론이 등장하면서부터이다(White 1943). 그런데 문화적 요소와 진화적 요소 간 상호작용의 복합성을 이해하는 데에 실패하였는데, 그러한 이론조차도 심각한 한계를 가지게 되었다. 일부 생물학적 성향의 존재를 지지하는 자료들이 있기는 하지만, 어떤 행위와 관련해서도 인간은 유전에 따라 고정되지는 않는다. 유전자는 환경과 더불어 특정의 표현형을 창출하는데, 이는 모든 체질인류학자들이 보편적으로 수용하는 바이다.

진화요인의 역할은 상이한 맥락에서 어느 정도 영향력을 가지는 적응으로 이해되어야 한다. 최소한 200만 년 동안 필요를 충족시키기 위해 환경을 변형하는 문화적 혁신을 창출할 수 있는 복합적인 두뇌를 가져온 것을 감안하면, 인간은 "생물문화적" 산물이라고 말하는 것이 더 정확할 것이다.

생물문화적 진화를 이론적 틀로 활용하면서, 더 많은 생물고고학 연구자들은 영양과 질병으로부터 폭력에 이르는 주제들에 대한 개선된 이해를 제공하려 해왔다. 최근 논문에서 주커만Molly K. Zuckerman과 동료들은 인간 보건과 병리를 이해하기 위한 진화이론 활용의 중요성을 피력하고 있다(Zuckerman et al. 2012). 질병과 인간은 서로에게 뿐만 아니라, 환경적 맥락에도 반응하면서 함께 진화해왔음을 이해하는 것이 중요하다(Woolhouse et al. 2002). 말라리아나 겸상적혈구빈혈sickle-cell anemia의 변형은 어떻게 인간과 질병이 공진화를 해왔으며, 하고 있는지와 관련하여 가장 자주 인용되는 사례이다(Etkins 2003).

진화론적 관점은 인간 사이 폭력의 기원과 지속을 이해하는 데에도 매우 유용하다(Martin et al. 2012). 진화론적 접근을 취해보면, 폭력이 어떤 해명되지 않는 일탈적 행동이 아니라, 여러 상황에서 적응적이라는 점이 명확해진다. 예를 들어, 집단폭력을 보니, 인간이 진화사에 있어 장구한 기간 동안 그러한 행위에 관련되어 있음을 제시하는 증거들이 있다. 연구자들은 특히 남성 간 연합적 폭력이 있어왔던 이유로 그것이 협동의 산물이기 때문이라는 점을 시사하고 있다. 르블랑Steven A. LeBlanc은 우리 인류는 협동을 통해 경쟁을 제거함으로써, 진화의 성공을 높일 수 있다는 점을 시사한다(LeBlanc 1999). 이러한 주장은 남성들에게 있어 자기가 속한 집단의 다른 남성구성원과 협력하여 다른 집단의 남성을 공격하는 것이 선택상 유리함이 있다는 것을 말하는 "자기집단 중심적 이타주의parochial altruism" 이론에 의거한다(Durrant 2011; Choi and Bowles 2007).

듀란트Russil Durrant는 습격, 매복공격, 숙원, 전쟁의 핵심에 연합적 또는 "집단적" 폭력이 있다고 말한다(Durrant 2011: 429). 생물고고학 기록을 보면서, 연구자들은 폭력이 희귀하지도 비전형적이지도 않으며, 오랫동안 있어왔다는 점을 알아냈다(Frayer 1997; Walker 2001; Zollikofer et al. 2002). 켈리Raymond C. Kelly는 인류사에 있어, (1) 연합적 폭력의 변천, (2) 방어 우위의 진척으로 인한 탈전쟁의 시기, (3) 전쟁 등 폭력의 세 단계 또는 시기가 있다고 주장한다(Kelly 2005: 15298).

진화이론을 연구에 병합한 것이 중요성은 문화이 역할을 논박하거나 경시하고자 함이 아니다. 대신, 연구자들이 더 장구한 시간 폭을 고려해야 하는 인간행위에 대한 좀 더 함축적인 질문을 제기하게끔, 또 다른 갈래의 탐구를 할 수 있게 해주는 수단으로 간주되어야 한다. 노동·폭력·특정 질병의 성별 구분, 주요한 문화적 혁신이 신체에 미치는 영향 등 행위의 기원과 진화를 찾는 데 있어, 진화이론은 인간유해 자료의 해석을 위한 강력한 분석의 틀을 제공할 수 있다.

## 3.3.2 이론: 인간생태학

인류학에서 생태학에 기반한 이론들은 진화이론 부흥의 일부로 시작되었지만, 인간행위의 진화를 이해하려면 그것을 맥락—곧, 생태적 배경—속으로 돌려놓아야 한다고 주장하고 있다. 그런데 이는 인간은 독특하다고 이해함으로써, 여타 진화이론과 달랐다. 여타 생물의 진화나 적응과 달리 인간은 더 이해하기 복잡한데, 인간은 환경에 적응할 뿐만 아니라, 환경의 심대한 변화도 유발하기 때문이다. 문화의 존재는 인간으로 하여금 다양한 차원에서 자신이 처한 환경을 형성하고 변형할 수 있게 한다.

가장 이른 시기의 생태학이론인 문화생태학cultural ecology은 스튜어드Julian H. Steward에 의해 창안되었는데, "…처한 환경에 의해 부과된 도전에 직면하여 인간이 고안한 문화적 적응에 대해 평가하기(Steward 1955)"로 잘 설명될 수 있다(McGee and Warms 1996: 221-222). 그렇다고, 스튜어드에게 있어 문화는 순전히 환경에 의해 정해지는 것이었다는 점을 의미하지는 않는다. 그는 오히려, 환경은 인간이 생존을 위해 자신의 문화를 거기에 적응시켜가야 할 특정 긴장—예를 들어, 기술경제적 요소—을 부과한다는 점을 시사한다. 곧, 문화적 현상은 생계전략과 기술에 국한되는바, 스튜어드는 환경에 대한 적응의 산물이라고 믿었다(Bennett 1976). 근본적으로 호혜적일 수밖에 없는 인간과 환경 사이의 역동적 관계를 주장함에도 불구하고, 문화생태학은 종종 환경결정론environmental determinism 또는 생태환원주의ecological reductionism와 동일시되었다.

생태환원주의는 그 자체가 문화생태학에서 발달한 적응모형의 일종이다. 그네코Cristóbal Gnecco에 따르면 고고학에서 이런 관점은 문화와 환경 사이에 관계되어 있지만, 그 관계는 동등하지 않다는 점을 함의한다(Gnecco 2003: 13). 환경은 문화나 적응이 발달시킬 수 있는 것에 제한을 부과한다. 생태환원주의 설명모형의 문제는 환경과 문화의 이분법이 여타의 단순 상관관계처럼 다루어진다는 점이다. 이 두 변수에 주목함으로써 필연적으로 여타 여러 변수들은 도외시된다. 그 관계에서 고려되지는 않은 가장 중요한 요소는 인간의 역할이다. 생태환원주의와 같은 이론적 관점에 대한 연구가 기획될 때, 인간은 종종 그 계산에 산입되지 않는다.

생태환원주의에 대한 반응으로, 인간생태학human ecology이라고 불리는 수정된 생태학이론이 개발되었다. 문화생태학과 유사하게, 인간생태학은 인간의 진화나 적응이 다른 생물과는 다르다는 점을 인정한다. 인간은 신체적으로 환경에 적응할 뿐만 아니라, 복합적인 기술경제적 적응체계를 개발한다. 문화생태학과는 다르다며,

베넷John W. Bennett은 인간이 환경을 극복하기 위해 특정의 문화유형을 채택하면서 자연환경뿐만 아니라, 사회적 환경에도 적응한다고 주장한다(Bennett 1993). 추가된 이 영역은 "…우리는 자연의 일부이지만, 우리의 운명은 자연이 아니라 우리에게 달려 있다(Bennett 1977: 215)."는 점을 함의한다. 사회적 환경은 개별 사회구성원 각각의 요구뿐만 아니라, 적절한 제도체계를 포괄한다. 제도체계의 기능은 자원, 인구규모, 개인의 요구를 조절하는 수단을 제공한다는 것이다. 그러하듯, 제도체계는 사회마다 다른데, 유사한 환경에 처한 문화들 간 변이가 나타나는 이유이기도 하다.

베넷의 인간생태학 개념에서 두 번째 주안점은, 스튜어드와는 달리 그가 인간-환경 상호작용에서 투입이나 환류체계를 인식함으로써 인간이 환경으로부터 영향을 받을 뿐만 아니라, 반대로 환경에 심대한 변화를 초래한다는 점을 시사한다는 것이다. 본질적으로, 문화의 존재는 인간에게 자연계 속에서 살아갈 뿐만 아니라, 그것을 개조할 수 있는 능력을 부여한다. "…특정 맥락에서의 적응적 행위가 다른 맥락에서는 비적응적일 수도(Bennett 1993: 49)" 있는바, 인간이 환경에 영향을 미친다는 견해는 인간생태학 및 현재진행형인 인문화이 생태료이 전도(Bennett 1976, 1993)에 관해 베넷이 수행한 연구의 주요 일면이다. 그러한 이론은 어떻게 유사한 환경에 처한 인구집단이 적응에 있어 전혀 다른 전략을 채용할 수도 있는지를 이해하는 데에 일조한다.

생태학이론 변천의 다음 단계에는 생태와 진화 모두의 이중적 영향에 대한 좀 더 심대한 강조가 포함된다. 인간행위생태학human behavioral ecology, HBE(Cronk 1991; Smith and Winterhalder 1992)으로 불리는 이 이론은 "…생태적 요소와 적응적 행위 간 연결(Smith 2000: 29)"의 이해에 초점을 맞추고 있다. 이 이론과 이전의 생태학이론 사이의 차이는 적응이 더 이상 문화가 아니라, 개인들에 의해 추동된다는 것이다. 집단 전체가 환경에 적응하고 그것을 변형해감에 있어 사회 내 개인이 능동적인 작인으로 인식된다. 그런데 이 이론에서 개인이 적응을 위해 만들어내는 결정, 행동, 행위가 반드시 의식적이지도 않으며, 종종 특정 환경에서의 생존을 위한 수단으로서 개인이 행하는 비용-편익분석의 산물이라는 점을 인식하는 것이 중요하다(Sutton and Anderson 2010).

이 세 가지 생태학이론 중 어떤 것이든, 생물고고학에서 차지하는 중요성은 그 것들이 인구집단 수준에서의 인간 사이 변이에 대한 질문을 촉진했다는 것이다. 반 저벤Dennis P. Van Gerven과 동료들은 이러한 문제를 설명하는 사례연구를 제공한다. 초 기 연구자들은 (중석기시대에서 기독교시대에 이르는) 시간의 흐름에 따라 누비아인 Nubians의 두개골 크기나 모양 변화는, 외부지역으로부터 도래하여 기주집단을 유전 적으로 대체한 인구의 유입에 기인한 것으로 추정하였다. 환경 및 문화적 맥락에 대 한 상세한 기록에 의거하여, 반 저벤과 동료들은 초기 집단의 수렵채집에서 밀과 수 수 같은 농산물에 대한 점증적인 의존이라는 순전히 생계(경제)적 변화에 의해 생물 적 변화가 추동되었다고 설명했다(Van Gerven et al. 1973). 여타 생물고고학 연구사 업도 특정지역 내에서의 변이가 생물학적 산물이 아니라, 특정 환경에 대한 문화 및 생물적 적응의 결과라는 것을 보여주기 위해 생태학적 관점을 채택해왔다(Harrod 2011; Buikstra et al. 1988; Larsen 2001; Ruff 1987). 이 또한 인구집단의 보건과 식 이에 미친 농경 채택의 효과를 살펴보고자 한 저작들에서도 분명하다(Cohen and Armelagos 1984; Cohen and Crane-Kramer 2007; Steckel and Rose 2002; Pinhasi and Stock 2011).

### 3.3.3 이론: 신체와 정체성

문화인류학자들은 흔히 신체를 육체적인 것뿐만 아니라, 다양한 문화적 과정이 표현되고 상징화되는 곳으로 생각해왔다. 사회적 정체성은 대체로 사회적 신체에 관 한 생각 속에서 구성된다. 예를 들어, 셰퍼-휴스Nancy Scheper-Hughes 와 록Margaret M. Lock은 각각 독특한 통찰을 제공하는 여러 상이한 관점이 신체를 바라보는 이론적 틀 을 제시한다(Scheper-Hughes and Lock 1987: 7-8). 개인이 보유하는 세 가지 신체로 는 개인적 또는 생물학적 신체, 문화적 신체, 정치적 신체 또는 신체정치body politic가 있다.

데카르트적(또는 서구적) 관념은 신체를 마음과 구분하거나 인간이 사는 맥락으로부터 신체를 분리하는 경향이 있다. 이러한 신체 개념에 대한 이해의 중요성은 어떻게 그러한 특성이 특정 문화 안에서 개인적 삶의 경험―예를 들어, 고대 로마에서 남성 또는 여성이 되기―들에 영향을 미치는지에 대해 고려하지는 않고 연령과 성별의 특징에 대해서 단순하게 기술만 했던, 인골연구의 긴 역사가 있다는 것이다. 이는 사회적 신체를 이해하는 중요성이 강조되는 지점이다. "인간 유기체와 혈액, 젖, 눈물, 정액, 배설물 등 그의 자연산물이 여타 자연적, 초자연적, 사회적, 공간적 관계에 대한 인지지도로 활용될 것이다. …신체가 물리적이고 문화적인 유물인 한, 상징의 수식에서 자연이 끝나고 문화가 시작하는 지점을 항상 알 수 있는 것은 아니다 (Scheper-Hughes and Lock 1987: 18-19)." 끝으로, 신체정치는 신체가 자연과 문화의 표현일 뿐만 아니라, 권력관계나 통제가 전개되는 매개라는 인식이다(Scheper-Hughes and Lock 1987: 24). 그렇다면, 개인이 어떻게 지내고, 특정 공동체 내에서 그 삶의 질―예를 들어, 상위 유력층 남성과 대비되는 여성 포로―은 어떠한지에 대한 정부를 밝혀낼 수 있다.

생물고고학자가 정체성이나 신체에 관련된 그러한 이론들을 어떻게 활용할까? 생물학적 신체나 생물학적 정체성은 연령, 성별, 신장, 보건상태 및 여타 생물학적 변수를 적시하는 표준적 방법을 통해 백골화된 인간유해에서 어림될 수 있다.

문화적 신체나 문화적 정체성은 생전의 경험에 대한 고고학적 복원을 검토함으로써 백골화된 유해에서 평가될 수 있을 것이다. 거기에는 분묘의 위치(특정구역 안 또는 밖)나 부장품 유형(부장유물의 존부存否)에 대한 매장의 맥락뿐만 아니라, 위치, (유구)배치, 면적 등에 관련된 유적 서술 등이 포함된다. 인간유해와 관련지어질 수 있는 그러한 맥락적 요소들은 해당 사회 내에서 개인의 위상에 대한 정보를 제공한다.

인간유해에 기반한 많은 연구들은 문화적 정체성에 대한 일련의 개념을 정립할 수 있게 했다. 예를 들어, 무덤에 부장품이 없고 좀 더 무계획적인 자세로 안치되어 있다면, 더 편의적이되 덜 의례적인 매장을 시사할 수 있다. 부장품―예를 들어

유물, 값진 암석, 장신구, 도구 등—의 양과 형식은 피장자의 생전 사회적 인격social persona을 나타낼 수 있다. 선행연구는 매장의 맥락이 개인의 사회적 정체성, 젠더 gender와 계급적 차이(Neitzel 2000), 사회적 계층(Akins 1986), 해당 사회의 사회조직 (Palkovich 1980)에 관한 엄청난 양의 정보를 표현할 수 있음을 예증해왔다. 따라서 고고학 및 매장상의 맥락을 살펴봄으로써, 한 개인의 문화적 정체성(또는 문화적 신체)에 접근할 수 있다.

신체정치는 인간유해나 고고학적 맥락을 통해 평가하기에 좀 더 어려운 것이지만, 시도하는 것은 중요하다. 셰퍼-휴스와 록에 의해 논의되었던 것처럼, 신체정치는 정치나 제도화된 형태의 사회적 통제, 지배(나 폭력) 등이 신체에 영향을 미치는 방식을 이해하고자 한다(Scheper-Hughes and Lock 1987: 7). 인간유해는 치유된 또는 치유되지 않은 외상, 구타와 고문, 학살과 전쟁에 관련된 병리, 적정 식이의 결핍과 기근이 유발할 수 있는 질환의 형태로 정치적 압박, 구조적 폭력 및 여타 형태의 강제나 지배의 영향을 드러낼 수 있다(예를 들어, Watkins 2012; Erdal 2012; Osterholtz 2012; Shuler 2011). 동위원소자료 역시 매장된 인구집단 내에서 재지 또는 비재지적 요소의 존재를 밝힐 수 있는데, 이 자료는 이주, 포획 및 여타 요소가 어떻게 정치행동을 수행하는지를 규명하는 데 있어 매우 유용할 수 있다(Knudson and Stojanowski 2009 참조).

인골분석을 통해 "세 가지 신체"를 탐구하는 것이 자료에 대한 훨씬 더 다차원적인 해석을 창출할 듯하다(6장 참조). 좀 더 표준화된 기술적 분석의 차용보다는 세 가지 신체 개념의 활용을 통해, 외상, 병리, 동위원소자료는 좀 더 복합·함축적인 방식으로 이론화될 수 있다. 이제 사회적 정체성, 정체성의 정치학 및 신체가 현실적인 동시에 상징적인 매개가 되는 방식 등에 대한 이론화를 추구하는 생물고고학 연구가 많아졌다(예를 들어, Knudson and Stojanowski 2009; Agarwal and Glencross 2011).

### 3.3.4 이론: 성과 젠더

거의 반세기 전, 연구자들은 사회에서 여성이 수행하는 역할에 대한 이해에 초점을 맞춘 새로운 이론적 접근을 개발하기 시작하였다. 페미니스트운동으로 알려져 있는데, 여성이 사회 내에서 가지는 다양한 역할을 고려하는 방향으로의 그 이론적 전이는 마침내 1980년대에서 90년대 초반에 고고학에도 나타났다(Conkey and Spector 1984; Gero and Conkey 1991; Dahlberg 1981). 『사냥하는 인간*Man the Hunter*』(Lee and Devore 1968)이라는 책(영문) 제목에 축약되어 있는 바와 같이 한 세기 넘게 동안 남성의 역할에 초점을 맞춰온 데 대한 반응으로서, 이 새로운 움직임은 남성의 어머니나 아내임을 넘어서 과거 여성을 이해하는 것이 중요함을 강조했다.

젠더이론은 인류학 분야 전반에 주요한 영향을 미친 패러다임이다. 생물고고학에서 성과 젠더에 대한 고려는 좀 더 구체적으로 응답할 과제와 신체를 분석할 방법, 양자 모두를 변화시켰다. 인구집단 수준의 변화를 탐구하던 초기 생물고고학자가 전통적인 양분적 남성 여성 간 차이를 지적했던 반면, 젠더이론의 발달은 연구자들도 하여금 그 차이가 존재하는 이유를 비판적으로 분석하게 유도하였다. 그런 비판적 분석의 결과로, 남성으로 정해진 개인과 여성으로 정해진 개인 간 보건과 장수의 불일치에 대한 몇몇 매우 중요한 인식이 처음으로 분명해졌다. 『고병리학 관점에서 본 성과 젠더*Sex and Gender in Paleopathological Perspective*』(Grauer and Stuart-Macadam 1998)에는 철분결핍(성 빈혈), 골다공증, 골관절염, 외상, 감염 등 인골의 병리현상을 다루거나 연령대별로 남성과 여성의 빈도를 알려주는 장이 여럿 포함되어 있다. 그러한 연구나 후속 연구들이 주장하는 바는 단지 그러한 차이가 언제 통계적으로 유의해지는지에 주목하는 대신, 연구자들이 그러한 차이가 왜 나타나는지를 이해하기 위해 가능한 한 많은 맥락 정보를 병합해야 한다는 것이다.

맥락에 대한 더 나은 이해를 위한 노력은 성별 노동분화나 문화적 이념의 상이한 양상이 사회에서 여성이 직면하는 자원에 대한 차별적 접근, 병원체에의 노출, 재생산 및 직업적 압박의 수준에 엄청난 영향을 미친다는 점에 대한 이해의 발전을 가져왔다. 그러한 이해가 있기 이전, 남녀 간 불균형적인 사망률 및 발병률이 생물적 요인의 결과로 간주되었다. 문화적 이념, 사회정치적 조직, 생계 및 노동생산의 양상 등이 모두 설명 가능하게 되었다. 그리하여 생물학적인 것을 넘어서는 남녀 간 차이에 대한 이론화는 남녀 간 병리현상이나 장수에서의 차이를 더 포괄적인 문화 영역이 가지는 영향력의 일부로 해석하는 새로운 수단을 제공하게 되었다.

병리나 사망연령에서의 성별 차이는 생물고고학 저작들에서 표준화되어 왔으며, 성별 연령 및 병리에 관련된 자료를 제공하지 않는 인구집단 수준에서의 분석은 거의 없다. 그러나 압박지표에서의 남녀 간 차이에 집중하는 그러한 종류의 분석이 사실상 한 연구에서 성과 젠더이론을 활용하는 것의 일부는 아니다. 젠더이론에 대한 지식은 다양한 생물학적 지표에서의 비대칭에만 관련된 것은 아니다. 남녀의 사회적 역할을 이론화하는 것은 남과 여, 각각의 범주 내에서 차이를 검토하는 작업을 포함한다. 젠더이론은 지위, 종족, 친족 등 일련의 요소에 따라 사회 내 다양한 여성들이 차별적으로 권력을 보유하는 여러 범주에 대한 탐색을 강조한다(Geller and Stockett 2006). 젠더이론은 어떤 인구집단 내의 아집단을 세세하게 들여다보거나 어떤 개인이 타인을 다스리는 권력이나 자원에 대한 더 나은 접근성을 가지는지를 자리매김하는 수단을 제공한다. 이는 훨씬 포괄적인 문화적, 이념적 맥락에서 인간유해를 병합하거나, 세 가지 신체(Scheper-Hughes and Lock 1987)와 같이 한 사회 내에서 사회관계의 복잡성을 드러내는 새로운 방법론을 활용하는 연구를 필요로 한다.

방법론의 측면에서, 한 세기 넘게 연구자들은 의문 없이 인골에 성별을 부과해 왔다. 일부 생물고고학자들이 주장하는 바는 성이 남성과 여성의 구분이 명백한 양분적 범주는 아니라는 점이다(Johnson and Repta 2012). 그 대신, 성은 연속체로 간주되어야 한다. 몇십 년 동안 의료계는 남성도 여성도 아니지만 간성間性 또는 성전환자로 태어난 사람들이 있음을 인지해왔다(Fausto-Sterling 1993). 그러나 대부분의 연구들은 인간유해를 남녀 두 부류 중 하나에 자리매김하고 있다. 일괄 인골의 성을 판별하는 데에 활용되는 기법 자체가 양분적이지 않음에도 불구하고 그러하다. 뼈대학적 분석(Buikstra and Douglas 1994)의 기준을 수용하려면, 뼈에 나타난 특정 속성이 여성인지(1), 대략 여성인지(2), 불확실한지(3), 대략 남성인지(4), 또는 남성인지(5)를 결정해야만 한다. 그럼에도 불구하고, 대부분의 개인은 남성 또는 여성으로만 보고되고 있다.

이렇게 성별을 부과함에 있어 유연성이 결여된다는 것보다 성이 젠더로 번역된다는 것이 더 문제의 소지가 있다. 사회과학자들에 의해 전형적으로 사용되는 바대로 성과 젠더는 분명히 다른 용어이지만, 일부 생물고고학 연구에서는 종종 혼용되기도 한다. 워커와 쿡Della C. Cook은 최초로 생물고고학자들이 두 용어를 혼용하지 말아야 한다고 호소했다(Walker and Cook 1998). "성은 남성과 여성에 대한 해부학적 또는 염색체의 범주를 의미한다. 젠더는 성별에 연관되어 사회적으로 고안된 역할을 의미한다(1998: 255)." 이는 이론화와 이해 추구, 양자 모두에 있어 중요한 사안 중 하나인데, 과거 문화는 남성과 여성보다는 좀 더 젠더의 범주를 가지고 있어 생물학적 성에 연관되지 않았기 때문이다. 북미 전역에 걸쳐, 남과 여를 넘어 제3의 젠더 — 예를 들어, 여장남자berdache 또는 두 개의 영혼two-spirit — 를 고려하는 사람들이 있었음을 지지하는 민족지 보고나 고고증거들이 있었다(Hollimon 2011). 제3의 젠더 개념은 생물학적 남성이 젠더 여성으로 정체성을 정할 기회를 부여하기 때문에 중요한데, 이는 생물고고학 연구에서 어떻게 유해가 분석되고 해석될 수 있는지에 영향을 미칠 수도 있다. 성과 젠더 모두 개인의 자원에 대한 접근 및 일상 활동에 영향을 미친다. 홀리몬Sandra E. Hollimon이나 소페어 모두 생물고고학자는 양분법을 넘어서는 젠더 및 그것이 인류의 사회체계에서 차지하는 역할에 관한 논의를 발전시키는 데에 유례없이 적합하다는 점을 제시하고 있다(Hollimon 2011; Sofaer 2006).

보다 최근에, 아가왈과 글렌크로스Bonnie A. Glencross는 저자들로 하여금 인간 유해에 기반한 다양한 연구의 해석에서 도움이 될 페미니스트이론, 젠더이론 및 사회이론을 적극적으로 채용할 것을 독려하는 논문들로 이루어진 책을 편찬했다(Agarwal and Glencross 2011). 홀리몬은 제3의 성을 가진 개인을 자리매김하거나 양분법을 넘어서는 젠더를 이론화하기에 생물고고학자들이 유례없이 적합하다고 제의하고 있다(Hollimon 2011). 홀리몬이나 겔러Pamela L. Geller 같은 학자들이 연구자는 성과 젠더의 측면에서 인간유해의 본질에 관해 오랫동안 가져온 가정에 의문을 제기해야만 한다는 주장을 하듯, 생물고고학자는 그러한 경향에서 중대한 역할을 하고 있다(Hollimon 2011; Geller 2005; 2008).

생물고고학자는 일련의 다양한 질문에 대한 여러 방식의 답변에 있어 젠더이론을 활용한다. 예를 들어, 인간유해를 분석하는 연구자는 남·여 범주 간 그리고 각 범주 내의 차별화된 노동에 대해 탐구하기 위해 젠더이론을 활용할 수 있다. 그런데 (비치명적인 외상, 두부외상을 분석하면서) 여성이 얼마나 자주 지위를 두고 경쟁하는지, 유사한 수준의 이동성을 가졌음―예를 들어, 교환자 또는 사냥꾼으로서의 여성―을 시사할 만큼 동년배 남성과 일치할 정도로 일부 여성들은 덩치에서 차이가 났는지 등 좀 더 함축적인 질문을 던질 수도 있다. 젠더이론을 활용함으로써, 남성과 여성에 관한 규범적 담론을 깨고, 인간의 사회체계 내에서 성과 젠더가 의미하는 바의 복잡성이라는 측면에서 다차원적이고 좀 더 역동적인 질문을 구성할 수 있는 길을 부여받게 된다.

## 3.3.5 이론: 인간폭력

모든 폭력은 사회규범체계에 내포되어 있다. 공포와 혼돈의 생성을 통해 어떻게 사회 통제를 위한 폭력이 사용·지속될지를 조절함에 있어 문화규범은 커다란 역할을 한다. 폭력에 대한 연구는 연구자로 하여금 사회적 관계와 문화적 실천에서 폭력 사용의 변형유발력을 이해하게 한다. 그러기 위해 연구자는 단순히 변곡變曲적 사건이 아니라, 역사적 궤적에서의 변형유발 과정을 다룬다는 것을 이해해야만 한다. 고고학적 과거에서 폭력에 대한 이해는 현재 폭력의 맥락을 파악하는 데 일조한다.

폭력에 대한 관점이 과도하게 한정적으로 여겨져왔는데, 이론적 패러다임이 확장되어야할 시점이다. 이야말로 폭력 사용을 조장하는 현실 상황에 대한 문화적 조정을 인류학자가 이해·설명하고자 하는 것이 본질적일 수밖에 없는 이유이다. 논란의 여지는 있지만, 폭력에 대한 가장 유력한 현행의 정의는 리치스David Riches의 『폭력의 인류학*The Anthropology of Violence*』에 나오는데, 거기서 폭력은 "…가해자에게는 정당하지만 목격자에게는 부적절하게 느껴지는 행위(Riches 1986: 8)"로 분류된다. 폭력에 결부된 특정의, 대체로 고유한 문화적 의미에 대해 거의 또는 전혀 고려하지 않은 채, 관련 연구가 수행되어왔다. 전쟁과 폭력은 일련의 외부 변수에 대한 반응만은 아니며, 오히려 복잡한 문화적 의미로 부호화되어 있다. 그러한 문화적 표현을 무시하거나 더욱 나쁘게는, 존재하지 않음을 암시하는 것은 문화적 행위의 복잡한 표현으로서 폭력에 대한 이해를 축소한다. 그 사용을 이해하고자 할 때, 폭력이 육체중심주의로 축소되지는 말아야 한다(Scheper-Hughes and Bourgois 2004). 이는 폭력행위가 흔히 복잡한 사회·문화적 영역을 예증하고, 빈번하게 동일한 사회적 맥락에 의해 정의되기 때문이다.

폭력의 상징적 측면은 폭력이 표현되는 특정 사회적 맥락에 따라 질서와 무질서를 창출하는 잠재력을 가진다(Galtung 1990; Sluka 1992). 이는 폭력 연구의 명백한 역설이다. 대부분 문화는 자체의 안전이 폭력으로써 폭력을 제어하는 역량에 달려 있다고 느낀다. 사람들은 분별없어 보이는 폭력행위를 두려워하거나 혐오하지만, 사회적 통제나 경제적 안정을 증진시키기 위해 합법적으로 사용되는 폭력에 대해서는 더 할 수 없이 관대하려 한다(Turpin and Kurtz 1997). 슬루카Jeffrey Sluka는 이 명백한 역설을 충돌의 이원적 속성이라고 부른다. 폭력과 충돌은 흔히 통합을 하거나 안정을 창출하거나 진보적이게 되는 역량을 갖는 동시에 그러한 긍정적 힘들의 정반대를 생성한다(Sluka 1992: 28). 이는 화이트헤드Neil L. Whitehead가 폭력행위나 전쟁이 "서구문화의 경험"에는 친숙하지 않은 문화적 행위로 인식되어야 한다고 주장하는 이유이기도 하다(Whitehead 2005: 23). 그렇게 하지 않은 결과는 폭력이 역사적 귀추에 따르기보다는 인간행위의 "태생적" 요소로 비춰지게 되는 것이다.

인간 사회에서 실행되는 폭력의 대부분이 일탈적인 행동으로 고려되지는 않는다. 사실, 관습적인 사회·경제·정치적 규범에 따라 자행될 경우에는 흔히 명예롭게 비춰지기도 한다. 그러한 사회·문화적 맥락은 폭력에 권력과 의미를 부여한다. 폭력을 단지 이상한 사람에 의해 자행되는 일탈적 행위로 이해하게 되면, 여러 인간사회의 기저에서 폭력이 담당해왔거나 하고 있는 역할에 대한 판단력을 잃게 한다.

인류학자는 물리적 상태의 인체를 문화적 과정을 검사하는 렌즈로 활용해왔다. 주검이 어떻게 논의·은폐·전시되는가는 죽음을 유발하는 폭력의 형태를 검토하는 출발점으로 활용될 수 있다. 죽음이 감지되고, 더 나아가 사람들이 폭력행위를 이해하려는 데에 이용되는 방식을 관찰할 수 있다. 주검은 부패하는 물질을 훨씬 넘어선다. 더글러스Mary Douglas를 인용하자면, "신체는 어떤 종류의 한정적 체계도 뒷받침할 수 있는 모형이다(1966/1992: 115)." 인체의 상징적 복합성에 대한 최소한의 평가조차도 그 정치적 상징성, 문화적 사망의례, 포괄적인 광역의 문화적 역동성 내에서의 주검 처리방식에 대한 분석 및 어떻게 주검 처리방식이 지방사에 영향을 미치고 공간성에 대한 기억을 창출할 것인가에 대한 고려를 요구한다(Verdery 1999: 3). 신체는 흔히 그를 통해 사회적 세계social world의 질서가 정해지는, "자연상징natural symbol"으로 비춰진다(Douglas 1973). 신체가 이렇게 인식되면, 특정의 사회 및 우주관이 대두된다. 의미는 신체에서 우주로 또는 신체와 사회를 관통해 흐른다. 이러한 흐름이 교란될 때, 그 결과는 슬픔에 빠진 유족이나 그들이 속한 공동체에 심각한 상처를 줄 것이다(Martin and Pérez 2001). 이는 조문객이 슬픔을 삶, 자신들의 죽음, 사후세계로의 여행에 대한 수긍으로 전환하는 것이 사자死者의 죽음에서 반향하기 때문이다.

주검에 결부된 의미는 그것이 발견되는 맥락 및 위치와 커다란 관련이 있다. 타우식Michael Taussig이 적절히 명명한 "공포의 문화culture of terror" 창출이 그 목적이라면, 불구, 파괴 및/또는 그 강력한 상징의 소멸은 바라던 결과를 내는 효과적인 기제가 된다(Taussig 1984: 467-497). 그러한 사례는 인류사 여기저기서 발견할 수 있다. 미국 역사의 많은 기간 동안, 공포를 주입하거나 인구수를 제어하기 위해 미국 흑인들은 상습적으로 죽임을 당해왔다. 살해의 형태 — 교수형 또는 화형 — 를 불문하고, 신체 부분에 대한 절단과 살포가 주기적으로 자행되었다. 그렇게 된 신체 부분들, 곧 치아, 귀, 발꿈치, 손가락, 손톱, 슬개골, 그을린 피부조각, 뼈 등은 시곗줄이 되거나 대중이 보게끔 전시되기도 하였다(Litwack 2000).

### 3.3.5.1 극단적 외상

이러한 종류의 공동체 간 또는 집단 간 폭력은 "극단적 외상massive trauma"으로 알려진 개념을 유도할 수 있다. 크리스탈Henry Krystal은 어떤 사회, 종족집단, 사회부류, 계급에게 두려움을 남기는 자연재해, 기술적 재앙 및 사회적, 정치적, 문화적, 젠더 관련, 종족적, 종교적 박해 등 외상상해의 극단적 상황을 의미하는 "극단적 외상"이라는 용어를 만들었다(Krystal 1968). 나아가서 이는 사회적 규범, 세계관, 도덕적 확신에 기초하여 문화적으로 구조된 신뢰망을 파괴함으로써 저항하기 어려운 공포와 불안의 감정을 유발하게 된다. 사회적 폭력은 단순히 희생자들의 영혼만이 아니라 공존하는 외부세계 사람들의 심적 영역에도 영향을 주기 때문이다. 극단적 폭력은, 서로 보듬고 사랑이 넘치는 공간을 공포와 잔인함이 횡횡하게 바꿈으로써 "정상적인" 일상의 세계를 "파괴"한다.

극단적 외상으로부터 살아남은 사람들은 자신들의 이전 생활과는 맞지 않는, 믿어지지 않는, 앞서는 상상하지도 못했던 공포를 극복해야만 하는 끔찍한 과제와 함께 남겨지게 된다. 이 개념은 "두려운 낯섦the uncanny"으로 일러져 있는데, 밀 사세는 프로이트Sigmund Freud에 의해 처음 쓰였다. 이 용어에 대한 감펠Yolanda Gampel의 정의에는 말로는 표현되지 않는 무서운 경험이 포함되어 있다(Gampel 1996). 앞서 논의된 사회적 폭력의 형태 중 많은 것들은 터무니없는 행위로 인해 발생하는바, 묘사할 수도 또는 형언할 수도 없다. 더 나아가, 그러한 잔학행위는 일상의 물건이나 그것이 발생한 환경에 배어 있다. 흔히 평범한 물건이 고문이나 살해의 도구로 사용된다. 공공장소가 불구가 되거나 죽은 사람들이 모이는 전쟁터가 된다. 종교시설, 대중공원, 지역회관, 교정, 시장이 모두 그 본래 취지가 전쟁과 폭력의 강한 인상으로 인해 훼손되는 그런 장소가 된다. 그런 종류의 극심한 사회적 폭력이 실재하는 것을 모호한 것으로 바꿔버림으로써, 희생자는 안전을 느끼지 못한다. 그리하여, 두려운 낯섦은 불안과 공포 사이에 놓이는 감정/심리상태이다(Gampel 2000: 51).

이러한 형태의 폭력을 유력하게 만드는 것은 그것이 희생자에게 한정되지 않는다는 점이다. 극단적 외상의 고통과 두려움은, 그것이 가족 구성원이나 사랑하는 이에게 옮겨지면서 세대에 걸쳐 이어진다(Suárez-Orozco and Robben 2000: 44). 그러한 공포의 전승은 대체로 외상의 상처를 극복하는 일환으로 증오와 폭력의 관념을 생성하기도 한다(Apfel and Simon 2000: 102). 사회문화적 폭력에 부정적인 영향을 받은 어린이들은 신체·감정적 고통의 기억을 가지고 살게 된다. 이는 흔히 신뢰의 결여나 모르는 사람에 대한 공포로 나타난다(Quesada 1998). 충분한 시간이 주어지면, 인간은 공포에 적응할 수 있거나 할 것이지만, 낮은 수준의 불안은 일상사에서 영원한 반려가 된다(Green 1999).

　　"극단적 외상" 개념은 사람들로 하여금 참전하거나 폭력의 고리를 유지하게 하는 것은 공포라는 캐롤 엠버Carol R. Ember와 멜빈 엠버Melvin Ember의 생각을 옹호하게 한다(Ember and Ember 1997). 문화집단이 공격이나 폭력을 목적으로 사회화되면, 격렬한 반응을 유발하기에 최소의 외부자극만이 소요된다(Apfel and Simon 2000; Ember and Ember 1997; Ferguson 1997; Sluka 1992; Knauft 1991; Whitehead 2004b). 극단적 외상을 다루어야만 했던 많은 비서구·비산업사회들은 치유의례, 종교의식, 집단무도회, 부흥운동, 복원된 상징적 장소, 지역회관을 통해 그렇게 했다(deVries 1996). 그런데 극단적 외상이 특정지역에 한정된다면, 그러한 기제가 언제나 공동체를 평정의 상태로 복원되게 하지는 않는다. 작인(Bourdieu 1977; Giddens 1979)이나 문화(Sahlins 1981: 7)의 개념은 개인이나 집단의 행동이 스스로 작동하는 체계를 창출함을 강조하고 있다. 폭력의 유발과 관련하여 고고학이 직면한 근본적인 질문은 "어떻게 [사회]구조가 재생산을 통해 변모를 이루는가?(Sahlins 1981: 8)"여야만 한다.

　　노드스트롬Carolyn R. Nordstrom은 "전쟁이나 제도화된 불평등의 경우, 단층선이 대륙들 내에 있지는 않지만, 세계 여러 나라들에 걸쳐 있는 특정 정치·경제·윤리적 관계 내에는 그러하다. 단층선은 불안정한 불평등, 권력에 대한 불균등한 접근, 자원의 불균등한 분포를 촉진하는 물품, 용역, 화폐, 인력 등의 (흔히 기록이 남지 않은) 흐름이다. 이는 인간사회에 있어서는 분절을 반영한다."라고 기술했다(Nordstrom 2009: 63-64).

　　폭력의 생물고고학은 뼈에 남은 외상의 징후를 해석하는 경로로, (앞서 언급한 많은) 이론가들로부터 얻어진 이론들을 폭넓게 활용한다. 그런데 인간유해 자료는 생물고고학자들에게 폭력이 사람들의 생활에 스며드는 방식, 시공에 걸쳐 유형화되는 방식을 밝히는 작업을 시작할 수 있는 경로를 제시한다. 어떻게 폭력이 작동하고 사회질서의 복잡한 망의 일부가 되는지에 관련된 이론 없이는, 외상이 진정으로 이해되기는 어렵다. 생물고고학자들은 가장 포괄적인 맥락에서 폭력을 이해하게 해주는 좀 더 함축적인 이론적 접근을 수용하고 있다(예를 들어, Martin et al. 2012의 몇몇 장 참조).

페레즈Ventura Pérez의 글에는 물리적 폭력과 구조적 (또는 문화적) 폭력 사이에 설정된 이론적 구분을 활용하며 폭력에 대해 저술한 생물고고학자들이 제시되어 있다 (Pérez 2012). 물리적 폭력은 개인 간 폭력이다. 구조적 폭력은 어떤 종류의 폭력을 정당화하거나 용인하는 모든 문화·정치·사회제도를 포괄한다. 문화적으로 용인된 폭력에는 침략과 전쟁 같은 활동들이 포함된다. 불평등을 생성하는 사회구조는 인구 일부를 영양실조에 걸리거나 병사하게 할 수도 있다. 이런 것들도 구조적 폭력의 일부로 간주된다.

## 3.3.6 이론: 불평등

인간 사회체계에서의 불평등을 고려하는 이론은 여러 분야의 전통에서 왔다. 일부는 마르크스주의이론, 경제이론 또는 정치경제이론으로 다양하게 불리어왔다. 불평등, 사회적 위계, 계급화 등에 관한 이론은 인간집단 내에서 불평등을 유발하고 유지하는 근원적인 정치·경제적 요인을 명확히 하는 방식으로 사람들의 삶의 경험, 사회적 관계, 역사적 우연을 검토한다.

특히 사회제도 내에서의 계급이나 위계에 연관된 사회적 불평등에 대한 이론, 사회체계 내에서 불평등을 유발하는 성별분화 또는 젠더-기반 분화에 연관된 이론이 있다. 사회적 불평등의 기원과 유지에 주목하는 논문, 웹사이트, 글들도 있다. 그러한 과정의 중요한 특징은 그것이 불평등의 정치·경제적 토대나 사회가 계층화를 유지하는 방식을 밝히고자 한다는 점이다.

생물고고학에서, 불평등 연구는 주로 인골에서 수집된 원천자료로 시작하여 인구집단 내의 아집단 사이의 양상과 불균형을 보여준다. 불평등의 기원·생성·유지에 관한 이론을 활용하면, 다양한 인구집단을 상대로 정연하게 연구된 일련의 원칙 내에서 원천자료 해석방식을 제공받게 된다. 개인들의 삶에 미치는 불평등의 영향을 측정하는 작업은 문화 내에서 사회·경제적 연결로 서로 얽혀 있는 복잡한 정치·경제적 관계의 해명을 요구한다. 성장, 발달, 활동, 병리 등과 관련된 뼈대지표에 대한 세심한 분석은 특정 집단들이 일생에 걸쳐 종속되거나 표적이 되어온 정도를 부각한다. 불평등이 소외된 사람들을 만드는 방식을 알려주는 인간유해 자료가 증대되고 있다. 선행연구들은 고고학적 맥락에서 인골에 나타난 병리현상의 양상을 이용하여 어떻게 사회적 계층화가 과거 인류의 보건과 복지에 영향을 주었는가를 검토한다(Martin et al. 2001).

최근 부착부entheses 또는 근골부하지표musculoskeletal stress markers, MSMs가 활용되는 방식에서의 전환이 있었다(6장 참조). 근육, 인대, 힘줄이 부착되는 뼈 특정부위의 변화(Benjamin et al. 2006)는 사회적 불평등을 밝혀준다(Robb et al. 2001; Martin et al. 2010; Perry 2008). 인골에 나타나는 그러한 변화가 문화 전체의 맥락에서 분석되면, 한 사회 내 정치·경제적 구조의 성격에 관한 실마리를 제공할 수 있다는 점이 부착부 탐색의 효용이다(Robb 1998; Stefanović and Porčić 2011).

외상의 뼈대학적 증거는 사회정치적 권력관계의 변화에 대한 통찰력을 제공한다. 지위가 높은 개인들은 공격적인 수단으로 지위가 낮은 개인들을 자신들의 통제 하에 두기 위해 폭력과 지배를 활용할 수도 있다(Whitehead 2004a). 다른 시나리오에는 지위를 둘러싼 경쟁의 수단으로 사용되는 비치명적인 개인 간 폭력이 포함된다(Tung 2007; Powell 1991; Harrod 2012; Walker 1989). 그러한 결합을 둘러싸고 제기되는 문제에는 다음과 같은 것들이 포함된다. 생물고고학은 사회적 계층화의 진행에 따른 불평등과 폭력의 유형을 인지할 수 있는가? 열악한 보건 증가와 사회적 위계 증대의 동시 발생은 어떻게 이해될 수 있을까?

과거의 약탈과 전쟁으로 인해 어떤 사람은 죽기도 했고, 어떤 사람은 포로나 노예가 되었다. 민족지·역사·민속사적 기록들은 전쟁과 포로노획은 자원에 대한 균등한 접근성을 갖지 못하는, 종속적인 지위에 있는 개인의 무리에 대한 착취의 형태로 자행되었고 또한 되고 있다(Harrod et al. 2012). 다양한 방식 ─아내, 하녀 아내, 첩실, 노예 등─으로 노획자의 사회에 편입되는 포로는 여성이거나 어린이들이다(Cameron 2011). 그러한 사람들은 대체로 (비)국가 단계 사회 인구의 상당한 비율에 해당하지만, 그 소외된 사람들이 고고자료에 잘 나타나지는 않는다.

과거의 불평등을 해석하기에 좀 더 함축적인 접근의 필요성을 인식하기 위해서는 불평등이 문화에 내재함에 따라, 한 아亞계층 유지에 종사하는 사람들의 역할이 본질적으로 권력과 연결되어 있다는 점에 대한 이해가 필요하다. 생물고고학자들은 과거 소외된 사람들의 물질적 잔적을 확인하는 작업을 시작했을 뿐이다. 굿맨Alan H. Goodman은 과거 인구집단들의 불평등에 대한 이론을 통합할 수 있는 뛰어난 모형을 제공한다. 그는 인골자료와 고고학적으로 복원된 권력체계를 연결시키는 작업의 효용에 관련된 사례를 들면서, 세계 몇몇 지역을 대상으로 사회정치체계와 보건을 연결시킬 수 있었다(Goodman 1998). 그런데 그렇게 통합된 자료에 대한 해석력은 자원에 대한 차별적 접근에 관련된 이론을 활용하면서 증폭되었다. 그는 집단 내부의 권력을 이론화하는 방식을 제시하는 로즈베리William Roseberry에 의해 개발된 이론적 관점(Roseberry 1998)을 차용하고 있다. 권력에 대한 로즈베리의 이론이란 권력은 "장fields"에 위치하는데, 그 장이 일생 그리고 여러 세대에 걸쳐 전이하거나 변화할 수 있다는 것이다. 또한 굿맨은 권력이 확대된 망의 일부가 되는 방식에 주목한 크리거Nancy Krieger의 이론을 차용하는데, 그것을 이해하기 위해서는 근사近似한 형태의 권력은 물론 권력이 사회 내 다른 영역으로 확장되어가는 방식도 관찰할 필요가 있다(Krieger 1994). 이 경우처럼 지배 및 종속집단의 형성에 관련하여, 인간유해에서 도출되는 생물자료를 확장하기 위해 이론을 활용하는 것이 인간행위에 대한 좀 더 많은 관점들로 그것을 해석하는 데 얼마나 중요한지를 알 수 있다.

일반적으로, 불평등 및 인간사회 계층화의 문화적 내재화는 생계집약화, 전문화, 사회복합화 등에 연관된 사회적 통제(다른 말로, 권력)의 발달과 유지에 관련된 사회이론의 등장과 연결되어 있다. 아멜라고스와 브라운Peter J. Brown은 사회계층화는 사회의 상위 유력층이 종속집단을 희생하여 자신들의 보건을 유지하고자 하는 방향으로 진화했음을 제시하고 있다(Armelagos and Brown 2002). 위계의 역할에 대한 이해를 세련화하기 위하여, 뼈대자료에 대한 좀 더 함축적인 연구들은 외상의 차별적 양상 및 그것이 사회정치적 영역과 연결되는 방식을 인지하고자 한다.

사회적 역동성과 역학관계가 사람들의 물질·생물적 삶에 영향을 주는 방식에 대한 이론과 결합된 생물고고학 분석은 인구집단 차원의 발병 빈도 및 유형에서 발견되는 비대칭성을 해석하는 생산적인 경로가 된다. 그것은 더 나아가 인구 변화(예를 들어, 인구증가와 이주), 생계전략의 변화, 자원의 분포 등을 검토하면서 인구집단의 포괄적 맥락화 작업을 유도할 수 있다. 불평등, 병리, 문화 간 경험적 연결을 창출함으로써, 생물고고학은 일부가 다른 사람들에 대한 권력과 통제를 구조화하고 정당화하는 인간성향에 대한 통찰을 제공한다.

### 3.3.7 이론: 식민화와 제국주의

폭력이나 불평등에 관한 이론에 연관하여, 식민화 과정에 대한 저작에는 많은 이론들이 나타나 있다. 생물고고학자들은 유럽인과 북미 원주민 간 식민적 조우colonial encounter의 영향에 대한 엄청난 양의 저작을 발간해왔다(예를 들어, Larsen 2001 참조). 식민적 조우에 뒤이은 전염병이나 종족대학살에 관련된 저작들은 매우 특정적으로 사건의 명칭, 시점, 장소 등의 기록에 초점을 맞추고 있다. 들뢰즈식 재해석Deleuzian reinterpretation(Finzsch 2008; Deleuze 1990)은 전염병 전파나 종족대학살과 같은 "사건event"은 훨씬 큰 맥락에서 이해되어야만 하며, 시간상으로는 단지 순간에 불과하다고 주장한다. 근경根莖, rhizome모형(Deleuze and Guattari 1987)이나 망상하천罔象河川, braided river모형(Moore 1994)을 활용하면서, 그러한 사건들을 단순히 일시적인 표면효과로 바라보는 데에 일조한다. 개별 결과 또는 사건은 상호 얽혀 있고 복잡하며, 명칭이나 시공에서의 위치도 정해지지 않는 여러 개의 모호하고 정의하기 어려운 과정에 의해 유발된다. 식민지배의 일환으로 자행된 잔학행위와 관련하여, 그러한 사건들의 기저에 흐르는 것은 인간성 말살이나 타인을 향한 소규모 폭력으로부터 영토와 자원의 일실 및 마침내 지배층 또는 종족구성원 전부와 그 문화의 절멸로 발전한다는 점이다. 종족대학살이나 전염병 전파는 표준화되고, 일상적 조우의 일부가 되어가는 가시적 또는 비가시적 영향력이다. 이는 폭력이론에서 (앞서 논의된 바 있는) 구조적 폭력으로 불리는데, 많은 수의 사람들에 영향을 미칠 때조차도 폭력이 일상적 실체의 일부가 되는 비가시적 방식이다.

표면적으로는 분리된 사건들의 이면을 파고듦으로써, 그러한 사건에 선행하거나 그 후 오랫동안 계속되는 연속적 인과요소들을 검토함으로써, 생물고고학은 전염병 전파나 종족대학살 이면에 흐르는 구조적 폭력을 탐색할 수 있는 특별한 위치에 있다. 생물고고학적 접근은 식민적 조우에 대한 나은 이해에 기여할 수 있는데, 정확히 그것이 여러 관점에서 인간행위를 복원하는 데에 충분히 함축적인 시·공적 접근을 제공하기 때문이다.


## 3.4 연구 설계

인간행위의 특성에 관한 더 커다란 생각 및 이론과 적용방식을 연결하고자 하는 생물고고학 연구에는 일반적으로 다음과 같은 것을 포함하게 된다.

- 연구는 주제가 필요하다. 주제는 어떤 것이 왜 조사되는지를 명확히 하도록 개발되어야 한다. 주제는 수집될 자료로 답해질 수 있는 일련의 질문에 따라 구성될 수 있다. 주제는 어떻게 연구가 수행될지를 구성하는 데에 일조할 관점으로 간주될 수 있다.
- 사용되는 방법은 주제에 따라 재단될 필요가 있다. 인간유해 분석을 위한

여러 상이한 방법들이 있다(6·7·8장 참조). 어느 연구도 모든 방법을 사용하거나 모든 자료를 수집할 수는 없다. 예를 들어, 뼈에 대해 육안형태gross morphology를 관찰함으로써, 연령, 성별, 활동양상에 주목하는 방법이 활용될 수 있다. 분석의 다른 수준에서는 여러 연령대에 걸친 성장과 발달에 대한 자료를 획득하기 위하여 방사선 사진술이나 조직학기법이 활용될 수도 있다. 일부 연구는 인구 특성을 복원하기 위하여 사망연령이나 성별만이 필요할 수도 있다.

- 연구는 쟁점을 문제화할 수 있어야 한다. 연구 설계의 이런 측면이 단순 기술적 연구를 포괄적이면서도 더 참여적이고 통합적인 연구와 차별화한다. 주제가 개발되어감에 따라, 저작에서의 긴장과 갈등은 분명해진다. 지식 간 틈이 노출될 것이다. 생물고고학자가 연구사업을 진행하는 데 있어 무엇이 문제되는지에 대한 고려가 중요하다. 사업의 주제나 해당연구가 속할 것 같은 문제의 영역을 분명하게 표명하는 작업은 사업의 영역을 한정해가는 데에 일조할 것이다.

- 연구는 인간의 행위나 적응에 관해 이론화할 필요가 있다. 이론은 사물이 어떻게 작동하는지에 대한 생각인데, 여러 다른 관점으로부터 얻을 수 있다. 그것들은 원천자료와 해석 사이의 접착제이다.

- 연구는 참여적이어야 하며, 흥미를 돋우어야 할 필요가 있다. 주제, 방법의 적절한 사용, 해석의 틀을 짜기를 위한 이론의 활용 등이 없이는 시야가 편협해지고 제한될 수 있는바, 연구결과가 널리 읽히거나 활용될 수 없다.

생물고고학 연구가 앞서 언급한 것을 달성하는 일반적인 방식은 사업의 틀을 짜는 과정에서 다양한 접근을 활용하는 것이다. 지역별 인골로부터 획득된 자료를 비교·대조하는 데 주목하고 있다. 인구집단 내에 상존하는 연령과 성에 따른 발병의 단일 과정 또는 사망의 양상은 생물문화적 요소의 행렬 내에서 분석될 것이다(이러한 접근의 예와 관련하여 1장 참조).

**표 3.1 연구초점, 인골자료, 방법, 이론 등을 연결하는 모형**

| 분석초점 | 자료 | 인골상관지표 | 이론 | 방법론 |
|---|---|---|---|---|
| 생물학적 정체성 | 연령 | 골반, 두개골, 사지 뼈의 변화에 관련된 성장/발달 평가 | Crowder and Austin(2005), Potter(2010) | Bass(2005), Buikstra and Ubelaker(1994), Scheuer and Black(2000) |
| | 성 | 골반, 두개골, 사지 뼈의 성별 이형적 특징 평가 | Geller(2005, 2008), Hollimon(2011) | Bass(2005), Buikstra and Ubelaker(1994), Scheuer and Black(2000) |
| | 신장 | 성인의 사지 뼈로부터 후천적 신장 복원, 치아 연령으로 판정된 미성년자의 사지 뼈로부터 성장과 발달 복원 | Auerbach(2011), Mummert et al.(2011), Steckel(1995) | Genoves(1967), Trotter(1970), Trotter and Gleser(1952), Ousley and Jantz(2005) |
| 식이와 영양 | 영양결핍 | 두개골로부터 평가된 다공성뼈과다증/안와천공 | Vercellotti et al.(2010), Wapler et al.(2004), Walker et al.(2009) | Ortner(2003), Aufderheide and Rodriguez-Martin(2003) |
| | 치아보건 | 충치, 치아마모, 에나멜형성부전 등의 발현 | Goodman and Rose(1991), Klaus and Tam(2010), Larsen et al.(1991) | Hillson(2008), Irish and Nelson(2008), Scott and Tuner(1988) |
| 보건 | 전염성 질환 | 사지 뼈의 골막반응과 골수염 | Farmer(1999), Barrett et al.(1998) | Weston(2008), Ortner(2003), Aufderheide and Rodriguez-Martin(2003) |
| | 치아질병 | 치주질환과 생전 치아 유실 | DeWitte and Bekvalac(2011), Clarke et al.(1986) | Hillson(2008), Irish and Nelson(2008), Scott and Tuner(1988) |
| 활동 | 강고함 | 연령과 성별에 따라 결정된 사지 뼈의 크기와 형태 계측 | Macchi and Shaw(2011), Mummert et al.(2011), Ruff(2008) | Bass(2005), Cole(1994), Stock and Shaw(2007) |
| | 부착부 MSMs | 연령-성별이 판정된 뼈의 근육부착 부위에 대한 뼈침착 분석 | Robb et al.(2001), Stefanovic and Porčić(2013) | Capasso et al.(1999), Mariotti et al.(2007), Robb(1998) |
| 외상성 상해 | 폭력-관련 | 두개골, 갈비뼈, 사지 뼈의 치명적, 비치명적 골절 | Martin et al.(2010), Walker(2001), Durrant(2011) | Brink(2009), Kremer et al.(2008), Walker(1989) |
| | 돌발적인, 직업상의 | 후두개의 치명적, 비치명적 골절 | Harrod et al.(2012), Walker-Bone and Palmer(2002) | Finegan(2008), Guyomarc'h et al.(2010), Wakely(1997) |

질환이나 폭력에 대한 증거는 생애사나 문화적 이념의 포괄적인 맥락 안에서 검토되어야 할 것이다. 분석은 범문화적 비교 그리고/또는 시간에 따른 변화에 대한 정보를 산출한다. 극한의 환경 조건에 대한 적응에 초점을 맞출 수도 있다. 연구는 지리적 환경 또는 문화적 위치별로 발병의 장구한 연대기를 검토함으로써, 표면적 양상 기저의 과정을 이해하게 된다(표 3.1).

연구를 수행하는 생물고고학자들은 여타 인류학자들과 동일한 원리를 고수해야 하는데, 거기에는 문화적 상대성에 대한 인식의 작동이 포함된다. 그것은 모든 문화는 동등하게 존중될 가치가 있으며, 타 문화를 연구할 때 인류학자들은 (주관적) 판단을 멈춰야 하고, 공감해야 하며, 특정의 행위나 동기부여는 관념적으로 유발되는 방식을 시험·이해해보아야만 한다는 생각이다. 또한, 인류학연구는 일반적으로 단지 문화 간뿐만 아니라 개별 문화 내에서의 미묘함, 차이, 변이에 주목하면서, 고정관념화를 회피하고자 한다. 사업진행 초기에 이론, 방법, 자료를 구성함에 있어 질문에 답할 때 가장 중요할 수 있는 자료를 염두에 두는 것이 도움이 된다.


## 3.5 요약

생물고고학 (연구)사업은 질문을 그 연구 설계에 조화시키는 전향적인 접근이 있을 때 제대로 완수된다. 여러 데이터세트 통합의 수행방법이나 연구 질문이 후손 집단이나 다른 이해당사자들에게 중요한 폭넓은 사안에 관여할 방법에 대해 계획해야 한다. 끝으로, 연구자는 자기 연구의 윤리적인 함의를 고려할 필요가 있다. 무명의 백골화된 인간유해를 동정하기 위한 방법론을 공유한다는 측면에서 생물고고학이나 법의인류학, 법의고고학은 상보적이지만 법의학 작업의 법적 측면은 그것을 확연히 다른 사업이 되게 한다.

현존하는 후손들의 삶을 경시하거나 위축시키지 않는 방식으로, 수집된 정보를 활용하는 것은 생물고고학자에게 달려 있다. 예를 들어, 푸에블로 선조의 유적 발굴에서 얻어진 자료와 관련하여 푸에블로집단의 대표자들과 협업·협의하는 것은 윤리적 고려를 고수하는 한 방편이다. 공개에 앞서 연구나 학술작업을 검토함에 있어 부족과 협업하는 것이 규칙은 아니지만, 사업의 포괄적인 특성상 그렇게 하는 생물고고학자들 사이의 (매우 작은) 경향이 훨씬 풍부한 해석을 도출해왔다(Spurr 1993; Martin 1998; Ogilvie and Hilton 2000; Ferguson et al. 2001; Kuckelman et al. 2002). 협업이나 연구의 대상이 된 사람들과 매우 친밀하게 연결된 이들에게서 얻어진 추가적 지식을 바탕으로 하는 미묘한 보완이 없다면, 과학자가 표명하는 해석은 전문적 기법이나 최신의 방법론에 기초하더라도 완전히 틀리거나 불완전할 수 있다. 생물고고학자들은 미주 원주민(과 세계 각지의 원주민)들이 가끔 참여를 거절하거나 공개하기에 비밀스럽거나 부적절하다고 간주되는 정보를 억제할 것이라는 점을 수용해야 한다. 그러한 종류의 틀 안에서 생물고고학은, 고고학에서 우드John W. Wood와 파월 Shirley Powell이 제안한 대로 과거의 체질인류학을 좀 더 대화적 과정으로 변모시키고 있다(Wood and Powell 1993). 거기에는 수행될 연구의 종류에 대한 의사결정을 포함하게 될 것이다.

# 참고문헌

Agarwal, S. C., & Glencross, B. A. (2011). *Social bioarchaeology*. Malden: Wiley-Blackwell.

Akins, N. J. (1986). *A biocultural approach to human burials from Chaco Canyon, New Mexico, Reports of the Chaco Center, No. 9*. Santa Fe: National Park Service.

Apfel, R. J., & Simon, B. (2000). Mitigating discontents with children in war: An ongoing psychoanalytical analysis. In A. C. G. M. Robben & M. M. Suarez-Orozco (Eds.), *Cultures under Siege: Collective violence and trauma* (pp. 102-131). Cambridge: Cambridge University Press.

Armelagos, G. J. (2003). Bioarchaeology as anthropology. In S. D. Gillespie & D. L. Nichols(Eds.), *Archaeology is anthropology*. Washington, DC: Archaeological Papers of the American Anthropological Association, No. 13.

Armelagos, G. J., & Brown, P. J. (2002). The body as evidence; The body of evidence. In R. H. Steckel & J. C. Rose (Eds.), *The backbone of history: Health and nutrition in the western hemisphere* (pp. 593-602). Cambridge: Cambridge University Press.

Auerbach, B. M. (2011). Reaching Great Heights: Changes in indigenous stature, body size and body shape with agricultural intensification in North America. In R. Pinhasi & J. T. Stock (Eds.), *Human Bioarchaeology of the Transition to Agriculture* (pp. 203-233). Chichester: Wiley-Blackwell.

Aufderheide, A. C., & Rodriguez-Martin, C. (2003). *The Cambridge Encyclopedia of Human Paleopathology, Reprint edition*. Cambridge: Cambridge University Press.

Barrett, R., Kuzawa, C. W., McDade, T. W., & Armelagos, G. J. (1998). Emerging and Re-emerging Infectious Diseases: The third epidemologic transition. *Annual Review of Anthropology, 27*, 247-271.

Bass, W. M. (2005). *Human Osteology: A laboratory and fi eld manual, fifth edition*. Columbia: Missouri Archaeological Society.

Benjamin, M., Toumi, H., Ralphs, J. R., Bydder, G., Best, T. M., & Milz, S. (2006). Where tendons and ligaments meet bone: Attachment sites ('entheses') in relation to exercise and/or mechanical load. *Journal of Anatomy, 208*, 471-490.

Bennett, J. W. (1976). *The ecological transition: Cultural anthropology and human adaptation*. New York: Pergamon.

Bennett, J. W. (1977). Bennett on Johnson's and Hardesty's reviews of *The Ecological Transition*. *Reviews in Anthropology, Commentary, 4*(2), 211-219.

Bennett, J. W. (1993). *Human ecology as human behavior: Essays in environmental and development anthropology*. New Brunswick: Transaction.

Bourdieu, P. (1977). *Outline of a theory of practice* (R. Nice, Trans.). Cambridge: Cambridge University Press.

Brink, O. (2009). When Violence Strikes the Head, Neck, and Face. *The Journal of TRAUMA: Injury, Infection, and Critical Care, 67*(1), 147-151.

Buikstra, J. E., Autry, W., Breitburg, E., Eisenberg, L. E., & van der Merwe, N. (1988). Diet and health in the Nashville Basin: Human adaptation and maize agriculture in middle Tennessee. In B. V Kennedy & G. M. LeMoine (Eds.), *Diet and subsistence : Current archaeological perspectives* (pp. 243-259). Proceedings of the 19th Annual Chacmool Conference. Calgary: Archaeological Association of the University of Calgary.

Buikstra, J. E., & Douglas, H. U. (1994). *Standards for data collection from human skeletal remains.* Faye standards is required in order to fill out these forms accurately. It may be obtained from the Arkansas Archeological Survey, 2475 N. Hatch Ave., Fayetteville, AR 72704, http://www.uark.edu/campus-resources/archinfo/.

Buikstra, J. E., King, J., & Nystrom, K. C. (2003). Forensic anthropology and bioarchaeology in the American anthropologist: Rare but exquisite gems. *American Anthropologist, 105*(1), 38-52.

Buikstra, J. E., & Ubelaker, D. H. (Eds.). (1994). *Standards for Data Collection from Human Skeletal Remains.* Fayetteville: Arkansas Archaeological Survey, Research Series, No. 44. A copy of Standards is required in order to fill out these forms accurately. It may be obtained from the Arkansas Archeological Survey, 2475 N. Hatch Ave., Fayetteville, AR 72704, http://www.uark.edu/campus-resources/archinfo/.

Cameron, C. M. (2011). Captives and culture change. *Current Anthropology, 52*(2), 169-209.

Capasso, L., Kennedy, K. A. R., & Wilczak, C. A. (1999). *Atlas of Occupational Markers on Human Remains.* Teramo: Edigrafital S.P.A.

Choi, J. K., & Bowles, S. (2007). The coevolution of parochial altruism and war. *Science, 318,* 636-640.

Clarke, N. G., Carey, S. E., Srikandi, W., Hirsch, R. S., & Leppard, P. I. (1986). Periodontal Disease in Ancient Populations. *American Journal of Physical Anthropology, 71*(2), 173-183.

Cohen, M. N., & Armelagos, G. J. (1984). *Paleopathology at the origins of agriculture.* Orlando: Academic.

Cohen, M. N., & Crane-Kramer, G. M. M. (2007). Ancient health: Skeletal indicators of agricultural and economic intensification. In C. S. Larsen (Ed.), *Bioarchaeological interpretations of the human past: Local, regional, and global perspectives.* Gainesville: University Press of Florida.

Cole, T. M., III. (1994). Size and Shape of the Femur and Tibia in Northern Plains. In R. L. Jantz & D. W. Owsley (Eds.), *Skeletal Biology in the Great Plains: Migration, warfare, health, and subsistence* (pp. 219-233). Washington, D.C.: Smithsonian Institution Press.

Colton, H. S. (1936). The rise and fall of the prehistoric population of northern Arizona. *Science, 84*(2181), 337-343.

Conkey, M. W., & Spector, J. (1984). Archaeology and the study of gender. In M. B. Schiffer (Ed.), *Advances in archaeological method and theory* (9th ed., pp. 1-38). New York: Academic.

Cronk, L. (1991). Human behavioral ecology. *Annual Review of Anthropology, 20,* 25-53.

Crowder, C., & Austin, D. (2005). Age Ranges of Epiphyseal Fusion in the Distal Tibia and Fibula of Contemporary Males and Females. *Journal of Forensic Sciences, 50*(5), 1001-1007.

Crumley, C. L. (2006). Archaeology in the new world order: What we can offer the planet. In E. C. Robertson, J. D. Seibert, D. C. Fernandez, & M. U. Zender (Eds.), *Space and spatial analysis in archaeology* (pp. 383-396). Calgary: University of Calgary Press.

Dahlberg, F. (1981). *Woman the gatherer.* New Haven: Yale University.

Deleuze, G. (1990). *The logic of sense.* New York: Columbia University Press.

Deleuze, G., & Guattari, F. (1987). *A thousand plateaus: Capitalism and schizophrenia* (B. Massumi, Trans.) Minneapolis: University of Minnesota Press.

deVries, M. (1996). Trauma in cultural perspective. In B. van der Kolk, A. McFarlane, & L. Weisaeth (Eds.), *Traumatic stress: The effects of overwhelming experience on mind, body, and society* (pp. 398-413). New York: The Guilford Press.

DeWitte, S. N., & Bekvalac, J. (2011). The Association Between Periodontal Disease and Periosteal Lesions in the St. Mary Graces Cemetery, London, England A.D. 1350-1538. *American Journal of Physical Anthropology, 146*(4), 609-618.

DiGangi, E. A. (2012). Library research, presenting, and publishing. In E. A. DiGangi & M. K. Moore (Eds.), *Research methods in human skeletal biology* (pp. 483-506). Oxford: Academic.

DiGangi, E. A., & Moore, M. K. (2012). Introduction to skeletal biology. In E. A. DiGangi & M. K. Moore (Eds.), *Research methods in human skeletal biology* (pp. 3-28). Oxford: Academic.

Dongoske, K. E. (1996). The Native American Graves Protection and Repatriation Act: A new beginning, not the end, for osteological analysis—A Hopi perspective. *American Indian Quarterly, 20*(2), 287-297.

Douglas, M. (1973). *Natural symbols: Exploration in cosmology.* New York: Vintage Books.

Douglas, M. (1992). *Purity and danger: An analysis of the concepts of pollution and taboo.* New York: Routledge. (Original work published 1966)

Dupras, T. L., Schultz, J. J., Wheeler, S. M., & Williams, L. J. (2011). *Forensic recovery of human remains: Archaeological approaches* (2nd ed.). London: CRC.

Durrant, R. (2011). Collective violence: An evolutionary Perspective. *Aggression and Violent Behavior, 16*, 428-436.

Ember, C. R., & Ember, M. (1997). Violence in the ethnographic record: Results of cross-cultural research on war and aggression. In D. L. Martin & D. W. Frayer (Eds.), *Troubled times: Violence and warfare in the past* (pp. 1-20). Amsterdam: Gordon and Breach.

Erdal, Ö. D. (2012). A possible massacre at Early Bronze Age Titriş Hoyuk, Anatolia. *International Journal of Osteoarchaeology, 22*(1), 1-21.

Etkins, N. L. (2003). The co-evolution of people, plants, and parasites: Biological and cultural adaptations to malaria. *The Proceedings of the Nutrition Society, 62*, 311-317.

Farmer, P. (1999). Infections and Inequalities: The modern plagues. Berkeley: University of California Press.

Fausto-Sterling, A. (1993). The five sexes: Why male and female are not enough. *The Sciences, March/April*, 20-24.

Ferguson, R. B. (1997). Violence and war in prehistory. In D. L. Martin & D. W. Frayer (Eds.), *Troubled times: Violence and warfare in the past* (pp. 321-355). Amsterdam: Gordon and Breach.

Ferguson, T. J., Dongoske, K. E., & Kuwanwisiwma, L. J. (2001). Hopi perspectives on southwestern mortuary studies. In D. R. Mitchell & J. L. Brunson-Hadley (Eds.), *Ancient burial practices in the American southwest* (pp. 9-26). Albuquerque: University of New Mexico Press.

Ferllini, R. (2007). *Forensic archaeology and human rights violations.* Springfield: Charles C Thomas.

Finegan, O. (2008). Case Study: The interpretation of skeletal trauma resulting from injuries sustained prior to, and as a direct result of freefall. In E. H. Kimmerle & J. P. Baraybar (Eds.), *Skeletal Trauma: Identifi cation of injuries resulting from human remains abuse and armed conflict* (pp. 181-195). Boca Raton: CRC Press.

Finzsch, N. (2008). Extirpate or remove that vermine: Genocide, biological warfare, and settler imperialism in the eighteenth and early nineteenth century. *Journal of Genocide Research, 10*(2), 215-232.

Frayer, D. W. (1997). Ofnet: Evidence for a Mesolithic massacre. In D. L. Martin & D. W. Frayer (Eds.), Troubled times: *Violence and warfare in the past* (pp. 181-216). Amsterdam: Gordon and Breach.

Galloway, A., Birkby, W. H., Jones, A. M., Henry, T. E., & Parks, B. O. (1989). Decay rates of human remains in an arid environment. *Journal of Forensic Sciences, 34*, 607-616.

Galtung, J. (1990). Cultural violence. *Journal of Peace Research, 27*(3), 291-305.

Gampel, Y. (1996). The interminable uncanny. In L. Rangell & R. Moses-Hrushovski (Eds.), *Psychoanalysis at the political border*. Madison: International Universities Press.

Gampel, Y. (2000). Reflections on the prevalence of the uncanny in social violence. In A. C. G. M. Robben & M. M. Suarez-Orozco (Eds.), *Cultures under Siege: Collective violence and trauma* (pp. 48-69). Cambridge: Cambridge University Press.

Gargett, R. H. (1999). Middle Paleolithic burial is not a dead issue: The view from Qafzeh, Saint-Césaire, Keba Amud, and Dederiyeh. *Journal of Human Evolution, 37*, 27-90.

Geller, P. L. (2005). Skeletal analysis and theoretical complications. *World Archaeology, 37*(4), 597-609.

Geller, P. L. (2008). Conceiving sex: Fomenting a feminist bioarchaeology. *Journal of Social Archaeology, 8*(1), 113-138.

Geller, P. L., & Stockett, M. K. (2006). *Feminist anthropology: Past, present, and future*. Philadelphia: University of Pennsylvania Press.

Genoves, S. (1967). Proportionality of the Long Bones and their Relation to Stature among Mesoamericans. *American Journal of Physical Anthropology, 26*, 67-78.

Gero, J. M., & Conkey, M. W. (1991). *Engendering archaeology: Women and prehistory*. Oxford: Blackwell.

Giddens, A. (1979). *Central problems in social theory: Action, structure, and contradiction in social analysis*. London: Macmillan.

Gill, G. W. (1998). The beauty of race and races. *Anthropology News, 39*(3), 1-5.

Gnecco, C. (2003). Against ecological determinism: Late Pleistocene hunter-gatherers in the tropical forests of northern South America. *Quaternary International, 109-110*, 13-21.

Goodman, A. H. (1998). The biological consequences of inequality in antiquity. In A. H. Goodman & T. L. Leatherman (Eds.), *Building a new biocultural synthesis: Political-economic perspectives on human biology* (pp. 147-169). Ann Arbor: University of Michigan Press.

Goodman, A. H., & Rose, J. C. (1991). Dental Enamel Hypoplasias as Indicators of Nutritional Status. In M. A. Kelley & C. S. Larsen (Eds.), *Advances in Dental Anthropology* (pp. 279-293). New York: Wiley-Liss.

Gould, R. A. (2005). Archaeology prepares for a possible mass-fatality disaster. *The SAA Archaeological Record, 5*, 10-12.

Gould, R. A. (2007). *Disaster archaeology*. Salt Lake City: The University of Utah Press.

Grauer, A. L., & Stuart-Macadam, P. (1998). *Exploring the differences: Sex and gender in paleopathological perspective*. Cambridge: Cambridge University Press.

Green, L. (1999). *Fear as a way of life: Mayan widows in rural Guatemala*. New York: Columbia University Press.

Guyomarc'h, P., Campagna-Vaillancourt, M., Kremer, C., & Sauvageau, A. (2010). Discrimination of Falls and Blows in Blunt Head Trauma: A multi-criteria approach. *Journal of Forensic Sciences, 55*(2), 423-427.

Harrod, R. P. (2011). Phylogeny of the southern Plateau-An osteometric evaluation of inter-tribal relations. *HOMO-Journal of Comparative Human Biology, 62*(3), 182-201. doi: 10.1016/j.jchb.2011.01.005.

Harrod, R. P. (2012). Centers of control: Revealing elites among the Ancestral Pueblo during the

"Chaco Phenomenon". *International Journal of Paleopathology* http://dx.doi.org/10.1016/j.ijpp.2012.09.013.

Harrod, R. P., Lienard, P., & Martin, D. L. (2012). Deciphering violence: The potential of modern ethnography to aid in the interpretation of archaeological populations. In D. L. Martin, R. P. Harrod, & V. R. Perez (Eds.), *The bioarchaeology of violence* (pp. 63-80). Gainesville: University of Florida Press.

Hillson, S. W. (2008). Dental Pathology. In M. A. Katzenberg & S. R. Saunders (Eds.), *Biological Anthropology of the Human Skeleton, second edition* (pp. 301-340). Hoboken: John Wiley & Sons, Inc.

Hollimon, S. E. (2011). Sex and gender in bioarchaeological research: Theory, method, and interpretation. In S. C. Agarwal & B. A. Glencross (Eds.), *Social bioarchaeology* (pp. 149-182). Malden: Wiley-Blackwell.

Hunter, J. (2002). Foreword: A pilgrim in archaeology—a personal view. In W. D. Haglund & M. H. Sorg (Eds.), *Advances in forensic taphonomy: Method, theory, and archaeological perspectives* (pp. 25-32). Boca Raton: CRC.

Hunter, J., & Cox, M. (2005). *Forensic archaeology: Advances in theory and practice.* London: Routledge.

Irish, J. D., & Nelson, G. C. (Eds.). (2008). *Technique and Application in Dental Anthropology.* Cambridge: Cambridge University Press.

Johnson, J. L., & Repta, R. (2012). Sex and gender: Beyond the binaries. In J. L. Oliffe & L. Greaves (Eds.), *Designing and conducting gender, sex, and health research* (pp. 17-37). Thousand Oaks: Sage.

Kelly, R. C. (2005). The evolution of lethal intergroup violence. Proceedings of the National *Academy of Sciences of the United States of America, 102*(43), 15294-15298.

Klaus, H. D., & Tam, M. E. (2010). Oral Health and the Postcontact Adaptive Transition: A contextual reconstruction of diet in Morrope, Peru. *American Journal of Physical Anthropology, 141*, 594-609.

Knauft, B. M. (1991). Violence and sociality in human evolution. *Current Anthropology, 32*, 391-428.

Knudson, K. J., & Stojanowski, C. M. (2009). *Bioarchaeology and identity in the Americas.* Gainesville: University Press of Florida.

Kremer, C., Racette, S., Dionne, C.-A., & Sauvageau, A. (2008). Discrimination of Falls and Blows in Blunt Head Trauma: Systematic study of the Hat Brim Line Rule in relation to skull fractures. *Journal of Forensic Sciences, 53*(3), 716-719.

Krieger, N. (1994). Epidemiology and the web of causation: Has anyone seen the spider? *Social Science & Medicine, 39*(7), 887-903.

Krystal, H. (1968). Studies of concentration camp survivors. In H. Krystal (Ed.), *Massive psychic trauma* (pp. 23-46). New York: International Universities Press.

Kuckelman, K. A., Lightfoot, R. R., & Martin, D. L. (2002). The bioarchaeology and taphonomy of violence at Castle Rock and Sand Canyon Pueblos, Southwestern Colorado. *American Antiquity, 67*, 486-513.

Larsen, C. S. (1997). *Bioarchaeology: Interpreting behavior from the human skeleton.* Cambridge: Cambridge University Press.

Larsen, C. S. (2001). *Bioarchaeology of Spanish Florida: The impact of colonialism.* Gainesville: University Press of Florida.

Larsen, C. S., Shavit, R., & Griffi n, M. C. (1991). Dental Caries Evidence for Dietary Change:

An archaeological context. In M. A. Kelley & C. S. Larsen (Eds.), *Advances in Dental Anthropology* (pp. 179-202). New York: Wiley-Liss.

LeBlanc, S. A. (1999). *Prehistoric warfare in the American southwest*. Salt Lake City: The University of Utah Press.

Lee, R. B., & Devore, I. (1968). *Man the hunter*. Chicago: Aldine.

Litwack, L. (2000). Hellhounds. In J. Allen (Ed.), *Without sanctuary: Lynching photography in America* (pp. 8-37). Santa Fe: Twin Palms.

Maples, W. R., & Browning, M. (1994). *Dead men do tell tales: The strange and fascinating cases of a forensic anthropologist*. New York: Doubleday.

Marchi, D., & Shaw, C. N. (2011). Variation in Fibular Robusticity Reflects Variation in Mobility Patterns. *Journal of Human Evolution, 61*(5), 609-616.

Martin, D. L. (1998). Owning the sins of the past: Historical trends in the study of southwest human remains. In A. H. Goodman & T. L. Leatherman (Eds.), *Building a new biocultural synthesis: Political-economic perspectives on human biology* (pp. 171-190). Ann Arbor: University of Michigan Press.

Martin, D. L., Akins, N. J., Goodman, A. H., Toll, W., & Swedlund, A. C. (2001). *Harmony and discord: Bioarchaeology of the La Plata valley*. Santa Fe: Museum of New Mexico Press.

Martin, D. L., Goodman, A. H., Armelagos, G. J., & Magennis, A. L. (1991). *Black Mesa Anasazi health: Reconstructing life from patterns of death and disease*. Carbondale: Southern Illinois University Press.

Martin, D. L., Harrod, R. P., & Pérez, V. R. (2012). Introduction: Bioarchaeology and the study of violence. In D. L. Martin, R. P. Harrod, & V. R. Perez (Eds.), *The bioarchaeology of violence* (pp. 1-10). Gainesville: University of Florida Press.

Martin, D. L., & Pérez, V. R. (2001). Dead bodies and violent acts. Commentary. *Anthropology News, 42*(7), 8-9.

Martin, D. L., Harrod, R. P., & Fields, M. (2010). Beaten Down and Worked to the Bone: Bioarchaeological investigations of women and violence in the ancient Southwest. *Landscapes of Violence, 1*(1), 3.

Martin, D. L., Ryan P. H., & Misty Fields. (2010). Beaten down and worked to the bone: Bioarchaeological investigations of women and violence in the ancient Southwest. *Landscapes of Violence, 1*(1):Article 3.

Mariotti, V., Facchini, F., & Belcastro, M. G. (2007). The Study of Entheses: Proposal of a standardised scoring method for twenty-three entheses of the postcranial skeleton. *Collegium Antropologicum, 31*(1), 291-313.

McCaffrey, R. J., William, A. D., Fisher, J. M., & Laing, L. C. (1997). *The practice of forensic neuropsychology: Meeting challenges in the courtroom*. New York: Plenum.

McGee, R. J., & Warms, R. L. (1996). *Anthropological theory: An introductory history* (3rd ed.). McGraw Hill: Boston.

Micozzi, M. (1997). Frozen environments and soft tissue preservation. In W. D. Haglund & M. H. Sorg (Eds.), *Forensic taphonomy: The postmortem fate of human remains* (pp. 171-180). Boca Raton: CRC Press.

Moore, J. H. (1994). Putting anthropology back together again: The ethnogenetic critique of cladistic theory. *American Anthropologist, 96*(4), 925-948.

Mummert, A., Esche, E., Robinson, J., & Armelagos, G. J. (2011). Stature and Robusticity During the Agricultural Transition: Evidence from the bioarchaeological record. *Economics and Human Biology, 9*(3), 284-301.

Neitzel, J. E. (2000). Gender hierarchies: A comparative analysis of mortuary data. In P. L. Crown (Ed.), *Women and men in the prehispanic southwest: Labor, power, and prestige* (pp. 137-168).

Nicholas, G. P. (2004). Editor's notes. *Canadian Journal of Archaeology, 28*(1), 3-4.

Nordstrom, C. (2009). Fault lines. In B. Rylko-Bauer, L. Whiteford, & P. Farmer (Eds.), *Global health in times of violence* (pp. 63-87). Santa Fe: School for Advanced Research Press.

O'Rourke, D. H., Geoffrey Hayes, M., & Carlyle, S. W. (2005). The Consent process and a DNA research: Contrasting approaches in North America. In T. R. Turner (Ed.), *Biological anthropology and ethics: From repatriation to genetic identity* (pp. 231-240). Albany: State University of New York Press.

Ogilvie, M. D., & Hilton, C. E. (2000). Ritualized violence in the prehistoric American southwest. *International Journal of Osteoarchaeology, 10*, 27-48.

Ortner, D. J. (2003). *Identification of Pathological Conditions in Human Skeletal Remains.* New York: Academic Press.

Osterholtz, A. J. (2012). The social role of hobbling and torture: Violence in the prehistoric southwest. *International Journal of Paleopathology.* http://dx.doi.org/10.1016/j.ijpp.2012.09.011.

Ousley, S. D., & Jantz, R. L. (2005). FORDISC 3.0: Personal computer forensic discriminant functions. Knoxville: University of Tennessee.

Ousley, S. D., Jantz, R. L., & Freid, D. (2009). Understanding race and human variation: Why forensic anthropologists are good at identifying race. *American Journal of Physical Anthropology, 139*(1), 68-76.

Palkovich, A. M. (1980). *The Arroyo Hondo skeletal and mortuary remains.* Santa Fe: School of American Research Press.

Parsons, T. (1938). The role of theory in social research. *American Sociological Review, 3*(1), 13-20.

Pérez, V. R. (2012). The politicization of the dead: Violence as performance, politics as usual. In D. L. Martin, R. P. Harrod, & V. R. Perez (Eds.), *The bioarchaeology of violence.* Gainesville: University of Florida Press.

Perry, E. M. (2008). Gender, labor, and inequality at Grasshopper Pueblo. In A. L. W. Stodder (Ed.), *Reanalysis and reinterpretation in southwestern bioarchaeology* (pp. 151-166). Tempe: Arizona State University, Anthropological Research Papers.

Pinhasi, R., & Stock, J. T. (2011). *Human bioarchaeology of the transition to agriculture.* Chichester: Wiley-Blackwell.

Potter, W. E. (2010). *Evidence for a Change in the Rate of Aging of Osteological Indicators in American Documented Skeletal Samples.* Unpublished Ph.D. dissertation, University of New Mexico, Albuquerque.

Powell, M. L. (1991). Ranked status and health in the Mississippian chiefdom at Moundville. In M. L. Powell, P. S. Bridges, & A. M. W. Mires (Eds.), *What mean these bones? Studies in southeastern bioarchaeology* (pp. 22-51). Tuscaloosa: The University of Alabama Press.

Quesada, J. (1998). Suffering children: An embodiment of war and its aftermath in post-Sandinista Nicaragua. *Medical Anthropology Quarterly, 12*, 51-73.

Rhine, S. (1998). *Bone voyage: A journey in forensic anthropology.* Albuquerque: University of New Mexico Press.

Riches, D. (1986). The phenomenon of violence. In D. Riches (Ed.), *The anthropology of violence* (pp. 1-27). New York: Blackwell.

Robb, J. E. (1998). The interpretation of skeletal muscle sites: A statistical approach. *International Journal of Osteoarchaeology, 8*, 363-377.

Robb, J. E., Bigazzi, R., Lazzarini, L., Scarsini, C., & Sonego, F. (2001). Social "status" and biological "status": A comparison of grave goods and skeletal indicators from Pontecagnano. *American Journal of Physical Anthropology, 115*(3), 213-222.

Robbins Schug, G. (2011). Bioarchaeology and climate change: A view from south Asian prehistory. In C. S. Larsen (Ed.), *Bioarchaeological interpretations of the human past: Local, regional, and global perspectives*. Gainesville: University Press of Florida.

Roseberry, W. (1998). Political economy and social fields. In A. H. Goodman & T. L. Leatherman (Eds.), *Building a new biocultural synthesis: Political-economic perspectives on human biology* (pp. 75-92). Ann Arbor: University of Michigan Press.

Ruff, C. B. (1987). Sexual dimorphism in human lower limb structure: Relationship to subsistence strategy and sexual division of labor. *Journal of Human Evolution, 16*, 391-416.

Ruff, C. B. (2008). Biomechanical Analyses of Archaeological Human Skeletons. In M. A. Katzenberg & S. R. Saunders (Eds.), *Biological Anthropology of the Human Skeleton, 2nd edition* (pp. 183-206). Hoboken: John Wiley & Sons, Inc.

Sahlins, M. (1981). *Historical metaphors and mystical realities: Structure in the early history of the Sandwich Islands Kingdom*. Ann Arbour: University of Michigan Press.

Sauer, N. J. (1992). Forensic anthropology and the concept of race: If races don't exist, why are forensic anthropologists so good at identifying them? *Social Science & Medicine, 34*(2), 107-111.

Sauer, N. J. (1993). Applied anthropology and the concept of race: A legacy of Linneaus. *National Association for the Practice of Anthropology, Bulletin, 13*, 79-84.

Saul, J. M., & Saul, F. P. (2002). Forensics, archaeology, and taphonomy: The symbiotic relationship. In W. D. Haglund & M. H. Sorg (Eds.), *Advances in forensic taphonomy: Method, theory, and archaeological perspectives* (pp. 71-98). Boca Raton: CRC.

Scheper-Hughes, N., & Bourgois, P. (2004). *Violence in war and peace, an anthology*. Malden: Blackwell.

Scheper-Hughes, N., & Lock, M. M. (1987). The mindful body: A prolegomenon to future work in medical anthropology. *Medical Anthropology Quarterly, 1*(1), 6-41.

Scheuer, L., & Black, S. M. (2000). *Developmental Juvenile Osteology*. San Diego: Elsevier Academic Press.

Schiffer, M. B. (2000). Preface and acknowledgements. In M. B. Schiffer (Ed.), *Social theory in archaeology* (pp. 7-8). Salt Lake City: The University of Utah Press.

Scott, G. R., & Turner, C. G., II. (1988). Dental Anthropology. *Annual Review of Anthropology, 17*, 99-126.

Shuler, K. A. (2011). Life and death on a Barbadian sugar plantation: Historic and bioarchaeological views of infection and mortality at Newton plantation. *International Journal of Osteoarchaeology, 21*(1), 66-81.

Sigler-Eisenberg, B. (1985). Forensic research: Expanding the concept of applied archaeology. *American Antiquity, 50*, 650-655.

Skinner, M., Alempijevic, D., & Djurić-Srejic, M. (2003). Guidelines for international forensic bio-archaeology monitors of mass grave exhumations. *Forensic Science International, 134*, 81-92.

Sluka, J. A. (1992). The anthropology of conflict. In C. Nordstrom & J. Martin (Eds.), *The paths to domination, resistance, and terror* (pp. 18-36). Berkeley: University of California Press.

Smith, E. A. (2000). Three styles in the evolutionary analysis of human behavior. In L. Cronk, N. A. Chagnon, & W. Irons (Eds.), *Adaptation and human behavior: An anthropological perspective* (pp. 27-46). New York: Aldine.

Smith, E. A., & Winterhalder, B. (1992). *Evolutionary ecology and human behavior.* New York: Aldine de Gruyter.

Sofaer, J. R. (2006). *The body as material culture: A theoretical osteoarchaeology.* Cambridge: Cambridge University Press.

Sorg, M. H., & Haglund, W. D. (2002). Advancing forensic taphonomy: Purpose, theory, and practice. In W. D. Haglund & M. H. Sorg (Eds.), *Advances in forensic taphonomy: Method, theory, and archaeological perspectives* (pp. 3-30). Boca Raton: CRC.

Spurr, K. (1993). *NAGPRA and archaeology on Black Mesa Arizona.* Window Rock: Navajo Nation Papers in Anthropology, No. 30, Navajo Nation Archaeological Department.

Steadman, D. W. (2009). *Hard evidence: Case studies in forensic anthropology* (2nd ed.). Upper Saddle River: Pearson Education.

Steckel, R. H. (1995). Stature and the Standard of Living. *Journal of Economic Literature, 33,* 1903-1940.

Steckel, R. H., & Rose, J. C. (2002). *The backbone of history: Health and nutrition in the Western hemisphere.* Cambridge: Cambridge University Press.

Steele, C. (2008). Archaeology and the forensic investigation of recent mass graves: Ethical issues for a new practice of archaeology. *Journal of the World Archaeological Congress, 4*(3), 414-428.

Stefanović, S., & Porčić, M. (2011). Between-group differences in the patterning of musculoskeletal stress markers: Avoiding confounding factors by focusing on qualitative aspects of physical activity. *International Journal of Osteoarchaeology, 21*(2), 187-196.

Stefanović, S., & Porčić, M. (2013). Between-Group Differences in the Patterning of Musculoskeletal Stress Markers: Avoiding confounding factors by focusing on qualitative aspects of physical activity. *International Journal of Osteoarchaeology, 23*(1), 94-105.

Steward, J. (1955). The concept and method of cultural ecology. In J. Steward (Ed.), *Theory of cultural change.* Urbana: University of Illinois Press.

Stock, J. T., & Shaw, C. N. (2007). Which Measures of Diaphyseal Robusticity are Robust? A comparison of external methods of quantifying the strength of long bone diaphyses to crosssectional geometric properties. *American Journal of Physical Anthropology, 134*(3), 412-423.

Stodder, A. L. W. (2012). Data and data analysis issues in paleopathology. In A. L. Grauer (Ed.), *A companion to paleopathology* (pp. 339-356). Malden: Blackwell.

Stodder, A. L. W., & Palkovich, A. M. (2012). The bioarchaeology of individuals. In C. S. Larsen (Ed.), *Bioarchaeological interpretations of the human past: Local, regional, and global perspectives.* Gainesville: University Press of Florida.

Suárez-Orozco, M. M., & Robben, A. C. G. M. (2000). Interdisciplinary perspectives on violence and trauma. In A. C. G. M. Robben & M. M. Suarez-Orozco (Eds.), *Cultures under Siege: Collective violence and trauma* (pp. 194-226). Cambridge: Cambridge University Press.

Sutton, M. Q., & Anderson, E. N. (2010). *Introduction to cultural ecology* (2nd ed.). Lanham: Altamira.

Taussig, M. (1984). Culture of terror-face of death: Roger Casement's Putumayo report and the explanation of torture. *Comparative Studies in Society and History, 26,* 467-497.

Thompson, D. D. (1982). Forensic anthropology. In F. Spencer (Ed.), *A history of American physical anthropology, 1930-1980* (pp. 357-365). New York: Academic.

Titiev, M. (1972). *The Hopi Indians of old Oraibi*. Ann Arbor: University of Michigan Press.

Trotter, M. (1970). Estimation of Stature from Intact Long Bones. In T. D. Stewart (Ed.), *Personal Identification in Mass Disasters* (pp. 71-83). Washington, D.C.: Smithsonian Institution Press.

Trotter, M., & Gleser, G. (1952). Estimation of Stature from Long Bones of American Whites and Negroes. *American Journal of Physical Anthropology, 10,* 463-514.

Tung, T. A. (2007). Trauma and violence in the Wari empire of the Peruvian Andes: Warfare, raids, and ritual fights. *American Journal of Physical Anthropology, 133,* 941-956.

Turpin, J., & Kurtz, L. R. (1997). *The web of violence: From interpersonal to global*. Urbana: University of Illinois Press.

Ubelaker, D. H. (1999). Aleš Hrdlička's role in the history of forensic anthropology. *Journal of Forensic Sciences, 44*(4), 724-730.

Van Gerven, D. P., Carlson, D. S., & Armelagos, G. J. (1973). Racial history and bio-cultural adaptation of Nubian archaeological populations. *The Journal of African History, 14*(4), 555-564.

Vercellotti, G., Caramella, D., Formicola, V., Fornaciari, G., & Larsen, C. S. (2010). Porotic Hyperostosis in a Late Upper Paleolithic Skeleton (Villabruna 1, Italy). *International Journal of Osteoarchaeology, 20,* 358-368.

Verdery, K. (1999). *The political lives of dead bodies: Reburial and postsocialist change*. New York: Columbia University Press.

Wakely, J. (1997). Identification and Analysis of Violent and Non-Violent Head Injuries in Osteo-Archaeological Material. In J. Carman (Ed.), *Material Harm: Archaeological studies of war and violence* (pp. 24-46). Glasgow: Criuthne Press.

Walker-Bone, K., & Palmer, K. T. (2002). Musculoskeletal Disorders in Farmers and Farm Workers. *Occupational Medicine, 52*(8), 441-450.

Walker, P. L. (1989). Cranial injuries as evidence of violence in prehistoric southern California. *American Journal of Physical Anthropology, 80*(3), 313-323.

Walker, P. L. (2001). A bioarchaeological perspective on the history of violence. *Annual Review of Anthropology, 30,* 573-596.

Walker, P. L., Bathurst, R. R., Richman, R., Gjerdrum, T., & Andrushko, V. A. (2009). The Causes of Porotic Hyperstosis and Cribra Orbitalia: A reappraisal of the iron-deficiency-anemia hypothesis. *American Journal of Physical Anthropology, 139,* 109-125.

Walker, P. L., & Cook, D. C. (1998). Brief communication: Gender and sex: Vive la difference. *American Journal of Physical Anthropology, 106*(2), 255-259.

Wapler, U., Crubezy, E., & Schultz, M. (2004). Is Cribra Orbitalia Synonymous with Anemia? Analysis and Interpretation of Cranial Pathology in Sudan. *American Journal of Physical Anthropology, 123,* 333-339.

Watkins, R. (2012). Variations in health and socioeconomic status within the W. Montague Cobb skeletal collection: Degenerative joint disease, trauma and cause of death. *International Journal of Osteoarchaeology, 22*(1), 22-44.

Weston, D. A. (2008). Investigating the Specifi city of Periosteal Reactions in Pathology Museum Specimens. *American Journal of Physical Anthropology, 137*(1), 48-59.

White, L. A. (1943). Energy and the evolution of culture. *American Anthropologist, 45*(3), 335-356.

White, T. D., Folkens, P. A., & Black, M. T. (2012). *Human osteology* (3rd ed.). Burlington: Academic.

Whitehead, N. L. (2004a). Introduction: Cultures, conflicts, and the poetics of violent practice. In N. L. Whitehead (Ed.), *Violence* (pp. 3-24). Santa Fe: School of American Research Press.

Whitehead, N. L. (2004b). *Violence*. Santa Fe: School of American Research Press.

Whitehead, N. L. (2005). War and violence as cultural expression. *Anthropology News, 46*, 23-26.

Wood, J. J., & Powell, S. (1993). An ethos for archaeological practice. *Human Organization, 52*(4), 405-413.

Woolhouse, M. E. J., Webster, J. P., Domingo, E., Charlesworh, B., & Levin, B. R. (2002). Biological and biomedical implications of the co-evolution of pathogens and their hosts. *Nature, 32*(4), 569-577.

Zollikofer, C. P. E., de León, M. S. P., Vandermeersch, B., & Lévêque, F. (2002). Evidence for interpersonal violence in the St. Cesaire Neanderthal. *Proceedings of the National Academy of Sciences of the United States of America, 99*(9), 6444-6448.

Zuckerman, M. K., & Armelagos, G. J. (2011). The origins of biocultural dimensions in bioarchaeology. In S. C. Agarwal & B. A. Glencross (Eds.), *Social bioarchaeology* (pp. 15-43). Malden: Wiley-Blackwell.

Zuckerman, M. K., Turner, B. L., & Armelagos, G. J. (2012). Evolutionary thought in paleopathology and the rise of the biocultural approach. In A. L. Grauer (Ed.), *A companion to paleopathology* (pp. 34-57). Malden: Blackwell.

4장

# 최선의 실천:
# 발굴지침과 화석화 과정에 대한 고려

교재 한 권으로, 생물고고학자들이 인간유해가 발견되는 고고유적에서 작업하는 동안 현장에서 부딪히게 될 상황에 대비할 수 없다. 상황에 영향을 미치는 요소가 너무나도 많기 때문이다. 인간유해에 어떻게 접근할지 상황을 안내할 윤리적, 법적 고려사항도 있을 것이다(2장 참조). 그것은 현장실습인지, 학술조사 유적인지, 구제발굴사업인지 등 현장의 맥락에 따를 것이다. 현장관계자에 의한 조사관련 연구질문이 있을 수도, 그렇지 않을 수도 있다. 여기에서 다룰 "최선의 실천"에 대한 생각은 현장에 참여하기에 앞서 고려해야 할 사항들에 대해 대략적으로 그려보는 것이다. 이는 고고유적에서 인간유해가 발굴되는 위치와 방법 및 그 유해의 수습과 보존에 있어 생물고고학자(나 법의학자)가 담당하는 역할의 중요성에 대한 향상된 이해가 통합적 접근으로서 생물고고학을 개선하는 데에 핵심이라는 믿음에 의해 추동된다. 일부 목표, 특히 인간유해에 대한 세심한 수습과 기록에서 유사하기 때문에 우리는 생물고고학과 함께 법의인류학도 포함한다(3장 참조).

## 4.1 인간유해의 유래와 현상 이해하기

생물고고학이나 법의인류학에서 인간유해가 시·공간상 어디에 위치하는지에 대한 이해를 발전시키는 것의 중요성은 그로부터 알 수 있는 것을 향상시키는 데에 결정적이다. 인골이 중요하지만, 더 포괄적인 맥락을 이해하기 위해 연구자들이 할 수 있는 모든 것을 하는 것이 긴요하다. 맥락이라는 용어는 개념이 다소 모호하다. 애로Thomas Yarrow에 따르면, 맥락은 고고학자가 특정 사건을 유발한다고 믿는 특정 행동에 의해 한정되는 시간상의 특정 순간이다(Yarrow 2008: 126). 맥락은 유적의 퇴적 및 생성에 작동했던 "잠재적" 활동을 재현하기 위해 가능한 한 많은 종류의 증거를 관찰함으로써 드러난다. 결국 수많은 요소들이 맥락에 기여하는데, 따라서 그러한 요소들을 가능한 많이 인지하고 기록하는 것이 중요하다. 거기에는 사망 당시부터 수습과 분석에 이르기까지 유해에 영향을 미치는 환경·생물·문화적 요소들을 가능한 한 많이 이해하는 작업이 포함된다. 이론적으로 그러한 길고 복잡한 과정 끝에 유해가 보관소에 안치되거나 이장移葬된다.


## 4.2 참여의 수준

발굴 과정에서 생물고고학자는 다양한 역할을 한다. 그런데 협력자이든 감독자이든 인간유해가 회수되는 현장에 생물고고학자가 있다는 것만으로도 중요하다.

### 4.2.1 생물고고학자의 역할

발굴 개시부터 참여하게 되면 유해의 적절한 수습뿐만 아니라, 분석의 구성이나 매장의 해석에 일조하게 된다. 사업의 시작단계에서 생물고고학자를 참여하게 함으로써, 다양한 뼈대보건지표에 따라 종족성, 정체성, 생물학적 친연성을 연구하는 데 관련된 생물고고학 원리나 방법이 사업에 붙박이게 될 것이다. 그런 종류의 자료는 지역 간 및 지역 내 상호작용에 대한 생물문화적 반응에 관련된 보다 폭넓은 시야의 가설을 검증하는 데에 이용될 수 있다. 만약 유해가 불완전하고 불량하게 보존되어 있다면, 일부 정보는 발굴 과정에서 획득되어야 할 필요가 있다. 발굴에 앞서 연구 어젠다를 수립하지 않는다면, 중요한 자료를 영원히 잃게 된다.

개인이 일생 동안 경험하게 되는 환경·생리적 압박에 대한 뼈 조직의 발달가소성이나 뼈와 치아의 민감도를 감안하면, 인골은 과거 인구집단에 대한 귀중한 1차 정보원情報源을 제공한다. 성장, 발달, 환경변화에의 순화馴化 등 생리적 과정에서 그들의 기반을 감안하면, 인간의 경성조직hard tissue은 대사상해 ─ 예를 들어, 식이결핍/영양결핍, 외상, 질병 ─ 를 유발하는 역학적 압박과 조건에 대한 신체적 반응의 기록이다.

영양, 식이, 성장, 병리, 생체역학, 외상 등을 통합한 뼈대보건지표를 수집하기 위하여, 생물고고학자는 자료수집지를 준비해야 한다. 앞서 언급한 과정에 대한 모든 뼈대지표가 발굴, 복원, 실험실로의 운반에서 보존될 것이리고 보장할 수는 없다. 또한, 그 첫 단계에는 인간유해에 영향을 미치는 화석화 관련 변화의 종류를 기록하거나 이해하는 것이 긴요하다. 발굴기법부터 화석화 과정에 이르기까지 인골자료에 영향을 미칠 수 있는 여러 변수를 이해하는 것은 연구대상인 개인들의 생애를 푸는 데서 중요하다. 인간유해 수습에 관련된 최선의 시나리오는 사업 협의와 설계부터 발굴과 분석에 이르기까지 숙련된 생물고고학자가 참석하는 것이다.

생물고고학자를 위한 그런 신출 모형의 몇몇 훌륭한 사례가 있다. 페루에서 이루어진 퉁Tiffiny A. Tung의 작업은 포괄적인 고고학적 맥락 속에 인간유해를 통합하는 엄청난 기록을 제공한다(Tung 2012). 와리Wari 제국(600~1000년)에 대한 그의 분석은 권력과 영향력에 관한 연구 질문을 와리문화에서 신체가 공동체를 통제하는 데 이용된 경로와 통합하는 방법에 대한 하나의 모범이다. 그의 분석은 와리의 지배층이 외부인으로 간주된 집단들에서 남자, 여자, 어린이들을 포획하는 것과 같은 폭력적 행위를 통해 어떻게 영역을 통제했는지를 보여준다. 포획된 사람들 중 일부는 주로 희생되고, 손발이 잘렸는데, 잘린 신체부위들은 전시용 전리품이 되기도 했다. 퉁은 인간유해의 매장 및 고고학적 맥락을 포함하는 다양한 차원의 분석을 통합하였는데, 연령, 성별 및 여타 감식 속성에 따른 유해 분석, 재지인과 타지인을 구분하기 위한 DNA 추출 등이 그것이다(Tung 2012).

### 4.2.1.1 자문자로서 생물고고학자

많은 생물고고학자들이 사업에 대한 자문諮問을 수행하는데, 일단 유해가 발견되면 감식하게 된다. 그런 역할은 아마도 생물고고학자가 가장 일반적으로, 전통적으로 차지하는 자리이다. 원래 발굴유적으로부터 멀리 떨어진 실험실에서 인골을 받았을 숙련된 뼈대학자의 참여에서 한 단계 상승한 것이기는 하지만, 그러한 접근에는 한계가 있다. 1990년대 이전에는 상당히 일반적이었던 그런 상황에서는 맥락의 대부분을 잃게 된다. 인간유해가 발견된 이후에야 사업에 참여하게 되는 한계에도 불구하고, 생물고고학자(와 법의인류학자)가 수행하는 사업의 대부분은 그러하다. 생물고고학자는 전형적으로 고도의 훈련을 거쳐 전문화되어 있다는 것이 그 이유이다. 그들이 처음부터 참여하는 것은 소모적일 수도 있다. 지형·토양·동식물상 분석, 토기 분석 또는 석기 동정同定을 전공한 구성원을 추가하는 것과는 달리, 생물고고학자가 반드시 모든 발굴 과정에 결정적으로 유용하다고 인식되지는 않는다. 어떤 경우에 생물고고학자는 "진정한" 고고학자가 아니라고 비칠 수도 있지만, 대신 전문영역이 인간유해 분석을 넘어서지는 못하는 뼈대학자로 간주되기도 한다. 이제는 그렇지 않더라도, 체질인류학자나 뼈대학자가 고고학적 현장기법을 훈련받지 않았던 초기부터의 역사적 잔재이기는 하다.

생물고고학자가 우선 자문자 자격으로 채용된 사업의 사례는 많다. 또한, 정부나 사기업의 지원에 따라 수행되는 문화자원관리cultural resource management, CRM사업의 맥락에서 완료되었으되 발간되지 않은 성과도 많다. 자문자로서 인골분석을 하도록 계약된 생물고고학자에 의해 수행되는 분석이 흔히 "회색문헌gray literature"형태로 쌓여가면서도 결과가 일반에 공표되지 않는 것은 지극히 일반적인 일이다. 그러한 문서는 흔히 찾기 어렵거나, 두꺼운 보고서에 첨부되는 간략한 부록이기도 하고, 더 이상 이 분야에 종사하지도 않는 사람에 의해 저술된 미발간 보고서로 처리되기도 한다. 인간유해 분석을 고고학적 해석이나 집성의 여타 측면으로부터 분리하는 것은 심각한 문제의 소지가 있다.

여러 가지 이유로 일부 사업은 대중에 공개되지 않는다. 보안이 필요한 연구가 수행되거나 되었던 곳—예를 들어, 로스앨러모스 국립연구소Los Alamos National Laboratory, 아이다호 국립연구소Idaho National Laboratory, 네바다 핵 시험장Nevada Test Site 등—에서 수행되었던 탓일 수 있다. 뉴욕시의 시청공원(Anderson 2000), 하와이에 있는 미국 전쟁포로/실종자관리사령부Joint Prisoners of War, Missing in Action Accounting Command, JPAC를 대신하여 하와이 중앙신원식별연구소Central Identification Laboratory, Hawaii, CILHI에 의해 수행된 여러 차례의 법의학적 발굴은 정보가 공개되지 않았던 두 사례이다. 이 두 사업 모두 지역사회의 관심을 받았던 분묘 수백 기에 대한 이전·분석이 결부되어 있지만, 작업의 특성상 정보가 공개되지 않았다.

활동적인 생물고고학자(외 법의학자)의 직업생활에서 그들은 다양한 종류의 직업을 수행할 가능성이 높으며, 그중 일부는 순수하게 자문자로서 사업의 뒷부분에 호출되는 것일 듯하다. 그러나 그런 작업이 압도적인 어려움을 부과하지는 않더라도, 대단히 소중한 일이 아니라고 믿을 이유도 없다. 각각의 상황은 여전히 자문자인 생물고고학자가 더 포괄적인 맥락에서 자료를 통합하거나 더 광범위한 사안에 참여하기 위해 활용할 수 있는, 다른 경로를 제시할 것이다.

### 4.2.1.2 공동연구자로서 생물고고학자

공동지휘자 또는 공동연구원 형태의 협업자로서 작업하는 생물고고학자는, 인간유해가 다루어지는 방식에 영향을 미치기 좋은 위치에 있다. 고고학자 대부분이 인간유해를 발굴·수습할 수 있거나 자주 그런다는 것이 사실이다. 그러나 고고학자 대부분이 인간유해 분석을 훈련받지는 않는데, 거기에 차이가 있는 것이다. 사업의 설계나 수행 모두에 생물고고학자를 참여케 하는 것의 가치는, 그들이 시작부터 맥락과 화석형성 과정에 관해 더 알수록 분석이 더 잘 될 것이라는 점이다. 생물고고학자가 자문자로서 사업에 참여하는 것보다는 드물기는 하지만, 차츰 더 많은 사업들이 공동연구원으로 생물고고학자를 포함한다.

차탈회육Çatalhöyük의 라슨Clark S. Larsen(Pilloud and Larsen 2011), 블랙 메사Black Mesa의 마틴Debra L. Martin(Martin et al. 1991), 아로요 혼도Arroyo Hondo의 팔코비치Anne M. Palkovich(Palkovich 1980)처럼 생물고고학자들을 대규모 장기 고고조사사업에 참여시켰던 것이 대표적 사례이다. 티슬러Vera Tiesler와 쿠치나Andrea Cucina는 멕시코에서 「마야 생물고고학의 공동의제Joint Agendas in Maya Bioarchaeology」를 주창·발전시켰다(Tiesler and Cucina 2008). 그들은 멕시코 소재 마야유적들에서 수행되는 많은 고고조사사업에서 생물고고학 전문가의 활용이 미진함을 깨달았다. 그들은 고고학자와의 협업적 관계 증진에 주목해왔다.

### 4.2.1.3 감독자로서 생물고고학자

생물고고학자가 수행하는 가장 흔치 않은 역할은 단독지휘자 또는 연구책임자이다. 물론, 고고조사사업을 설계하고 감독하는 연구자도 적지 않다. 조사사업이 원천적으로 인간유해에 관련하여 설계되거나 초점이 맞춰진다면, 그러한 접근은 특히 유용하지만 항상 그렇게 되지는 않는다.

사업을 지휘한 생물고고학자의 가장 현저하고, 아마도 가장 이른 사례는 바익스트라Jane E. Buikstra가 지도하는 장기적이면서 현재도 진행 중인 캠프스빌Kampsville에서의 현장실습일 것이다(Buikstra 1981). 이 현장실습은 애리조나주립대학교, 미국고고학연구소, 일리노이주립박물관, 아칸소주립대학의 첨단공간기술연구소에서 파견한 학자들의 협업프로그램이다(http://shesc.asu.edu/kampsville). 1980년대 이래, 여기에서 수백 명의 학생이 고고학(조사)기법을 훈련받았으며, 미국 내에서 생물고고학자를 위한 가장 양호한 훈련프로그램 중 하나이다.

다른 생물고고학자들은 생물고고조사사업을 운영하는 방식을 선도하고 있다. 생물고고학자 블래키Michael L. Blakey에 의해 주도된 미국 흑인묘지African American Burial

Ground의 발굴과 분석은 어떻게 생물고고학자가 고고(조사)사업에서 감독자 역할을 할 수 있고, 또 하고 있는지의 다른 사례이다(Blakey 1998). 클라우스Haagen D. Klaus 는 람바예케유역 생명사(조사)사업Lambayeque Valley Biohistory Project(Klaus and Tam 2009)을, 퉁은 베링가 생물고고 및 고고(조사)사업Beringa Bioarchaeology and Archaeology Project(Tung 2007)을 지휘하는데, 두 사업 모두 페루에서 진행되고 있다.

## 4.2.2 다양한 역할과 산출: 사례연구

여기서 제시하는 사례는 자문자, 공동연구자, 감독자로서 작업에 참여하는 생물고고학자에 의해 수행되는 작업의 일부에 불과하다. 그런 역할들이 공유하는 특징은 연구자들이 매장의 맥락에 대한 나은 이해를 위해 고고 및 생물고고자료 발굴에 참여·일조함의 중요성을 점점 더 많이 인식하고 있다는 점이다. 미래 생물고고학자들은 인간해부학의 전문가 이상이 되어야만 하며, 숙련되고 매우 능란한 고고학자가 되어야만 한다. 고고학 현장기법에 대한 견고한 기초를 갖는 것이 점점 더 생물고고학의 필수적인 요건으로 비치고 있다. 고고학 및 법의학의 맥락에서 인간유해를 수습하는 방법(곧 발굴)은 물론, 일단 수습되면 유해의 분석에 결부된 도전과제―즉 화석화 과정상의 변화 식별―에 대해 훈련해야만 할 것이다.

### 4.2.2.1 사례연구: 하와이 중앙신원식별연구소

하와이 중앙신원식별연구소는 전투에서 실종된 미국인의 사망을 판정하고, 가족에게 통지하기 위해 설립되었다. 베트남전 막바지에 미국 당국은 베트남, 라오스, 캄보디아에서 실종된 미국인(전쟁포로나 작전 중 실종자)의 행방을 찾기 위해 엄청난 노력을 기울였다(Davis 2000). 1973년에 동남아시아에서 실종된 미국인에 초점을 맞추면서, 태국에 중앙신원식별연구소를 설립하였다. 3년 후, 모든 과거 군사작전에서 실종된 미국인 유해의 행방을 찾고 수습하고 식별하기 위해 미국육군중앙신원식별연구소U.S. Army Central Identification Laboratory가 하와이에 설립되었다.

미국 실종자 확인 합동특임팀Joint Task Force-Full Accounting, JTF-FA은 1992년 설립되어, 베트남전의 미군실종자에 대한 "최대한 확인"을 확고히 하는 것을 담당했다 (Davis 2000: 547). 실종자 확인 합동특임팀과 하와이 중앙신원식별연구소의 목적이 겹치자 미 국무부는 그러한 노력을 전쟁포로/실종자관리사령부 산하에 결합하였다 (Ainsworth 2003). 그런 결합 당시에도 걸프전에서 1명, 베트남전에서 1,800명 이상, 냉전 시기에 120명, 한국전에서 8,100명 이상, 2차 세계대전에서 78,000명 이상 등 88,000명이 넘는 미국인이 여전히 실종상태였다.

하와이 중앙신원식별연구소가 따랐던 절차는 다른 주나 연방정부 법의학자들과 유사하다. 일단 전쟁포로/실종자관리사령부 조사단이 복원할 유적을 인지하면, 하와이 중앙신원식별연구소 복원단이 발굴이나 신원 확인을 위한 유해 송환을 목적으로 파견된다. 그런 조직에는 단장, 법의인류학자, 부사관, 언어학자, 군의관, 생명유지 요원, 법의사진가, 폭발물처리요원 및 가끔은 산악등반 같은 다양한 훈련을 받은 전문가가 포함된다. 임무수행은 일반적으로 35~60일이며 전 세계를 대상으로 한다(Webster 1998).

하와이 중앙신원식별연구소가 수행한 발굴은 표준적인 고고발굴과는 아주 다르다. 하와이 중앙신원식별연구소의 발굴 대부분에서 개인들의 신분은 이미 알려져 있다. 그에 대한 정보가 거의 또는 전혀 없는 법의인류학적 사례 대부분과는 매우 다르다. 하와이 중앙신원식별연구소의 인류학자들은 범죄현장을 재구성하거나 고고학적 맥락 안에서 물질문화와 화석형성 과정에 의거하여 과거 행위를 복원하려 하지는 않는다. 그렇듯, 좀 더 전통적인 고고조사기법이 요구되는 집단매장지처럼 현저한 예외가 있지만, 조사단이 유물의 관계나 분포를 수립하기 위하여 유적의 3차원 지도를 작성하지 않아도 된다(Hoshower 1998).

일단 하와이 중앙신원식별연구소 조사단에 의해 미국인 유해가 발굴되면, 그들은 신원식별을 위해 하와이에 있는 실험실로 송환된다. 조사단의 최선의 노력에도 불구하고, 항상 명확한 식별이 가능한 것은 아니다. 하와이 중앙신원식별연구소에서 훈련받고 근무한 많은 생물고고학자들은 자문자로서 생물고고학자의 권한을 얘기한다. 지난 20년 동안, 하와이 중앙신원식별연구소는 "방문(과)학자프로그램Visiting Scientist Program"을 통해, 직원들이 학술대회에 참여하거나 심사받는 학술지에 발표할 것을 권장함으로써, (과)학계와 접촉하면서 미군에 복무한 남성과 여성의 신원식별을 계속해왔다. 초기에 하와이 중앙신원식별연구소를 괴롭혔던 학술적 고립은 거의 사라졌고, 연구의 투명성은 최선의 임무수행을 바라는 사람들로부터 더 큰 신뢰를 얻게 되었다.

### 4.2.2.2 사례연구: 참여적 연구자로서의 생물고고학자

생물고고학자는 자주 잠재적으로 정치적 부담이 있는 연구에 결부되어 있음을 알게 된다. 많은 생물고고학자에게 다양한 대학 및 여타 조직에서 자신들의 작업 ─ 예를 들어, 교육, 연구, 봉사 ─ 을 통합하고, 학계 밖의 사람들과 교류하고, 배운 것을 변화를 위한 촉매로 활용할 필요가 있음이 분명해지고 있다. "학계는 우리가 던지는 절박한 사회적, 공공의, 경제적, 도덕적 문제에 대한 해답 모색에 좀 더 열렬한 협력 지기 되어야 하며, 참여의 학문이라고 부르는 역사적 책임을 재확인해야 한다."라고 하면서 보이어Ernest L. Boyer는 그러한 방식으로 과제를 제기한다(Boyer 1996: 11). 대학 또는 학과는 자주 연구, 교육, 지역사회에 대한 봉사 간 균형을 잡고자 하는 데에서 오는 긴장과 씨름한다. 이는 학자가 상대적으로 안전한 학계로부터 복합적이고 종종 복잡한 행동주의적 연구로 옮아갈 때, 특별히 그러하다.

흔히 정치적으로 논란이 된 연구과제에 참여하고자 하는 많은 학자들에게 따르는 비판은 행동주의적 연구가 객관성을 결여하고 있다거나, 종종 단순하고, 문제의식이 희박하고 이론화가 미진하다는 점이다. 보이어 등이 분명히 한 것처럼, 생물고고학자가 참여적인 연구자가 되어야 한다는 의무를 심각하게 받아들인다면, 자신들의 과학이 학계를 넘어 세상으로 나아가게 하는 도전을 간과하지 않을 수 있다.

2장에서 다루었던 야퀴Yaqui 송환의 사례는 (사회)참여적인 생물고고(조사)사업에서 나타날 수 있는 어려움, 중요성, 충족감의 수준을 부각한다. 멕시코의 야퀴 원주민 사이에, 정체성과 종족성은 공간, 장소, 역사에 뒤얽히기나 연결되어 있다. 공간과 장소에 관한 이해는 야퀴인들의 종족적 자각에 중대한 역할을 한다. 그러한 생각은 조국 개념이나 그것을 지키기 위해 거의 500년 동안 계속되고 있는 투쟁의 생성에 있어 핵심적이다. 전쟁 기간에 대한 이야기나 품안에서 자식을 빼앗기고 자신들이 목 매달릴 그 나무에 머리를 부딪치는 것을 목도한 어머니들에 관한 이야기는 아직도 노인들과 아이들 사이에 퍼져 있다. 서서히 죽어가는 중에 그 여성들의 가슴에서 나온 생명을 이어줄 모유는 원주민에 대한 멕시코 국가의 억지스런 지배적 담론에 대한 통렬한 은유이다.

야퀴(조사)사업은 학문적 사회참여의 틀 안에서 행동주의적 연구과제를 포용함에 있어 생물고고학이 수행할 잠재적 역할을 명백히 한다. 국경을 초월해 시에라 마사탄Sierra Mazatan의 전사한 영웅들을 송환한 작업과 궤를 같이하는 인간유해와 학살 유적에 대한 분석은 모두 마틴이 과거의 죄에 대한 자인自認이라고 불렀던 것을 알리기에 일조했다(Martin 1998). 그로 인해 야퀴주민에게 일정 수준의 자치를 회복시켜주게 되었다. 주권을 향한 야퀴의 투쟁은 폭력을 촉진하고 유지하는 구조의 일부로서 지적, 정치적 권력의 맥락에서 이해될 필요가 있는 멕시코사회의 인종차별주의에 대한 것이다. 야퀴부족이나 우리에게 이 사업의 "진정한 가치"는 그 연구에서 제기된 정치적 담론에 내재한 구조적 폭력을 인지하고 인정하는 학자들의 사회참여에 있다.

자문자로서 전면에 나서서 발굴과 분석의 실행에 여러 이해관계자를 참여시키는 생물고고학 및/또는 법의인류학의 여러 사례가 있다. 스페인내전 관련 집단매장지에 대한 기존의 발굴은 또 하나의 훌륭한 사례다(Ferrándiz 2006). 스페인내전 동안 수천 명이 (강제)실종자desaparecidos로 분류되었다. 공화당원의 죽음에 대한 대중의 기억은 억압당했으며, 그래서 조사와 발굴은 사적이고 억압되었던 기억을 널리 알리고 있다. 그렇게 다시 드러난 시신들의 이야기는 지역사회와 연결되고 있다. 그 사건을 둘러싼 여러 이야기들은 인간유해라는 유형의 유산과 얽히게 되는 무형의 유산을 이룬다. 그 이야기들은 가족구성원의 구술에 의해서뿐만 아니라, 유해에 대한 유전자검사를 통해 이전에는 신원미상이던 사람들을 식별하는 과정으로부터도 언급되고 있다. 그리하여, 유해는 그러한 이야기들이 표현되는 특정의 사회적 맥락에 따라 질서와 무질서를 생성하는 잠재력을 가진다.

뼈대분석결과는 문화유산으로 전화하고 있는데, 인골이 여러 세대를 연결하는 교량으로 역할하고 있다. 스페인이 지난 70년 동안 답해지지 않았던 여러 문제를 제기하는 방법을 결정하게 되면서 그 인골들은 기억과 논쟁의 장이 된다. 사망자들은 의미로 부호화되며, 오늘날 스페인의 문화·사회·정치적 논리의 일부가 된다. 그 사업은 개시 초기부터 여러 이해관계자들과 연계된 생물고고학자가 어떻게 연구, 교육 및 통합을 증진시켜 시민 참여의 호혜적인 실천을 지식 생산에 병합할 수 있는지를 보여준다. 이는 모든 당사자에게 혜택을 주는 더 포괄적이거나 진정한 협업적 사업을 제시한다.


## 4.3 인간유해 발굴

인간유해 발굴은 분석 과정의 가장 중요한 부분 중 하나이다. 앞서 언급했듯이 이곳에서 맥락이 보존되거나 유실되기 때문이다. 애로는 발굴을 "…유물 또는 발견물뿐만 아니라, 그것들이 서로 연결되는 다양한 관계 또는 '맥락'을 보존하는 기록을 생성하면서 유적을 분석하는 과정"이라고 묘사하고 있다(Yarrow 2008: 125). 발굴은 여러 측면에서 파괴분석에 기반하는 연구와 유사한데, 양자 모두 유해에 대한 어떤 정보가 획득될 수 있지만 다시 수집될 수는 없는 순간과 관련되기 때문이다. 일단 시신이 매장되어 있던 곳으로부터 분리되면, 정확히 그것이 있던 대로 돌려놓을 수 있는 방법은 없다. 이야말로 상세한 메모, 많은 사진, 정확한 계측으로 모든 것을 기록함이 중요한 이유이다.

## 4.3.1 유해 찾기

생물고고학자가 (직접) 무덤 또는 인간유해를 찾는 것이 흔치는 않고, 대신 유해는 유적의 물질·건축적 구성요소를 발굴하는 과정에서 발견된다. 달리 말하자면, 인간유해는 매장 그 자체와는 무관하게 연구사업의 결과로 발견된다는 것이다. 시신은 우연히 발견되는 법의 사례에서도 그러하다. 어떻게 그리고 누구에 의해 유해가 발견되는지에 상관없이, 현장에서 인간유해를 분석하는 연구자는 유적을 인지·조사하는 방법을 이해해야만 한다. 그러한 정보는 매장의 맥락을 복원하는 데는 물론, 여러 경우에서 유적의 다른 매장을 찾게 하는 데에도 중요하다.

어떻게 시신을 찾는지에 대한 이해의 핵심은 탐색이 어떻게 이루어지고 목적은 무엇인지를 파악하는 것이다. 예를 들어, 간략한 조사를 통해 지형이나 식생 등에서 교란을 발생시키는 변화를 밝힐 수 있다. 그런데 일단 생물고고학자가 시신을 수습하러 도착하면, 지표에 잡다하게 흩어져 있어 자칫 놓쳤을 뼈들을 찾기 위한 추가적인 조사가 수행되어야 할 가능성이 높다. 지표 발견은 다른 매장의 위치를 지시할 수도 있어서 중요하다. 원래 위치로부터 유해를 이동시켰을 수도 있는 화석형성학적 요소를 찾는 데에 특별한 주의를 기울이면서 해당 지역을 재(지표)조사하는 것이 필수적이다.

## 4.3.2 시신 수습 과정

생물고고학적 맥락이든 법의학적 맥락이든 인간유해 수습은 상세하고 견실한 방법론에 주목해야 한다. 몇몇 연구자들은 인간유해 발굴방법에 대해 상세하게 기술하고 있는데(Dupras et al. 2011; Connor 2007; Reichs 1998), 이는 발굴에 앞서 참고해야 한다. 매우 중요한 두 가지 규칙은 매장 정보에 대한 측정치를 가능한 한 많이 기록해야 하고, 확보해야 한다는 것이다. 인간유해가 발견된 순간부터는 적절하게 인골자료를 수습하는 훈련을 받지 않은 사람은 발굴에 관여하지 말아야 한다. 무덤의

**그림 4.1** 매사추세츠주립대학교의 「생물고고학 및 법의인류학에서의 실험실 방법」 과목 현장실습에서 발굴 중인 학생들

발굴, 사진 촬영, 지도화 작업, 기록에 참여하는 모든 고고학자/수습관계자는 인골 확인에 대해 숙련되어야 한다. 법의적인 사건이나 역사시대 및 고대의 무덤이나 상관없이 효과적인 계획은 유해의 적절한 수습을 촉진하는 데에 핵심적이다. 실제로 이는 방법론적으로 추동된 과학인 법의인류학이나 좀 더 전일적 과학으로서 생물고고학이 최선의 발굴수행을 구체화하기에 일조했던 많은 영역 중의 하나이다(그림 4.1).

### 4.3.2.1 상세히 기록하기와 모두 촬영하기

발견의 순간부터 수습의 시점에 이르기까지 인간유해 발굴 과정을 상세하게 기록하거나 집중적으로 촬영하는 것이 중요하다. "동일한 사진을 찍을 기회가 두 번 다시 없을 것이기 때문에 사진자료를 남기기에 관대해야 하는 것이 경험법칙이다

(Connor 2007: 205)." 인간유해를 넘어서, 유적 전체를 촬영하거나 기록하는 것은 매장의 맥락을 이해하는 데에 중요하다. 최근의 연구는 상세한 사진만 있으면 미래 연구자들로 하여금 좀 더 상세한 복원모습을 창출할 수 있게 해주는 유적의 3차원적 구현을 생성할 수 있음을 발견했다(Koistinen 2000).

### 4.3.2.2 계측하기 그리고 좀 더 계측하기

유해 발굴을 관리하는 데에 이용되는 방격grid을 설치하고 지도에 표시하고 배치하는 데에서부터 인골을 지면으로부터 분리할 때 그 해부학적 요소들의 위치를 기록하는 데에 이르기까지 정확하고 정밀하게 계측할 수 있는 역량은 생물고고학자에게 중요하다. 유해를 지면으로부터 분리하기 전에 유해의 두향頭向, orientation뿐만 아니라, 유적의 좀 더 포괄적인 공간적 맥락(Charles and Buikstra 2002) 속에서 유해를 자리매김하는 것은 중요하다(Binford 1971).

### 4.3.2.3 사례연구: 페냐스코 블랑코

극단적 사례이기는 하지만, 페냐스코 블랑코Peñasco Blanco의 "발굴"은 모든 것을 기록할 필요성을 보여주고 있다. 페냐스코 블랑코(영문으로는 "White Cliff Point [백애갑白崖岬]" 또는 "White Rock Point [백암갑白岩岬]")는 1894년에 이 유적을 방문했던 미국 기병대 장교 심슨James H. Simpson 중위가 채용한 산후안 푸에블로 출신 안내인 카라바할Carravahal의 작명을 따랐다(Lekson 1984: 94). 1850년, 심슨 중위는 차코 캐넌Chaco Canyon의 거대한 유적에 대한 최초의 보고서를 발간하였다. 차코 캐넌에 관한 초기 상세개관으로 로버트 리스터Robert H. Lister와 플로렌스 리스터Florence C. Lister의 저작(Lister and Lister 1981)을 살펴보자. 이 유적은 에스카바다Escavada천과 차코천의 합류역 인근 고도 100m 지점에 위치하는데, 900년부터 1125년에 비정된다. 차코의 대가옥Great House은 높이로는 3개 층, 앞뒤로는 5개 행의 방들이 180m에 달하는 호선弧線을 이룬다(Lekson 1984: 94). 필자들은 페냐스코 블랑코가 한 층에 150개의 방, 9개 이상의 예배소kiva를 포함하고 있었다고 설명한다(Lister and Lister 1981: 235). 페냐스코 블랑코는 900년경 차코 현상이 시작될 무렵에 축조된 3개 대가옥 중 하나이다. 이 유적은 푸에블로 보니토Pueblo Bonito나 우나 비다Una Vida유적과 더불어 그 지역으로 봐서는 농경조건이 이례적인 곳에 자리 잡고 있다(Lekson 1999: 51). 1050년까지 차코지역에서는 인구가 증가했으며, 사회조직은 충분히 복합화되어 협곡의 경계를 넘어 연합을 보장할 수 있었다(Lekson 1999: 62). 이는 더 넓은 유역 내에서 일련의 재분배(경제)망을 창출했는데, 궁극적으로는 생계경제로부터 정치경제로의 전이를 유도했다(Lekson 1999: 63).

페냐스코 블랑코유적에서는 해체되고 인위적으로 변형된 수집품과 두개골 수집품이라는 별도의 두 부류 매장이 발굴되었다. 페냐스코 블랑코유적의 해체되고 인위적으로 변형된 인간유해는 올드 웰로Old Wello("웨일로Waylo"나 "와일로Wylo"로 표기되기도 함)에 의해 그리고 1898년 하이드Hyde원정대의 현장조사 동안 웨더릴Richard Wetherill이 고용한 나바호Navajo부족 일꾼에 의해 "발굴"되었다. 페퍼George Pepper와 웨더릴은 그해 여름에 푸에블로 보니토에서 발굴하고 있었으나, 웨더릴은 페냐스코 블랑코유적 발굴을 인가할 책임을 주장하지 않았다(Lekson 1984: 104). 페퍼는 해체되고 인위적으로 변형된 자료를 다음과 같이 언급한다. "푸에블로 보니토에서 우리가 작업하는 기간 동안 나바호부족 일꾼 중 일부가 페냐스코 블랑코의 여러 방을 치워버렸는데, 그중 하나에서는 엄청난 양의 인골이 발견되었다. 두개골의 일정부분을 포함하여 그 인골 중 일부는 탄화되어 있었고 대부분의 사지뼈들은 부서져 있었다(Pepper 1920: 378)."

인간유해가 발굴된 바로 그 방은 알려지지 않았지만, 수집품은 현재 뉴욕 소재 미국자연사박물관American Museum of Natural History에 보관되어 있다. 이 자료는 거의 공개되지 않고 있다. 그 유적에서 수습된 두개골에 대해서는 더욱 알려지지 않았다. 미국자연사박물관에서 페냐스코 블랑코로 분류되어 있지만, 그 유골들의 출처에 관한 유일한 기록은, 그것들이 대가옥 밖에서 수습되었다고 제시하는 다른 유적 관련 원고의 부록(Brand et al. 1937)에 있다.

크리스티 터너Christy G. Turner II와 재클린 터너Jacqueline A. Turner는 미국 남서부에

서의 폭력과 식인풍습에 대한 고찰에서 해체된 유해에 관한 얘기를 포함하고 있는데, 그 자료에 관해 발간된 검토의 최초 사례이다(Turner and Turner 1999). 화이트 Tim D. White는 식인풍습에 관한 페퍼의 제안을 인용하지만, 미국 남서부지역 식인풍습 유적에 관한 자신의 조사에 그것을 포함하지는 않았는데, 그때에는 인간유해에 관해 발간된 상세정보가 없었기 때문이다(White 1992: 337-338).

페냐스코 블랑코유적에 있는 방 하나의 "발굴"에 관련된 웨일로의 서술에 대한 페퍼의 평가(Pepper 1920: 378)에 의거하여, 크리스티와 재클린 터너는 자신들의 분석에서 그 유골들을 단일한 퇴적단위에서 출토된 것으로 취급하였다(Pepper 1920: 378; Turner and Turner 1999). 그러나 그것이 실제인지 알 방법은 없다. 사실, 유적 내 공간적 분포를 차치한다면, 그 인골 모두가 동일 시기의 것인지를 아는 것은 불가능하다. 인골 일부에서 보이는 마모의 변이를 보면 분명하다.

그림 4.2는 수집품에 포함된 무명인들을 보여주고 있다. 부위들의 마모에서 보이는 극명한 차이에 주목해보자. 육식동물에 의한 손상이 적다는 점과 결합되어 그러한 변이가 최소한 이 자료가 몇몇 다른 층에서 출토되었으며, 단일 퇴적의 결과물로 분석되어서는 안 된다는 점을 시사한다.

분석될 데이터세트의 질을 평가하는 것은 중요하다. 유물복합체의 무결성은 원상태에서 자료를 수습하는 동안 활용되는 발굴방법과 더불어, 퇴적 및 암석화의 함수로 이해될 수 있다(O'Connor 1996: 6). 페냐스코 블랑코 수집품은 유적의 맥락 파악이 결여되어 있고, 쓰레기더미, 가옥바닥, 화덕 함유물 등의 범주에 배치할 수도 없다. 그러한 정보는 정치, 젠더, 권력, 의례 등과 연관된 시신의 염습·안치에 대해 검토하는 작업을 통해 매장행위에 대한 특정 분석을 가능하게 한다.

생물고고학자, 화석형성학자, 동물고고학자는 인골집합체의 형성과 뼈의 표면에 남은 절삭흔의 분포에 영향을 미치는 인문·자연적 요소에 대한 이해의 중요성을 오랫동안 주장해왔다(Lyman 2010). 열악한 맥락 정보가 견고한 작업가설, 과학적인 방법론, 강력한 추론의 개발을 저해하기도 한다. 해석의 틀을 잡아감에 있어 여러 갈래의 증거를 이용할 수 없다면, 생물고고학의 강점은 심각하게 제한된다. 시신처리

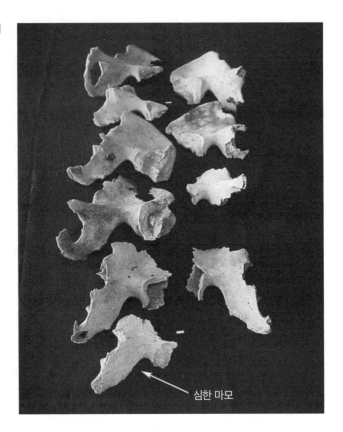

**그림 4.2** 심한 마모의 변이를 보여주는 페냐스코 블랑코 출토 무명인

심한 마모

과정에 참여한 사람의 수, 매장방법, 특정기간 내에 처리된 사람의 수, 처리 과정에서 사용된 도구, 시신에 관련된 금기 등과 같은 인문적 요소는 모두 없어진다. 원래 그대로의 정보가 없는바, 처리 과정이 수행된 장소와 거주구역, 연중 시점, 주위 온도, 강수량, 일조량 등과 같은 자연적 변수마저 사라진다(Yellen 1977; 1991; Binford 1981; Lyman 1987).

상세한 작업 기록이나 지도, 사진이 없다면, 매장집합체에 결부된 특정의, 주로 독특한 문화적 의미를 복원하는 것은 가능하지 않다. 설명모형은 단지 그것이 도출된 설명자료만큼만 유용할 수 있다(Hockett 2002). 생물고고학이 과거의 생활방식을 정확히 복원하거나 후손집단에까지 오래 영향을 미치는 행위를 추론하고자 한다면, 화석형성 과정에 관련된 자료를 신중하고 세심하게 평가해야 한다. 맥락정보가 거의 없는 페냐스코 블랑코 같은 경우, 후속 연구자들은 해체된 인간유해 처리에 관련된 행위의 의도를 추론할 기회를 박탈당했다.

고고학, 구체적으로는 생물고고학은 100년 전 페냐스코 블랑코에서 채택되었던 방법론을 훨씬 뛰어넘었다. 그런데 현장에서는 매일같이 발굴된 인간유해 분석에 심대한 영향을 미칠 중대한 실수가 범해진다. 매장을 복원할 수 있는 것만으로는 충분하지 않으며, 후속 연구자들이 생성된 자료의 공간적 실재성을 이해할 수 있어야 한다.


## 4.4 화석형성학: 사후 개인과 그 유해의 역사

인골을 변형할 수도 있는 변수들에 대한 포괄적인 이해를 갖는 것이 중요하며, 뼈의 변형에 결부된 모든 화석화 변수를 정확하게 인지하는 데에 주의가 기울여져야 한다. 발굴은 유해를 발견하는 수단이지만, 화석형성학은 유해가 발굴된 상태는 물론 왜 어떤 유해는 발견되지만 다른 유해에서는 그렇지 못한지에 대해 설명해준다. 헤인즈Gary Haynes나 워커Phillip L. Walker는 인골자료가 연구자들이 그것을 맥락화하기 위해 끌어오는 고고·역사적 정보원만큼이나 해석상 오류에 민감함을 지적한다(Haynes 1990; Walker 2000). 이러한 이유로 화석형성학이 고고학 또는 법의학적 상황에서 발견된 인골자료를 다룰 때 이해해야 하는 원칙 중 하나이다.

화석형성학에는 사망 당시부터 연구자의 관심거리가 된 그때까지 유해에 영향을 미친 환경적 조건(무생물적), 동물 활동(생물적), 인간 활동(인문적)에 대한 이해가 포함된다. 시신은 인간을 반영하는바, 과거 인간의 생활을 이해하기 위해 분석되는 여타 물질문화와는 다르다. 소페어Joanna R. Sofaer는 시신은 독특하지만 여전히 인간의 생애경험을 반영하며, 그러므로 자신 및 다른 사람의 행동이나 이념의 산물이기도 하다고 주장한다(Sofaer 2006). 시신이 생물·문화·사회적 요소(Scheper-Hughes and Lock 1987)를 포함한 개인의 생애경험에 대한 기록임을 이해하는 것이 인문적 화석화 과정 요소의 중요성을 이해하는 핵심이다.

### 4.4.1 화석형성학 약사

매장taphos과 법칙nomos으로 조어한 화석형성학taphonomy은 예프레모프Ivan A. Efremov의 연구에서부터 시작된다(Efremov 1940). 가장 광범위한 정의에 따르면, 화석형성은 동물이나 인간의 죽음부터 분석 시점까지, 뼈의 물리적 특성에 영향을 미치는 모든 것을 의미한다. 화석형성학 정의의 진화에 대한 좀 더 충분한 설명을 위해서 라이먼R. Lee Lyman과 보니치슨Robson Bonnichsen의 글들을 참조하자(Lyman 2010; Bonnichsen 1989).

화석형성 과학의 목적은 동물이나 사람이 생전에 점유했던 환경을 복원하기 위하여, 뼈에 영향을 미치는 변수를 인지하는 것이다. 여기에는 토양의 산도, 침식, 토양다짐, 하천작용과 더불어 인간과 동물의 간섭이 포함된다. 화석형성학은 고생물학자, 고고학자, 생물고고학자, 법의고고학자 등에게 매우 유용했다. 그 이유 중 하나는 화석형성학 연구가 뼈에 미친 인간의 활동과 자연적 영향을 구분할 수 있게 해주기 때문이다. 유적의 물리·문화적 배경 ── 시공간적, 문화적 맥락 ── 내에서 그러한 정보를 맥락화하는 작업이 과거 인간집단의 행위에 대해 좀 더 온전한 이해를 도모한다.

"화석형성 작인taphonomic agent"은 동물유체나 인골조직의 변형에 관련된 "직접적인 물리적 원인"을 의미한다(Gifford-Gonzalez 1991: 228). 여러 인자가 복잡한 패턴을 생성함으로써 한 개의 뼈에도 유사한 또는 중복적인 흔적을 남길 수 있다는 점을 인식하는 것이 필수적이다. 고고조사에서 나온 동물유체에 관한 연구는 19세기 이래로 유럽 및 미국에서 수행되어왔다. 사실, 예프레모프에 의해 소개된 화석형성학의 개념은 그 이전부터 있던 두 분야, 현생고생물학actuopaleontology과 화석퇴적학biostratinomy을 병합한 것이다(Efremov 1940). (오늘날 신화석형성학neotaphonomy의 영역으로 알려진) 행동동물학은 살아 있는 또는 최근 죽은 생명체가 지각 내에 들어갔을 때 영향을 주는 변화요인을 연구하면 화석이나 고고기록에서 보이는 유사한 사건을 이해·해석하는 데 필요한 설명모형을 얻을 수 있다는 생각에 기초한다. 화석퇴적학은 동물유체집합체의 공간적 관계, 죽음의 순간부터 퇴적될 때까지 어떻게 환경이 인골물질과 상호작용하거나 그것을 변형시키는지에 관련된다. 동물유체의 동정에 일차적으로 관심을 갖는 고고학의 모호한 하위 분야로 시작되었던 것이 다양한 사안에 관련된 복잡한 과학으로 진화해왔다. 이는 화석형성학이 법의인류학에 미쳤던 영향을 고찰할 때 더욱 그러하다. 더크매트Dennis C. Dirkmaat와 동료들은 법의인류학이 일차적으로 명확한 신원 확인에 관련된 실험실과학에서 화석형성학과 고고학의 원리를 아우르는 현장기반과학으로 전이했다고 주장한다(Dirkmaat et al. 2008). 그러한 세 하위 분야의 결합은 법의인류학의 핵심적인 이론적 패러다임에서 생물고고학과 유사한 쪽으로 전이가 일어나는 데 일조했다.

## 4.4.2 뼈에 미치는 화석형성 과정의 영향

(지각)구조판의 변화, 낙석, 퇴적부하, 퇴적물, 토양산도, 범람, 강수, 주변 온도, 바람 등과 같은 자연의 무생물적 영향력은 유기물질의 오염을 유발하므로, 뼈의 보존에 영향을 미치는 무생물 또는 비생체적 영향력으로 알려져 있다. 그것들은 연성 또는 경성조직 모두의 분해에 영향을 미치거나 그를 촉진할 것이며, 뼈에 표식이나 흔적을 남긴다. 뼈에 영향을 미치는 생물인자란 식물이나 (인간을 포함한) 동물 등, 살아 있는 생물유기체이다. 곤충, 청소동물, 시신처리와 연관된 인간의 사전·사망 무렵·사후 행위 등은 모두 인골의 잔존에 영향을 미치거나 뼈에 인지할 만한 표식을 남길 수 있다. 다음에서는 동물유체나 인간유해의 화석형성학적 해석에 영향을 미치는 핵심적인 무생물·생물인자 몇몇에 대해 간략히 설명한다. 구체적으로, 여기서는 자연적 흔적으로부터 인문적인 것을 분리해내는 데에 유용한 요소들에 주목하는 것이 가장 적절할 것이다. 과거와 현재의 인간집단의 행위관행을 해석할 때 유용하다.

동물사체는 해체 과정을 촉진하는 일련의 생물학적 변화를 겪게 된다. 미·거생물微·巨生物이 연조직을 해체하기 시작하며, 이러한 작용은 화석형성 과정의 시작을 의미한다. 골조직의 일부 또는 전부의 유지는 뼈 구조의 밀도, 마모, 동물의 활동, 지질작용, (하천의 작용이나 퇴적부하 같은 무생물적 교란 및/또는 밟기와 같은 생물적 교란

등을 포함하는) 이동 등을 포괄하되, 그에 한정되지만은 않는 일련의 변수에 달려 있다. 마지막으로, 보존은 유기체의, 인간의 경우 개인의 해부학적 구조나 생리작용에 영향을 받는다. 신체의 크기, 연조직의 잔여량, 병리학적 조건이 그에 포함된다(González et al. 2012; Ubelaker 1974).

### 4.4.2.1 무생물인자

대기에 노출된 뼈는 단백질 콜라겐을 소실하게 되는데, 그로 인해 분쇄와 파괴가 촉발된다. 뼈의 유·무기 바탕질이 화학·물리학적 인자들에 의해 파괴되면, 토양 자양분으로 환원된다. 뼈 마모는 일반적 유형을 따르는데, 그 효과는 쉽게 동정될 수 있다. 지난 수십 년간 연구자들은 뼈 마모를 동정·기술하는 데에 매우 유용한 일련의 단계를 개발해왔다(Behrensmeyer 1978; Madgwick and Mulville 2012). 척도는 연조직이 아직 붙어 있고 매끄러우면서 손 타지 않은 뼈(마모의 0단계)부터 갈라지고 부서지고 분해된 뼈(마모의 5단계)까지 이어진다. 마모의 비율은 분류군, 신체 크기, 노출된 시간, 주변 온도, 계절성, 토양의 산도 등과 같은 일련의 변수에 달려 있다. 뿐만 아니라, 단지 몇 미터 차이도 뼈의 보존 상태를 극적으로 달라지게 하는바, 뼈 마모를 이해하기 위해서는 미세환경에 대한 이해도 중요하다. 결론적으로, 뼈 마모에 의거하여 사망시점부터의 시간을 측정하는 것은 지리적으로 특정될 작업이다.

유해는 일단 묻히면, 뼈 구조에 물리적 변화를 유발하는 토양과의 화학적 상호작용에 의해 영향을 받는다. 뼈와 토양의 화학적 특성 사이, 그러한 상호작용이나 부수적인 뼈 바탕질의 변형은 속성續成작용diagenesis으로 알려져 있다. 부수적인 뼈의 화학적 부식은 뼈의 크기나 공극률, 땅에 묻힌 기간, 토양 산도, 세균, 수분, 배수, 주변 온도 등의 영향을 받는다. 속성작용이 어떻게 작동하는지에 대한 이해는, 미량원소분석이나 동위원소분석에 의거하여 매장관행이나 식이양상 복원에 관한 정보를 제공할 수 있다(Hollund et al. 2012).

지진, 암석붕괴, 퇴적부하, 침식작용 등은 뼈를 변형·분절·파쇄할 수 있다(Lyman 1994). 동결과 해동의 과정에 의한 토양의 이동도 뼈대 구성요소의 분해나 유실을 유발할 수 있다. 뼈의 모양이나 크기와 더불어 밀도는 퇴적물의 무게와 이동으로 인해 발생하는 손상의 양과 유형을 결정한다. 대퇴골이나 상완골과 같은 고밀도 뼈는 그러한 과정에서 본래 모습으로 보존되기도 하지만, 두개골이나 볼기뼈는 더 쉽게 분쇄·파손된다. 퇴적부하로 인한 사후 골절은 가까운 거리 내에 부분적 파손이나 파편화된 단일 부위가 있는지를 관찰함으로써 인지될 수 있다(Villa and Mahieu 1991). 발굴 또한 부위들의 사후 분해를 유발할 수 있다. 뼈의 어두운 표면과는 대조적으로 깔끔하고 밝은 표면을 보면 그러한 파손은 쉽게 알 수 있다(Ubelaker and Adams 1995; Villa and Mahieu 1991).

수리水利 과정이 상당수의 고고유물집합체를 만들어낸다(Schiffer 1987: 243-256). 어떤 뼈 퇴적이 그러한 과정에 영향을 받는지, 어떤 것은 그렇지 않은지를 인지하는 방법에 대한 이해는 작인의 추정뿐만 아니라, 해체의 과정을 결정하는 데에 필수적이다. 거기에는 단지 물의 흐름뿐만 아니라, 그 구성도 포함된다. 최근 연구는 뼈가 담겨 있는 물이나 여타 액체의 산도가 뼈에 중대한 영향을 미친다는 것을 알아냈다(Christensen and Myers 2011).

흔히 유수활동으로 불리는 액체의 흐름은 유해의 매장, 이동, 제동 및/또는 마모와 같은 여러 방식으로 뼈에 영향을 미칠 수 있는데, 분석해야 하는 가장 보편적인 수리 과정이다. 연구자들은 (1) 해체 이전 사체의 이동, (2) 해체된 사체 일부의 이동, (3) 유리된 뼈의 이동 등 하천에 의한 이동의 세 국면을 인지해왔다(Nawrocki et al. 1997; Voorhies 1969). 대다수의 연구는 유수에 의한 이동의 세 국면에 초점을 맞춰왔다. 실험적 연구는 물 환경에서의 집적과 이동에 연관된 개별 뼈대 부위들에 초점을 맞춰왔다. 그러한 연구들은 특정 부위는 유수에 의해 좀 더 잘 이동할 수 있다는 점을 밝혀왔다. 유체역학적 이동을 결정하는 것은 뼈의 크기, 모양, 집적도 등이다(Behrensmeyer 1984; Lyman 1994). 뼈의 집적도는 한 부위가 이동한 거리를 결정하는 데서 가장 중대한 인자이다.

### 4.4.2.2 생물인자

식물과 동물 모두 모든 사체의 화석화 과정에 영향을 미친다. 해체 과정의 시작에서부터 곤충, 토양산도, 식생, 설치류나 육식동물의 활동 모두는 사체를 교란하거나 파괴할 잠재력을 가지고 있다.

동물에 의한 교란이 노출된 매장에 영향을 미친다는 점을 알 수 있다. 관련 연구들은 대개 조류, 설치류, 육식동물에 주목해왔는데(Lyman 1994), 그들이 자기 뼈를 가졌었을 뿐만 아니라, 뼛조각을 모으는 것도 보고되었기 때문이다. 그런데 양서류조차도 뼈의 보존 상태에 영향을 미치는 것이 알려진바, 여타 동물들도 고려해야 한다는 점이 제기되고 있다(Stoetzel et al. 2012). 그러한 동물 중 다수가 동굴이나 바위 그늘에 둥지를 트는 만큼 그 서식 이전·동안·이후, 그 지점을 점유했었을 인간의 활동유형과 관련하여 혼란을 초래할 가능성이 있다.

뿌리 번짐도 매장된 개별 뼈대 부위의 위치뿐만 아니라, 뼈의 구조적 무결성에 엄청난 영향을 미칠 수 있는바, 식물에 의한 교란 역시 관심거리이다. 그에 더하여, 식물의 부식 또한 주변 토양의 산도를 변화시키고 뼈에도 영향을 미칠 수 있다.

## 4.4.3 인간이 유발한 화석형성 과정: 사후 뼈에 영향을 주는 인문적 인자 이해하기

뼈는 사후 여러 생물인자로부터 영향을 받지만, 가장 중요한 것 중 몇몇은 인간에 의해 유발된 변화이다. 그러한 활동에는 여타 매장관습(예를 들어, 조상숭배)이나 폭력에 연관된 활동—예를 들어, 전쟁, 식인풍습 및 여타 직접적인 신체적 폭력—과 더불어 이차(매)장이 포함되기도 한다. 매장관습이나 폭력은 인간이 유발한 과거의 화석형성학적 변화를 관찰할 때 감안해야 하지만, 고고발굴, 실험실 분석, 수장收藏 등이 야기하는 손상도 빈번하게 발생하기 때문에 고려해야 하는 인자이다. 인간유발의 이 최종적 범주는 현장 또는 실험실 화석형성학으로 알려져 있다.

매장관행으로 인해 변형되어 온 인간유해집합체를 인지하는 최선의 방법 중 하나는 현존하는 부위, 변형의 유형, 분류학적 다양성 등을 인지함으로써 인간유해를 동물유체집합체로부터 분리하는 것이다. 동물은 섭취를 위해 운반하면서 사체의 특정 부위를 선택하는 성향이 있는 반면, 인간은 사체 부위의 선별이 다변적인바, 그 양상이 다르다. 인간이 운반이나 진열을 위해 어떤 부위를 선택하는지는 문화적으로 특정되며, 대체로 고고학적으로는 그러한 변수가 잘 보이지 않는다.

### 4.4.3.1 폭력

외상은 우발적인 상흔 또는 폭력적 교전의 증거를 제시한다. 골절 ─예를 들어, 원위골절Colles fracture ─은 위험지대 및/또는 위험한 활동에서 우연한 낙상으로 발생할 수 있다. 하완의 방어적 골절parry fracture이나 무기에 의한 부상 등의 골절은 가내폭력부터 전쟁에 이르는 분쟁 기록의 역할을 한다(Martin et al. 2012; Martin and Frayer 1997). 크기, 위치(면), 치유 면적, 무기의 유형(날카로운/둔탁한 압박에 의한 외상), 골절의 유형(예를 들어, 단순, 복합), 영향을 받은 부위의 대략적 크기(최대지름) 등의 측면에서 외상적 상해나 무기에 의한 상흔을 검토하면, 유형을 인지하거나 폭력에 의한 상해와 우발적인 외상을 구분하는 것이 가능하다.

초기 인류조상으로부터, 사망 무렵의 문화적 처리를 증명하는 해체된 뼈집합체는 인류사의 일부가 되어왔다(Holbrook 1982; Chacon and Dye 2007). 그러한 행위의 구체적 이유를 입증하기는 어렵지만, 개연적인 설명에는 매장관습, 의례적 훼손, 신체 일부의 절단, 식인관습, 폭력 등이 포함되어야 한다.

사체의 훼손은 정치적 절연을 상징한다. 시신의 완전한 소멸은 완전한 성공─일례로, 전쟁으로부터 승리로의 전이─이나 승리자의 권력과 동질시 된다. 패자의 신체 일부의 절단 또한 완전한 예속이나 승리자의 지배를 부각한다. 과거에는 이런 유형의 폭력이 만연했다. 북미대륙만 보아도, 예를 들자면, 미국 남서부(Stodder et al. 2010; White 1992; Billman et al. 2000; Kuckelman et al. 2002), 대평원(Willey 1990), 극지방(Melbye and Fairgrieve 1994) 등지에서 훼손, 신체 일부의 절단, 고문, 선주집단 파멸 등의 사례가 많다. 그런데 이는 과거의 현상만은 아니며, 현재에도 훼손이나 소멸의 사례들이 있다. 강간이나 곤봉 및 망치에 의한 살해의 활용을 조장했던 보스니아의 "인종청소", 시에라리온 내전 중 수감자의 수족을 잘랐던 것, 북아일랜드의 무릎 쏘기, 르완다 대학살에서의 사지 찢기와 항문 관통 등은 모두 해당 지역의 사회문화적 관계에 내재한 문화적 구현의 일종이다(Whitehead 2004: 74).

학살이나 식인풍습 행사 중 훼손이나 소멸에 연관되어 잘리거나 찍힌 흔적은 생물고고학, 동물고고학, 법의학이나 화석형성학에서 수립된 기준을 활용하여 인지할 수 있다. 과거에, 인골에 남은 잘리거나 찍힌 자국은 거의 보편적으로 폭력의 증거로 인지되어왔다. 그런데 도살이나 식인풍습에서 나타나는 것도 실제로 매장관습의 결과일 수가 있기 때문에 폭력의 인지가 쉽지는 않다(그림 4.3).

### 4.4.3.2 매장관습

최근 연구는 절삭흔이 조상숭배의 일환으로 육탈, 운구, 시신 진열 등을 위한 매장의 이차적 처리 과정에 의해서도 유발될 수 있다는 것을 제시해왔다(Pickering 1989; Pérez et al. 2008; Pérez 2006). 라꿰마다La Quemada유적에는 적 유해의 의례적 훼손을 수반하는 조상숭배가 다중(매)장 행위를 설명할 수도 있을 증거가 있다(Nelson et al. 1992; Pérez et al. 2000; Pérez 2002). 많은 유해들, 특히 두개골과 사지뼈들은 유적을 통틀어 몇몇 거주구역 및 의례장소에 자리한 선반 위에 놓이거나 그 끝에 매달렸던 것으로 보인다(Nelson et al. 1992). 그리하여, 그 집합체는 전체로는 개인들이 사지가 잘리고 살이 발라진 것에 대한 충분한 증거가 되겠지만, 절삭된 여러 종류 뼈의 양상에 대한 분석을 통해 특정 부위에 부여된 중요성과 더불어 퇴적층 각각에서의 절삭흔 빈도와 형태의 차이가 있음이 밝혀졌다.

시신 해체가 관습화된 문화에서는 사체의 부분은 전신을 반영한다. 진열된, 그렇지 않으면 기념물화된 신체의 일부는 종종 안위를 얻거나, 사자死者의 권력을 기억하고 획득하는 방법에 관한 강력한 상징적 메시지를 가진다.

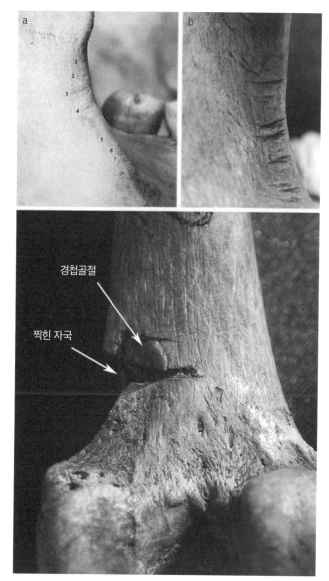

**그림 4.3** 두 고대 인간의 아래턱뼈(위)와 영장류 대퇴골(아래)에 보이는 자른 자국 및 찍힌 자국의 변이

경첩골절

찍힌 자국

## 4.4.3.3 현장 또는 실험실 화석형성학

화석형성 과정에 대한 세심한 고려가 분석의 일부를 이루지 않는다면, 제대로 겨냥된 발굴손삽 또는 수술칼의 자국은 종종 잘리거나 찍힌 자국과 비슷하게 나타난다. 미숙련자의 눈에는 이런 표시가 도구로 인한 변형이나 퇴적에 의한 긁힘과는 대조적으로 절삭흔으로 보일 수도 있다. 그런데 발굴손삽 자국은 그것을 동정할 수

설치류가 갉은 자국

발굴손삽 자국

퇴적 과정의 자국

A

**그림 4.4** 뼈에 영향을 미치는 비인문적(왼쪽 위·아래-설치류가 갉은 자국) 및 인문적(오른쪽-발굴손삽에 의한 흠집) 화석형성학 작인의 사례

있게 하는 일련의 판정기준을 갖는다. 흔적의 일반적 형태, 어떻게 그것들이 뼈를 변형시키는 방식의 차이, 그런 흔적을 만든 이유 뒤에 있는 논리 등이 그러한 특징에 포함된다. 형태라는 측면에서, 발굴손삽 자국은 일반적으로 매우 직선적이며, 그 자체가 진정한 날은 아닌 만큼, 절삭된 홈이 U자형을 띤다. 발굴 과정에서 생긴 발굴손삽 자국, 분석 중에 만들어진 수술칼 자국은, 죽음의 순간이나 사후에 바로 생긴 자국과는 다르게 뼈에 나타난다. 좀 더 최근의 자국은, 그 표면을 오랜 시간 착색시키고(Ubelaker and Adams 1995), 닳게 했던(Thompson et al. 2011) 토양에서 뼈가 분리된 뒤에 생기게 된다. 그러므로 최근에 생긴 어떤 자국이든 (흔히 어두운 색의) 뼈 표면과 절삭된 내면 사이에 색상 차이를 유발한다. 발굴 또는 분석 과정에서 생긴 절삭흔은 우발적인바, 유형화하기에는 논리가 부족할 듯하다(그림 4.4).

## 4.5 요약

사후 인체를 변형시키는 데에 작동하는 요소들이 많은데, 발굴부터 분석에 이르기까지 그 모두가 고려되어야 한다. 화석형성 과정에 대한 상세한 정보의 부족은 잘못된 결론을 유도할 수도 있다. 매장의 맥락을 모른다는 것은 영원히 유해에 대한 온전한 이해를 가로막을 수도 있다. 인위적으로 변형된 인간유해를 현장과 실험실의 화석형성 과정과 구분 짓지 못하는 것은 정확한 해석을 내릴 역량을 저해할 수도 있다.

그러한 최선의 실천 중 여러 가지는 고고학 또는 생물고고학의 현장실습에 참여함으로써 학습될 수 있다. 발굴 과정의 여러 측면에서 전문성을 얻도록 생물고고학자에게 고고 발굴에 가능한 한 자주 참여할 것을 강하게 독려한다.

# 참고문헌

Ainsworth, B. L. (2003, 6 October). CILHI, JTF-AF combines to form JPAC. www.GlobalSecurity. org, Electronic News article. Retrieved October 20, 2012, from http://www.globalsecurity.org/ military/library/news/2003/10/mil-031006-mcn01.html.

Anderson, M. (2000). Under City Hall Park, Online Features. Archaeology. Accessed October 15, 2012. http://archive.archaeology.org/online/features/cityhall/.

Behrensmeyer, A. K. (1978). Taphonomic and ecological information from bone weathering. *Paleobiology, 4*, 150-162.

Behrensmeyer, A. K. (1984). Taphonomy and the fossil record. *American Scientist, 72*, 558-566.

Billman, B. R., Lambert, P. M., & Leonard, B. L. (2000). Cannibalism, warfare, and drought in the Mesa Verde Region in the twelfth century AD. *American Antiquity, 65*, 1-34.

Binford, L. R. (1981). *Bones: Ancient men and modern myths*. New York: Academic.

Binford, L. R. (1971). Mortuary practices: Their study and their potential. In J. A. Brown (Ed.), *Approaches to the social dimensions of mortuary practices* (p. 25). Washington, DC: Memoirs of the Society for American Archaeology.

Blakey, M. L. (1998). The New York African burial ground project: An examination of enslaved lives, a construction of ancestral ties. *Transforming Anthropology, 7*, 53-58.

Bonnichsen, R. (1989). Constructing taphonomic models: Theory, assumptions, and procedures. In Robson B. & Marcella H. S. (Eds.), *Bone modification* (pp. 515-526). Orono: Institute for Quarternary Studies, University of Maine, Center for the Study of the First Americans.

Boyer, E. L. (1996). The scholarship of engagement. *Journal of Public Service & Outreach, 1*(1), 11-20.

Brand, D. D., Hawley, F. M., Hibben, F. C. et al. (1937). *Tseh so, a small house ruin Chaco Canyon, New Mexico (preliminary report)*. Albuquerque: Anthropological Series, (Vol. 2, No. 2), University of New Mexico.

Buikstra, J. E. (1981). Mortuary practices, paleodemography and paleopathology: A case study from the Koster Site (Illinois). In R. Chapman, I. Kinnes, & K. Randsborg (Eds.), *The archaeology of death* (pp. 123-132). Cambridge: Cambridge University Press.

Chacon, R. J., & Dye, D. H. (2007). *The taking and displaying of human body parts as trophies by Amerindians*. New York: Springer Science and Business Media.

Charles, D. K., & Jane E. B. (2002). Siting, sighting, and citing the dead. In *Special issue: The place and space of death* (pp. 13-25). Archeological Papers of the American Anthropological Association.

Christensen, A. M., & Myers, S. W. (2011). Macroscopic observations of the effects of varying fresh water pH on bone. *Journal of Forensic Sciences, 56*(2), 475-479.

Connor, M. A. (2007). *Forensic methods: Excavation for the archaeologist and investigator*. Plymouth: AltaMira.

Davis, V. (2000). *The long road home: US prisoner of war policy and planning in Southeast Asia*. Washington, DC: Office of the Secretary of Defense.

Dirkmaat, D. C., Cabo, L. L., Ousley, S. D., & Symes, A. (2008). New perspectives in forensic anthropology. *Yearbook of Physical Anthropology, 51*, 22-52.

Dupras, T. L., Schultz, J. J., Wheeler, S. M., & Williams, L. J. (2011). *Forensic recovery of human remains: Archaeological approaches* (2nd ed.). London: CRC.

Efremov, I. A. (1940). Taphonomy: A new branch of paleontology. *Pan American Geologist, 74,* 81-93.

Ferrándiz, F. (2006). The return of civil war ghosts: The ethnography of exhumations in contemporary Spain. *Anthropology Today, 22*(3), 7-12.

Gifford-Gonzalez, D. (1991). Bones are not enough: Analogues, knowledge, and interpretive strategies in zooarchaeology. *Journal of Anthropological Archaeology, 10,* 215-254.

González, M. E., Álvarez, M. C., Massigoge, A., Gutiérrez, M. A., & Kaufmann, C. A. (2012). Differential bone survivorship and ontogenetic development in Guanaco (Lama guanicoe). *International Journal of Osteoarchaeology, 22,* 523-536.

Haynes, G. (1990). Taphonomy: Science and folklore. *Tempus, 2,* 7-16.

Hockett, B. (2002). Advances in paleolithic zooarchaeology: An introduction. *Journal of Archaeological Method and Theory, 92*(2), 97-100.

Holbrook, S. J. (1982). *Skeletal evidence of stress in subadults: Trying to come of age at Grasshopper Pueblo.* Unpublished PhD dissertation, University of Arizona, Tucson.

Hollund, H. I., Jans, M. M. E., Collins, M. J., Kars, H., Joosten, I., & Kars, S. M. (2012). What happened here? Bone histology as a tool in decoding the postmortem histories of archaeological bone from Castricum, The Netherlands. *International Journal of Osteoarchaeology, 22,* 537-548.

Hoshower, L. M. (1998). Forensic archaeology and the need for flexible excavation strategies: A case study. *Journal of Forensic Sciences, 43,* 53-56.

Klaus, H. D., & Tam, M. E. (2009). Contact in the Andes: Bioarchaeology of systemic stress in colonial Mórrope, Peru. *American Journal of Physical Anthropology, 138,* 356-368.

Koistinen, K. (2000). 3D Documentation for archaeology during the Finnish Jabal Haroun project. *The International Archives of the Photogrammetry, Remote Sensing and Spatial Information Sciences, 38*(5), 440-445.

Kuckelman, K. A., Lightfoot, R. R., & Martin, D. L. (2002). The bioarchaeology and taphonomy of violence at Castle Rock and Sand Canyon Pueblos, Southwestern Colorado. *American Antiquity, 67,* 486-513.

Lekson, S. H. (1984). *Great Pueblo architecture of Chaco Canyon, New Mexico.* Albuquerque: University of New Mexico Press.

Lekson, S. H. (1999). *The Chaco Meridian: Centers of political power in the ancient Southwest.* Walnut Creek: AltaMira.

Lister, R. H., & Lister, F. C. (1981). *Chaco Canyon.* Albuquerque: University of New Mexico Press.

Lyman, R. L. (1987). Archaeofaunas and butchery studies: A taphonomic perspective. *Advances in Archaeological Method and Theory, 10,* 249-337.

Lyman, R. L. (1994). *Vertebrate taphonomy.* Cambridge: Cambridge University Press.

Lyman, R. L. (2010). What taphonomy is, what it isn't, and why taphonomists should care about the difference. *Journal of Taphonomy, 8*(1), 1-16.

Madgwick, R., & Mulville, J. (2012). Investigating variation in the prevalence of weathering in faunal assemblages in the UK: A multivariate statistical approach. *International Journal of Osteoarchaeology, 22,* 509-522.

Martin, D. L. (1998). Owning the sins of the past: Historical trends in the study of Southwest human remains. In A. H. Goodman & T. L. Leatherman (Eds.), *Building a new biocultural synthesis: Political-economic perspectives on human biology* (pp. 171-190). Ann Arbor:

University of Michigan Press.

Martin, D. L., & Frayer, D. W. (1997). Troubled times: Violence and warfare in the past. Amsterdam: Gordon and Breach.

Martin, D. L., Goodman, A. H., Armelagos, G. J., & Magennis, A. L. (1991). *Black Mesa Anasazi health: Reconstructing life from patterns of death and disease*. Carbondale: Southern Illinois University Press.

Martin, D. L., Harrod, R. P., & Pérez, V. R. (Eds.) (2012). The bioarchaeology of violence. Gainesville: University Press of Florida.

Melbye, J., & Fairgrieve, S. I. (1994). A Massacre and possible cannibalism in the Canadian Arctic: New evidence from the Saunaktuk Site (NgTn-1). *Arctic Anthropology, 31*(2), 57-77.

Nawrocki, S. P., Pless, J. E., Hawkley, D. A., & Wagner, S. A. (1997). Fluvial transport of human crania. In W. D. Haglund & M. H. Sorg (Eds.), *Forensic Taphonomy: The postmortem fate of human remains* (pp. 529-552). Boca Raton: CRC.

Nelson, B. A., Andrew Darling, J., & Kice, D. A. (1992). Mortuary practices and the social order at La Quemada, Zacatecas, Mexico. *Latin American Antiquity, 3*(4), 298-315.

O'Connor, T. P. (1996). A critical overview of archaeological animal bone studies. *World Archaeology, 28*, 5-19.

Palkovich, A. M. (1980). *The Arroyo Hondo skeletal and mortuary remains*. Santa Fe: School of American Research Press.

Pepper, G. H. (1920). Pueblo Bonito. New York: Anthropological Papers, No. 27, American Museum of Natural History.

Pérez, V. R. (2002). La Quemada tool induced bone alterations: Cutmark differences between human and animal bone. *Archaeology Southwest, 16*(1), 10.

Pérez, V. R. (2006). *The politicization of the dead: An analysis of cutmark morphology and culturally modifi ed human remains from La Plata and Peñasco Blanco* (AD 900-1300). Unpublished PhD dissertation, University of Massachusetts Amherst, Amherst.

Pérez, V. R., Martin, D. L., & Nelson, B A. (2000). Variations in Patterns of Bone Modification at La Quemada. *American Journal of Physical Anthropology, 111*(Suppl 30), 248-249.

Pérez, V. R., Nelson, B. A., & Martin, D. L. (2008). Veneration of violence? A study of variations in patterns of human bone modification at La Quemada. In D. L. Nichols & P. L. Crown (Eds.), *Social violence in the Prehispanic American Southwest* (pp. 123-142). Tucson: University of Arizona Press.

Pickering, M. P. (1989). Food for thought: An alternative to "cannibalism in the Neolithic". *Australian Archaeology, 28*, 35-39.

Pilloud, M. A., & Larsen, C. S. (2011). "Official" and "Practical" Kin: Inferring social and community structure from dental phenotype at Neolithic Çatalhöyük, Turkey. *American Journal of Physical Anthropology, 145*(4), 519-530.

Reichs, K. J. (1998). Postmortem dismemberment: Recovery, analysis and interpretation. In K. J. Reichs (Ed.), *Forensic osteology: Advances in the identification of human remains* (2nd ed., pp. 218-228). Springfield: Charles C. Thomas.

Scheper-Hughes, N., & Lock, M. M. (1987). The mindful body: A prolegomenon to future work in medical anthropology. *Medical Anthropology Quarterly, New Series, 1*(1), 6-41.

Schiffer, M. B. (1987). *Formation processes of the archaeological record*. Albuquerque: University of New Mexico Press.

Sofaer, J. R. (2006). *The body as material culture: A theoretical osteoarchaeology*. Cambridge: Cambridge University Press.

Stodder, A. L. W., Osterholtz, A. J., & Mowrer, K. (2010). The bioarchaeology of genocide: The mass grave at Sacred Ridge, site LP0. *American Journal of Physical Anthropology, 141*(S50), 224.

Stoetzel, E., Denys, C., Bailon, S., El Hajraoui, M. A., & Nespoulet, R. (2012). Taphonomic analysis of amphibian and squamate remains from El Harhoura 2 (Rabat-Témara, Morocco): Contributions to palaeoecological and archaeological interpretations. *International Journal of Osteoarchaeology, 22*, 616-635.

Thompson, C. E. L., Ball, S., Thompson, T. J. U., & Gowland, R. (2011). The abrasion of modern and archaeological bones by mobile sediments: The importance of transport modes. *Journal of Archaeological Science, 38*(4), 784-793.

Tiesler, V., & Cucina, A. (2008). Joint Agendas in Maya bioarchaeology: Conducting collaborative research at the autonomous University of Yucatan, Mérida, Mexico. *The SAA Archaeological Record, 8*(2), 12-14.

Tung, T. A. (2012). Violence against women: Differential treatment of local and foreign females in the heartland of the Wari Empire, Peru. In D. L. Martin, R. P. Harrod, & V. R. Pérez (Eds.), *The bioarchaeology of violence* (pp. 180-198). Gainesville: University of Florida Press.

Tung, T. A. (2007). Trauma and violence in the Wari Empire of the Peruvian Andes: Warfare, raids, and ritual fights. *American Journal of Physical Anthropology, 133*, 941-956.

Turner, C. G., & Turner, J. A. (1999). *Man Corn: Cannibalism and violence in the prehistoric American Southwest*. Salt Lake City: The University of Utah Press.

Ubelaker, D. H. (1974). Reconstruction of demographic profiles from Ossuary skeletal samples: A case study from the Tidewater Potomac. In *Smithsonian contributions to anthropology, No. 18*. Washington, DC, Smithsonian Institution Press.

Ubelaker, D. H., & Adams, B. J. (1995). Differentiation of perimortem and postmortem trauma using taphonomic indicators. *Journal of Forensic Sciences, 40*(3), 509-512.

Villa, P., & Mahieu, E. (1991). Breakage patterns on human long bones. *Journal of Human Evolution, 21*, 27-48.

Voorhies, M. R. (1969). *Taphonomy and population dynamics of early pliocene vertebrae fauna, knox county nebraska*. Laramie: Contributions to Geology, Special Papers No.1, University of Wyoming.

Walker, P. L. (2000). Bioarchaeological ethics: A historical perspective on the value of human remains. In M. Anne Katzenberg & S. R. Saunders (Eds.), *Biological anthropology of the human skeleton* (pp. 3-39). Hoboken: Wiley.

Webster, A. D. (1998). Excavation of a Vietnam-era aircraft crash site: Use of cross-cultural understanding and dual forensic recovery method. *Journal of Forensic Sciences, 43*(2), 277-283.

White, T. D. (1992). *Prehistoric cannibalism at Mancos 5MTUMR-2346*. Princeton: Princeton University Press.

Whitehead, N. L. (2004). On the poetics of violence. In N. L. Whitehead (Ed.), *Violence* (pp. 55-77). Santa Fe: School of American Research Press.

Willey, P. S. (1990). *Prehistoric warfare on the Great Plains: Skeletal analysis of the Crow Creek massacre victims*. New York: Garland.

Yarrow, T. (2008). In context: Meaning, materiality and agency in the process of archaeological recording. In L. Malafouris & C. Knappett (Eds.), *Material agency: Towards a nonanthropocentric approach* (pp. 121-138). New York: Springer.

Yellen, J. E. (1977). Cultural patterning in faunal remains: Evidence from the !Kung Bushman.

In D. Ingersoll, J. E. Yellen, & W. MacDonald (Eds.), *Experiential archaeology* (pp. 271-331). New York: Columbia University Press.

Yellen, J. E. (1991). Small mammals: !Kung San utilization and the production of faunal assemblages. *Journal of Anthropological Archaeology, 10*, 1-26.

5장

# 매장요소와 인간유해

고고학자는 거의 언제나 인간유해가 수습된 맥락을 기록하지만, 일단 유해 분석이 우선 수행되어야 연구자들이 거의 언제나 그 정보를 이용할 수 있다. 역사적으로 볼 때, 거의 언제나 그랬다. 대체로, 백골이나 미라가 된 유해와 매장 및 문화적 맥락 사이에는 단절이 있었다. 이는 생물학적 실체로서 인간유해에만 주목했던 생물인류학이나 뼈대학에서의 특수한 지적 궤적을 위한 토대를 마련했다. 문화, 정체성, 개인들 자신의 생애경험 등에는 거의 주의를 기울이지 않았다. 분석은 신체에는 주목하였으나 사회적 정체성의 복원 또는 행위의 해석에는 그렇지 않았다(Martin 1998: 174-176). 집단수준의 분석 또한 없었다. 오히려, 비상한 병리현상이나 이상을 가진 개별 시료가 훨씬 자주 주목을 받아왔다. 그러한 이전의 연구들은 형태적 특성이나 병리학적 또는 비정상적인 특징들에 대한 상세한 기술로 개인들의 뼈대 부위들에 대해 보고했었다.

고대 인간유해에 대한 그러한 의료적 접근은 고고학적 맥락으로부터 유리되었는데, 이는 개인을 포괄적인 맥락 내에 자리매김하거나 인구집단 차원의 역동성에 대한 질문에 답하기 위해 자료를 활용하는 데 있어 무력감을 야기했다. 그런 접근과 관련하여 더욱 중요하게는, 고대 인간유해가 현대인들, 특히 그 고대 "시료들"의 현존하는 후손이 직면한 문제에 연관되어 있음을 입증하기 어려웠다는 것이다. 생물고고학이 보다 기술적인 뼈대학 연구를 대체하면서, 매장맥락이 분석의 중요한 부분이 되었다. 예를 들어,『사자死者와의 교류: 새천년의 매장고고학에 대한 시각*Interacting with the Dead: Perspectives on Mortuary Archaeology for the New Millennium*』이라는 라키타Gordon F.M. Rakita와 동료들의 공동편저는 매장맥락에 대한 체계적인 고찰의 중요성을 보여주는 풍부한 사례연구를 제공한다(Rakita et al. 2005).

## 5.1 매장고고학

당초 분묘와 매장유적의 건축·구조·물리·물질적 측면에 관심을 가졌던 사람들은 고고학자였다. 고고학자는 자신의 분석에 매장맥락을 병합해왔지만, 인간유해 자체를 그렇게 하지는 않았다. 고고학적 관점에 입각하여 매장 분석이나 시신을 위해 조성된 인위적 공간 안팎의 모든 것에 대한 과학적 조사를 상술하는 매장맥락 연구는 많다(Binford 1971; Saxe 1970; O'Shea 1981; Tainter 1975; Pepper 1909; Morris 1924). 매장고고학 또는 매장처치의 고고학에 관련된 거의 모든 연구에서 여전히 인간유해는 병합되지 않았고, 그에 대한 논의조차도 없었다.

매장 공간의 고고학에 관련된 그런 저작이 입증하듯이, 매장맥락으로부터 수집될 수 있는 중요한 자료는 많다. 자극적이며 이론적으로 정교한 업적, 곧 개인을 매장하는 과정에 대한 탈과정주의적 접근을 견지하면서 고대 안데스산맥 지역 친족집단의 역할을 재고한 이즈벨William H. Isbell의 연구,『미라와 매장기념물*Mummies and Mortuary Monuments*』은 그 훌륭한 사례이다(Isbell 2010). 부장품과 봉헌물, 시신의 처리 및 분묘의 구조·기능·내용물은 분석에 정보를 제공하지만 실제 미라가 된 인간유해가 해석에 병합되지는 않는다(Isbell 2010). 흠잡기는 아니다. 이즈벨의 전문성이나 관심은 물질자료에 대한 분석을 통해 인간행위를 이론화하는 데 있다. 인구학적이고 법의학/의학적인 정보를 병합하기 위해서는 미라화된 또는 백골화된 유해에 대한 분석을 훈련 받은 공동연구자가 택해져야했다.

말론Caroline Malone과 동료들은 유사하게 참여적이고 중요한 저작을 통해, 수혈 묘당과 동굴묘지에 초점을 맞춘『선사시대 몰타의 매장관습Mortuary Customs in Prehistoric Malta』에 대한 상세한 사례연구를 제공하고 있다(Malone et al. 2009). 생계, 지위, 사회조직 사이의 관계에 대해 정연하게 틀을 갖춘 일련의 생각을 활용하면서, 필자들은 잘 입증된 많은 주장을 할 수 있게 된다. 초기 농부집단의 복합적인 매장행위에 대한 정보는 신석기시대 몰타섬에 나타난 (사회)복합화를 설명하는 데에 일조한다. 또 인간유해에 관련된 자료는 없(거나 있어도 매우 열악하게 보존되어 있을 듯하)지만, 이 연구는 매장의 특징들이 여타의 고고자료와 함께 특정 시공에 걸친 문화적 양상을 복원하는 데에 활용될 수 있는 몇몇 방식의 한 경우를 보여준다.

피츠시몬스James L. Fitzsimmons와 시마다Izumi Shimada의 편서,『사자死者와 살아가기: 메조아메리카의 매장의례Living with the Dead: Mortuary Ritual in Mesoamerica』는 다양한 관점에서 사자가 고도로 정치화되는 경로들이나 그들이 어떻게 일상에서 호혜적인 관계의 필수부분으로 남겨지는지를 검토하고 있다(Fitzsimmons and Shimada 2011). 이 편서의 개별 연구들은 죽은 자와 현존하는 그 후손과의 관련을 검토함으로써, 사회관계 복원을 가능하게 하는 상세하고 중요한 자료를 제공한다. 주기적인 향연과 희생을 관례대로 수행하는 후손들에 의해 분묘가 계속 활용되는 방식이 기록되어 있다. 그리고 원래 피장자가 사망 당시 봉헌 받았던 부장품을 다시 사용하는 산 자들의 관행도 밝혀졌다. 이는 부장품 존부의 해석에 관련된 중요한 단서이다. 메조아메리카의 맥락에서, 사자는 영토의 경계를 규정하기부터 의례행사에 임석하기에 이르기까지 중요한 기능과 역할을 수행하는 것으로 비쳐진다. 이 집합적 연구는 특히 매장맥락 연구의 커다란 가치를 가능한 한 여러 각도에서 부각하고 있다. 그런데 여전히 그 유적들에서 출토된 인간유해에 대한 비교적 복잡한 분석 내용을 다루는 장이 없음을 지적하는 것이 흥미롭다. 또다시, 흠잡기는 아니다. 이는 고고학자 및 생물인류학자/뼈대학자들에 의해 역사적으로 생성·유지된 고고학적 맥락과 인간유해의 분리를 그대로 보여준다.

파커 피어슨Michael Parker Pearson은『죽음과 매장의 고고학 The Archaeology of Death and Burial』(2000)에서 매장맥락을 개념화하는 좀 더 포괄적인 접근법 중 하나를 제시하고 있다. 매장맥락을 인간행위에 관한 포괄적인 연구에 부가하면서 고려해야 할 변수들을 면밀하게 고찰함에 있어, 그는 여러 범문화적 사례를 들어가며 장례식부터 사후세계에 대한 문화적 관점에 이르기까지 모든 것을 다루고 있다. "사자는 스스로를 매장하지 못하고 산 자에 의해 처치·안치된다 (2000: 3)."라고 (이전의 다른 연구자들이 그랬던 것처럼) 명백하게 진술하고 있다. 고고학자는 이를 사자의 처리에 관련된 모든 것과 산 자에게 주는 의미를 병합하는 일련의 방법·이론으로 발전시키는 선봉이 되어왔다. 이 개념은『죽음의 고고학 The Archaeology of Death』이라는 제목의 편서에서 확장되었다(Chapman et al. 2009). 편저자들은 시공에 걸쳐 다양한 문화들을 관통하면서 장송 및 매장고고학의 측면에 대한 매우 구체적이고 상세한 사례연구 10편을 제시하고 있다. 역시 인간유해에 대한 언급은 없지만, 이 책은 매장맥락에 접근하는 이론·방법론적 경로를 이해하는 데 매우 유용한 집성연구이다.

마이텀Harold Mytum은『역사시대 매장기념물과 묘지 Mortuary Monuments and Burial Grounds of the Historic Period』에 대한 상세한 방법론적 접근을 보여주고 있다(Mytum 2004). 연구를 어떻게 수행할지를 기획하기 위해 그러한 종류의 자료를 직접적으로 다루는 고고학자나 여타 분야 전문가는 가능한 한 모든 측면을 포괄하는바, 역사적 기념물에 대한 관찰과 분석을 위한 실천적 지침에 관련된 이 집성이 특히 유용하다. 특히 역사시대와 관련하여, 인간유해는 법적으로 또는 윤리적으로 발굴이나 연구에 활용할 수 없는 경우가 발생할 수 있다. 마이텀은 사회변화가 어떻게 사자를 위한 장소와 상관되는지를, 그리고 지상의 구조물에 대한 연구가 인구, 사회적 지위, 사회적 갈등, 종족정체성에 관한 정보를 밝힐 수 있음을 설명한다. 생물고고학자가 유해에 대한 분석—연령, 성별, 보건상태, 사회적 계급, 정체성 등에 연관된 분석방법에 대해서는, 특히 6·7장 참조—을 통해 복원하고자 하는 것과 부분적으로 동일한 연구가 있다. 마이텀의 편서는 가용할 인간유해가 없는 상황에서라도 매장분석의 가치를 명백히 하고 있다. (2장에서 논의된 대로) 미국뿐만 아니라, 세계 다른 지역에서도 인간유해의 발굴과 관련하여 윤리 및 법적 고려가 점차 늘어나는데, 그러한 점은 역사상 또는 현존하는 집단을 대상으로 작업할 때 매우 중요하게 고려된다.

요컨대, 매장맥락에 대한 고고학적 접근들은 유익하면서도 필요한데, 생물고고학자는 (이미) 보유한 자료 때문만이 아니라 특정 질문에 답하기 위하여 어떤 종류의 매장자료를 수집할 것인가에 대한 통찰력을 제공받기 때문에 자주 거기에 의존한다. 나아가 연구를 위해 인간유해에 대한 접근권한을 확보할 수 있는 생물고고학자는 그에 관한 해석을 확장하기 위해 매장고고학을 활용할 수 있다. 생물고고학의 관행이 고고학적 맥락으로부터 생물적 잔적이 분리되는 현상을 개선할 수 있는데, 이는 곧 생물고고학자가 여러 가지 고고학 훈련을 받아야 하며 고고학자와도 협업하여야 함을 의미한다. 이상적으로는 그러하지만 항상 그럴 수는 없다. 여전히 생물고고학자가 매장고고학에 대해 많이 알면 알수록, 연구는 더욱 좋아질 것이다.


## 5.2 매장맥락과 인간유해 연결하기

인간유해라는 매장요소는 사자에 관련된 가장 즉각적인 문화적 정보를 제공하는데, 사자뿐만 아니라 산 자에 대한 이해의 확장에도 일조할 수 있는 중요한 정보를 풍부하게 밝혀준다. 죽음은 사회·물리적 환경에서의 도전들에 대한 일련의 생물·행위·문화적 반응이 누적된 최종 결과물이지만, 그 필연성이 누구나 유사한 방식으로 사자를 처리함을 의미하지는 않는다. 사실, 시공에 걸친 많은 변이가 존재하는바, 사자를 처리하는 방식에서 그리 많은 보편성을 찾기는 어렵다.

흔히 생물고고학자는 본질적으로 생물문화적인 몇 가지 종류의 틀을 활용(그 개괄에 대해서는 1장 참조)하기 때문에 (인간유해에서 얻어지는 생물학적 정보와 매장맥락에서 얻어지는 문화적 정보라는) 두 영역을 통합하는 것은 대체로 도전적 과제일지라도, 언제나 생산적이다. 산 자와 사자 사이의 상호작용에 대한 정보를 제공하는 것은 매장자료이다. 그 자료는 산 자의 문화적 영역 및 시신의 처리·안치 이면의 관념에 대한 정보를 제공한다. 게다가, 앞서 논의되었던 이념 및 사회구조에 관련된 훨씬 포괄적인 맥락에 대한 정보를 제공하기도 한다.

생물고고학적 관점의 매장분석에 관련해서는 많은 연구가 있다. 해당 분야의 고전으로 여겨지는 두 권의 편서는 매장맥락에 대한 방법·이론적 접근의 예로서 여러 사례연구를 제시한다(Beck 1995; Rakita et al. 2005). 사례연구를 활용한 접근을 통해, 두 책 모두 생물고고학 및 매장 연구에서 이론의 역사와 함께 현재 사용에 대한 풍부한 정보를 제공한다.

『생물고고학: 인간유해에 대한 맥락적 분석*Bioarchaeology: The Contextual Analysis of Human Remains*』에서 바익스트라Jane E. Buikstra와 벡Lane Anderson Beck은 지난 25년 동안 제기된 생물고고학 분야의 다양한 견해에 관한 일련의 상세한 탐색을 통해 미국 내 생물고고학에 대한 지성사적 시각을 제시하고 있다(Buikstra and Beck 2006). 1970년대 후반에 시작되어 1980년대에 이르기까지, 1세대 생물고고학자들은 자신들의 분석에 매장맥락을 병합하기 시작했다. 그 개척자들은 인간유해 자체의 발굴을 주도하거나 고고학적 맥락을 포괄적으로 기록하기에 치중했다. 그들은 발굴의 진행 과정이나 매장맥락에 대한 엄밀한 기록의 중요성에 연관된 기준을 설정하였다. 해당 분야 전문가들이 담당한 그 책의 여러 연구들은 해당 분야의 표준으로 간주되는바, 새로운 연구의 초기 또는 기획단계에서 참고해야 한다.

생물고고학이나 매장맥락에 관한 더 포괄적인 저작들이 있는데, 이 장에서는 매장 관련 변수들을 체계적으로 병합하기 시작할 방법에 대해 대략을 설명하고자 한다. 생물고고학적 접근에 매장맥락을 병합하는 방법론을 제시하는 고전적인 안내서나 입문서는 어떤 생물고고학 연구를 수행하는 데서 중요하게 활용된다. 가장 중요한 사례로는『매장 관련 용어: 연구자를 위한 지침*Burial Terminology: A Guide for Researchers*』(Sprague 2006),『인간뼈대학: 실험실 및 현장교본*Human Osteology: A Laboratory and Field Manual*』(Bass 2005),『인골 매뉴얼*The Human Bone Manual*』(White and Folkens 2005),『인간뼈대학*Human Osteology*』(White et al. 2012),『인간유해: 발굴, 분석, 해석*Human Skeletal Remains: Excavation, Analysis and Interpretation*』(Ubelaker 1999),『표준적 인간유해 관련 자료수집*Standards for Data Collection from Human Skeletal Remains*』(Buikstra and Ubelaker 1994), 『고고학에서 인간유해: 안내서*Human Remains in Archaeology: A Handbook*』(Roberts 2009) 등이 있다. 대체로 인간유해에 초점이 맞춰져 있지만, 이 책들은 발굴, 매장분석, 수장收藏에 관한 중요한 견해를 보여주고 있다.

발굴 시 현장에 생물고고학자가 상주하는 것이 이상적인데, 점차 보편화되고 있다(4장 참조). 그러나 많은 경우, 생물고고학자는 고고학 야장野帳이나 보고서, (입수가 가능하다면) 수장목록에서 관련 매장시설이 복원되어야만 할 경우에 인간유해를 다룬다. 흔히 대상이 되는 인간유해가 여러 해 전에 발굴되고, 어떤 경우에는 매장맥락에 대한 정보가 소략하거나 없기도 하다. 박물관 및 국제, 연방 및 주립 보관시설에 수장된 방대한 수집품을 다룰 때 더욱 그러하다. 매장맥락의 결여는 무덤이나 부장품에 대한 정보가 소실되었다는 의미에서뿐만 아니라, 지역이나 시기를 넘어 출처에 대한 정보가 없다는 점에서도 문제의 소지가 있다. 출처가 알려지지 않다는 것은 유해를 현존집단에 연결시키는 것을 극히 어렵게 만든다. 이런 경우 기록이나 (비정규 또는 징식 진행 경로의) 빌긴물, 유해의 맥락에 대한 여타의 인류학 징보 또는 기타 정보를 찾는 시도를 해야 한다.

## 5.2.1 최선-최악의 경우

최선의 경우는 생물고고학자가 현장에 있으면서 인간유해를 발굴하고 모든 고고정보나 유해에 대한 복원사항에 온전하게 접근할 수 있고, 다른 고고학자나 전문가로부터 자문을 얻어 분석과 해석을 하는 것이다. 그런 종류의 통합적 연구의 수행에 관련된 방법론을 온전히 설명하는 저작에는 가용할 수 있는 사례연구가 많은데, 이들은 생물고고학에서의 "최선의 실천"을 반영한다. 바익스트라는 매장을 포괄적인 고고학적 맥락에 병합하여, 광역적인 문화적 적응에 대한 더 커다란 쟁점을 제기할 수단을 제공하는 생물문화적 모형을 매우 자세하게 제안한 최초 사례에 속한다 (Buikstra 1977: 71-82). 그녀의 유산은 매장고고학이 생물고고학 연구의 필수적 부분

## 생물고고학자의 역할

**최선** 생물고고학자가 고고조사단의 지휘자 또는 일원으로서 유해 발굴을 수행한다.

생물고고학자가 유해를 발굴하지는 않지만, 유적에서 생성된 모든 야장이나 보고서에 전면적으로 접근할 권한을 가질 뿐만 아니라, 발굴담당자나 사업의 책임연구자와 맥락에 대해 논의할 수 있다.

생물고고학자가 유해를 발굴하지는 않지만, 발간물이나 사업보고서를 통해 고고학적 맥락에 대한 어느 정도의 정보를 찾을 수 있다.

생물고고학자가 유해를 발굴하지는 않으며, 출처나 고고학적 맥락에 대해 제한적이고/거나 부분적인 정보만을 찾을 수 있다.

생물고고학자는 지역 및 문화적 소속이 분명한 인간유해에 대해서만 접근권한을 갖는다.

**최악** 생물고고학자는 출처나 고고학적 맥락에 대한 기록이 없는 인간유해에 대한 접근권한을 갖는다.

**그림 5.1** 문화적 맥락과 인간유해에 대한 생물고고학적 병합의 최선-최악의 경우 요약

으로 포함된 좀 더 최근의 생물고고학 연구에서 더욱 가시적이다.

일상의 실천에서, 생물고고학자들은 인간유해가 출토된 유적의 부가적 고고 정보에 대한 접근도를 달리하면서 다양한 시나리오에 따라 작업한다(그림 5.1). 고고학적 맥락에 대해 알려진 것이 거의 없는 최악의 경우에 있어서도, 적극적이고 광범위한 문헌조사를 통해 알려진 것을 병합하려는 시도는 있어야 한다. 어떤 맥락정보 없이 인간유해에만 주목하는 연구는 기술적으로 생물고고학적인 작업은 아니며, 오히려 서술적 뼈대학 또는 고병리학 보고이다. 지적 활동으로서 생물고고학은 생물-문화의 구분을 가로지르는 어느 정도의 통합을 요구한다. 그러한 것이 항상 가능하지 않더라도 최소한 시도는 되어야 한다.

시신이 언제 묻혔는지(또는 묻히지 않았는지), 시신이 어떻게 처리되고 다뤄졌는지, 어디에 묻혔는지, 살아 있는 자들에 의해 어떤 종류의 의례와 관습이 치러졌는지가 다양하기 때문에, 매장맥락의 가장 중요한 측면을 결정하는 것은 어려울 수 있다. 다양한 문화와 상이한 시기를 가로질러 죽음을 비교하거나 대비하는 것이 많은 가치를 가지기 때문에, 정보를 기록할 때 변이를 다루는 것은 중요하다. 그러기 위해서는 보통 매우 광범위하고 일반적인 범주의 정보를 활용하는 자료수집체계가 필요하

다. 다음에서는 그 주요 범주의 변수나 생물고고학 연구에서 유용함이 증명되어왔던 방식에 대해 매우 일반적인 개괄을 한다. 매장맥락에 관련된 모든 잠재적 세부사항에 대해 완전한 목록작성을 의미하는 것은 아니며, 좀 더 중요한 특징 몇몇에 대해 개괄한다. 고려되어야 할 기준이나 변수에 대해 총망라한 상세한 일괄과 관련해서는, 스프라그Roderick Sprague Ⅲ의 저서가 참고할 만한 중요한 원천 중 하나일 듯하다 (Sprague 2006).


## 5.3 매장특성

어떻게, 어떤 환경에서 사자가 같은 집단의 산 자에 의해 처리되고 매장되었는지에 대한 질문에 답하기를 열망한다면, 매장맥락의 모든 특징을 상세히 기록하는 것이 필수적이다. 그러한 측면에 관련된 정보의 수집은 종종 왜 사자가 특정의 방식대로 처리되었는가에 대한 응답에 있고한다. 인간유해는 다양하게 처리된다. 온전하게 명확한 분묘는 많은 가능성 중의 하나일 뿐이다. 시신은 어떤 곳에 묻혔다가 이차(매)장의 지점을 조성하면서 나중에 옮겨질 수도 있다. 시신은 육탈이나 해체 등의 문화적 변형을 통해 인위적으로 바뀔 수도 있다. 유해는 일정 면적에 집적 또는 산개되어 있을 수 있다. 개인은 (지정된 쓰레기 투여지역 같은) 거주구역 내 야트막한 구덩이 또는 돌이나 여타 재료로 구획되고 정연하게 굴착한 구덩이에 안치될 수 있다. 무덤은 생활공간 내(새내塞內)에 있을 수도 있고, 거주구역 밖(새외塞外)에 있을 수도 있다. 이는 매장을 기술하는 전형적인 방식이지만, 매장양상에서의 변이는 그 표현에 있어 거의 한계가 없다. 예를 들어, 마틴Debra L. Martin은 사망한 지 얼마 안 된 개인을 독수리나 여타 조류의 먹이가 되게 의도적으로 노출하는, "티베트의 조장鳥葬, sky burial"에 대해 서술하고 있다(Martin 1996). 시신은 산꼭대기와 같이 그것을 위해 확보된 특정 지점에 남겨진다. 연조직이 없어진 후, 남은 뼈들은 일부가 메로 빻아져 작은 조각이 되어 (부피가) 줄어들거나 그 지점에 흩어지게 되기도 한다. 이 사례에서 출처를 따지거나 매장맥락을 복원하는 것이 훨씬 더 어려워지지만 불가능하지는 않다(Heller 2003 참조).

따라서 인간유해를 확보하는 모든 고고발굴은 자체를 규정하는 나름의 성격과 특징을 가질 것이다. 다음에서 언급할 매장특성은 자료수집에 대한 가장 폭넓고 전형적으로 일차적 접근의 형태를 띤다. 다른 맥락은 좀 더 미묘한 접근을 요할 것이다. 그러한 표준화된 범주에 속하지 않는 매 측면에 대한 사진과 서술은 인간유해 수습작업을 보완하여야 한다. 현장이나 실험실에서 사용하는 여러 다른 자료수집 양식이 인터넷에 게시되어 있고, 이 장에서 인용된 여러 교재들은 자료수집의 몇몇 형태를 보여준다(Roberts 2009: 39-54; Ubelaker 1999: 3-38 참조). 무덤이 이미 발굴되어 지금은 수장고에 있다면, 그런 종류의 자료는 발굴보고서나 여타 문건에 있어야 한다. 고고유적의 유형이나 매장의 일반적인 양상에 따라, 다음 범주들에 다소 세분된 포함사항이 있을 수도 있다.

인간유해의 대부분 형태는 중첩된 범주에 속하는바, 매장특성에 대한 아래의 구분은 다소 인위적이다. 흔히 인골은 여러 범주에서 중첩적으로 발견된다. 다음 기술은 단지 인골집합체의 유형 간 중요한 구분을 수립하기 시작하되, 각 유형에 관련된 문헌 검토를 전적으로 포괄하지는 않는다. 저작들에 나타난 현명한 활용의 사례는 매장 형태에 있어서 시공간적 다양성을 보여주는 하나의 방식으로 제공되기도 한다.

## 5.3.1 매장유형

테일러Timothy Taylor는 매장행위가 영혼에 대한 관념을 창출하며, 특히 그것이 기념되거나 보존될 때 중요하다는 점에 주목했다(Taylor 2002). 개별 구성원을 매장하는 행위는 물리적으로 사자가 이승의 어디에 안치되는지, 어떻게 처리되는지 등에 대한 정보를 모든 미래 후손에게 전달한다. 우주에 대한 이념이나 관념은 사자가 저승의 어디에 자리하는지에 대한 정보를 제공한다. 인간에게 매장의 중요성은 의도적이면서 대체로 정교한 매장이 후기 구석기시대 중반부터 발견된다는 사실에 의해 예시되기도 한다.

화이트 등Tim D White은 "문화적으로 결정되고 민족지에 의해 관찰되는 매우 광범위한 인간 매장관행의 변이를 고고학적 맥락에서 인지하는 것은 무척 중요하다."라고 잘 설명하고 있다(White et al. 2012: 323). 고대부터 현대에 이르기까지 매장유형은 어마어마하게 다양하다. 개개 문화마다 상이한 규범이 있으며, 일부 양상은 다른 것에 비해 좀 더 규칙적이기는 하지만 범문화적으로 비교해보면 커다란 다양성이 있기도 하다. 유적 내에서도 다양성이 보일 수도 있는데, 사자에 대한 산 자들의 행위를 형성하는 이념의 복잡함을 보여주는 듯하다. "정상적인 매장"의 배경에 대비되어 이해될 수 있는 "비정상적 매장"도 있다(Murphy 2008).

이저슨Kenneth V. Iserson은 시신에 연관된 관행의 역사·종족·지리적 변이에 대해 광범위하게 개괄하고 있다. 거기에는 매장 시 식인풍습, 스키타이 전사를 위한 머리가죽으로 만든 부장품, 독수리에게 노출되게 시신을 놔두는 파시교도Parsees의 사자처리, (해)수장(海)水葬 등이 포함되어 있다(Iserson 1994).

여기서의 핵심은 생물고고학자는 전체 사망자의 일부에만 접근할 수 있다는 것이다. 150,000년이 넘는 동안 실행되어온바, 대다수의 사망의례는 유해의 발견과 해석을 어렵게 만든다는 사실뿐만 아니라, (화석형성 과정과 관련하여 4장에서 논의된 바 있는) 자연적 보존의 문제 때문에 그러하다. 그런데 몇몇 일반적인 지침은 매장맥락에 관련된 정량·정성 자료를 수집하는 고고학자나 생물고고학자에 의해 일상적으로 활용되고 있다.

4장에서 좀 더 특정하여 논의되었던 바대로, 발굴의 목적에는 조각이 났든, 그을렸든, 불량하게 보존되었든 모든 인골을 인지하고 분석하는 것이 포함된다. 조각나거나 뒤섞이거나 해체된 인간유해라 하더라도, 분석에서 경시될 수는 없다는 점이 강조되어야 한다. 비록 분절적이고 명확한 매장의 범주에서는 벗어나 있더라도, 단편적이면서 불완전한 매장도 언제나 충분히 고려되어야 한다. 여전히 풍부한 자료의 수습이 가능한바, 생물고고학자는 좀 더 난해한 그런 퇴적도 똑같이 체계적이고 과학적인 연구를 통해 바라보아야 한다(Blau 2001). 발굴 단계에서 더 심층적으로 기술될수록, 해당 개인들의 사망 무렵이 어떠했는지가 더 잘 복원될 수 있다.

### 5.3.1.1 일차(매)장

이 범주는 대체로 명확하게 수습된 매장에 적용된다. 불량한 보존으로 인해 교란되거나 그렇지 않으면 유실된 뼈의 부분일 수도 있지만, 일차적 매장은 전신을 땅에 안치하는 것을 의미한다. 적시되어야 할 관찰사항에는 자연적 화석형성 과정 또는 인위적 간섭에 의해 매장이 교란되는 방식뿐만 아니라, (뒤에 좀 더 자세히 논의될) 침향枕向이 포함된다. 일차(매)장이 더 교란될수록, 어떻게 교란이 발생했는지의 경우 모두를 복원하는 것이 더 어렵다. 그것이 일차(매)장에 대한 관찰을 기록할 때, 자연적 마모나 동물적 요인의 세부에 대한 세심한 주의가 요구되는 이유이기도 하다.

일차(매)장은 보통 단일 유적 내 무덤들 사이뿐만 아니라, 개별 무덤 내에서도 보존상태의 변이가 심하다. 어떻게 유해가 지금 있는 장소에, 그런 환경 하에 놓이게 되었는지에 관한 가능한 한 많은 정보를 취득하기 위해서는 각 뼈 부위가 그 위치(지점 출처) 및 보존상태(마모, 나무뿌리에 의한 부식, 육식동물의 갉기, 지하수 의한 손상, 사망 무렵 및 사후 손상)에 관해 기록되어야 한다. 그런 종류의 인자들에서 보이는 폭넓은 변이에 관한 매우 정확한 정보 없이는, 매장맥락의 퇴적 및 후퇴적 특징을 복원하기가 어려울 것이다.

### 5.3.1.2 이차(매)장

이 범주는 해체되거나 일차(매)장의 어떤 특징이 보이지 않는 인간유해에 적용된다. 이차(매)장은 흔히 (아마도 원래의 일차적 맥락으로부터) 옮겨져 다른 지점에 안치된 인간유해이다. 예를 들어, 북오스트레일리아Northern Australia에서 지징갈Gidjingal과 같은 문화는 인골 부위를 재매장하기 전에 운구, 채색, 특정 부위의 분쇄 등을 포함하는 정교한 이차(매)장 의례를 수행한다(Pickering 1989). 일단 인간유해가 모든 연조직을 잃게 되면, 백골화된 유해는 쉽게 떠지지 않는다. 성인의 경우 206개의 뼈 부위가 있으며, 아직 뼈가 봉합되지 않은 어린이의 경우 부위가 좀 더 많다는 것을 기억하자. 일단 (뼈들을 연결시키는) 힘줄과 (근육을 뼈에 고정시키는) 인대가 소멸되면, 개별 뼈 부위는 분리된다. 손발의 작은 뼈는 이차(매)장 동안 보통 위치가 바뀌거나 소실된다.

사망 시점의 여러 의례나 자연 건조될 수 있는 지점에의 시신 안치 등을 포함하는 문화적 관행이 있다. 크로우Crow, 다코타Dakota, 블랙푸트Blackfoot와 같은 미주 원주민집단에서 교목장絞木葬이나 비계장飛階葬 등이 일반적으로 활용되었다(Ubelaker 1999: 7-10). 교목장은 구대륙에서도 사용되었다. 콜키스인the Colchiens, 타타르인the Tartars, 스키타이인the Scythians 등은 시신을 가죽부대에 넣고 나무에 매달았다(Bendann 1930/2003). 시신이 뼈가 된 뒤 오래 지나, 한데 싸여 2차 의례에서 다시 매장된다.

### 5.3.1.3 다중(매)장

몇 구의 시신이 한 군데 있는 상이한 종류의 배치를 보이는 매장의 사례들이 있다. 그러한 다중(매)장은 모두 일차(매)장일 수도 있고, 일부 이차(매)장이 일차(매)장과 섞인 혼성일 수도 있다. 어떤 식의 처리든, 복수의 사람이 한 맥락에 있는 것은 기록하기 어렵고 시간소모를 요한다. 그러한 경우, 어떻게 몇 개인이 단일한 매장유구에 안치되었는가를 해석할 수 있는 것이 중요하다. 다중(매)장은 자체가 몇 사람이 동시에 사망하고 같이 묻혔다는 특수하거나 비정상적인 상황 하에 있다는 점에서 논란거리이다. 전염병, 전쟁, 학살 등이 다중(매)장을 고려할 만한 상황이지만, 맥락이 다소 불분명하다. 예를 들어, 포르미콜라Vincenzo Formicola와 부질로바Alexandra P. Buzhilova는 (러시아의) 성기르Sungir 유적의 후기 구석기시대 매장에 대한 분석의 복잡함에 대해 설명하고 있다(Formicola and Buzhilova 2004). 화려한 부장품과 함께, 두 어린이가 같이 묻혔다. 인골분석과 결합되면서 한 아이에게는 대퇴골 뼈에 비정상의 병리적 상태가 있는 것이 드러나자, 필자들은 "신체적 기형과 특이한 후기 구석기시대 장송행위 사이의 유형화된 관계(2004: 189)"가 나타나는 동시기 다른 매장과의 관련성을 찾게 된다. 다중(매)장의 경우, 복수의 사람이 묻히게 된 상황을 특정하기 위해서는 생물학적, 문화적 복원으로부터 얻어진 자료가 병합되어야 한다.

### 5.3.1.4 화장

어블레이커Douglas H. Ubelaker는 발굴, 기록, 생물고고학자에게 가장 유용할 그을 린 뼈 분석 등에 관련된 모든 측면을 매우 철저하게 개괄하고 있다(Ubelaker 1999: 35-38). 시신의 의도적인 연소는 화장유골로 불리는 것을 만들어낸다. 가해지는 열이 충분히 높으면, 뼈는 조각나고, 작아지고, 그 화학적 구성이 변하게 된다. 화장유골에 대한 여러 가지 동정同定에 의거하면, 화장된 특정 개인 또는 개인들의 정체성에 대한 몇몇 기본 정보를 확정할 수 있게 될 것이다. 화장유골의 위치는 화장용 장작의 유형 또는 시신이 어떻게 처리되고 연소되는지의 여타 측면에 대한 어떤 것을 밝혀준다. 불은 남는 뼈의 크기나 표면구조에 많은 변화를 초래한다. 화장유골의 전반적 색채는 다양한데, 그 정보는 시신의 연소시간, 불의 온도, 시신의 전반적 상태—예를 들어, 연소될 때 전신이었는지 또는 해체된 뒤 연소되었는지—를 복원하는 데 활용될 수 있다. 마지막으로, 뼈의 균열양상은 시신이 사망 후 얼마지 않아 또는 오래 지나 연소되었는지를 복원하는 데에 일조할 것이다. 흔히, 매장은 부분적으로 연소될 수도 있어서, 자연 또는 인문적 인자에 관련될 수도 있는 표면 변화에 대해 뼈 하나하나를 평가하는 것이 중요하다. 화장된 인간유해 연구에 적용될 수 있는 여러 가지 신기술(예를 들어, Harvig et al. 2012)이 있지만, 아직까지는 실험적이고 문제의 소지가 있어 많은 화장유해들이 철저하게 분석되지는 못한다.

### 5.3.1.5 인위적 변형

사자의 신체가 처리되었거나 어떤 방식으로든 변형하기 위한 도구의 작용을 받았다면, 맥락정보가 면밀하게 기록되는 것이 지극히 중요해지게 된다. 미국 콜로라도주 만코스Mancos의 한 유적(대략 1100년)에 대한 화이트의 사례연구에는 인위적으로 변형된 인간유해에 대한 더 상세한 분석의 일례가 소개되어 있다(White 1992). 방법론과 열의라는 측면에서 이 연구는 매우 중요한데, 동물상 분석가가 인위적으로 변형된—예를 들어, 잘리고, 쪼아지고, 부러지고, 축소된— 동물뼈를 분석하는 방식과 같은 매우 체계적인 자료수집기법으로 분석하여 제시한 생물고고학 연구의 첫 사례이기 때문이다.

여타 연구들도 고도로 처리된 인간유해로부터 자료를 수집하기 위해 그 원래 방법을 개선해왔는데, 가장 현저하게는 고문당하고, 육탈되고, 해체되고, 쪼아지고, 잘리고, 뭉개지고, 일부는 연소된 적어도 33명을 반영하는 인간유해의 대규모 집합체를 발굴·기록·분석·해석한 페리Elizabeth M. Perry와 동료들의 아니마스Animas-라플라타La Plata 사례연구를 들 수 있다(Perry et al. 2010). 화이트는 잘리고 부러진 뼈 부위를 부호화하기에 매우 유용한 방법론을 제시하고 있다(White 1992: 116). 다른 연구자들은 그 기본적 방법론을 다양한 문화적 맥락에 맞도록 계속해서 조정해왔다(특히, Perry et al. 2010의 12·13장 참조).

영국 중·후기 철기시대의 매우 복잡한 매장집합체에서 레드펀Rebecca Redfern은 방대한 양의 화석형성학·생물학·고고학·문화적 자료를, 사망 무렵 뼈 변형도 실행되었던 이차(매)장 관행의 해석에 병합하고 있다(Redfern 2008). 시신의 축소에는 육탈excarnation 또는 defleshing, 매장, 수습, 이차(매)장, 특별 처리를 위한 일부 뼈의 선택 등이 포함된다. 일부 성인 남성의 두개골에 남은 둔력trauma의 상은 뼈집합체의 성격에 관한 부가적 정보를 제공한다. 이 연구는 체계적이고 상세한 연구가 피장자들의 정체성, 매장 및 재매장을 둘러싼 영속적인 처치나 의례, 그러한 행위의 문화적 맥락 등에 대한 방대한 정보를 밝힐 수 있는 방식에 관련된 매우 좋은 사례이다.

### 5.3.1.6 외톨이 뼈들

미국이나 세계 다른 지역의 고고유적에서 작업해온 모든 생물고고학자들은 언뜻 보기에 무작위적이며 대체로는 외톨이(가 된) 뼈나 뼛조각이 일반적임을 인지하고 있다. 분명한 매장맥락이 결여되어, 외톨이 뼈의 사망 무렵 및 사후 이력을 추적하는 것은 대체로 지난하다. 흔히 외톨이가 된 인간유해는 실수로 동물유체와 섞이거나, 체질을 마친 식물자료들 사이에서 나타나거나, 고고학자들이 "충전토fill"라고 부르는 데에서 발견될 수도 있기 때문에 그런 상황은 더욱 악화된다. 고고학에서의 충전토는 보통 인위적 유구에 채워지거나 바람 등을 통해 어딘가 다른 곳에서 온 것으로 여겨지기도 하는, 유물이 포함되지 않은 토양이다. 외톨이 뼈의 맥락을 적절하게 기록하기에 가용할 방법이나 기준은 거의 없다. 그러한 이례적 표본에서 보이는 양상은 유적 전체에서 매장을 좀 더 잘 이해하는 데에 기여할 수 있다. 개별 인골로부터 뼈가 유리되는 과정을 기술하는 것은 매우 어렵다.

외톨이 뼈는 흔히 현장에서 감식·분류된다. 그것들은 층별로 포장될 수도, 또는 유물이나 동물유체가 출토된 동일 구획의 다른 포장에 합쳐질 수도 있다. 그러나 생물고고학의 목적에 부합하는 체계적인 방법을 정립하는 것은 충분히 가능할 것이다. 우선 기록되어야 할 것은 인위적이거나 비인위적 화석화 과정이다. 그러므로 외톨이 뼈의 관련 속성이 기록되어야 한다. 거기에는 뼈의 정확한 위치, 뼈와 다른 유물·유구와의 관계, 뼈 주변 토양의 종류, 뼈의 완결성, 균열과 파손, 사망 무렵 및 사후 뼈의 변화, 마모, 연소, 도구흔, 치아흔 등이 포함된다.

예를 들어, 설치류가 갉은 자국의 빈도가 낮다면, 외톨이 뼈는 얼마의 기간 동안 생활면에 드러나지 않았음을 알려준다. 마모나 햇볕 탈색이 있다면, 외톨이 뼈가 일정 기간 동안 노출되어 있었다는 점이 분명하다. 그러므로 외톨이 뼈에 대한 현장에서의 관찰은 생물고고학의 해석을 크게 확장시켜줄 수 있다.

그러한 관찰내용은 외톨이 뼈와 나머지 뼈들의 연결을 가능하게 할 수도 있다. 고고유적에서 수습되는 외톨이 뼈는 일차 및 이차(매)장, 해체되거나 조각난 뼈, 인위적으로 변형된 집합체에 대한 분석에 포함하여, 매장행위에 대한 전반적 이해에 일조할 가능성이 있다. 이례적 시료, 위치에서 보이는 양상, 고고유적에 출토되는 외톨이 뼈의 여타 특성들은 매우 귀중할 수 있다.

마골리스Michael M. Margolis는 그래스하퍼 푸에블로Grasshopper Pueblo유적(?~1400년)에서 여러 해에 걸친 발굴을 통해 수집되었던 외톨이 뼈에 대한 체계적이고 철저한 연구를 수행하였다(Margolis 2007). 그는 외톨이 뼈가 동물뼈와 더불어 포장되거나 명확한 매장맥락에서 발견되기도 한다는 점에 주목하고 있다. 그의 연구는 특정 무덤에 소속되지도, 다른 무덤들에 포함되지도 않은 1,800개가 넘는 외톨이 뼈를 섭렵하고 있다. 화석화 과정에 의한 것이라는 점이 하나의 결론이다. 그러한 과정의 하나는 그래스하퍼 푸에블로의 원래 거주민의 굴착활동이 유발한 인위적 교란이다. 굴착은 여러 이유로 이루어졌으나, 그래스하퍼에서 가장 현저한 것은 후속 매장들의 배치이며, 좀 더 약한 정도로 각종 유구—예를 들어, 수혈유구—였을 듯하다. 설치류의 갉기와 흡사하게 후속분묘들에 의한 교란은 발굴야장에 잘 기록되어 있다. 그리하여 외톨이 뼈에 대한 이 연구는 해당 공동체 및 뼈들이 원래 위치에서 이탈한 경로에 대한 중요한 문화적 정보를 제공한다. 이 연구는 분묘와 관련하여 모든 외톨이 뼈의 분석을 강력히 주장하고 있다.

외톨이 뼈들은 「(미주) 원주민분묘 보존 및 반환 법령NAGPRA」의 통과 이래로 더욱더 중요하게 받아들여져 왔다. 그런 법제화 자체는 분묘에 주목했으나 외톨이 뼈들도 「(미주) 원주민분묘 보존 및 반환 법령」의 틀 안에서 다루어질 필요가 있다. 구제고고학, 제한적 시굴, 기타 문화유산관리cultural resource management, CRM 형태의 발굴은 외톨이 뼈의 발굴 가능성을 높이고 있다. 외톨이 뼈가 우연히 발견되면 보통 작업을 중지시킨다. 유적 전체에서 인간유해가 어떻게 분리되고, 위치를 잃고, 고립되는지에 대해 인식하는 것은 유적의 포괄적인 맥락을 확증하는 데 일조하게 한다.

## 5.3.2 뼈의 집합지

인골집합체 수집품은 다양한 종류의 맥락에서 발견되는바, 어느 정도 이례적인 발굴의 기회를 제공한다. 그를 위해서는 뼈로부터 수집되는 정보에 대해서뿐만 아니라, 매장맥락에 대해서도 전문화된 자료 수집이 요구된다. 명확한 매장으로부터 얻어진 표준적인 관찰(예를 들어, Buikstra and Ubelaker 1994)이 완전히 또는 부분적으로 해체된 뼈의 집합체에 적용될 수 있고, 외톨이 뼈자료뿐만 아니라, 분묘자료와도 정합적으로 사용되어야 한다. 가능하다면, 여기에는 뼈대 부위, 방향, 분절 부분, 완결성, 연령대, 추정 연령, 고병리현상, 성별에 대한 관찰이 포함된다.

### 5.3.2.1 납골당

납골당은 두 명 이상에 해당하는 인골을 포함하는, 이차(매)장의 특별한 형태이다. 종종 뼈들은 한 곳의 원위치에서 수집되어 골호骨壺 또는 골옹骨甕에 담겨진다. 납골당은 모두가 하나의 수혈에 안치되었던 여러 개인들에 관련될 수도 있다. 시간이 지남에 따라, 그런 류의 맥락에서 뼈들이 섞이면서 해석상 다양한 문제들이 제기된다. 그 용어는 해체된 또는 2차의 매장이 있는 상황에 적용될 수 있는데, 그렇게 정확한 범주는 아니어서 다중(매)장 또는 이차(매)장 등의 여타 범주와 실질적으로 중첩될 수도 있다.

예를 들어, 청동기시대 동안 고대 아라비아의 사자는 보통 집단적 환상環狀분묘에 매장되었다. 텔 아브라크Tell Abraq에서는 그런 분묘(Potts 2000)가 해변의 돌로 만들어졌으며, 무덤 북벽에서 남쪽으로 이어진 하나의 내부 벽에 의해 내부 공간이, 접합부에 출입문을 가진 두 개의 방으로 나뉘고 있다. 출입구는 오랜 기간에 걸쳐 사자를 반복적으로 매장하기 위해 필요했을 것이다. 무덤에서는 최대 400명분이 확인되는데, 뼈들은 조밀한 층을 이루며 완전히 뒤섞여 있었다. 이 경우처럼 그렇게 매우 큰 납골당은 사자를 위한 이차(매)장이었을 듯하지만, 그런 해석이 확증된 것은 아니다.

### 5.3.2.2 의도적으로 해체된 뼈집합체

생물고고학자들은 법의인류학자들과 여러 가지 지적 호기심을 공유한다. 가장 크게 중첩되는 분야 중의 하나는 시신의 해체 또는 토막 내기를 포함하는 등 폭력적 충돌의 성격을 해석하는 데에 있다. 오늘날뿐만 아니라, 고대에도 그러한 종류의 활동은 인골집합체를 만들어낸다. 식인anthropophagy의 행위 ― 또는 좀 더 일반적으로는 식인풍습― 는 완전히 뒤섞이거나 해체된 인골집합체를 만들어낸다(White 1992; Turner and Turner 1999). 그런데 어떤 매장관습―예를 들어, 앞서 논의한 티베트의 조장鳥葬―도 흔히 유해의 해체가 수반되는바, 폭력이 유해가 의도적으로 해체되는 유일한 원인은 아니다.

의도적으로 해체된 시신의 매장맥락이라는 측면에서, 뼈의 안치나 퇴적에 관한 훨씬 상세한 자료를 수집하는 것이 중요하다. 최종 결과는 어떻게 그 뼈들이 퇴적되게 되었는지, 사망 무렵이나 이후 산 자들의 활동, 시신 처리의 순서와 과정 등에 관해 알려줄 것이다. 만약 뼈가 부서지고 심하게 조각 나 있다면, 한 개체가 되도록 조각을 찾고 맞추거나 또는 접합하는 것이 중요하게 된다. 그러한 작업은 나중에 실험실 환경에서 수행되겠지만, 한 발굴단위 안에서 서로 가까이 있는 뼈들을 현장에서 그리 하는 것이 훨씬 용이할 수 있다. 매 조각의 출토지점 확인은 유적 전체에 대한 기초지도를 제공한다. 이는 유적을 가로질러 상이한 맥락에서 발견된 인간유해들 간 잠재적 관계의 이해를 위한 것이다.

### 5.3.2.3 학살

『부러진 뼈들: 둔력 외상에 대한 인류학적 분석*Broken Bones: Anthropological Analysis of Blunt Force Trauma*』에서, 갤러웨이Alison Galloway는 부러진 뼈를 만들어내는 현대 문화적 활동 일체는 물론 특정 종류의 힘에 의해 뼈에 균열이 생기거나 부러지는 특징적 방식에 대해 일일이 기술하고 있다(Galloway 1999). 임상 및 법의 사례연구를 폭넓게 활용하면서, 이 책은 사망 무렵의 외상이나 골절을 보여주는 집합체에 대한 분석의 중요한 출발선을 제시하고 있다. 사건을 이해하기에 맥락이 중요하지만 뼈에 남는 둔력 외상이나 여타 사망 무렵의 균열과 흔적의 결과가 누가 가해자이며 누가 희생자인지를 밝혀주지는 않을 것이기 때문에, 전쟁이나 학살에 관련된 고대 유적 발굴은 고되다. 매장유적 및 관련 구역에 대한 지극히 세심한 기록만이 가해자로부터 희생자를, 백병전으로부터 처형을, 구금으로부터 고문을 구분해내는 데에 일조한다(학살유적과 뼈 분석의 광범위한 사례에 대해서는 Martin and Frayer 1997 참조; Kimmerle and Baraybar 2008).

기록의 측면에서 집단매장지 발굴은 주요한 과제를 부과한다. 피오라토Veronica Fiorato와 동료들은 15세기 북요크셔North Yorkshire 타우튼Towton의 학살유적에 대한 좀 더 완전한 생물고고학 분석의 일례를 보여준다(Fiorato et al. 2000). 인간유해의 수습

과정에서 활용된 기록방법은 매우 체계적이었으며, 집단매장지에서 매장의 순서를 설명하기 위해 조정수직촬영, 해리스 행렬Harris matrix 등 몇 종류의 혁신적 기법이 활용되었다.

### 5.3.3 자세, 침향, 영역

모든 매장기록 양식은 자세(굴신屈身, 반굴신半屈身, 신전伸展 등), 시신의 방향, (정북을 기준으로 판독하는 표준 나침반을 사용하여) 어디를 면하고 있는지를 상세하게 파악할 것을 촉구한다. 그런 사항들을 일차(매)장을 기록하는 데에 중요한데, 피장자들이 매장유구 내에 의도적으로 안치된 대체로 온전한 개인들이기 때문이다. 어떻게 개인들이 안치되었는지 이면에 흐르는 의도성이 중요한데, 그것이 산 자와 사자 모두에 대한 관념을 밝힐 수 있기 때문이다. 만약 매장들이 모두 특정의 주主방향을 향하고 있다면, 그것은 우주관의 의미 있는 일면이기 때문이다. 엎어져 안치된 매장은 "잘못된 죽음" 또는 범죄자나 여타 사회적 추방자의 매장을 반영할 수도 있다(Roberts 2009 참조).

### 5.3.4 부장품

부장품은 언제나 발굴유적에서 출토된 고고유물복합체의 중요한 부분이었다. 명확한 수혈이나 구조물 내에 개인이 안치된 상황에서는, 보통 석기, 토기, 유기물 등의 인공유물을 그 개별 매장에 결부시키는 것이 가능하다. 그러한 유물들의 인접성과 매장유구 내에서의 동일한 층위상 위치 등은 그러한 유물들이 대략 매장 시점에 놓였다는 탄탄한 증거를 제공한다. 해당 집단의 문화적 신앙체계에 관한 많은 것을 밝혀주는 그러한 봉헌물이나 부장품은 매장맥락의 중요한 특성이다.

풍부한 봉헌을 높은, 또는 유사한 봉헌물이 없는 매장보다는 좀 더 높은 지위와 동일시하는 경향이 있어왔다. 여러 연구들이 (부장품의 양과 질을 포함한) 매장맥락의 다양한 측면과 사회적 정체성, 사회적 지위, 사회조직, 복합화 수준을 비교해왔다. 그런데 그러한 종류의 상관관계는 그다지 직선적이지 않다(Binford 1971; Tainter 1978; Braun 1981). 롭John Robb과 동료들은 (대략 5세기에 해당하는) 이탈리아 폰테카냐노Pontecagnano의 매장 집단에 대해 (부장품의 질과 양에 의해 판정되는) 사회적 지위와 (질병과 열악한 보건의 골학적 지표의 존재 여부에 의해 판정되는) 생물학적 지위를 비교했다(Robb et al. 2001: 213). 필자들은 성별, 부장품, 직업에 관련된 생리적 압박 사이에는 통계적으로 유의한 상관성이 있음을 발견했다. 필자들은 그러한 자료를 해석하면서 부장품은 단순히 사회적 지위 외에 노동의 성별분화나 젠더와 연결되어 있다는 점을 제시하였다. "…결과는 공동체의 사회·경제적 삶 중 어느 하나에서 얻어진 것이라기보다는 양자 모두에 대한 심도 있는 그림"인바, 이 연구는 인골 및 고고자료의 결합이 중요함을 시사하고 있다.

사자의 소유물, 산 자로부터의 선물, 사자의 생애에 대한 상징적 표현 또는 사자를 저승으로 이송하는 데에 일조하는 물품일 수도 있기 때문에, 부장품의 해석에는 많은 주의를 기울여야 한다(Parker Pearson 1999: 7 11). 또한, 다중(매)장 또는 이차(매)장 등 상이한 매장맥락은 유물과 인간유해를 연결시키는 데에 어려움을 초래한다. 예를 들어, 쓰레기더미에 자리 잡은 매장에는 많은 토기편, 파손된 석제도구, 여타 종류의 물질문화가 인간유해 근처에 놓이기도 하지만, 맥락상 그것들이 부장품인지 또는 단지 일상에서 배출된 부스러기인지에 대해서 알기는 어렵다. 의도적으로 놓은 물품과 우연한 또는 무작위적인 적치를 통해 무덤에 쌓이게 된 것을 구분하는 것도 쉽지 않다. 먼 옛날, 언제 무덤이 재방문되고 도굴되었는지를 이해하는 것이 더 중요할 수도 있다. 양자 모두의 경우에 부장품이 없어질 수 있다.

한스-피터 우에르프만Hans-Peter Uerpmann과 마거렛 우에르프만Margarethe Uerpmann은 제벨 알 부하이스Jebel al-Buhais에서 (200년경) 전사를 반영하는 철촉을 (그리고 한 사람은 낙타를) 부장한 두 개인의 무덤을 세심하게 복원했다(Uerpmann and Uerpmann 2006). 그 전사들이 이 지역에서 이슬람교의 확산과 연관된 전투에서 일익을 담당했을 가능성을 제시하는 해석으로 이어졌다. 관찰된 인골과 매장 형태를 설명하기 위해 제기된 그런 류의 가설은, 인구집단 수준에서 포괄적인 양상을 이해함에 있어 신석기시대 이후로 비정되는 그 무덤들이 함의하는 바를 생각하는 데에 독자들을 참여시킬 생생한 방식을 제시하고 있다.

### 5.3.5 매장 표본의 대표성: 연령·성·지위에 따른 편향

연구자들은 매장맥락으로 남게 되는 연령과 성에 따른 편향을 해결하려고 시도해왔다. 연령이 결부된 편향은 분명한 불일치가 발생할 수도 있는 주요 영역 중 하나이다. 워커Phillip L. Walker와 동료들은 피장자 수와 사망 당시 연령에 대한 기록이 있는 캘리포니아주 역사시대 원주민 묘지의 인간유해를 비교할 때 불일치가 발생했다는 점을 보여주고 있다(Walker et al. 1988). 수습된 인골에 의거하여 인구학 연구를 수행하면서, 필자들은 역사기록과 비교할 때 유아와 노년층이 현저하게 과소 반영되었음을 발견했다.

핀하시Ron Pinhasi와 부르부Chryssa Bourbou는 인골수집품의 대표성에 대해 매우 철저하게 개괄하고 있다(Pinhasi and Bourbou 2008). 필자들은 뼈의 유존 상태나 수습, 유아나 어린이 같은 아亞집단의 과소 반영, 매장관습, 현존 집단의 규모 및 구성 등의 변수 모두가 인간유해의 수습과 분석에 심각한 영향을 미친다는 점을 시사하고 있다. 어디에 뼈가 보존되며 과연 발견은 될 것인지 여부에 중대한 영향을 미치는 광범위한 화석형성 및 인위적 과정으로 인해 인골집합체에서의 편향이 항상 간단한 것만은 아니다. 가장 큰 문제 중 하나는 일부 개인이 고고유적의 경계를 넘어 다른 곳에 묻혔는지를 평가하는 것이다.

산 자에 의해 매장양상에 이입된 복잡성의 일례는 현재의 멕시코에서 제시된다. 멕시코 마약카르텔의 본거지인 시날로아Sinaloa주 쿨리아칸Culiacán의 묘지에는 사망한 멕시코 마약상의 무덤 위에 축조된 사치스런 영묘가 있다. 동시에, (실책이 드러나 무작위로 또는 계산적으로 징벌된) 마약상의 희생자들은 사막에 버려지거나, 절단되어 도시 여기저기에 흩어졌거나, 가족들에 의해 수습되어 평범한 무덤에 안치되기도 한다. 이러한 현대의 매장행위는 부속된 매장기념물이나 분묘장식물 분석을 통해 피장자의 지위를 섣불리 판정하는 것에 대해 주의를 환기시키고 있다. 이 맥락에서 살인자나 가해자는 높은 지위의 분묘를 갖는 반면, 희생자는 평범하거나 표식도 없는 무덤을 갖게 된다(Pachico 2011).

매장행위와 사회적 과정에 대한 더욱 복잡한 또 하나의 왜곡은 현대 중국에서도 발견된다. 뉴욕 타임스는 지위나 계급에 연관된 분묘형식에 대한 또 다른 주의를 요하는 기사를 실었다(LaFraniere 2011). 중국에서는 매장기념물이나 묘지를 청소·관리하는 정부종사자가 크고 매우 과시적인 여러 영묘나 묘비에 정기적으로 참배한다. 장식적 분묘로 부富를 과시하는 것은 중국에서는 1970년대에야 시작되는 나름 최근의 현상이다. 그러나 토지보존이 좀 더 논란거리가 되고, 빈부격차가 커지면서 그런 현상이 줄어들고는 있다. 최근 법령이 공표되면서, 저비용의 작은 무덤이 국가시책이 되었고, 지금은 약 1.2m×1.2m 면적의 유골용 구획이 규정으로 되었다. 묘비는 1m 정도를 넘을 수 없다. 이 사례에서는, 권력자들의 정치적 움직임이 분묘의 형식과 부富 사이 관계에 변화를 일으키고 있다.

생물고고학 연구는 불완전하고 편향된 정보원情報源에 의거함을 기억하는 것이 중요하다. 이는 매장 표본이 편향되거나 현존 집단에 대한 대표성이 없을 수 있는 상황을 인식하는 생물고고학 연구수행자들에 달려 있다. 민족지 및 민족사자료로 연구를 보완하게 하거나 괴리를 메우는 작업은 그런 상황을 개선하는 데에 부분적이나마 일조하게 된다. 그러나 자료를 어떻게 다룰지도 어느 정도는 창의성을 요한다. 마약상의 상위분묘 사례나 이제는 모든 무덤이 동일해야 한다는 중국의 정치적 포고는 문화적 맥락을 철저히 이해하지 않고 매장자료를 해석하는 방식에 반대하는 문화적 혁신의 두 가지 예이다.

## 5.3.6 의례

의례행위, 의례용품, 의례화된 공연, 의례공간 등은 모두 죽음과 매장의 중요한 측면이지만, 대체로 고고기록에서 의례를 보기는 어렵다. 의례행위와 다양한 부산물 간 인과관계에 관련해서 많은 정의가 있지만, 실제로 의례행위에 대한 포괄적인 정의는 없다(무엇이 의례행위인지 또는 아닌지에 관해서는, Liénard and Boyer 2006; Smith and Stewart 2011 참조). 의례는 특별한 방식으로 사회를 조직하고, 그것이 수행되거나 거기에 참여할 때는 사용규칙 및 (주로 엄정하고 엄격한) 특정 물건이나 행위에 의해 규제된다는 점에는 어느 정도 의견 일치가 있다. 워커는 의례행위에 대한 증거가 고고기록에 나타나지만, 무엇을 찾아야 할지를 알기 어렵기 때문에 대체로 모호하다는 점을 시사한다(Walker 2002). 하위Meghan C. L. Howey와 오셔John M. O'Shea는 식이食餌나 무역과 같은 일상적 활동에 기인한다고 할 수 없다면, 언제든지 그것은 의례용품 또는 의례활동으로 분류된다고 언급하기에 이르렀다(Howey and O'Shea 2006). 여전히 식이나 무역 등의 세속적 영역 내에서 수행될 의례가 있을 수 있고, 정상적 일상에서 의례를 구분해내는 것은 대체로 매우 어렵다.

의례는 신앙이나 초자연적인 것에 대한 관념과 깊이 연관되어 있고 죽음을 다룰 때, 그러한 영역들은 합쳐진다. 찰스Douglas K. Charles와 바익스트라는 미시시피의 장례활동에 대한 혁신적 연구에서 조상제사로부터 매장의례를 분리해내는 시도를 통해 매장의례의 개념이 훨씬 복잡함을 설명하고 있다. (서기전 약 7000년~서기 1200년의 기간 동안) 시간의 흐름에 따라 변해가는 매장행위를 고찰함으로써, 필자들은 매장의례가 당시 경제 및 정치적 맥락에 관한 생각을 반영하며, 또한 그런 맥락에서의 어떤 변화든 매장의례에서의 변화를 구성할 것이라는 점을 보여줄 수 있었다. 이 연구는, 산 자들이 "끊임없이 변화하는 사회 및 정치적 맥락에 자신들의 생활을 맞춰가는바, 죽음을 둘러싼 의례와 상징을 적극적으로 조작하는" 방식에 대해서도 논의하고 있다(Charles and Buikstra 2002: 22).

인간유해와 그 발견의 맥락에 의거하여 해석하는 것은 의례의 생물고고학에서 까다로운 문제이지만, 연구에 부가될 필요가 있는 요소이다. 민속이나 구전뿐만 아니라, 민족지 및 민족사 저작들은 의례용품이나 의례행위의 해석에 일조하는 데에 생산적으로 활용될 수 있다.

### 5.3.6.1 의례나 의식에 사자 병합하기

모체Moche 문화에서, 의식이나 의례화된 활동들이 벌어지는 동안 대체로 매장은 장기간 지연된다. 일단 매장되면, 시신은 대체로 산 자에 의해 수습되고 좀 더 많은 봉헌과 의례적 헌사도 이루어진다(모체의 매장의례에 대한 매우 상세한 생물고고학 연구와 관련하여 Millaire 2004 참조). 그러한 맥락에서 매장 공간은 사자가 머무는 정지된 장소가 아니라, 오히려 자주 재방문되며, 복잡한 방식으로 인간유해가 처리되고 조작되는 역동적인 현장이었다. 무덤을 재개봉하는 관습과 인골의 일부 부위를 가져가는 것은 산 자와 사자 사이의 지속적인 활발한 관계를 조정·인지·인정하는 방식으로 간주된다. 그 즈음에, 개인의 특성이나 사회적 영향력이라는 문제가 결부되면서 삶과 죽음이라는 범주 사이의 존재론적 구분은 완전히 없어진다. 매우 세심한 발굴과 유적 전체에서 출토된 다양한 인간유해의 위치와 침향에 대한 관찰을 통해 마침내 매장 관념에서의 그런 복잡성이 이해·납득된다.

### 5.3.6.2 시신 조작이 이루어지는 의례

생물고고학자는 해당 문화의 복잡성에 맞춰진 좀 더 미묘한 접근을 취해야 할 뿐만 아니라, 체계적이고 표준적인 자료수집도 해야 한다. 다른 부분에서도 논의된 것처럼, 두개골이 으스러진 시신이 폭력적 행위의 희생자였는지 아니면 적수를 만난 공격자였는지를 아는 것은 중요하다. 던컨William N. Duncan은 숭배로부터 폭행을 분리하는 여러 부류의 방법론을 제시하고 있다(Duncan 2005). 그러한 다양한 행위의 맥락을 명확히 할 때 유익할 민족지 및 민족사적 정보 찾기에 더하여, 그는 사랑 또는 미움을 받던 사람의 사망 전·무렵·후에 벌어지는 행위를 개념화할 수 있게 해주는 모형의 활용을 제안하고 있다.

사자의 능력과 산 자를 상대로 권력을 지속적으로 행사할 수 있는 능력에 대해 문화적으로 구성된 관념에는 여러 가지가 있다. 브라질 와리Wari부족의 매장 시 식인풍습은 1960년대까지도 수행되어왔는데, 콘클린Beth A. Conklin은 그 동기나 문화적 의의에 대한 주의사항을 제시한다(Conklin 1995). 그녀는 시신을 먹는 행위가 슬품이나 애도에 결부된 문화적 행위와 어떻게 부합하는지 설명하고 있다. 육체의 사회적 의의는 산 자들이 사자에 대한 생각을 구성하는 데 중요한 역할을 한다. 사자의 육신 일부를 소모하는 것은 특수하고 중요한 방식으로 산 자를 사자에 연결시키는 기제를 제공한다. 특히, 시신은 그야말로 그 위에서 여러 감정이 화해하고 재교섭할 토대가 된다. 따라서 생물고고학자는 식인과 같은 행위를 전쟁·폭력현장의 일부로 수행되는 것이라는 일반적인 관념에 더하여 그것이 갖는 긍정적이면서 삶을 확신하는 측면의 가능성에 대해서도 고려해야 한다.

특히 사자가 지속적으로 공동체 일상의 중요한 부분으로 남아 있다는 믿음의 관념이 자리한 문화에서는 이곳에서 저곳으로 사자를 부단히 이송하는 것이 또 다른 의례와 의식을 이룬다. 남미의 마다가스카르Madagascar 및 친초로Chinchorro 문화에서 보이듯, 몇 해에 걸쳐 한 안치 장소로부터 다른 곳으로 유해를 이동하는 사례에서는 매장맥락이 매우 혼란스럽게 나타난다. 인간유해가 제자리에 있는 동안의 상세한 기록만이 생물고고학자가 의식, 춤, 통치 또는 상례적인 세시의례에서 사자를 다양하게 활용하는 방식을 복원할 수 있게 해줄 것이다(Arriaza 1995).

야코비Keith P. Jacobi는 좀비, 흡혈귀, 유령, 부활한 시체와 같은 것들에 대한 믿음과 증거에 대해 매우 철저하게 개괄하고 있다(Jacobi 2003). 비교문화적 접근을 활용하면서, 야코비는 사망한 것으로 알려진 사람들의 계속된 출현에 대한 강하고 지속적인 믿음을 보여주는 여러 문화에서 두드러진 특징들을 세심하게 개괄하고 있다. 마야에서 넷실릭Netsilik 및 나바호Navajo에 이르기까지, 사자가 여전히 산 자에 대해 실체적인 영향을 미칠 수 있는 방식에 대한 강력한 관념이 있다. 그러한 신앙체계에 대한 이해는 생물고고학자로 하여금 사자에 경의를 표하거나 숭배하기 위한 매장행위와 산 자의 영역으로 다시 들어오지 못하게 막기 위한 매장행위를 구별하는 데에 일조할 수 있다.


### 5.3.6.3 동물무덤, 동물봉헌, 반려동물

매장맥락에 동물유체가 포함되는 것이 일반적인데, 발굴 시 그 위치나 인근을 기록하는 것이 중요하다. 종종 인간 매장에 결부된 동물 뼈는 따로 포장되어 동물상 분석가에게 보내지는데, 그렇게 되면, 그 동물의 관련성에 관한 정보는 소실될 수가 있다.

동물은 희생물이나 분묘봉헌물로, 또는 안내자나 반려자로 포함될 수가 있다. 동물 뼈는 장례식에서 행해지는 의례·의식성 연회의 일부로 포함될 수 있다. 끝으로, 인간의 무덤에 포함된 동물은 전사의 속성이나 맹렬함의 상징일 수도 있다. 인간 매장맥락에 문화적으로 추동된 그런 류의 유입을 판별하기 위해서는 발굴 시 해당 개인의 종족적 정체성이나 친족 소속을 파악할 수 있는 상세한 정보가 기록되어야 한다.

인간유해와 같이 퇴적된 개와 늑대의 유체는 전 세계적 현상이다(비교문화적 검토와 관련하여 Morey 2006 참조). 의례나 의식에서 개나 늑대 사용에 대한 민족지 및 민족사적 보고는 그 동물들에 엄청난 양의 상징적, 문화적 의미가 결부되어 있음을 시사한다. 구석기시대에 곰은 분명히 매장에서 중요한 역할을 했는데, 다시 한번 그 의의를 이해하는 것이 중요하며, 그러므로 동물유체의 정확한 침향과 위치는 인간유해의 그것과 등가로 간주되어야 한다. 신석기혁명 도중이나 이후에, 인간의 무덤 또는 그 근처에서 몇 마리씩 발견된 것으로 증명된 고양이가 주목되기도 한다(Pennisi 2004; Linseele et al. 2007; Vigne et al. 2004; Wang et al. 2010). 부엉이, 새, 여우 등도 인간의 무덤에서 발견된다.

인간-동물 관계에 관련된 문화적 관념에 대한 정보와 인간 매장에 대한 통찰을 제공하기 때문에 동물매장 또는 자체의 매장맥락을 가진 동물 또한 주목된다. 예를 들어, 돼지는 미케네문화Mycenaean culture에서 고도로 의례화된 의식의 중요한 부분이었다(Hamilakis and Konsolaki 2004). 원사시대 아랍에미리트에서 낙타와 말의 뼈가 그 전용무덤에서 발견되었다(Uerpmann 1999). 개의 공동묘지에서 발견된 뼈는 고대 터키에서 사냥 및 작업 개의 가치가 높았으며, 죽으면 나름의 무덤방이 주어졌다는 점을 시사했다(Onar et al. 2002).

## 5.3.7 공간 및 위치 정보

무덤과 매장은, 마치 그 위치를 높은 곳에서 바라보는 것처럼, 총체적으로 이해되어야 한다. 어떤 공간 또는 경관의 일상적 이용은 그 공간의 문화적 의미화에서 적극적인 역할을 하는데, 이는 결정과 행위에 영향을 미칠 수도 있다. 더 나아가, 그렇게 맥락화된 장소는 해당 집단이 가지는 관념적 유산의 일부가 된다. 일단 그렇게 되면, 경관은 더 이상 물리적 경관이 아니라 ("인지된" 환경으로도 알려진) 개념화된 경관이 된다(Butzer 1982: 253-257; Knapp and Ashmore 1999).

그러한 경관 속에서의 매장을 이해하면, 문화 속에서 특별한 또는 상징적 장소의 관념과 해당자의 지위에 관련된 생각 모두를 이해하는 데 일조할 수 있다. 그와 같은 생각은 장벽, 우물, 기념물 등 인위적 구조물이 축조될 때에도 적용될 수 있는데, 흔히 "건조建造된" 환경으로 불린다(Ceruti 2004). 경관 속에서의 매장은 종종 공동묘지나 기념비와 같은 중요한 건조된 환경을 남긴다(Mytum 1989).

건조된 경관은 보통 정치·사회적 조직을 반영하는 중요한 공간구분을 보여주는, 쉽게 눈에 띌 만한 잔적을 남기기 때문에 생물고고학 분석에 중요하다. 바익스트라와 찰스는 자연적 지형이나 경관(곧, 인지된 환경)에 관한 특정 관념이 어떻게 일상적으로 이용되거나 시간의 흐름에 따라 건조된 환경으로 변형되어 가는지를 기록하고 있다. 그들은 미시시피부족의 선조집단에서 좀 더 상위의 정치 및 사회경제적 지위가 절벽, 구릉, 산마루 등지의 무덤에 연관되어 있음을 증거로 들고 있다. 이후 시기에는 높은 지위의 개인들은 축조된 매장용 토루土壘(또는 마운드mound) 위의 무덤에 결부되는데, 경관과 지위에 관한 그러한 관념이 새로운 건조된 환경으로 전이되는지를 보여준다(Buikstra and Charles 1999).

공간적 관점은 일련의 상이한 척도에 따라 개념화될 수 있다. 경관에 관련된 개변의 많은 수는 유적 및 가구 내의 공간적 조직과 같은 더 작은 규모의 공간에도 적용될 수 있다. 그런 공간에 대한 일상의 점유는 문화전통에 따라 서로 다른 공간적 의미를 만들어간다. 이런 전통은 결과적으로 마을 유적 및 가구 내에서의 생계활동이나 사회적 관계 등의 사항에 대해 실마리를 제공할 수 있는 고고유물복합체를 남기는 부수적 행위를 수반한다. 세이어Duncan Sayer와 윌리엄스Howard Williams는 편서 각 장들에서 매우 유용한 개괄을 제시하는데, 매장의 공간적 요소에 대한 이해에 유용하다(Sayer and Williams 2009).

공간의 중요성에 대한 하나의 예시에 불과하지만, 가옥장家屋葬은 매장 입지와 관련된 하나의 공간적 범주로서, 생활공간에의 시신 매장을 대표하고 있다. 무덤방, 지하매장소, 벽이나 통기수갱通氣竪坑 내부의 매장 등이 거기에 포함된다(Adams and King 2010). 그러한 지정은 담장 안이나 담장 밖이라는 포괄적인 범주에 속하지만, 아담스Ron L. Adams와 킹Stacie M. King은 주거공간이나 가옥장 활용의 관념이 특별한 의미를 갖는 것으로 간주하고 그와 관련된 많은 사례를 소개한다. 필자들은 "사회적 기억의 연장으로서 매장과 매장관행은 사회집단 및 시간의 흐름 속에서도 그 영속성을 만들어내는 개인과 소속 가구家口의 통합을 고양할 수 있다."라고 결론짓는다(Adams and King 2010: 5).

## 5.3.8 선조-후손 관계 및 관점

생물고고학이 더 포괄적이고 협업적인 실체로서 크게 영향을 미칠 잠재적 지점의 하나는 현존하는 후손과 매장양상이나 인골을 통해 연구되는 그 선조 사이의 역사적 관계를 항상 고려하는 것이다. 기록보관소의 문건이나 현존 후손집단에 대한 민족지를 통해 민족사로의 연구를 수행함으로써 학습될 수 있는 것들이 많다.

예를 들어, 『미국 남서부에서의 고대 매장관행Ancient Burial Practices in the American Southwest』(Mitchell and Brunson-Hadley 2001)에서, 한 논문은 자기 부족에 대한 후손집단 관점을 소개하는데(호피Hopi부족 관련논문 참조), 그런 문제와 관련하여 유일하다. 죽음, 죽는다는 것, 사후세계에 관한 토착적 관점이 생물고고학의 일반적인 해석과 상당히 상충되기 때문에 탐독이 필요하다. 예를 들어, 호피부족은 사자가 일상에서 계속 중요한 역할을 한다거나 산 자와 사자 사이의 연결은 역동적이며 가변적이라고 믿는다. 호피부족에게 그 선조를 보살피는 것은 의무인데, 발굴과 분석은 수십 년에 이르는 그 과정의 지속을 방해한다. 이주나 유적 폐기와 관련하여 고고학자는 고대 호피부족에 관한 어떤 것을 추정하지만, 선조에 대한 (현재) 호피부족의 이해는 그러한 해석과 거의 연결되지 않는다. 죽음과 죽는다는 것에 대한 호피의 개념은 여러 측면에서, 생물학적 잔존물에 대한 고고조사·분석의 그것과 상충한다. 「(미주) 원주민분묘 보존 및 반환 법령」은 포용을 지향하는 혁신적이고 진보적인 움직임으로 환영받아왔지만, 그 부족에게는 엄청난 재정 및 정서적 부담이 되기도 한다. 그러므로 민족지나 민족사 연구를 통한 매장행위의 이해는 생물고고학을 보다 윤리적 영역에 연결하는 일환이다.

## 5.4 관념과 죽음

고고학에서는 매장연구가 자주 눈에 띄는데, 그것을 죽음과 매장의 고고학이라는 맥락에 포함시키는 많은 저작들이 있다. 라키타와 바익스트라는 매장건축과 맥락에 관한 연구에 영향을 준 이론적 패러다임에 대한 한층 개선된 개괄을 제시하고 있다(Rakita and Buikstra 2005). 여기서는 우선적으로 고대, 즉 식민 이전/유럽인 도래 이전의 집단에 대해 언급하는바, 해당 매장연구는 생물인류학이 아니라 고고학에 속하게 되고 과정 및 후기과정주의 관점의 영향을 크게 받는다. 마이텀은 역사시대 매장연구에 대해 면밀하게 개괄하면서, 문화사에서부터 기능주의 및 구조주의적 접근, 마르크시스트 및 상징주의 관점에 이르기까지 활용될 수 있는 다양한 이론적 접근을 섭렵하고 있다(2004: 5-10). 3장에서도 죽음이나 시신을 둘러싼 인간의 행위에 영향을 미칠 이념 및 문화적 요소를 다루는 데에 활용될 수도 있는 여러 이론적 접근들이 고찰된 바 있다.

## 5.5 사례연구: 라플라타 인골분석 ─ 상이한 수준의 분석을 통합하는 방법

다음의 축약된 사례연구는 인간유해에서 간취되는 정보와 고고·매장맥락을 연결하는 것의 중요성에 관한 교훈적 지적을 보여준다. 뉴멕시코주 산타페Santa Fe에 소재한 고고학사무소Office of Archaeological Services에 의해 수행된 대규모 문화유산관리사업의 일부로, 몇몇 주거구역에 대한 제한적인 발굴을 통해 무덤 65기를 찾았다. 이들은 고고조사단에 의해 발굴되었으며, 산타페에 있는 수장시설로 옮겨졌다. 마틴과 동료들에 의해 주도된 생물고고조사단은 발굴 종료 후 1년가량 인간유해를 분석했다(Martin et al. 2001: 13-32). 유해는 (앞서 아나사지Anasazi로 불렸던) 선조푸에블로Ancestral Pueblo 집단에서 온 것이다.

뉴멕시코와 콜로라도주 경계에 자리 잡고 있는 (콜로라도주 경계에 가까운) 뉴멕시코주 북서부의 라플라타강 유역La Plata River Valley은 항상하천恒常河川이 흐르는 생산성 높은 농업지대로서, 여기에는 900여 개소 이상의 유적이 보고되어 있다. 이들 유역은 200년에서 1300년에 이르기까지 지속적으로 점유되어왔다. 점유기간 내내 대규모 공동체들이 유지되어왔다. 이 지역은 국소적으로나 전체적으로도 수풀이 우거져 있었고, 가용자원의 밀도도 높았다. 마찬가지로 농업생산성은 매우 좋았으며, 사냥되거나 사육된 동물이 식이에 활용되었다는 풍부한 증거도 있다. 이 지역은 북으로는 메사 베르드Mesa Verde, 남으로는 차코 캐넌Chaco Canyon의 광범위한 상호작용적 정치영향권 가운데에 위치한다. 교역물품이나 비실용품도 있다. 일부 연구자들은 부분적으로나마 수리水利상 좋은 위치나 남북에 있는 주요 인구밀집에 대한 접근성 덕에, 이 지역은 주변보다 "곡창지대"였을 것이라는 점을 제시해왔다(Martin et al. 2001: 196-197).

### 5.5.1 뼈대학적 발견

개인별 자료에는 연령, 성별, (각종) 치수 및 병리현상의 표준적인 뼈대학적 조건

**표 5.1** 라플라타의 치유된 외상 빈도

|  | 아동 | (성인)남성 | (성인)여성 |
|---|---|---|---|
| 두개 | 1/16 [6.2%] | 3/13 [23.1%] | 6/10 [60.0%] |
| 후두개 | 0/16 [0.0%] | 3/15 [20.0%] | 6/12 [50.0%] |

이 포함된다. 좀 더 극적인 발견 중 하나는 치유된 골절, 치유 중이거나 완치된 상태의 외상—그러므로, 본질적으로 치명적이지는 않지만 여전히 매우 심각한 부상—등을 포함하는 일련의 라플라타 무덤에서 얻어진 두개cranial 및 후두개postcranial 외상에 대한 엄청난 양의 증거가 있다는 것이다. 라플라타유적에서 보이는 두부 부상은 머리에 가해진 타격으로 인한 함몰골절에 해당한다(Merbs 1989; Walker 1989).

표 5.1은 외상과 병리현상을 가진 이 (모)집단의 개인들에 대한 요약이다. 외상에 연관되어 두개와 후두개에 병리현상이 있는 개인은 성인 남녀 간 상이한 양상이 발견된다.

(10명 중) 여덟 여성은 치유된 (대체로 함몰골절 형태의) 두부외상이 있는데, 그들의 연령은 22세에서 38세에 이른다(표 5.2). 여섯 중 세 경우가 다중의 두부 부상이 있는바, 이 여성들의 치유된 비치명적 두부 부상에 대한 목록이 남성들의 그것보다 길고 포괄적이다. (20세의) 가장 젊은 여성은 부러진 코가 치유되었다(65030 B8). 두개외상을 가진 (22세의) 다른 젊은 여성은 이마에 하나, 뒷머리에 하나 등 두 군데에 함몰골절이 있음을 보여준다(65030 B15). 25세 여성인데, 머리 앞쪽과 옆쪽에 복수의 함몰골절이 있다(37601 B4). 33세 개인에게는 머리 꼭대기에 봉합되지 않았으나 치유된 일련의 골절이 있다(65030 B9). 38세 여성들 중 한 사람에게는 오른쪽 눈 위쪽에 치유된 골절이 있고(37601 B10), 한 사람에게는 머리 뒤쪽의 함몰골절이 있다(65030 B6).

이러한 비치명적 두부 골절은 동년배 남성들에서 발견되는 것과는 매우 다르다. 부상은 (남성의 양상이 그러한 것처럼) 머리 옆쪽에 있는 것이 아니라, 위·아래·앞쪽에 있다. 이러한 상해는 역사상 및 요즈음 사례에서 보이는 아내에 대한 폭행의 법의

**표 5.2** 외상 및 관련 병리현상을 가진 라플라타 개인들의 목록

| 출토지, 연령, 성별 | 외상과 병리현상 |
|---|---|
| LA 37592, 연령 불상의 여성 | 치유된 오른쪽 아래다리뼈(종아리뼈). |
| LA 65030 B8, 20세 여성 | 부러졌으나 치유된 코, 머리 뒤쪽 아래 첫 번째·두 번째 척추에 치유된 골절. |
| LA 37601, 25세 여성 | 머리 왼쪽에 치유된 함몰골절과 눈 위 이마 중앙에 6개의 원형 함몰골절. 오른쪽 늑골에 2개, 왼쪽에 1개의 치유된 골절, 오른쪽 견갑골의 함몰골절, 목뼈에 뼈 성장에 영향을 준 3개의 외상유발반응, 치유된 요추 골절. |
| LA 65030, 28세 여성 | 오른쪽 이마에 치유된 두개 함몰골절, 두개의 뒷부분에 치유된 두개 함몰골절. |
| LA 37603 B2.1, 30세 여성 | 오른쪽 손목—낙상으로 인해, 원위요골—에 치유된 콜레스Colles골절. |
| LA 65030 B9, 33세 여성 | 머리 꼭대기에 치유된 심각한 두개 함몰골절, 몇몇 뼈들이 관련되었지만 일치하지 않는 봉합으로 인한 균질하지 못한 치유. 왼쪽 엉덩이에 치유된 골절. |
| LA 37601 B10, 38세 여성 | 오른쪽 안와 위 이마에 치유된 2개의 함몰골절. |
| LA 65030 B6, 38세 여성 | 머리 뒤쪽에 치유된 두개 함몰골절. 관절염을 남기고 비대칭적인 왼쪽 엉덩이에 외상. |

사건에서 기록된 것들과 매우 유사하다(Walker 1997: 161). 주로 타격을 받은 부위는 얼굴이거나 도주를 시도하는 희생자처럼 머리 뒤쪽이다. 또한, 여성들에게 남아 있는 부상은 대체로 둔력에 의한 전형적인 원형함몰이 아니다. 그 부상은 크기·위치· 깊이가 매우 다양한데, 이는 곤봉이나 (정식)무기라기보다는 (막대기, 그릇, 돌 등) 좀 더 일반적이고 쉽게 얻을 수 있는 도구의 사용을 시사한다.

두개외상을 가진 여성들의 또 다른 특징은 집단적으로 빈혈 및 전신감염에 노출빈도가 더 높다는 것이다. 두개외상이 있는 여성 중 몇몇에게서는 (특히 LA 65030 B6·B8·B9의 3명에게서는) 사지 뼈 비율에서 2~6mm의 좌/우 비대칭이, 후두개 인대의 골화, 관절 표면의 (일반적인 골관절염 또는 퇴행성관절염과는 무관한) 골혹, 풍토병적 골막반응(부착부질환enthesopathies)의 좀 더 심각한 경우가 보인다. 그러한 관찰사항이 직업적 압박의 결과(Capasso et al. 1999)인지 아니면, 비정상적인 생체역학적 문제를 유발하는 상해의 후유증인지는 분명하지 않다. 그러나 근육좌상이나 생체역학적 압박을 제시하는 것이기는 하다. 사실, 외상을 가진 몇몇 여성을 구분하는 신체적 특징은 근육부하나 습관적인 특정 근육군 사용에 연관된 근골지표musculoskeletal

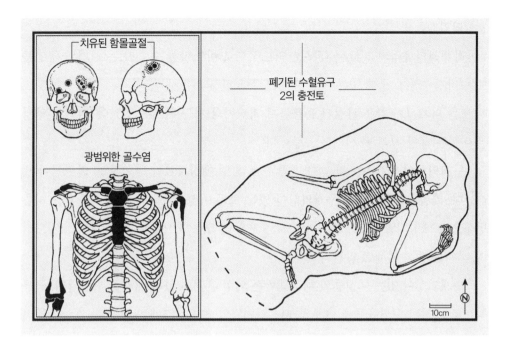

**그림 5.2** 여성, 25세, 두개 및 후두개의 외상, 2호 수혈유구의 가운데층. LA 37601, B4(뉴멕시코주 산타페 소재 문화국 고고학연구실의 터너 제공)

marker의 유형이다. 예를 들어, LA 65030유적 1호 수혈유구에서 출토된 두 여성은 여러 사지 뼈의 너비 비율에서 비대칭적 측정치를 보여주고 있다. 특히, 상완, 하완, 척골이 가장 많은 영향을 받았다. 트린카우스Erik Trinkaus와 동료들은 현대·현존·사멸 집단을 검토하면서, 좌우 상완의 비대칭이 활동 관련 기능적 변화와 매우 빈번하게 연관된다는 점을 발견하였다(Trinkaus et al. 1994).

## 5.5.2 매장맥락

뼈대분석을 완결한 후, 가임기 여성도 포함된 여러 차례의 개인 간 폭력이 있었던 것으로 보인다는 점이 지적되었다. 발굴 당시 고고학적 기록양식을 입수할 수는 없었지만, 이는 가정폭력 또는 소규모 충돌의 경우라고 해석했을 듯하다. 그런데 분석에는 매장의 위치, 층, 자세, 묘제, 부장품, 무결성 및 보존상태 등에 대한 기록이 포함되었다.

라플라타유적의 분묘는 대부분 의도적으로 야트막한 수혈 또는 폐기된 구조물 또는 저장수혈에 굴신 또는 반굴신 자세로 개인을 매장했다. 거의 매 경우, 보통 토기 또는 마제석기 같은 관련된 물품들이 피장자의 지근 위치에 있었다. 이러한 양상은 어떻든 해당 지역 및 시기의 표준이다.

두개외상이 있는 개인의 매장맥락과 뼈대 및 매장자료를 병합하면, 연관성이 드러난다. 라플라타유적에서 두개외상이 있는 모든 여성은 나머지 구성원들과는 다른 방식으로 매장되었다(그림 5.2·5.3·5.4·5.5·5.6). 모두가 느슨하게 구부리고, 엎드리며, 사지를 뻗은 자세로 발견되었다.

두개외상이 있는 여성들의 매장맥락은 외상 흔적이 없는 대응군과는 달리, 공통적으로 폐기된 수혈유구에 아무렇게나 안치되었으며 각각에 관련된 부장품이 없다는 점이 밝혀졌다.

LA 37601유적에서, 두개 및 후두개 외상이 있는 25세 여성은 유사한 자세로 부장품 없이 안치되었다(그림 5.2). 인근의 LA 65030유적에는, 4명의 성인 여성이 매장되었다(그림 5.3·5.4·5.5·5.6). 모두가 아무렇게나 자세를 취하고 있는데, 일부는 높은 곳에서 던져진 듯하다. 그 누구에 대해서도 사망 원인을 확인할 수 없었다. 이 유적들에서 대부분의 다른 분묘들이 보여주었던 것에 비춰보면, 한 부류로서 이 여성들은 의도되지 않았던 매장에 의해서뿐만 아니라, 연관된 부장품이나 봉헌물이 없다는 점에서 구별된다. 또한 이 여성들은 전신감염이나 외상에 의한 뼈 변형 등과 같은 다른 보건문제도 가지고 있다.

치유된 두개외상과 매장맥락의 상관성을 요약하자면, 두개골이 남은 10명의 성인여성으로 이루어진 전체표본 중 6명은 외상 흔적을 보여주며 부장품 없이 두 팔을 뻗거나 반굴신의 자세로 매장되었다. 4명의 여성들은 외상이 없고 부장품이 있는 채로 굴신 또는 반굴신의 자세로 매장되었는데, 한 여성은 두개외상이 없이 반굴신의 자세로 부장품 없이 매장되었고, 두개외상이 없는 한 여성은 매장맥락이 불분명하다(라플라타 개인들의 매장처리에 대한 온전한 논의와 관련해서는 Martin and Akins 2001 참조).

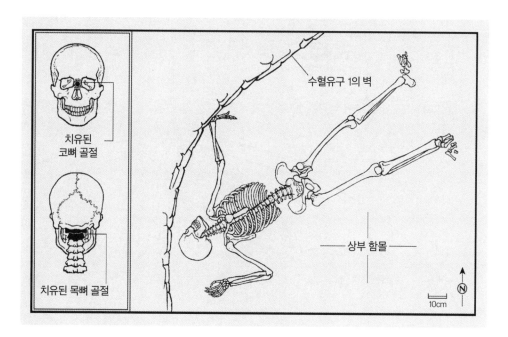

**그림 5.3** 여성, 20세, 두개 및 후두개의 외상, 1호 수혈유구의 아래층. LA 65030, B8(뉴멕시코주 산타페 소재 문화국 고고학연구실의 터너 제공)

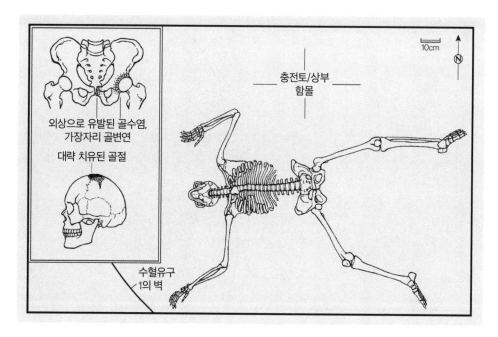

**그림 5.4** 여성, 33세, 두개 및 후두개의 외상, 1호 수혈유구의 아래층. LA 65030, B9(뉴멕시코주 산타페 소재 문화국 고고학연구실의 터너 제공)

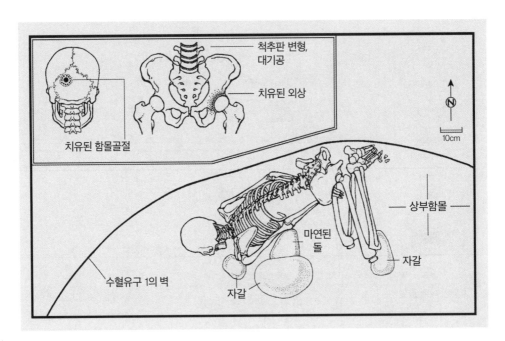

**그림 5.5** 여성, 38세, 두개 및 후두개의 외상, 1호 수혈유구의 아래층. LA 65030, B6(뉴멕시코주 산타페 소재 문화국 고고학연구실의 터너 제공)

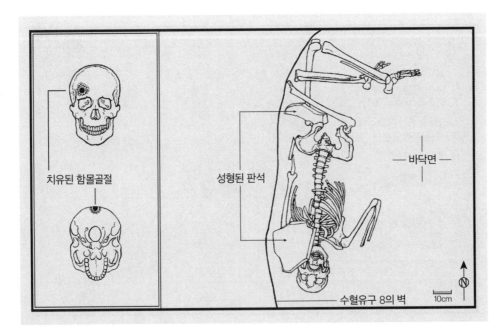

**그림 5.6** 여성, 28세, 두개 외상, 8호 수혈유구의 아래층. LA 65030, B16(뉴멕시코주 산타페 소재 문화국 고고학연구실의 터너 제공)

대조적으로, 두개외상과 관련하여 검토될 13명의 남성 중, 6명은 두개외상이 없고, 굴신의 자세로 부장품과 함께 매장되었던 반면, 4명은 두개외상이나 부장품이 없으며, 신전伸展에서부터 굴신에 이르기까지 다양한 자세로 매장되었다. 두개외상이 있는 3명 중 1명은 부장품이 있고 2명은 없지만 모두 반굴신의 자세를 취하고 있다. 대부분 남성은 대체로 부장품이 없고 두개외상과 매장방식 사이의 관계가 더 다양하지만, 형식이 갖춰진 매장맥락에 굴신 또는 반굴신의 자세로 안치된다.

### 5.5.3 뼈대 및 매장분석, 관념, 문화 병합하기

그런 부류의 여성들은 집단적으로, 강제감금이나 노예의 생물고고학적 표식이 어떤 것일지를 보여준다. 여타 속성에 대한 검토는 그 여성들은 그 고장 또는 다소 먼 지역 사람일 수도 있지만 분명히 다른 문화집단 출신은 아님을 시사한다. 두개골 골절이 있는 그 여성들의 늑골 표본에 대한 동위원소분석이 수행되었으며, 여타 성인남녀와 비교되었다. 13명 성인의 표본과 관련하여, 남성과 여성 사이에 또는 외상 상해의 증거가 있는지 여부에 통계적으로 유의한 차이는 없었다. 이는 외상이 있는 그 여성들이 그 고장 출신 또는 적어도 라플라타와 유사한 환경 출신이라는 점을 알려준다. 두개골 치수나 두개 및 후두개의 정성적 특질은 표본크기가 작아 그 부류의 성격을 규정하는 데 활용될 수는 없다.

부산한 삶과 생계농경이라는 환경 속에서 상대적으로 잘 영위해가는 농경민집단의 모습이 떠오른다. 빈혈과 전염성 질병은 집단적인 농경위주 생활방식의 잠재적 산물이다. 라플라타유적에서 이러한 질병환경이 알려지지는 않았다. 메사 베르드나 차코 캐년 등의 인근 집단과 비교할 때, 라플라타의 개인들은 예상했던 것보다 더하지는 않지만 윤택하게 살았던 듯하다. 그런데 그런 것들은 일군의 여성에서 보이는 높은 빈도의 외상에 가려져 있다. 두개외상의 높은 빈도는 자원이 풍부하고 질병의 압박이 낮았으면서도 라플라타에서의 일부 삶이 투쟁이나 혼란기를 겪었다는 징후를 알려주고 있다.

왜 그러한 하류계층은 주로 일상에서 고초를 겪었던 여성들이어야 하는가? 외상이 보이지 않고, 채비된 무덤에, 굴신의 자세로, 부장품과 함께 안치된 여타 성인 여성들이 있는바, 배우자학대 또는 가정폭력은 제외될 수 있다. 또한 상해가 있는 여성과 가까이에 있는 유아의 공반은 그 여성들의 아이들도 하류계층의 일부였으며, 여성들의 사망 시 아이도 살해당했음을 시사한다. 워커나 달링Andrew J. Darling에 의해 자세히 다뤄진 마녀처형도 마찬가지로 라플라타에서 보이는 양상과는 맞지 않다 (Darling 1999; Walker 1998).

그 여성들은 포로나 노예를 반영한다는 것이 가장 냉정한 설명이다. 안정된 경제는 인구밀도의 증대, 이동성의 감소, 정치적 집중의 강화, 대등한 인구 중심지와의 교환 및 위세품 입수 경로 다변화를 촉발했을 것이다. 매장맥락, 시신의 자세나 침향, 부장품 결여, 외상 상흔의 법의학적 복원 결과가 취합되지 않았다면, 그 여성들이 일종의 버림받은 자들이었음을 지시하는 여러 갈래의 증거를 알아갈 기회가 없었을 수 있다.

이 사례는 다양한 영역을 가로질러 자료를 병합하는 작업의 중요성을 부각하는데, 이 경우에서는 발굴, 화석형성, 매장, 매장분석, 문화적 맥락 등이다. 그 중 어떤 것으로부터 얻어진 어떤 자료도, 결합된 자료들이 함께 해석될 때 부각되는 불평등과 인간의 고통에 대한 복합적인 그림을 도출해내지는 못했을 것이다. 포획과 노예화의 성격, 일부 문화에서 여성의 종속적 역할, 재화 및 자원의 배분에 관한 이론들과 결부됨으로써 푸에블로 선조집단 일부의 생활이 어떠했는지를 구성하는 경로를 제시한다. 그런 관점에서 보면, 전체는 부분의 합보다 훨씬 크다.


## 5.6 요약

인간유해가 제자리에 있는 동안 온전히 기록되지 않으면 대체로 중요한 정보는 없어진다. 사자에 대한 분석이 산 자에 대한 많은 통찰력을 제공한다는 점이 역설적으로 보일 수도 있다. 인류가 줄곧 자신들의 시신을 매장한 것은 아닌데, 대략 10,000년 전, 매장관행의 출현은 죽음의 의미에 대한 생각의 변화를 알려준다.

매장의례 및 그 유적의 분석은 사회계층화, 위치나 자세에서의 변이, 사회조직, 상위 유력층에 대한 처리 등에 대해 많은 것을 밝혀왔다. 한편으로, 그런 연구나 여타 연구들은 다양한 문화들이 죽음을 어떻게 다루어왔는지에 대해 많은 것을 밝혀왔다. 다른 한편으로, 여타 종류의 고고학 및 생물고고학 연구에 비해 매장연구가 훨씬 적다.

미국에서 「(미주) 원주민분묘 보존 및 반환 법령」의 제정 및 세계 각지에서의 여타 종류의 송환 노력은 여러 방면으로 사자와 산 자 사이 연결의 중요성을 약화시키는 데 일조했다. 후손공동체는 그들의 선조에 대해 깊은 관심을 가지고 있는바, 관계를 유지하기 위해서 생물고고학자들이 살아 있는 사람들의 바람을 존중해줄 것을 요구한다. 후손집단과의 관계를 촉진함으로써, 생물고고학자는 사자와 산 자의 그러한 중요한 연결을 진전시키는 과정의 일부가 될 수 있다. 게다가 생물고고학자는 어떤 경우, 특히 부족이나 원주민 대표자들이 그러지 않기를 요구하면, 특정의 매장맥락이나 인간유해를 연구하는 것이 부적절할 수도 있음을 인식해야 한다.

# 참고문헌

Adams, R. L., & King, S. M. (2010). Residential burial in global perspective. In *Residential Burial: A multiregional exploration*, eds. Ron L. Adams, and Stacie M. King, 1-16. Washington, D. C.: Archeological Papers of the American Anthropological Association.

Arriaza, B. T. (1995). *Beyond death, the Chinchorro mummies of ancient Chile*. Washington, DC: Smithsonian Institution Press.

Bass, W. M. (2005). Human osteology: *A laboratory and field manual* (5th ed.). Columbia: Missouri Archaeological Society.

Beck, L. A. (1995). *Regional approaches to mortuary analysis*. New York: Plenum Press.

Bendann, E. (2003). *Death customs: An analytical study of burial rites*. Kila: Kessinger Publishing Company. (Original work published 1930).

Binford, L. R. (1971). Mortuary practices: Their study and their potential. In J. A. Brown (Ed.), *Approaches to the social dimensions of mortuary practices*. Washington, DC: Memoirs of the Society for American Archaeology 25.

Blau, S. (2001). Limited yet informative: Pathological alterations observed on human skeletal remains from third and second millennia bc collective burials in the United Arab Emirates. *International Journal of Osteoarchaeology, 11*(3), 173-205.

Braun, D. P. (1981). A critique of some recent North American mortuary studies. *American Antiquity, 46*(2), 398-416.

Buikstra, J. E. (1977). Biocultural dimensions of archaeological study: A regional perspective. In R. L. Blakely (Ed.), *Biocultural adaptation in prehistoric America* (pp. 67-84). Athens: Southern Anthropological Society Proceedings, No. 11, University of Georgia Press.

Buikstra, J. E., & Beck, L. A. (2006). *Bioarchaeology: The contextual analysis of human remains*. Burlington: Academic.

Buikstra, J. E., & Charles, D. K. (1999). Centering the ancestors: Cemeteries, mounds, and sacred landscapes of the ancient North American midcontinent. In W. Ashmore & A. B. Knapp (Eds.), *Archaeologies of landscape: Contemporary perspective* (pp. 210-228). Malden: Blackwell Publishers Ltd.

Buikstra, J. E., & Ubelaker, D. H. (1994). *Standards for data collection from human skeletal remains*. Fayetteville: Arkansas Archaeological Survey, Research Series, No. 44. A copy of Standards is required in order to fill out these forms accurately. It may be obtained from the Arkansas Archeological Survey, 2475 N. Hatch Ave., Fayetteville, AR 72704, http://www.uark.edu/campus-resources/archinfo/.

Butzer, K. W. (1982). *Archaeology as human ecology: Method and theory for a contextual approach*. Cambridge: Cambridge University Press.

Capasso, L., Kennedy, K. A. R., & Wilczak, C. A. (1999). *Atlas of occupational markers on human remains*. Teramo: Edigrafi tal S.P.A.

Ceruti, M. C. (2004). Human bodies as objects of dedication at Inca Mountain Shrines (North-Western Argentina). *World Archaeology, 36*(1), 103-122.

Chapman, R., Kinnes, I., & Randsborg, K. (2009). *The archaeology of death (second printing)*. Cambridge: Cambridge University Press.

Charles, D. K., & Buikstra J. E. (2002). Siting, sighting, and citing the dead. *In The place and space of death*, eds. Helaine Silverman, and David A. Small, 13-25. Washington, D. C.: Archeological Papers of the American Anthropological Association.

Conklin, B. A. (1995). "Thus are Our Bodies, Thus was Our Custom": Mortuary cannibalism in an Amazonian society. *American Ethnologist, 22*(1), 75-101.

Darling, A. J. (1999). Review of Man Corn: Cannibalism and violence in the prehistoric American Southwest by Christy G. Turner, II and Jacqueline A. Turner. *Latin American Antiquity, 10*(4), 441-442.

Duncan, W. N. (2005). *The bioarchaeology of ritual violence in postclassic El Petén, Guatemala (ad 950-1524).* Unpublished PhD dissertation, Southern Illinois University, Carbondale.

Ferguson, T. J., Dongoske, K. E., & Kuwanwisiwma, L. J. (2001). Hopi perspectives on southwestern mortuary studies. In D. R. Mitchell & J. L. Brunson-Hadley (Eds.), *Ancient burial practices in the American Southwest* (pp. 9-26). Albuquerque: University of New Mexico Press.

Fiorato, V., Boylston, A., & Knüsel, C. (2000). *Blood red roses.* Oxford: Oxbow Book Publishers.

Fitzsimmons, J. L., & Shimada, I. (2011). *Living with the dead: Mortuary ritual in Mesoamerica.* Tucson: University of Arizona Press.

Formicola, V., & Buzhilova, A. P. (2004). Double child burial from Sunghir (Russia): Pathology and inferences for upper Paleolithic funerary practices. *American Journal of Physical Anthropology, 124*(3), 189-198.

Galloway, A. (1999). *Broken bones: Anthropological analysis of blunt force trauma.* Springfield: Charles C. Thomas.

Hamilakis, Y., & Konsolaki, E. (2004). Pigs and gods, burnt animal sacrifices as embodied rituals at a Mycenaean Sanctuary. *Oxford Journal of Archaeology, 23* (2), 135-151.

Harvig, L., Lynnerup, N., & Amsgaard Ebsen, J. (2012). Computed tomography and computed radiography of Late Bronze Age cremation urns from Denmark: An interdisciplinary attempt to develop methods applied in bioarchaeological cremation research. *Archaeometry, 54*(2), 369-387. doi: 10.1111/j.1475-4754.2011.00629.x.

Heller, A. (2003). Archeology of funeral rituals as revealed by Tibetan tombs of the 8th to 9th century. In *Ēran ud Anērān : Studies presented to Boris Ilich Marshak on the occasion of his 70th birthday*, http://www.transoxiana.org/Eran/. Accessed February 15, 2013.

Howey, M. C. L., & O'Shea, J. M. (2006). Bear's journey and the study of ritual in archaeology. *American Antiquity, 71*(2), 261-282.

Isbell, W. H. (2010). *Mummies and mortuary monuments: A postprocessual prehistory of Central Andean social organization.* Austin: University of Texas Press.

Iserson, K. V. (1994). *Death to dust: What happens to dead bodies?* Tucson: Galen Press.

Jacobi, K. P. (2003). The malevolent undead: Cross-cultural perspectives. In C. D. Bryant (Ed.), *Handbook of death and dying. Volume 1: The presence of death* (pp. 96-109). Thousand Oaks: Sage Publications.

Kimmerle, E. H., & Baraybar, J. P. (2008). *Skeletal trauma: Identification of injuries resulting from human remains abuse and armed conflict.* Boca Raton: CRC Press.

Knapp, A. B., & Ashmore, W. (1999). Archaeological landscapes: Constructed, conceptualized, ideational. In W. Ashmore & A. Bernard Knapp (Eds.), Archaeologies of landscape: *Contemporary perspective* (pp. 1-30). Malden: Blackwell Publishers Ltd.

LaFraniere, S. (2011). China curbs fancy tombs that irk poor. The New York Times. Accessed October 15, 2012.

Liénard, P., & Boyer, P. (2006). Whence collective rituals? A cultural selection model of ritualized behavior. *American Anthropologist, 108*(4), 814-827.

Linseele, V., Van Neer, W., & Hendrickx, S. (2007). Evidence for early cat taming in Egypt. *Journal of Archaeological Science, 34*(12), 2081-2090.

Malone, C., Stoddart, S., Bonanno, A., & Trump, D. (2009). *Mortuary customs in Prehistoric Malta: Excavations at the Brochtorff Circle at Xagbra, Gozo (1987-94)*. Cambridge: McDonald Institute for Archaeological Research.

Margolis, M. M. (2007). *The isolated human bone from Grasshopper Pueblo* (AZ P:14:1[ASM]). Unpublished MA thesis, University of Arizona, Tucson.

Martin, D. (1996). On the cultural ecology of sky burial on the Himalayan Plateau. *East and West, 46*(3/4), 353-370.

Martin, D. L. (1998). Owning the sins of the past: Historical trends in the study of Southwest human remains. In A. H. Goodman & T. L. Leatherman (Eds.), *Building a new biocultural synthesis: Political-Economic perspectives on human biology* (pp. 171-190). Ann Arbor: University of Michigan Press.

Martin, D. L., & Akins, N. J. (2001). Unequal treatment in life as in death: Trauma and mortuary behavior at La Plata (ad 1000-1300). In D. R. Mitchell & J. L. Brunson-Hadley (Eds.), *Ancient burial practices in the American Southwest* (pp. 223-248). Albuquerque: University of New Mexico Press.

Martin, D. L., Akins, N. J., Goodman, A. H., & Swedlund, A. C. (2001). *Harmony and discord: Bioarchaeology of the La Plata Valley. Totah: Time and the rivers flowing excavations in the La Plata Valley* (Vol. 242). Santa Fe: Museum of New Mexico, Office of Archaeological Studies.

Martin, D. L., & Frayer, D. W. (1997). *Troubled times: Violence and warfare in the past*. Amsterdam: Gordon and Breach.

Merbs, C. F. (1989). Trauma. In M. Y. Iscan & K. A. R. Kennedy (Eds.), *Reconstruction of life from the skeleton* (pp. 161-199). New York: Alan R. Liss.

Millaire, J.-F. (2004). The manipulation of human remains in Moche Society: Delayed burials, grave reopening, and secondary offerings of human bones on the Peruvian north coast. *Latin American Antiquity, 15*(4), 371-388.

Mitchell, D. R., & Brunson-Hadley, J. L. (2001). *Ancient burial practices in the American Southwest: Archaeology, physical anthropology, and Native American perspectives*. Albuquerque: University of New Mexico Press.

Morey, D. F. (2006). Burying key evidence: The social bond between dogs and people. *Journal of Archaeological Science, 33*(2), 158-175.

Morris, E. H. (1924). *Burials in the Aztec Ruin*. The Archer M. Huntington Survey of the Southwest. New York: Anthropological Papers of the American Museum of Natural History.

Murphy, E. M. (2008). *Deviant burial in the archaeological record*. Oxford: Studies in Funerary Archaeology 2, Oxbow Books.

Mytum, H. C. (1989). Public health and private sentiment: The development of cemetery architecture and funerary monuments from the eighteenth century onwards. *World Archaeology, 21*(2), 283-297.

Mytum, H. C. (2004). *Mortuary monuments and burial grounds of the historic period*. New York: Kluwer Academic/Plenum Publishers.

O'Shea, J. (1981). Social configurations and the archaeological study of mortuary practices: A case study. In R. Chapman, I. Kinnes, & K. Randsborg (Eds.), *The archaeology of death* (pp.

39-52). Cambridge: Cambridge University Press.

Onar, V., Armutak, A., Belli, O., & Konyar, E. (2002). Skeletal remains of dogs unearthed from Van-Yoncatepe Necropolises. *International Journal of Osteoarchaeology, 12*, 317-334.

Pachico, E. (2011). Mexico drug lords live on in Narco-Graveyard. InSight: Organized crime in the Americas. http://insightcrime.org/insight-latest-news/item/1079-mexico-drug-lords-live-on-in-narco-graveyard. Accessed October 15, 2012.

Pearson, M. P. (1999). *Archaeology of death and burial*. College Station: Texas A&M University Press.

Pearson, O. M. (2000). Activity, climate and postcranial robusticity: Implications for modern human origins and scenarios of adaptive change. *Current Anthropology, 41*(4), 569-589.

Pennisi, E. (2004). Burials in Cyprus suggests cats were ancient pets. *Science, 304*(5668), 189.

Pepper, G. H. (1909). The exploration of a burial-room in Pueblo Bonito, New Mexico. In F. Boaz, R. B. Dixon, F. W. Hodge, A. L. Kroeber, & H. I. Smith (Eds.), *Putnam anniversary volume: Anthropological essays* (pp. 196-252). New York: G. E. Stechert and Co.

Perry, E. M., Stodder, A. L. W., & Bollong, C. A. (2010). Animas-La Plata Project: Bioarchaeology. SWCA Anthropological Research Papers No. 10, vol, XV. Phoenix: SWCA Environmental Consultants.

Pickering, M. P. (1989). Food for thought: An alternative to 'cannibalism in the Neolithic'. *Australian Archaeology, 28*, 35-39.

Pinhasi, R., & Bourbou, C. (2008). How representative are human skeletal assemblages for population analysis. In R. Pinhasi & S. Mays (Eds.), *Advances in human paleopathology* (pp. 31-44). West Sussex: Wiley.

Potts, D. T. (2000). *Ancient Magan: The secrets of Tell Abraq*. Mayfair: Trident Press Ltd.

Rakita, G. F. M., & Buikstra, J. E. (2005). Corrupting flesh: Reexamining Hertz's perspective on mummification and cremation. In G. F. M. Rakita, J. E. Buikstra, L. A. Beck, & S. R. Williams (Eds.), *Interacting with the dead: Perspectives on mortuary archaeology for the new millennium* (pp. 97-106). Gainesville: University Press of Florida.

Rakita, G. F. M., Buikstra, J. E., Beck, L. A., & Williams, S. R. (2005). *Interacting with the dead: Perspectives on mortuary archaeology for the new millennium*. Gainesville: University Press of Florida.

Redfern, R. (2008). New evidence for iron age secondary burial practice and bone modification from Gussage All Saints and Maiden Castle (Dorset, England). *Oxford Journal of Archaeology, 27*(3), 281-301.

Robb, J. E., Bigazzi, R., Lazzarini, L., Scarsini, C., & Sonego, F. (2001). Social "status" and biological "status": A comparison of grave goods and skeletal indicators from Pontecagnano. *American Journal of Physical Anthropology, 115*(3), 213-222.

Roberts, C. A. (2009). *Human remains in archaeology: A handbook*. Bootham: Council for British Archaeology.

Saxe, A. A. (1970). *Social dimensions of mortuary practices*. Unpublished PhD dissertation, University of Michigan, Ann Arbor.

Sayer, D., & Williams, H. (2009). *Mortuary practices and social identities in the middle ages: Essays in burial archaeology in honour of Heinrich Härke*. Exeter: University of Exeter Press.

Smith, A. C. T., & Stewart, B. (2011). Organizational rituals: Features, functions and mechanisms. *International Journal of Management Reviews, 13*(2), 113-133.

Sprague, R. (2006). *Burial terminology: A guide for researchers*. Lanham: AltaMira Press.

Tainter, J. A. (1975). Social inference and mortuary practices: An experiment in numerical classification. *World Archaeology, 7*(1), 1-15.

Tainter, J. A. (1978). Mortuary practices and the study of prehistoric social systems. *Advances in Archaeological Method and Theory, 1*, 105-141.

Taylor, T. (2002). *The buried soul: How humans invented death*. Boston: Beacon Press Books.

Trinkaus, E., Churchill, S. E., & Ruff, C. B. (1994). Postcranial robusticity in homo. II: Humeral bilateral asymmetry and bone plasticity. *American Journal of Physical Anthropology, 93*(1), 1-34.

Turner, C. G., II, & Turner, J. A. (1999). *Man corn: Cannibalism and violence in the prehistoric American Southwest*. Salt Lake City: The University of Utah Press.

Ubelaker, D. H. (1999). *Human skeletal remains: Excavation, analysis, interpretation* (3rd ed.). New Brunswick: Aldine Transaction.

Uerpmann, H.-P. (1999). Camel and horse skeletons from protohistoric graves at Mleiha in the Emirate of Sharjah (U.A.E.). *Arabian Archaeology and Epigraphy, 10*(1), 102-118.

Uerpmann, H.-P., & Uerpmann, S. A. J. (2006). *The archaeology of Jebel Al-Buhais, Sharjah, United Arab Emirates, Volume One: Funeral monuments and human remains from Jebel Al-Buhais*. Tübingen: Department of Culture and Information, Government of Sharjah, United Arab Emirates, in collaboration with the Institut für Ur- and Frühgeschichte und Archäologie des Mittelalters Universität Tubingen, Germany, and in cooperation with Kerns Verlag.

Vigne, J.-D., Guilaine, J., Debue, K., Haye, L., & Gérard, P. (2004). Early taming of the cat in Cyprus. *Science, 304*(9), 259.

Walker, P. L. (1989). Cranial injuries as evidence of violence in prehistoric Southern California. *American Journal of Physical Anthropology, 80*, 313-323.

Walker, P. L. (1997). Wife beating, boxing, and broken noses: Skeletal evidence for the cultural patterning of violence. In D. L. Martin & D. W. Frayer (Eds.), *Troubled times: Violence and warfare in the past* (pp. 145-180). Amsterdam: Gordon and Breach.

Walker, P. L., Johnson, J. R., & Lambert, P. M. (1988). Age and sex biases in the preservation of human skeletal remains. *American Journal of Physical Anthropology, 76*(2), 183-188.

Walker, W. H. (1998). Where are the witches of prehistory? *Journal of Archaeological Method and Theory, 5*(3), 245-308.

Walker, W. H. (2002). Stratigraphy and practical reason. *American Anthropologist*, 104(1), 159-177.

Wang, X., Chen, F., Zhang, J., Yang, Y., Li, J., Hasi, E., et al. (2010). Climate, desertification, and the rise and collapse of China's historical dynasties. *Human Ecology, 38*(1), 157-172.

White, T. D. (1992). *Prehistoric cannibalism at Mancos 5MTUMR-2346*. Princeton: Princeton University Press.

White, T. D., & Folkens, P. A. (2005). *The human bone manual*. Burlington: Academic.

White, T. D., Folkens, P. A., & Black, M. T. (2012). *Human osteology* (3rd ed.). Burlington: Academic.

6장

# 개인의 생물고고학:
# 정체성, 사회이론, 인골분석

인간유해에 대한 생물고고학 분석은 뼈로 수습된 개인(들)의 기본적 정체성을 복원하는 데에서 시작한다. 생물고고학을 과거 이해의 학제적이고 통합적인 접근이 되게 하는 것은 부분적으로니미 여러 문화 환경적 고려사항과 함께, 인간유해로부터 되도록 많은 정보를 수집하기에 달려 있다. 맥락과 화석형성 과정도 중요하기는 하지만(4·5장 참조), 생물학적 유해에는 그 사람의 생애가 어떠했다는 여러 지표가 담겨 있다. 생물고고학자에게 인간유해는 유일하게 인간의 생물학적 특징에 대한 직접정보를 보여준다. 인간유해 분석에는 여러 방법이 있으며, 생물고고학 및 법의학 관련 학술지나 저서에는 새로운 기법이 주기적으로 소개된다. 인간유해 분석을 위한 방법들은 사자死者의 생전 경험에 대한 독특하고 미묘한 정보들을 제공할 수도 있는 사망 당시 연령, 성별/젠더, 신장, 병리현상, 외상, 활동 등 정체성의 몇 측면들에 대한 통찰력을 부여한다. 그다지 자주는 아니지만 가끔은 그 사람이 어떻게 그리고 왜 죽었는지 언급할 수 있기도 하다.

정체성을 복원하는 방법을 검토하기 전에, 정체성이라는 용어가 함의하는 바를 논의하는 것이 중요하다. 오늘날 사회에서 정체성은 개인이 자신—예를 들어, 입는 옷, 직업, 종족성, 연령, 또는 신체에 문신이 있는지 여부 등—및 소속 집단 또는 아亞

문화—예를 들어, 특정 또는 다른 종교에 대한 믿음 등—를 표현하는 방식이며, 자신을 인식하고 묘사—자유주의자, 중간계층, 채식주의자 등—하는 방식이다. 디아즈-안드류Margarita Díaz-Andreu와 루시Sam Lucy는 정체성은 사람들이 의식적으로 선택하는 것으로, 고정되어 있지 않고 오히려 개인의 생애 동안 변한다고 말한다(Díaz-Andreu and Lucy 2005: 1-2). 정체성이 복합적이고 추상적이며 유동적인 특성을 갖는 만큼, 인간유해로부터 그러한 종류의 자아 일체감을 복원하는 것은 도전적인 작업이다. 그런데 사람들은 자신들의 정체성대로 살아가며, 그렇듯 거대한 사회적/문화적 영향력이 신체에 미치기도 한다.

일부 이론가들은 물리적 신체가 흔히 사회적으로 창조되는 것이라는 점을 시사하기도 한다(Lorber and Martin 2011). 물리적 신체를 실제로 사람들이 살아가는 생물·사회·물질적 세계의 체현이라고 보는 것은 그에 관한 또 다른 사고의 방식이다(물질성과 인간유해에 관련된 사례는 9장 참조). 어떤 측면에서 대부분의 생물고고학자가 연구에서 견지하는 생물문화적 관점의 확장된 사고방식이다. 생물적 요소는 사회관계에 영향을 미치며, 사회적 관계는 신체에 영향이나 충격을 줄 수 있다. 문화로부터 생물적 요소를, 생물적 요소로부터 사회적 요소를 분리하는 것은 신체를 분석하는 데 전혀 유용한 방식이 아니다.

어떻게 인골조직이 생물문화적 정체성을 밝힐까? 뼈조직은 신체에서 성장, 발달, 유지 및 모든 종류의 압박요인 등에 매우 제한적으로 반응하는 유일한 기관이다(Martin et al. 2001). 이는 다양한 자극에 끝없이 반응하는 뼈의 역량을 제한하기도 하지만, 어떻게 뼈들이 다양한 생물문화적 영향을 체현할 수 있는지를 상대적으로 용이하게 이해할 수 있도록 해준다. 사람들이 선택하거나 섭취할 수 있는 식료, 그들이 노출된 병원체, 그들이 자발적으로 또는 강제적으로 참여하는 활동, 그들이 접하게 되는 폭력적 상호작용의 양 등과 같이 문화적으로 특정된 사안들이 여기에 포함된다. 이들과 더불어 여타의 생물문화적 인자들은 흔히 뼈대체계에 해독 가능한 "징후signature"를 남긴다.

## 6.1 뼈대지표 이론화하기

생물문화적 정체성의 복원에는 그 맥락화를 강조하면서 가능한 많은 뼈대지표를 관찰하는 작업이 포함된다. 3장은 인간유해에 관련된 작업을 이론화할 어느 정도의 가능성을 제시하였는데, 여기서는 모두가 살아가는 다양한 영향권을 동시에 반영하는 다중적인 신체를 갖는 인간에 대한 생각이 이론 활용을 촉진하게 하는 데에 활용된다. 셰퍼-휴스Nancy Scheper-Hughes와 록Margaret M. Lock은 신체가 중첩적이되 구분되는 세 가지 방식으로 형성된다는 점을 제시하고 있다(Scheper-Hughes and Lock 1987: 7-8). 신체가 세 가지 상이한 관점에서 서술될 수 있다는 개념을 작동시킴으로써 생물고고학자가 정체성을 복원할 때 전형적으로 활용하는 생물학적 지표에 대한 생각에 새로운 길을 열어주게 된다.

셰퍼-휴스와 록은 개인적 신체를 시작으로 이 신체가 개인들의 생애경험을 반영하는 것으로 "신체자아bodyself"로 부를 수 있다고 제안한다(Scheper-Hughes and Lock 1987: 7). 신체자아에는 연령, 성 및/또는 젠더, 혈통 또는 친족, 선천적 이상— 타고난 가시적인 생물학 또는 행위상의 이상—, 고용 또는 직업에 따른 자기식별이 포함된다. 특정의 사회적 정의와 관습에 영향을 받는 생물학적 실체를 밝혀주는바, 그러한 특징들은 신체자아를 규정하게 해준다. 그런 종류의 동속同屬적 특징으로 인해, 모든 사회는 개인들이 속해 있는 경계들을 갖고 있다. 전통적인 접근법은 (연령, 성별, 신체유형 등과 같은) 그러한 특징들이 단순히 유전학, 성장과 발달, 식이食餌의 산물이라고 주장하는 것이다. 그런데 현실은 사회 및 문화적 영향력이 그러한 신체적 특징의 표현을 형성하기 때문에, 신체는 단순히 유전자나 생물적 요소의 산물이 아니다. 인간의 표현형은 문화적 영향력에 대해 매우 유동적이며 반응적이다.

인간 신체의 두 번째 유형은 사회적 신체인데, 이는 포괄적인 사회적 영향권의 좀 더 상징적인 반영으로 간주될 수 있다. 셰퍼-휴스와 록은 사회적 신체를 "… 그것을 통해 자연, 사회, 문화에 대해 생각할 수 있는 자연 상징natural symbol"으로 묘사하고 있다(1987: 7). 여기서는 사회적 신체는 살과 뼈의 신체적 특징에 거의 관련되지 않으며, 신체가 처해진 맥락에 좀 더 주목한다는 점에 착안한다. 이는 생물고고학자에게 신체변공(9장 참조), 젠더 표현(4장 참조), 개인이 포괄적인 문화적 세계관, 이념, 소속된 사회기구의 체현으로 되는 여타 방식뿐만 아니라, 매장맥락(5장 참조) 등에 대한 상세한 복원을 장려한다. 사회적 신체의 분석은 사회가 생물학적 보건이나 복지에 영향을 미치는 모든 방식에 대해 검토함으로써 수행될 수 있다. 불평등, 구조적 폭력, 자원에 대한 차별적 접근성은 영양학적 문제, 전염성 질환, 기타 열악한 보건의 생물학적 지표 형태로 나타날 것이다.

신체의 세 번째 종류에는 정치적 영향력에 의해 구체화되거나 정치적 정체성 또는 셰퍼-휴스와 록에 의해 "신체정치body politic"로 명명된 것이 포함된다(1987: 7). 신체에 더 많은 위해를 유발할 잠재성이 있는 정치나 강제적인 사회적 구조가 인간에 영향을 미치는 방식이 아마도 가장 중요할 수 있다. 신체정치는 "… 재생산 및 성적 관심, 일과 여가, 질환 및 여타 형태의 일탈과 인간적 차이에 있어 (개인적이든 집단적이든) 신체에 대한 규제·감독·통제"에 의해 구체화된다(1987: 8). 흔히 가장 관심거리는 이 마지막 신체인데, 그러한 징후가 어떤 사람의 사회적 지위, 보건, 조기사망 위험에 대한 통찰력을 제공하기 때문이다. 고대 세계의 국가 이전 및 국가단계 사회에서 관찰되는 정치적 활동의 종류에는 전쟁, 포로노획, 노예제나 계약노역, 범죄처벌의 시행 등 문화적으로 용인된 폭력이 포함된다. 그런 류의 사회적으로 창안된 모든 범주는 개인을 외상, 조기사망, 열악한 보건 등의 극단적 위험에 노출시킨다. 이 이론은 권력과 권력을 가진 개인과 그렇지 못한 개인에 대해 생각하는 방법을 제시한다. 권력과 그 사용 사이의 관계, 어떻게 그것이 폭력 가해자, 폭력 희생자, 폭력의 목격자에게 상이하게 영향을 미칠지를 이론화할 수 있을 것이다. 그러한 방식으로 신체정치를 이론화함으로써 고대 사회들에서 정해진 사회질서 및 사회적 통제 그리고 그러한 것들이 개인의 복지에 의미하는 바에 대한 문제를 구성할 방법을 제시하게 된다.

이종異種 정체성의 체현인 인간유해의 분석에는 한계나 난관이 없을 수 없다. 그런 시도의 일차적 한계는 뼈대의 여러 골질변형이 사실상 누적적일 뿐만 아니라, 서로 연결되거나 의존적이라는 점이다. 생물고고학자는 인간뼈대학, 뼈대분석, 해부학에 관련된 기술에 더 익숙해질수록, 뼈대에서 모호하고 미묘한 변화를 밝혀낼 수 있는 더 나은 역량을 펼칠 수 있게 된다. 언제 뼈가 비정상이 되었는지를 아는 것은 개인적인 활동이나 질환증세에 기인한 뼈대형태의 양상들을 인지하는 역량의 일부이다. 병적이거나 변형된 뼈로부터 정상적인 것을 구별하는 법에는 인골 전체를 관통하는 뼈대지표의 관찰 및 표현(형)에서 보이는 변이의 범위에 대한 정보를 제공하는 비교론적 방법론의 활용이 포함된다.

사망연령, 성과 젠더, 활동지표 등에 대한 생물고고학적 복원을 통해, 과거 사람들의 생물문화적 정체성의 중요한 측면들을 밝힐 수 있다. 3장에서 논의한 대로, 이론은 인간행위에 존재했던 일반적 양상에 대해 정보를 제공할 수 있으며, 자료가 수집·해석되는 방식을 구축할 수 있다. 만약 연구과제가 "신대륙에서 암의 최초 발견 사례는 무엇인가?"라면, 신대륙 인간유해에서 암 발생을 찾는 데에 집중하도록 자료 수집을 구성하게 될 것이다. 연구과제가 "지배자에게 공납貢納하는 것과 같은 문화적 관행을 강화하기 위하여 어떤 형태의 사회적 통제가 이용되었으며, 그것은 어떻게 보건에 영향을 미쳤나?"라면, 자료 수집방식을 구성하기 위해 셰퍼-휴스와 록이 제시한 것과 같은 이론적 관점을 활용하는 것이 유용할 것이다. 다음에서는 신체나 뼈대지표에 관한 사회이론의 이용이 사회체제나 인간행위에 대한 좀 더 현실적인 이해의 창출에 어떻게 통합될 수 있는지를 설명하는 방식으로 사망연령, 성별, 병리현상, 외상, 활동 등과 같은 생물문화적 정체성의 다양한 지표들을 구성할 것이다.


## 6.2 개인적 신체 또는 신체자아

개인적 신체는 유골로부터 가장 쉽게 추론할 수 있는 생물학적 프로파일과 가장 흡사한 수준의 정체성이다. 거기에는 사망 시 역曆연령, 성별, 혈통 및 생물학적 친연성(곧, 친족관계) 등이 포함된다. 유골분석법에 대한 방대한 교본이 제시되지는 않으며, 오히려 개인적 신체 또는 신체자아에 대한 기본적 생각이나 방법 몇몇을 제공하기 위한 간략한 개괄이 될 것이다. 여러 교재가 방법론을 제시하고 있다(방대한 일군의 현행 분석기법에 대한 논의와 관련해서는 Katzenberg and Saunders 2008나 DiGangi and Moore 2012 참조).

## 6.2.1 변화하는 권리와 책임: 사망연령, 성 및 젠더 판정의 중요성

어떤 개인들의 사망 시 연령, 결부되었던 성별 또는 더 중요하게는 젠더를 복원하는 작업의 의미는 그것들이 사회 내에서 했던 역할에 관해 방대한 내용을 밝혀준다는 데 있다. 그런데 뼈와 치아조직에만 기초하여 개인의 사망 시 역曆연령이나 생물학적 성을 판정하는 것은 생각만큼 간단하지 않다. 역연령이란 산 자가 년 단위로 시간의 흐름을 추적하는 공식적인 방법이지만, 노화의 과정에서는 엄청난 개인 간 변이가 있다. 심리학자나 물리치료사는 몇 살인지를 논하기 위해 대체로 역연령 외에 발달 또는 기능연령을 활용한다.

노화의 과정이나 성별 지정은 전형적으로 비생물학적 과정에 의해서는 영향을 받지 않는 것으로 간주되지만, 실상은 문화가 이 두 용어의 정의에 엄청난 영향을 미친다는 것이다(성과 젠더에 대한 논의와 관련해서는 3장 참조). 두 가지 가장 근본적인 연령 범주는 성인과 (비성인 또는 [청]소년으로도 불리는) 미성년이다. 성인이라는 용어는 한 사람의 생애에서 유합癒合이나 뼈 길이의 성장 중지로 인해 더 이상 자라지 않는, 매우 구체적인 시점을 지칭한다. 환언하자면, 성인이란 용어는 사지 뼈의 길이가 늘어나기를 멈춘 개인을 가리킨다. 일생 동안 뼈의 성장·발달·유지는 계속되지만, 호르몬과 유전자는 일반적으로 여성에게는 18세, 남성에게는 19 또는 20세에 그러한 상태가 나타난다.

뼈의 발달 정도에 따라 한 개인을 성인이란 용어로 지정하는 것은 어떻게 그 사람이 자신들에 의해 또는 타인에 의해 분류되는지의 문제와 씨름하는 생물고고학자에게 자동적으로 하나의 정체성을 전달하는 것이다. 일부 문화에서는, 역연령 및 생물학적 연령은 통과의례라고 일컬어지는 특정 의식에 대한 규정보다는 덜 중요한 성인됨의 지표이다. 현대 사회에서 성인이 된다는 것은 어떤 권리를 보장하며 일련의 새로운 의무와 책임을 수반하는데, 이는 과거 사회에서도 마찬가지이다. 따라서 생물고고학자에 의해 지정된 연령은 특정 연령에 다다르면 부여되는 문화적 권리와 책임만큼 중요하지 않을 수도 있다. 일단 인간유해가 성인으로 동정同定되면, 해당 개체에는 정체성이 부여되고 사회적 의미가 수반되는데, 궁극적으로 연령 범주를 해석하는 과정에서 고려되어야 한다. 성인기 동안, 퇴화 과정이 서서히 진행되는바, 개인은 상대적으로 오랜 기간 동안 성인기의 단계를 겪게 된다. 생물고고학자는 그러한 느린 변화에 의거하여, 해당 인골에 특정 연령대를 부여하는 데에 능숙하다.

미성년의 개념도 비슷하게 논란거리이다. 첫째, 몇몇 연구자들이 "미未, sub"라는 접두어 사용이 이 연령대에 속한 개인이 성인보다 덜 가치가 있다는 점을 함의한다고 주장하는바, 미성년이라는 용어 자체에 논쟁의 소지가 있다(Halcrow and Tayles 2008: 193; Lewis 2006: 2; Sofaer 2006: 121). 미성년이란 용어의 대안으로 비非성인이라는 용어를 사용하는데, 부정적인 함의가 미약하기 때문이다. 그러나 그조차 어린이를 그들이 아닌 것에 의해 규정하고 있다. 미성년이란 부류의 또 다른 문제는 노화 과정의 비율 및 연령에 연동된 변화가 성장이나 발달에 결부된다는 사실과 연관되어 있다는 것이다. 출생부터 1년 동안에 이루어지는 뇌나 두개골의 급격한 성장과 같이, 미성년의 변화는 종종 짧은 기간 동안 매우 극적으로 일어난다(Greenberg and Greenberg 2001). 15살의 미성년은 두 살배기 미성년과는 너무나 다른데, 그 차이는 생물학적이고, 사회적이며, 인지에 관련된다.

아동기도 여럿으로 세분되는데, 그 모두는 성장과 발달에서의 주요한, 특히 인지와 운동조절력에 관련된 변화로 구분된다. 그것이 언제이며, 무엇으로 불러야 할지와 관련하여, 아동기의 세분에 꼭 의견 일치를 볼 필요는 없다. 생물고고학자들 사이에 예를 들어, 영아, 유아, 소년 또는 어린이를 정의하기 위해 사용할 연령 부류에 관련된 의견 일치는 없다. 관례적으로, 생물고고학자는 종종 미성년을 의미 있는 하위부류로 규정하고 자리매김하지만, 극도로 다양할 수 있다. 결국, 표면적으로 사망

연령을 지정하는 것만큼이나 간단해 보이지만, 생물학적 연령 관련 뼈대지표를 의미 있는 연령 부류에 대한 사회적 공식과는 불일치하게 만드는 복잡성이 내포되어 있다.

### 6.2.1.1 연령 판정 및 성별 지정 방법에 대한 간략한 개괄

연령 및 성별을 지정함에 있어, 연구자들은 하나 아니면 모든 주요 참고서에 우선적으로 의존한다. 거기에는 『표준적 인골 관련 자료수집Standards for Data Collection from Human Skeletal Remains』(Buikstra and Ubelaker 1994), 『인간뼈대학: 실험실 및 현장매뉴얼Human Osteology: A Laboratory and Field Manual』(Bass 2005), 『인간뼈대학Human Osteology』(White et al. 2012), 『발달기 청소년 뼈대학Developmental Juvenile Osteology』(Scheuer and Black 2000) 등이 포함된다. 그런 교재들은 여러 주요한 방법론적 접근을 한군데로 모아 놓아서 매우 유용하지만, 원천자료가 수집된 맥락이 종종 잘 알려져 있지 않고 원래 연구자들의 관점이 반영되지 않는다는 것은 한계이다.

미성년이라는 연령은 성장의 시점 및 두개cranial 및 후두개postcranial 인골 부위의 최종적 유합뿐만 아니라, 치아생성·맹출 분석 등 두 가지 방법에 의해 산출된다. 치아의 발달과 맹출은 아마도 연령을 판정하기에 가장 적확한 방법 중 하나이다(Cardoso 2007; Hillson 1996). 치아 발달의 진가는 단계별로 변이가 있기는 하지만 그 자체가 매우 미미하다는 것이다. 현재로선 미성년, 특히 가장 어린 부류의 성별을 지정하는 것은 매우 어렵다.

미성년 개체의 연령 판정에 관한 방법은 더욱 다양할 뿐만 아니라, 정상적인 노화의 과정으로 나타나는 뼈의 변형에 기초하는바, 숙련도와 훈련기간을 필요로 한다. 일반적으로, 사망 시 몇 살인지를 확인하는 것은 퇴화 과정에 의거한다(Minot 1907; Franklin 2010). 모든 척추, 갈비, 관절 또는 관절면 등 잠재적으로 검토해야 할 부분이 많은 탓에, 뼈대의 퇴화는 종종 알기 어렵다. 퇴화는 단순한 과정이 아니며, 뼈가 연령 관련 퇴화에 어떻게 반응하는지는 사람에 따라 실질적으로 엄청난 변이를 보인다는 점은 또 다른 우려를 자아낸다. 그런데 여러 인자들이 골조직의 붕괴에 작용하지만 주된 요인은 노화에 수반되는 마모와 파열이라는 사실은 분명하다. 거의 모든 뼈대 부위의 변성이 연령 추정을 위해 분석되어왔지만, 특히 두덩결합pubic symphysis의 관절면(Todd 1920; Brooks and Suchey 1990)과 좌골의 관절면(Lovejoy et al. 1985; Buckberry and Chamberlain 2002) 등이 가장 보편적이고 정확한 부위이다.

성인의 성별 판정은 2차 성징의 발달에 연관된 호르몬 분비의 변화, 여성의 생식 능력에 연관된 골반 모양의 변형에 따른 골격해부학상의 변화에 대한 평가를 기초로 한다. 2차 성징 파악에는 두개골 형태상 크기와 모양의 차이 또는 신체 크기의 전반적 차이에 대한 분석도 포함된다. 이는 뼈의 크기와 모양을 포괄할 수도 있다. 여성들의 생식에 결부된 변화는 만삭아의 출산을 가능하게 하는 위골반문의 형태 변화와 연관되어 있다. 위골반문이 넓어지면 상완골의 각도와 형태를 변화시키는데 골반의 변화에는 여타 해부학적 특징에 부가적 효과를 유발한다.

## 6.2.2 혼인·교역·전쟁에서 친족의 역할: 계통 및 생물학적 친연성

개인적 신체에 대한 분석의 중요한 부분은 해당 개인이 타인과 연결되는지 그리고 어떻게 연결되는지를 결정하는 것이다. 이를 달성하기 위해, 뼈를 계측·관찰하고 상사·상이한 양상을 부각하기도 한다. 전통적으로, 각기 다른 일련의 인간유해 간 상사·상이도를 평가하는 목적은 그들을 "인종race"이라는 부류에 자리매김하는 것이었다(이 개념에 대한 논의와 관련해서는 2장 참조). 그런데 생물고고학과 법의인류학의 근래 연구들은 "인종"에서 탈피하는 대신 두 수준의 친연성, 곧 계통집단과 지역 기반의 생물학적 유사집단의 판별에 주목해왔다.

피부색깔과 같은 표현형 특징에 의거하지 않는바, 계통집단의 개념은 "인종"과는 다르다. 전통적 범주—곧, 백인종, 흑인종, 황인종—가 인간집단 내/사이에 존재하는 표현형 속성상 변이의 전체 범위를 파악하기에는 유용하지 않다(Steadman 2009). 한 개인의 계통을 지정하는 작업은 지리 및 환경적 적응이나 개인 간 유전자 교류에 관련된 인구집단의 광역적 변이에 기초하고 있다.

### 6.2.2.1 계통 및 생물학적 친연성 평가 방법에 대한 간략한 개괄

계통 및 생물학적 친연성을 평가하기 위해 사용되는 두 가지 주요 방법은 뼈대와 치아의 계측(계측속성)과 뼈나 치아의 형태적 변화에 대한 관찰(비계측속성)이다. 계측속성은 원래 유전적 속성에 기인한 것으로 인식되었다. 뼈의 크기와 형태를 결정하는 데에 있어 환경이 심대한 역할을 한다는 증거들이 있는바, 계측속성이 유전적 특질의 양호한 지표인지 아닌지에 대한 논란이 있다. 『미국 대평원의 인골생물학 *Skeletal Biology in the Great Plains*』(Owsley and Jantz 1994)에서는 그런 점이 부각되었는데, 계측치가 생물학적 거리를 차별화하는 수단이라고 여겼던 그들은 유전적 특질과 환경적 인자 모두가 대평원 문화권 내에서 이웃하여 살아가던 집단 사이의 계측적 차이를 유발한다는 점을 발견하게 되었다.

비계측적 또는 관찰 가능한 유전적 특질에는 원천적으로 유전적이지만 양성인 (병적이지는 않은) 경미한 불규칙성에 대한 세 가지 필수조건 관련 기록이 포함된다. 여기에는 그러한 속성의 존부·발현·발달 정도가 포함된다(Whitehead et al. 2005: 231). 비계측속성은 계측속성의 한계를 보완하는 방편으로 강조되었다. 비계측속성으로의 이동은 "… 뼈대의 사소한 비계측속성은 분명히 인구집단의 근저에 있는 인자형을 간접적으로 반영하는바, 인구집단 수준에서의 그런 속성 발현 정도를 이용하면 해당 집단의 생물학적 비교가 타당하고 정확할 것이다."라고 제안하는 1960년대 후반 및 1970년대에 수행된 연구들에 의거한다(El-Najjar and McWilliams 1978: 119). 그런데 화이트Tim D. White와 동료들이, 그러한 계측이 판정을 위한 분명하고 간결한 기준을 결여하고 있고, 대체로 불연속적이고 이산적일 뿐만 아니라, 정확한 유전학적 기초가 알려져 있지 않다는 것을 보여준 몇몇 연구를 인용하는 것처럼, 비계측속성에조차 의문이 제기되기도 한다(White et al. 2012). 비계측속성을 이용하여 남아프리카공화국 한 집단의 계통에 대해 분석하면서, 라베Ericka Nöelle L'Abbé와 동료들은 비계측속성이 그다지 효과적이지 않으며, 성별이나 사망연령에 따라 혼동될 수도 있다는 점을 발견하였다(L'Abbé et al. 2011).

계측 및 비계측속성 모두의 한계를 인식한 만큼, 생물학적 관계를 확인하는 가장 효과적인 수단은 그 두 속성을, 뼈대에 가해지는 선천적 변화 같은 여타 유전적 지표와 조합하는 것이다. 생물고고학(Stojanowski 2005; Duncan 2012)과 법의인류학(Birkby et al. 2008) 모두에는 계측 및 비계측속성들과 함께 뼈에서 간취될 수 있는 여타 정체성 지표를 고려하는 생물문화적 관점으로 그들을 분석하도록 촉구하는 경향이 있다. 그에 더하여, 뼈와 치아에서 DNA를 추출하고 분석하는 기법들은 생물학적 친연성을 제시할 것으로 기대되고 있다(8장 참조).

## 6.3 사회적 신체

사람들이 그 안에서 살아가는, 문화적으로 구축된 세계는 삶의 질과 길이에 영향을 미친다. 그 세계에서 개인의 입지에 따라 삶의 질은 나아지거나 나빠질 수 있다. 인간유해에 대한 분석은 어떻게 신체가 그 세계 속 개인의 입지에 대한 기록이 되는지를 통찰할 수 있게 해준다. 뼈대에 유형화된 변형이나 손상을 남기기도 하는 바, 과거의 영양결핍이나 질환의 추적이 가능하다. 생물고고학자는 여러 갈래의 증거를 탐색해야 하며, 부수적인 정보를 세심하게 결합하여 그들이 살아가고 있는 환경으로부터 퍼져나오는 것들로 인해 나타나는 뼈의 변화를 해석할 수 있게 해야 한다. 거기에는 뼈 변형의 부위, 범위와 상태, 그리고 얼마나 많은 뼈들이 영향을 받았는지 등이 포함된다. 감별진단differential diagnosis으로 알려진 그러한 접근은 영양상태(Goodman and Martin 2002; Steckel and Rose 2002)나 질환(Ortner 2003; Ortner and Putschar 1985; Aufderheide and Rodríguez-Martin 2003)을 이해하기 위한 생물고고학 접근의 기초가 되었다.

### 6.3.1 친지 숭배 또는 일탈자의 처리: 매장맥락의 중요성

매장맥락을 고려할 때, 가장 중요하게 명심해야 할 것은 유구 배치, 매장 자세와 위치, 부장품의 존부 및 수량, 분묘 간 상호비교 등이다(5장 참조). 매장맥락은 사회적 신체의 중요한 지표 중 하나인데, 신체가 사후에도 사회 내에서 어떻게 작동하는지—유해노획trophy-taking, 이차(매)장—뿐만 아니라, 사회가 전체적으로 어떻게 죽은 개인을 바라보는지—예를 들어, 분묘 봉헌, 조상숭배 등—에 대해 많은 것을 밝혀줄 것이다. 따라서 사회적 신체에 대한 정보는 인간유해에 대한 분석과 더불어 매장유해에 대한 고려도 포함해야 한다.

## 6.3.2 왜 모두가 건강하거나 제대로 먹는 것은 아닐까?: 영양상태가 불평등에 대해 밝힐 수 있는 것

지난 수십 년 동안, 고대 식이와 과거 영양상태의 복원에 인간유해 분석이 중요하다는 것이 증명되었다. 과거 식이의 질·양이나 집단 내에서의 더하거나 덜한 보건상태가 개인의 사회적 정체성에 대해 많은 것을 밝혀 줄 수 있기 때문에 영양상태의 재구성은 중요하다. 집단의 발병률이나 사망률 양상에 대한 평가는 사회적 지위나 자원에 대한 접근성의 함의를 넘어선다. 뼈대의 해부학적 특성에 미치는 영양 관련 변화에는 신장의 변이, 에나멜형성부전(증)enamel hypoplasias이나 우식 등 치아 결함의 진행, 안와천공cribra orbitalia 및 골형성과다증porotic hyperostosis 같은 상태의 존재 등이 있다. 여기서 다뤄지지 않지만 수행할 만한 여타의 더 전문화된 연구도 있다. 여기서는 사회적 신체가 열악한 보건이나 영양상태의 징후를 해석하는 데 활용되는 몇몇 기초적인 방식을 매우 일반적으로 개괄한다.

### 6.3.2.1 신장

성장 양상은 영양상태 평가를 위한 강력한 도구이기 때문에 백골유해로 미성년의 성장이나 성인의 형태를 분석할 수 있는 것은 중요하다. 생계 양상이나 양질의 음식에 대한 차별적 접근이 사지 뼈의 길이에 영향을 미치는바, 신장은 개인적 식이의 질과 안정성을 반영한다는 증거가 있다(Steckel 2008; Auerbach 2011; Mummert et al.

2011). 동시대 집단 간 크기에서의 차이는 거의 완벽하게 개인의 영양상태에 영향을 미치는 환경적 조건에 달려 있으며(Steckel 1995), 따라서 뼈대 형태에 미친 영향에 의거하여 식이의 차이를 구별할 수 있다.

성인이나 미성년 모두를 관찰하면 영양상태가 신장에 영향을 미치는지에 대한 다양한 통찰력을 얻을 수 있다. 몇몇 연구들은 유럽인 도래 이전 사회의 어린이들과 현대 산업사회의 어린이를 비교하면서, 미성년에 있어서 신장 양상이 항상 간단하게 해석되지는 않는다는 것을 발견하게 되었다. 성장과 발달에서 국소적 환경의 역할을 제시하는 집단 내/사이에는 변이가 존재한다. 예를 들어, 오슬리Douglas W. Owsley와 잰츠Richard L. Jantz는 신장에 관한 한 북미 대평원에 거주하는 원주민집단의 어린이들은 오히려 후기산업화시대 북미의 유럽계 백인 어린이들과 유사하다는 점을 지적했다(Owsley and Jantz 1985). 이는 마틴Debra L. Martin과 동료들이 오늘날 어린이보다 훨씬 작았던 선사시대 미국 남서부 원주민집단의 신장을 관찰하면서 발견했던 것과는 다르다(Martin et al. 1991). 대평원과 남서부 어린이 사이의 차이는 상이한 식이와 영양상태를 초래했던 대조적 전통 생계행위의 결과이다. 편협한 식료지원과 특히, 옥수수에 과도하게 의존했던 남서부와 비교할 때, 대평원의 식이는 광범하게 육류나 야생식물을 병합함으로써 훨씬 다양하다.

어린이에게는 정상적인 성장과 발달을 위해 영양섭취가 양호해야 하는 뼈 발달의 특정 시기가 있기 때문에 영양상태는 중요하다. 예를 들어, 어린이가 이유하고 생계자원 수집과 같은 활동에 참여하게 되는 2~3세 즈음은 발달에 있어, 하나의 중요한 시기이다. 그런데 이유는 어린이의 성장이 방해받을 수도 있는 하나의 단계에 불과할 뿐이며, 생물고고학이나 민족지 연구들은 어린이가 성장과 발달의 여러 단계에 걸쳐 위기를 겪는다는 것을 밝혀왔다(Baustian 2010; Johnston 1962; Little and Gray 1990; Maresh 1955).

성인의 신장을 분석하는 것은 미성년의 신장과는 달리, 최적의 성장에 도달했다는 데에 가치가 있다. 결과적으로 신장과 관련하여 성인은 성장 문제로 인해 복잡해지지는 않는 그림을 제공하게 된다.

### 6.3.2.2 치과보건

치아는 성장과 발달의 가장 중요한 시기에 형성되는바, 논란에도 불구하고 치아 발달은 영양상태에 대한 최선의 지표 중 하나이고, 음식을 저작하는 데 쓰이는 치아는 생계양상을 현저하게 반영한다. 영양적 압박을 측정하는 데 활용될 수 있는 두 가지 지표가 있는데, 선형 에나멜형성부전linear enamel hypoplasias, LEHs과 충치이다. 선형 에나멜형성부전은 생리적 와해에 따른 에나멜 형성의 부진인데, 보통 영양결핍에 의해 악화된다(Goodman and Rose 1991). 전 생애에 걸쳐 반복적으로 재건되는 뼈와 달리 치아는 일단 형성되면, 에나멜을 잃고 새롭게 더해지진 않는데, 이러한 치아의 정태적 특성이 영양상태를 평가하기에 유용하게 작동한다.

치아는 생애 이른 시기에 형성되는데 그 시기의 영양상태를 평가하는 데 유용할 뿐이라는 것이 선형 에나멜형성부전의 한 가지 한계이다. 그런데 이유를 하는 유아기와 같이 생애 이른 시기에 선형 에나멜형성부전은 개인이 언제 영양적 압박을 경험했는지의 측면에서 많은 정보를 준다. 치주와 관련지어 각 부전의 위치를 평가함으로써, 개인의 성장과 발달 동안 영양적 압박이 언제 발생했는지를 알아낼 수 있다.

치아우식은 전체적인 보건과 식이를 평가하는 데 유용한 치아발달 과정상 또 하나의 변화이다. 개인 일생의 어떤 시점에도 발생할 수 있어 단순히 생애 이른 시기의 영양에 대한 지표만은 아니며, 우식에 의한 손상은 특히 유용하다. 우식 빈도와 관련되는 주된 본보기는 농경 위주 생계로의 전이에 있다(Cohen and Armelagos 1984; Pinhasi and Stock 2011). 그러한 충치 증가 원인은 상대적으로 다양했던 농경 이전의 식이에서 옥수수나 밀, 보리, 수수 또는 기장 등의 여타 곡물처럼 질도 높지 않고 당분 함유가 많은 전분 위주 식이로의 전이에 있다(Eshed et al. 2006; Lukacs 1996; Zvelebil and Dolukhanov 1991).

선형 에나멜형성부전이나 우식 같은 치과적 변화의 활용은 특히 식이 양태나 통상적 보건을 판정하는 유용한 수단이다. 선형 에나멜형성부전과 제2대구치 우식의 동시 발생에 주목하는 근래의 임상자료는 아동기에 선형 에나멜형성부전이 있으면 생애의 늦은 시기에 충치가 생길 가능성이 심대하게 높아진다는 점을 보여준다

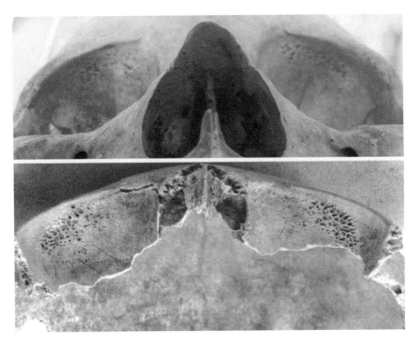

**그림 6.1** 안와천공: 치유(푸에블로 보니토Pueblo Bonito 327.080호 무덤)(위), 활성(푸에블로 보니토 327.101호 무덤)([미]국립자연사박물관 인류학분과 제공)(아래)

(Hong et al. 2009). 그런 점들과 구강보건의 여타 지표를 고려함으로써 식이자원과 구강보건의 위기를 맞은 집단에 대한 평가를 개조할 효과적인 수단을 얻게 된다.

### 6.3.2.3 영양상태에 관련된 기타 지표

영양결핍은 뼈의 성장뿐만 아니라 전반적인 보건에도 영향을 미친다. (두개골의 눈구멍에서 보이는) 안와천공과 (두개골의 둥근 천장에서 보이는) 골형성과다증의 두 가지 병변이 특히 영양상태 차이와 관련된다. 안와천공은 눈구멍 안쪽 꼭대기에서의 뼈 증식인 반면, 골형성과다증은 (두개골) 판간층에서 다공화의 진행이나 두개천장 외부 표면이 얇아지는 현상을 아우른다. 이 두 가지 상황 모두 동일한 영양학적 문제의 결과인바, 연구자들은 자주 둘을 결합시킨다(그림 6.1).

최근 연구는 그러한 두 상태의 원인이 양호하게 이해되고 있지는 않다는 것을 보여왔다. 워커Phillip L. Walker와 동료들은 어느 쪽이든 철분 결핍이 그 원인이 되었던 듯하지는 않다고 주장한다(Walker et al. 2009). 필자들은 그러한 상태에 대해서 수유기간 동안의 비타민 B12 결핍이나 이유기 무렵의 위장 감염 증가 등 여러 가지 원인이 있다는 점을 제시한다(Walker et al. 2009: 119). 그런데 중요한 것은 그 정확한 원인이 아니고, 인골 유해에 그런 상태가 남아 있음이, 해당 개인이 영양적 압박을 시사하는 일종의 식이결핍에 시달렸음을 알려준다는 점이 문제가 된다는 것이다. 워커와 동료들은 적혈구 수위를 유지하는 데 아동이 더 곤란을 겪으며 결과적으로 압박에 취약한바, 안와천공이나 골형성과다증은 성장이나 발달에 관계된 장애라는 것도 알리고 있다(Walker et al. 2009: 111). 이는 병리적 상태가 초년기의 영양적 압박을 평가하기에 매우 중요하다는 것을 시사한다.

### 6.3.3 불평등과 열악한 보건: 감염, 발병률, 조기사망

생물고고학자가 식별할 수 있는 과거의 많은 질환은 본질적으로 만성적이다. 반면, 전염병은 매우 급속하며 뼈에 흔적을 남기지 않아, 예전의 특이한 매장 양상(예를 들어, 집단무덤)의 존재나 사망률 급등에 의해서만 식별할 수 있다. 만성질환은 인간이나 동물의 배설물이나 쓰레기에의 노출, 사회적 지위에 연계된 열악한 위생이나 상처가 감염될 더 큰 위험과 같은 요소에의 노출을 나타내는바, 한 개인의 사회적 신체에 관한 많은 정보를 알려준다.

신체적 감염에 의해 촉발되는 전신 염증은 사지 뼈의 바깥 표면(골막periosteum)에 영향을 미칠 수 있다. 뼈는 전반적인 염증 반응에 영향을 받게 되고, 골막반응periotseal reactions으로 불리는 부가적인 뼈 발달을 진행시킨다. 골막반응—사지 뼈 표면에서의 비정상적인 뼈 발달—에 주목하면서, 웨스턴Darlene A. Weston은 어떤 정확도로도 뼈에서 그런 급증변화의 원인을 구별하기 어렵다는 것을 발견하였다(Weston 2008). 그런데 오트너Donald Ortner는 "… [골막반응의] 90%에 달하는 사례에서 원인균은 황색포도상구균Staphylococcus aureus이며, 빈도상 둘째는 연쇄상구균Streptococcus이고, 여타 감염체가 나머지를 이룬다(Ortner 2003: 181)." 라고 주장한다.

골막반응의 정확한 병인에 대한 더 많은 정보가 축적될 때까지는, 포도상구균이나 연쇄구균 등 일반적인 전염성 세균 감염에 의해 유발되지만 손상은 다른 상태를 나타낼 수도 있다는 정도가 최선의 답일 듯하다. 그리고 여러 질환이 그러하듯, 골막반응도 본질적으로 다원인적이어서 병원체를 특정하는 것은 가능하지 않을 듯하다. 그런데 전염성 질환은 인간진화에 가장 의미심장한 선택요인의 하나였다(Armelagos et al. 2005). 새로운 여러 감염성 질환의 확산이나 결핵과 말라리아의 재등장(Barrett et al. 1998)으로 볼 때, 한 사회에서 누가 질병의 영향을 받는지 이해하는 것은 생물고고학자들이 연구대상인 사람들의 생애를 이해하는 데에 중요하다. 대다수의 생물고고학 연구는 압박의 모든 잠재적 지표를 결합하고, 한 개인이 사망 시 병에 걸렸다는 여러 확증들을 찾는다.

## 6.4 정치적 신체 또는 신체정치

매우 오래전 사회에서도 개인은 직업과 할 일이 있었고, 이는 종종 사회적 합의에 기초한 문화적 결정에 따라 위임된다. 또한 개인은 어떤 임무를 수행하도록 강요되거나 들판에서 수고하는 직업을 가진 계급의 사람으로 태어날 수도 있다. 사회구조의 영향을 받는 신체의 일종에 대한 이론적 접근으로서 신체정치는, 생물고고학자가 인골로 근골체계의 습관적 사용 징후와 외상·폭력의 징후에 대해 검토하게끔 한다. 활동에 연관된 변화나 외상은 상호 연결되어 개인의 열악한 보건 전반에 영향을 미칠 것이다. 사회적 제도나 명령은 개인으로 하여금 특정한 방식의 삶을 살도록 하는데, 신체정치를 이해하고자 하는 생물고고학자는 여러 개인들이 학대당했을 수도 있는 방식을 복원하기 위해 몇 갈래의 증거를 활용할 수 있다. 이는 포로, 노예, 하인 등 하류집단을 구성하는 사람들에 대해서는 특히 그러하다. 그러나 그 사회에서 "상위 유력자", 곧 높은 지위의 개인도 어떤 역할을 하여야 하는데, 이는 뼈에 반영된다. 예를 들어, 전사는 사람 사이 충돌을, 인골과 매장의 맥락에서 자명해질 높은 지위를 얻고 유지하는 수단으로 활용할 것이다(Tung 2007; Walker 1989). 활동의 지표와 외상증거에 대한 분석을 통해, 과거사회에서의 사회적 지위와 갈등이 어떻게 사람들에게 신체적인 영향을 미치는지 식별할 수 있을 것이다.

### 6.4.1 고대 직업: 포로, 전사, 상위 유력자, 노예

유골을 이용하여 과거의 활동을 복원하는 작업은 흥미진진한 연구영역의 하나이다(Jurmain et al. 2012). 최근 워커와 동료들은 활동의 복원이 "… 인간유해에 대한 맥락적 접근을 계속해서 강화해간다."라고 지적했다(Walker et al. 2012: 66). 활동 수준에 있어 해당 사회의 다양한 구성원 사이에 현저한 차이가 있을 때, 뼈에 남은 활동 관련 변화는 특정 문화 내에서 사회·정치적 관계를 밝혀줄 듯하다. 뼈의 역할 중 하나가 근육의 고정이나 운동 촉진인바, 필연적으로 특정 근육의 어떠한 습관적, 일상적 사용에든 반응한다. 여타 뼈대 변화와 함께 고려하자면, 영양결핍과 질환으로 인한 변화처럼 활동 관련 변화는 개인의 정체성에 관해 많은 것을 밝혀줄 수 있다.

일반적으로 인골에 남은 활동을 복원하는 데에는 세 가지 방법이 있다. 그런 접근법 모두는 후두개 부위에 대한 분석을 포함한다. 첫 번째 방법은 관절에의 과부하를 지시하는 양상(골관절염osteoarthritis과 퇴행성관절장애degenerative joint disorder)을 식별하기 위해 관절 표면의 퇴행 과정을 평가한다. 두 번째는 사지뼈의 크기와 모양 계측(곧, 강건성)을 포함하는 방법이다. 마지막으로, 세 번째 방법은 근육 부착 지점, 힘줄, 인대 부착 지점에서의 뼈 성장의 존부를 평가한다. 그것들은 부착부entheses 또는 근골musculoskeletal 부하지표stress marker로 불린다.

#### 6.4.1.1 골관절염과 퇴행성 관절질환

중년 이상의 모든 성인에게서 관절의 마모와 파손 흔적이 보이고 퇴화는 자연적 노화 과정의 일부인바, 퇴행성 질환이란 용어는 다소 애매하다. 그런데 신체정치를

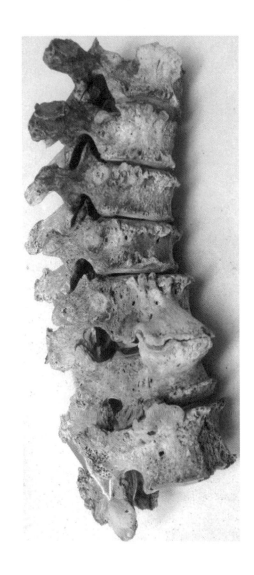

**그림 6.2** 골관절염(푸에블로 보니토 327.070호 무덤)
([미]국립자연사박물관 인류학분과 제공)

복원함에 있어 관심거리인 뼈대체계의 변화는 정상에서 벗어난 것들이다. 정상보다 인생의 이른 시기에 발생하거나 신체라는 측면 또는 뼈의 의학적 기능이라는 측면에서 신체에 불균형적으로 영향을 미치기 때문에, 그렇게 유형화된 변화는 예상되지 않은 곳에 있다. 골관절염은 늑골과 척추의 골증식성 성장을 포함하여 뼈대 전체에서 일어나는 변화를 서술하기 위한 용어이다. 퇴행성관절염degenerative joint disease, DJD은 관절면에서 나타나는 변화에 좀 더 특정적으로 관련된다(그림 6.2).

　골관절염과 퇴행성관절염은 불균형적인 활동량에 결부되며, 사회 계층화나 불평등의 지표로 활용된다(Woo and Sciulli 2011; Merbs 1983). 5장에서 논의된 라플라타La Plata 여성포로의 사례에서, 두부 상해가 있고 아무렇게나 매장된 여성에게는 고된 노동에 기인한 듯한 관절의 비대칭적인 마모나 파열도 있다는 점이 발견되었다(Martin et al. 2010). "구타당하고 뼈 빠지게 일했다."라며, 라플라타 여성 인골을 분석한 생물고고학자가 발견 사항을 묘사하고 있다. 청년들의 특정 부위에서만 발견되는 골관절염은 치유되었지만 관절체계를 약화시키거나 더 이상 기능하지 못하게 한 이전의 외상상해와 연결될 수 있다. 같이 나타나는 그런 인자들 모두는 개인의 활동 유형을 확인하고 복원하는 데 유용하며, 해당 개인이 의지에 반하여 속하게 된 사회적 범주를 밝혀줄 것이다.

### 6.4.1.2 강건성

강건성의 측정은 본질적으로 사지뼈 골격의 전체적 크기와 형태에 대한 평가의 일종이다. 스톡Jay T. Stock과 쇼Colin N. Shaw는 크기와 형태는 뼈 강도의 지표들이라고 한다(Stock and Shaw 2007: 412). 강건성 분석은 생물역학적 부하—일련의 근육을 진정으로 심하게 사용함으로써 야기되는 압박과 기질—가 발생하는 동안 적용된 힘의 결과로서, 사지뼈 특정 부위의 형태적 측면을 계측한다는 데 의미가 있다. 이는 강건함의 수준에서 보이는 차이가 한 사람이 일생 동안 수행하는 활동의 양과 지속에 대한 지표를 제공하는바, 활동을 복원하는 데에 중요하다. 그런데, 강건성은 단순히 먼 거리를 걷던 효과나 하루 종일 다른 운동을 수행하던 효과를 밝히는 것일 수도 있다.

강건성은 신체 중 어떤 사지뼈에도 적용될 수 있는 측정치이다. 그런데 가장 주목되는 인자는 위쪽 팔의 상완골과 아래쪽 다리의 대퇴골과 경골(정강이뼈)이다. 상완골의 강건성은 팔의 반복적이거나 격렬한 사용을 포함하는 활동 양상을 알려주는데, 거기에는 노 젓기, 옥수수나 곡류 제분, 직조 등에서 팔씨름에 이르기까지 여러 가지 활동이 포함될 수 있다. 대조적으로, 이동에서의 기능이나 무게를 지탱해야 한다는 사실 때문에, 대퇴골과 경골은 무거운 짐을 옮기거나 특정 자세를 유지하는,

아니면 매우 긴 거리를 걷거나 울퉁불퉁한 지대를 통과하는 양태를 밝혀줄 수 있다 (Ruff 2008; Pearson 2000).

강건성에 대한 수치자료를 수집하는 전통적인 방법에는 대퇴골 중간부의 전·후방 지름, 중앙 또는 옆 지름 등 사지뼈의 특정 부위에 대한 표면 계측 및 그 계측치를 그 뼈의 생리학적 길이와 비교하는 작업이 포함된다(Bass 2005; Cole 1994). 강건성을 측정하는 다른 방법은 사지뼈의 횡단면을 통해 피질 두께를 평가하는 것이다(이 기법에 대한 깊은 논의에 대해서는 8장 참조). 후자의 방법이 종종 강건성에 대한 좀 더 정확한 계측치를 제공하지만, 스톡과 쇼는 표면 계측이 덜 파괴적일 뿐만 아니라, 강건성을 정확하게 평가하는 일환이라는 점을 제시한다(Stock and Shaw 2007).

### 6.4.1.3 부착부

부착부는 인대가 뼈와 뼈를 연결하거나 힘줄이 근육과 뼈를 연결하는 뼈 위의 지점이다(Benjamin et al. 2006). 개인의 일생 동안 활동은 인대와 힘줄에 부하를 가중하며, 한편으로 그것들이 부착되어 있는 뼈의 위치를 뒤튼다고 주장되어 왔는데, 부착부에 대한 연구가 중요하다. 그러한 부하 가중의 결과는 뼈의 외측 골피질(골막)이 교란되는 것이다. 그러한 손상에 대한 반응으로서 뼈는 새로운 뼈를 생성하게 되는데, 결과적으로 관찰 및 기록이 가능할 정도로 뼈의 능선 발달을 초래한다(그림 6.3).

부착부를 활용하는 창의적인 방법은 (노예처럼) 하루 종일 힘든 일을 하는 집단과 힘든 강제노동을 하지 않는 집단을 비교하는 작업일 것이다. 5장에서 논의된 라플라타의 노예는 온몸의 부착부가 매우 현저하였다(Martin et al. 2010의 사진 참조).

가장 흥미로운 것은 부착부가 무거운 짐을 운반하거나 쪼그렸다가 일어나기와 더 연관될수록, 더 큰 근육이 사지에 부착되는 자리라는 점이다. 그런 변화를 기록할 방법론을 제공하는 두 원천은 매 부착부에 대한 등급체계를 제시한 마리오티Valentina Mariotti와 동료들이나 부착부의 존부를 기록한 카파소Luigi Capasso와 동료들의 글이다(Mariotti et al. 2007; Capasso et al. 1999).

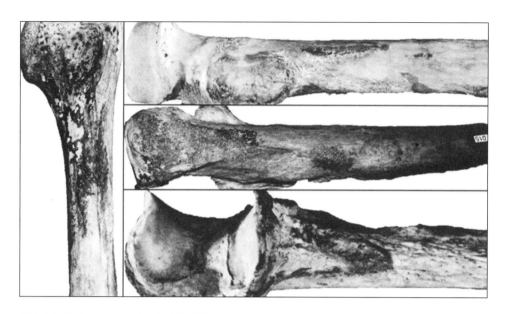

**그림 6.3** (칼린Carlin 3호 무덤의) 상완의 부착부(해로드Ryan P. Harrod 촬영, 네바다주립대학교 인류학과 제공)

집단 간 활동 비교에 있어, 신체 크기와 같은 혼란스러운 변수의 문제는 활동의 강도 차이보다는 종류 차이를 조사함으로써 현격하게 줄어들 수 있다. 집단 간 활동에서 사회적인 차이는 양적이라기보다는 질적일 가능성이 높은바, 이런 접근은 혼란스러운 요소를 분석에서 제거할 뿐만 아니라, 이론적 관점에서 좀 더 타당하게 된다. 부착부에 대한 근래 연구는 문화적 맥락 내에서 개인들을 비교하거나 그 변화를 특정 활동과 연결시키지 말 것을 더욱 강조해왔다(Martin et al. 2010; Stefanović and Porčić 2013; Lieverse et al. 2009; Eshed et al. 2004).

자체적인 제약에도 불구하고, 부착부 발달의 차이는 활동에서 한 집단 내 구성원들 간 차이를 밝혀준다. 연구에서 연령과 성별이 통제된다면, 그 사회 내에서 다른 종류 또는 더 많은 양의 활동을 한 개인을 식별할 수 있다.

## 6.4.2 가정폭력에서부터 불화, 약탈, 전쟁에 이르기까지: 과거의 외상 인지하기

(완치된 또는 그렇지 않은) 외상과 골절은 신체정치에 관해 많은 것을 밝혀줄 일종의 부가자료이다. 사고의 결과나 직업적 재해 또는 직간접적 폭력의 결과이건, 외상성 부상은 한 사회 내에서 더 큰 부상, 장애, 사망의 위험에 처한 사람에 대한 통찰을 갖게 한다.

유해에 남은 외상의 시점은 전혀 치유되지 않았거나 부분적으로 또는 완전하게 치유되었는지에 의거하여 평가될 수 있다. 이러한 세 가지 유형의 골절을 구별해내는 것은 중요한데, 그 부상들이 매우 다른 함의를 내포하고 있기 때문이다(사망 전·무렵·이후 외상에 대한 더 상세한 서술은 4장 참조). 외상에 대한 이해와 관련하여, 사망 전 외상은 치명적이진 않은 폭력을 판정하는 데 유용한 반면, 사망 무렵의 외상은 종종 본질적으로 치명적인 폭력을 반영한다(그림 6.4).

치명적 외상은 과거 사람들의 삶을 이해하는 데는 중요하지만, 신체정치를 복원하는 데에서는 비치명적 폭력보다는 활용하기가 더 어렵다. 비치명적 골절과 달리 치명적 외상은 개인 생의 마지막을 초래하지만, 비치명적 외상은 그 개인이 삶을 지속할 수 있는 부상과 관련되기 때문이다(그림 6.5).

외상에 관련된 경험과 그 부작용은 개인은 물론 집단의 생애경험 모두에 영향을 미칠 것이다(외상이 지속적인 영향을 미치는 방식에 대해서는 Tilley 2012와 Tilley and Oxenham 2011 참조). 어떤 경우, 사람들은 일생 동안 축적되는 여러 부상을 입을 수 있는데, 부상의 상습성injury recidivism으로 일컬어지는 부상 양상을 밝혀준다(Reiner et al. 1990; Judd 2002).

생리적 압박에 대한 여타의 지표와 관련된 비치명적 외상의 발생이나 강건성 및 활동에 수반하는 부적절한 영양상태에 주목하는 것은 한 문화의 사회적 위계와 복합도를 평가하는 작업에 효과적인 방법을 제공하기도 한다. 예를 들어, 미국 남서부의 한 집단을 조사한 마틴과 동료들, 페루 와리Wari의 여성을 조사한 퉁Tiffiny A. Tung,

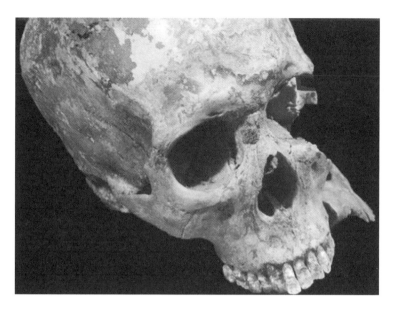

**그림 6.4** (칼린 10호 무덤의) 사망 무렵 안면골절(해로드 촬영, 네바다주립대학교 인류학과 제공)

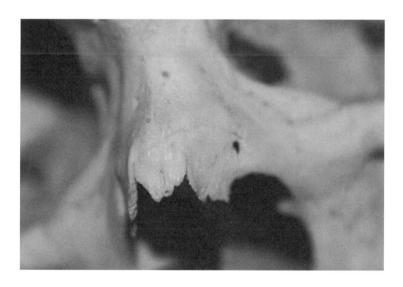

**그림 6.5** 1902년 6월 야퀴족에 대한 잔혹한 학살 이후, 멕시코 소로라주 에르모시요 인근 씨에라 마자탄유적
에서 흐르들리치카가 수집한 유해의 사망 전 비골골절(99-3975호 무덤)

카호키아Cahokia에서 일군의 여성을 연구한 코지올Kathryn Koziol, 고대 북미 동북부 여
성들을 연구한 윌킨슨Richard G. Wilkinson 등은 외상을 비롯한 여타 지표들에 의거하여

과거 사회에 여성 노예가 있었음을 보여줄 수 있었다(Martin et al. 2008; 2010; Tung 2012; Koziol 2012; Wilkinson 1997). 셰퍼-휴스와 록이 이론화했듯, 신체정치는 대부분 "일과 여흥, 질병 및 여타 형태의 일탈"에서 "신체에 대한 통제"를 통해 구조화된다(Scheper-Hughes and Lock 1987: 8). 어떤 방식으로든 자신의 신체를 통제받았던 개인들을 알아내는 한 방법은 그러한 위압적인 문화적 배경 속에서 가해자와 희생자를 식별해내는 것이다.

## 6.5 요약

여기서 검토된 정체성 지표는 인간유해 분석의 모든 기법에 대한 철저한 조사에 의한 것은 아니다. 대신, 생물문화적 정체성에 대한 일반적 지표는 인간이 처한 상황에 대한 질문을 통해 구성되어왔다. 보건과 수명에 대한 불평등의 영향은 어떠한가? 노예가 될 여성의 포획과 같이 사회적으로 용인된 폭력이 국가 이전 단계 사회에서도 복원될 수 있는가? 집단 내에서 전사는 다른 사람보다 더 큰 조기 사망의 위험에 처해 있는가? 셰퍼-휴스와 록이 제공하는 이론적 틀을 활용하여 사망연령, 성별/젠더, 질병, 외상 등 생물문화적 정체성에 대한 뼈대지표를 구성하는 작업이 단순히 그러한 지표가 어떻게 창의적이고 좀 더 통합적인 방식으로 이용될지를 설명하는 일환이었나? 가난한 사람, 포로, 노예, 지체장애자들의 일생에 대한 질문은 오늘날만큼 과거에 대해서도 중요하다. 개인들이 가졌던 다양한 정체성을 부각하는 것은 그러한 관점을 활용한 분석의 첫걸음이다.

# 참고문헌

Armelagos, G. J., Brown, P. J., & Turner, B. L. (2005). Evolutionary, historical and political economic perspectives on health and disease. *Social Sciences and Medicine, 61*, 755-765.

Auerbach, B. M. (2011). Reaching great heights: Changes in indigenous stature, body size and body shape with agricultural intensification in North America. In R. Pinhasi & J. T. Stock (Eds.), *Human bioarchaeology of the transition to agriculture* (pp. 203-233). Chichester: Wiley-Blackwell.

Aufderheide, A. C., & Rodríguez-Martin, C. (2003). *The Cambridge encyclopedia of human paleopathology* (reprint edition). Cambridge: Cambridge University Press.

Barrett, R., Kuzawa, C. W., McDade, T. W., & Armelagos, G. J. (1998). Emerging and re-emerging infectious diseases: The third epidemiologic transition. *Annual Review of Anthropology, 27*, 247-271.

Bass, W. M. (2005). *Human osteology: A laboratory and field manual* (5th ed.). Columbia: Missouri Archaeological Society.

Baustian, K. M. (2010). *Health status of infants and children from the bronze age tomb at Tell Abraq, United Arab Emirates*. MA thesis, University of Nevada, Las Vegas.

Benjamin, M., Toumi, H., Ralphs, J. R., Bydder, G., Best, T. M., & Milz, S. (2006). Where tendons and ligaments meet bone: Attachment sites ('entheses') in relation to exercise and/or mechanical load. *Journal of Anatomy, 208*, 471-490.

Birkby, W. H., Fenton, T. W., & Anderson, B. E. (2008). Identifying southwest Hispanics using nonmetric traits and the cultural profile. *Journal of Forensic Sciences, 53*(1), 29-33.

Brooks, S., & Suchey, J. (1990). Skeletal age determination based on the os pubis: A comparison of the Acsadi-Nemskeri and Suchey-Brooks methods. *Human Evolution, 5*(3), 227-238.

Buckberry, J. L., & Chamberlain, A. T. (2002). Age estimation from the auricular surface of the ilium: A revised method. *American Journal of Physical Anthropology, 119*(3), 231-239.

Buikstra, J. E., & Ubelaker, D. H. (1994). *Standards for data collection from human skeletal remains*. Fayetteville: Arkansas Archaeological Survey, Research Series, No. 44. A copy of standards is required in order to fill out these forms accurately. It may be obtained from the Arkansas Archeological Survey, 2475 N. Hatch Ave., Fayetteville, AR 72704, http://www.uark.edu/campus-resources/archinfo/.

Capasso, L., Kennedy, K. A. R., & Wilczak, C. A. (1999). *Atlas of occupational markers on human remains*. Teramo: Edigrafital S.P.A.

Cardoso, H. F. (2007). Environmental effects on skeletal versus dental development: Using a documented subadult skeletal sample to test a basic assumption in human osteological research. *American Journal of Physical Anthropology, 132*(2), 223-233.

Cohen, M. N., & Armelagos, G. J. (1984). *Paleopathology at the origins of agriculture*. Orlando: Academic.

Cole, T. M., III. (1994). Size and shape of the femur and tibia in northern plains. In R. L. Jantz & D. W. Owsley (Eds.), *Skeletal biology in the great plains: Migration, warfare, health, and subsistence* (pp. 219-233). Washington, DC: Smithsonian Institution Press.

Díaz-Andreu, M., & Lucy, S. (2005). Introduction. In M. Díaz-Andreu, S. Lucy, S. Babi, & D. N.

Edwards (Eds.), *The archaeology of identity: Approaches to gender, age, status, ethnicity and religion.* New York: Routledge.

DiGangi, E. A., & Moore, M. K. (2012). *Research methods in human skeletal biology.* Oxford: Academic.

Duncan, W. N. (2012). Biological distance analysis in contexts of ritual violence. In D. L. Martin, R. P. Harrod, & V. R. Pérez (Eds.), *The bioarchaeology of violence* (pp. 251-275). Gainesville: University of Florida Press.

El-Najjar, M. Y., & McWilliams, K. R. (1978). *Forensic anthropology: The structure, morphology, and variation of human bone and dentition.* Springfield: Thomas.

Eshed, V., Gopher, A., Galili, E., & Hershkovitz, I. (2004). Musculoskeletal stress markers in Natufian hunter-gatherers and Neolithic farmers in the Levant: The upper limb. *American Journal of Physical Anthropology, 123,* 303-315.

Eshed, V., Gopher, A., & Hershkovitz, I. (2006). Tooth wear and dental pathology at the advent of agriculture: New evidence from the Levant. *American Journal of Physical Anthropology, 130,* 145-159.

Franklin, D. (2010). Forensic age estimation in human skeletal remains: Current concepts and future directions. *Legal Medicine, 12*(1), 1-7.

Goodman, A. H., & Martin, D. L. (2002). Reconstructing health profiles from skeletal remains. In R. H. Steckel & J. C. Rose (Eds.), *Backbone of history: Health and nutrition in the western hemisphere* (pp. 11-60). Cambridge: Cambridge University Press.

Goodman, A. H., & Rose, J. C. (1991). Dental enamel hypoplasias as indicators of nutritional status. In M. A. Kelley & C. S. Larsen (Eds.), *Advances in dental anthropology* (pp. 279-293). New York: Wiley-Liss.

Greenberg, S., & Greenberg, M. (2001). *Handbook of neurosurgery* (5th ed.). New York: Thieme.

Halcrow, S. E., & Tayles, N. (2008). The bioarchaeological investigation of childhood and social age: Problems and prospects. *Journal of Archaeological Method and Theory, 15,* 190-215.

Hillson, S. W. (1996). *Dental anthropology.* Cambridge: Cambridge University Press.

Hong, L., Levy, S. M., Warren, J. J., & Broffitt, B. (2009). Association between enamel hypoplasia and dental caries in primary second molars: A cohort study. *Caries Research, 43*(5), 345-353.

Johnston, F. E. (1962). Growth of long bones of infants and young children at Indian Knoll. *American Journal of Physical Anthropology, 20*(3), 249-253.

Judd, M. A. (2002). Ancient injury recidivism: An example from the Kerma period of Ancient Nubia. *International Journal of Osteoarchaeology, 12,* 89-106.

Jurmain, R., Cardoso, F. A., Henderson, C., & Villotte, S. (2012). Bioarchaeology's Holy Grail: The reconstruction of activity. In A. L. Grauer (Ed.), *A companion to paleopathology* (pp. 531-552). Malden: Blackwell Publishing.

Katzenberg, M. A., & Saunders, S. R. (2008). *Biological anthropology of the human skeleton* (2nd ed.). Hoboken: Wiley.

Koziol, K. M. (2012). Performances of imposed status: Captivity at Cahokia. In D. L. Martin, R. P. Harrod, & V. R. Pérez (Eds.), *The bioarchaeology of violence* (pp. 226-250). Gainesville: University of Florida Press.

L'Abbé, E. N., Van Rooyen, C., Nawrocki, S. P., & Becker, P. J. (2011). An evaluation of nonmetric cranial traits used to estimate ancestry in a South African sample. *Forensic Science International, 209*(1-3), 195.e191-195.e197.

Lewis, M. E. (2006). *The bioarchaeology of children: Perspectives from biological and evolutionary anthropology.* Cambridge: Cambridge University Press.

Lieverse, A. R., Bazaliiski, V. I., Goriunova, O. I., & Weber, A. W. (2009). Upper limb musculoskeletal stress markers among middle Holocene foragers of Siberia's Cis-Baikal region. *American Journal of Physical Anthropology, 138*, 458-472.

Little, M. A., & Gray, S. J. (1990). Growth of young nomadic and settled Turkana children. *Medical Anthropology Quarterly, New Series*, 4 (3, Steps toward an Integrative Medical Anthropology), 296-314.

Lorber, J., & Martin, P. Y. (2011). The socially constructed body: Insights from feminist theory. In P. Kvisto (Ed.), *Illuminating social life: Classical and contemporary theory revisited* (5th ed., pp. 183-206). Thousand Oaks: Pine Forge Press.

Lovejoy, C. O., Meindl, R. S., Pryzbeck, T. R., & Mensforth, R. P. (1985). Chronological metamorphosis of the auricular surface of the ilium: A new method for the determination of adult skeletal age at death. *American Journal of Physical Anthropology, 68*(1), 15-28.

Lukacs, J. R. (1996). Sex differences in dental caries rates with the origin of agriculture in South Asia. *Current Anthropology, 37*(1), 147-153.

Maresh, M. M. (1955). Linear growth of the long bone of extremities from infancy through adolescence. *American Journal of Diseases of Children, 89*, 725-742.

Mariotti, V., Facchini, F., & Belcastro, M. G. (2007). The study of entheses: Proposal of a standardised scoring method for twenty-three entheses of the postcranial skeleton. *Collegium Antropologicum, 31*(1), 291-313.

Martin, D. L., Akins, N. J., Crenshaw, B. J., & Stone, P. K. (2008). Inscribed on the body, written in the bones: The consequences of social violence at La Plata. In D. L. Nichols & P. L. Crown (Eds.), *Social violence in the prehispanic American southwest* (pp. 98-122). Tucson: University of Arizona Press.

Martin, D. L., Akins, N. J., Goodman, A. H., & Swedlund, A. C. (2001). *Harmony and discord: Bioarchaeology of the La Plata Valley. Totah: Time and the rivers flowing excavations in the La Plata Valley* (Vol. 242). Santa Fe: Museum of New Mexico, Office of Archaeological Studies.

Martin, D. L., Goodman, A. H., Armelagos, G. J., & Magennis, A. L. (1991). *Black Mesa Anasazi health: Reconstructing life from patterns of death and disease*. Carbondale: Southern Illinois University Press.

Martin, D. L., Harrod, R. P., & Fields, M. (2010). Beaten down and worked to the bone: Bioarchaeological investigations of women and violence in the ancient Southwest. *Landscapes of Violence, 1*(1), Article 3.

Merbs, C. F. (1983). *Patterns of activity-induced pathology in a Canadian Inuit population*. Paper presented at the Archaeological Survey of Canada Mercury Series, No. 119, Hull

Minot, C. S. (1907). The problem of age, growth, and death. *The Popular Science Monthly, 71*, 509523.

Mummert, A., Esche, E., Robinson, J., & Armelagos, G. J. (2011). Stature and robusticity during the agricultural transition: Evidence from the bioarchaeological record. *Economics and Human Biology, 9*(3), 284-301.

Ortner, D. J. (2003). *Identification of pathological conditions in human skeletal remains*. London: Academic.

Ortner, D. J., & Putschar, W. G. (1985). *Identification of pathological conditions in human skeletal remains*. Smithsonian Contributions to Anthropology, 28, 1-488.

Owsley, D. W., & Jantz, R. L. (1985). Long bone lengths and gestational age distributions of postcontact Arikara Indian perinatal infant skeletons. *American Journal of Physical*

*Anthropology, 68*, 321-328.

Owsley, D. W., & Jantz, R. L. (1994). *Skeletal biology in the great plains: Migration, warfare, health, and subsistence.* Washington, DC: Smithsonian Institution Press.

Pearson, O. M. (2000). Activity, climate and postcranial robusticity: Implications for modern human origins and scenarios of adaptive change. *Current Anthropology, 41*(4), 569-589.

Pinhasi, R., & Stock, J. T. (2011). *Human bioarchaeology of the transition to agriculture.* Chichester: Wiley-Blackwell.

Reiner, D. S., Pastena, J. A., Swan, K. G., Lindenthal, J. J., & Tischler, C. D. (1990). Trauma recidivism. *American Surgeon, 56*, 556-560.

Ruff, C. B. (2008). Biomechanical analyses of archaeological human skeletons. In M. A. Katzenberg & S. R. Saunders (Eds.), *Biological anthropology of the human skeleton* (2nd ed., pp. 183-206). Hoboken: Wiley.

Scheper-Hughes, N., & Lock, M. M. (1987). The mindful body: A prolegomenon to future work in medical anthropology. *Medical Anthropology Quarterly, New Series, 1*(1), 6-41.

Scheuer, L., & Black, S. M. (2000). *Developmental juvenile osteology.* San Diego: Elsevier Academic Press.

Sofaer, J. R. (2006). *The body as material culture: A theoretical osteoarchaeology.* Cambridge: Cambridge University Press.

Steadman, D. W. (2009). *Hard evidence: Case studies in forensic anthropology* (2nd ed.). Upper Saddle River: Pearson Education, Inc.

Steckel, R. H. (1995). Stature and the standard of living. *Journal of Economic Literature, 33*, 1903-1940.

Steckel, R. H. (2008). Biological measures of the standard of living. *Journal of Economic Perspectives, 22*(1), 129-152.

Steckel, R. H., & Rose, J. C. (2002). *The backbone of history: Health and nutrition in the western hemisphere.* Cambridge: Cambridge University Press.

Stefanović, S., & Porčić, M. (2013). Between-group differences in the patterning of musculoskeletal stress markers: Avoiding confounding factors by focusing on qualitative aspects of physical activity. *International Journal of Osteoarchaeology, 23*(1), 94-105.

Stock, J. T., & Shaw, C. N. (2007). Which measures of diaphyseal robusticity are robust? A comparison of external methods of quantifying the strength of long bone diaphyses to crosssectional geometric properties. *American Journal of Physical Anthropology, 134*, 412-423.

Stojanowski, C. M. (2005). *Biocultural histories of La Florida: A bioarchaeological perspective.* Tuscaloosa: The University of Alabama Press.

Tilley, L. (2012). The bioarchaeology of care. *The SAA Archaeological Record, 12*(3), 39-41.

Tilley, L., & Oxenham, M. F. (2011). Survival against the odds: Modeling the social implications of care provision to seriously disabled individuals. *International Journal of Paleopathology, 1*(1), 35-42.

Todd, T. W. (1920). Age changes in the pubic bone. I. The male white pubis. *American Journal of Physical Anthropology, 3*, 285-334.

Tung, T. A. (2007). Trauma and violence in the Wari Empire of the Peruvian Andes: Warfare, raids, and ritual fights. *American Journal of Physical Anthropology, 133*, 941-956.

Tung, T. A. (2012). Violence against women: Differential treatment of local and foreign females in the heartland of the Wari Empire, Peru. In D. L. Martin, R. P. Harrod, & V. R. Pérez (Eds.), *The bioarchaeology of violence* (pp. 180-198). Gainesville: University of Florida Press.

Walker, P. L. (1989). Cranial injuries as evidence of violence in prehistoric southern California. *American Journal of Physical Anthropology, 80*, 313-323.

Walker, P. L., Bathurst, R. R., Richman, R., Gjerdrum, T., & Andrushko, V. A. (2009). The causes of porotic hyperstosis and cribra orbitalia: A reappraisal of the iron-deficiency-anemia hypothesis. *American Journal of Physical Anthropology, 139*, 109-125.

Walker, P. L., Buikstra, J. E., & McBride-Schreiner, S. (2012). Charles "Chuck" merbs: Reconstructing behavior through the bones. In J. E. Buikstra & C. A. Roberts (Eds.), *The global history of paleopathology: Pioneers and prospects* (pp. 60-69). Oxford: Oxford University Press.

Weston, D. A. (2008). Investigating the specifi city of periosteal reactions in pathology museum specimens. *American Journal of Physical Anthropology, 137*(1), 48-59.

White, T. D., Folkens, P. A., & Black, M. T. (2012). *Human osteology* (3rd ed.). Burlington: Academic.

Whitehead, P. F., Sacco, W. K., & Hochgraf, S. B. (2005). *A photographic atlas for physical anthropology.* Englewood: Morton Publishing Company.

Wilkinson, R. G. (1997). Violence against women: Raiding and abduction in prehistoric Michigan. In D. L. Martin & D. W. Frayer (Eds.), *Troubled times: Violence and warfare in the past* (pp. 21-44). Amsterdam: Gordon and Breach.

Woo, E. J., & Sciulli, P. W. (2011). Degenerative joint disease and social status in the terminal late Archaic period (1000-500 b.c.) of Ohio. *International Journal of Osteoarchaeology*, 10.1002/oa.1264.

Zvelebil, M., & Dolukhanov, P. (1991). The transition to farming in eastern and northern Europe. *Journal of World Prehistory, 5*(3), 233-278.

7장

# 집단에 대한 생물고고학: 적응과 회생 이해하기

인간유해는 질병의 기원과 진화, 변화하는 환경·문화적 조건에의 제한적 적응력에 대한 폭넓은 연구문제와 관련된, 독보적으로 풍부한 자료에 해당한다. 다른 지역에서 다른 시대를 살았던 개인의 체험과 뜻하지 않은 죽음에 관해 뭔가를 언급할 수 있게 됨으로써, 귀중한 역사적 순간에 대한 스냅사진을 얻게 된다. 예를 들어,『개인에 대한 생물고고학 *The Bioarchaeology of Individuals*』이라는 책은 고고기록에서 관심을 끄는 개인에게 생물고고학의 학제적 방법을 적용하는 의의에 대해 설명하고 있다(Stodder and Palkovich 2012). 6장은 어떻게 다양한 뼈대 및 치아지표에 의거하여 개인의 정체성과 사회적 역할이 짜 맞춰지는지를 개괄하고 있다.

함께 살았던 (그리고 죽었던) 개인을 취합하면 과거를 검토하는, 전적으로 다르거나 유용한 방법이 얻어진다. 집단수준의 분석은 더 큰 집합적 수준의 양상과 경향을 알 수 있게 해준다. 시간의 흐름에 따른, 지역별 보건, 활동, 외상 또는 압박에 대한 여타 지표에서의 차이를 (연령과 성별에 따른) 실태적인 인구통계에 의거하여 평가하는 작업은 집단수준의 분석을 통해서만 이루어진다. 이런 종류의 분석은 연구자로 하여금 "한 인구집단 내에서 여성이 동일한 연령대의 남성보다 더 심하게 노동하는가?", "6세 이전에 사망한 아동 중 영양결핍의 빈도는 어떠한가?", "연령, 성별, 지역, 또는 사회적 지위별로 특정 개인이 다른 이에 비해 일찍 사망하게 되는 원인은 무엇인가?" 등의 질문을 던지게 한다.

「(미주) 원주민분묘 보존 및 반환 법령NAGPRA」 및 다른 국가에서 유사한 선제조치가 통과됨으로써 원주민 후손들이 자기 선조들의 삶의 상태에 대한 질문에 답하는 조사사업의 기획에 참여할 기회를 얻게 된다(Silliman 2008). 그러나 후손들이 선조에 대해 알고자 하는 (또는 알고 싶지 않은) 것은 무척이나 다양하다. 생물고고학자는 그 선조의 인골로부터 자료를 수집하려는 열망이 그 후손들에게는 관심도, 가치도 없다는 것을 청취할 준비가 되어야 한다. 그것이 현실이라면, 연구자는 자신의 연구가 가치를 지니거나 해당 공동체로부터 관심을 받을 수 있게 하는 방법을 이해해야 한다. 예를 들어, 인구집단 수준의 분석은 심대한 변화의 시기에 회생resilience의 중요한 일면들을 밝혀주었고, 대체로 인구의 해체와 감소를 알려주는 식민시기에 대한 역사서사를 바로잡는 데 유용하다(Stodder et al. 2002). 과거에 대한 분석이 전장에서의 야퀴Yaqi인 학살과 같은 은폐된 잔혹행위를 밝힐 수 있었기에, 그(유해)들이 연구를 위해 박물관으로 옮겨질 수 있었고(Pérez 2010), 사실상 범죄자들이었던 토착 유럽계 미국인이 이미 주민이 되었음(Novak 2008)에도 불구하고, 파이우트Paiute족이 유타주의 메도우즈산Mountain Meadows 주민을 어떻게 살해했는지를 언급하는 백 년도 더 된 기록과 같은, 원주민에 대한 허위성 역사기록을 일소할 수도 있다. 3장에서도 언급한 것처럼, 그것들은 원주민집단과의 협업 속에서 수행되는 생물고고학이 정의의 부활을 촉발할 수 있는 방법의 사례이다(Colwell-Chanthaphonh 2007). (그 자신도 원주민인) (미국) 국립미주원주민박물관National Museum of the American Indian의 전 관장은 인간유해가 미주 원주민에게 중요한 정보를 전달하는 데 일조하는 소중한 원천이라는 점을 주창했다(West 1993). 또한 그는 원주민집단과의 협업은 생물고고학자의 새로운 연구 사업 및 영역을 추동할 수 있음도 제언하고 있다. 생물학 자료의 잠재력(의 모든 측면)에 대한 오해 불식을 시도하면서, 생물고고학은 그것이 연구의 한 관련 분야이고 인구집단 분석은 그것을 달성하기 위한 한 방편임을 설명해야 할 의무가 있다.

## 7.1 인구자료의 적합성

인간유해를 다루면서, 생물고고학자는 흔히 주변으로부터 다음과 같은 종류의 질문을 받는다. 현재의 상황이 어쩌면 더 절실할 텐데, 오래전 사망한 사람들의 보건과 질환 양상을 기록하기 위하여 인골을 활용하는 것이 왜 중요한가? 그 필요성이 그토록 큰데, 왜 과학적 노력을 오늘을 살아가는 사람에게 집중하지 않는가? 하나의 대답은 열악한 보건의 궁극적 원인은 흔히 가까이 있지 않고, 오히려 시간적 그리고/또는 공간적으로 떨어진 상황에 대해 "소급적" 명시라는 것이다(Farmer 2003). 생물고고학자는 연속적인 시기를 따라 환경·문화·생물적 요소들이 포함된 과거 관련 정보를 추출할 방법을 가지고 있다. 질환은 시·공에 자리매김할 수 있고, 생태·행위·생물적 변수의 상호연결성에 대한 평가도 가능하다. 그러한 종류의 자료는 폭력과 질병이 인류의 회생에 미치는 영향을 이해하는 데 중요하다. 그 어떤 의학 또는 생물학 분야도 그런 류의 전일적이고 학제적 연구를 수행할 수 없다.

인골로부터 도출되는 인간 상대에 대한 자료의 다른 측면은 정보가 온전한 인골로부터 조금씩 얻어진다는 것이다(6장 참조). 흔히 의사는 신체 일부의 방사선 사진, CT 또는 MRI 영상을 본다. 생물학적 정보는 온전한 인골(또는 그대로 보존된 부위들)로부터 수집된다. 예를 들어, (그림 5.4에 기술된 여성의 분묘처럼) 한 사람에게서 분석 결과 이미 치유된 두부 함몰골절과 정수리의 외상이 있고, 상대적으로 최근의 치유되지 않은 왼쪽 둔부 외상이 있음을 밝혀냈다. 신체의 모든 뼈를 아울러 압박과 퇴화의 여러 지표를 종합하는 작업은 내과 의사들은 거의 하지 않거나 그럴 역량도 없는 것이다. 인간의 적용을 이해하는 데 있어, 생물고고학자가 개인에 관련하여 압박요인의 축적이 보건에 어떤 영향을 미치는지를 보여주는 정보를 종합할 수 있다는 사실은 특유의 기여이다. 생물고고자료는 치유되었거나, 되고 있는 것은 물론 사망 무렵 발생한 병리현상을 검토함으로써 인간의 회생을 기록할 한 방편을 제공한다. 그리하여 온전한 인골에서 얻어진 자료로 개인의 독특하면서도 완전한 이력을 복원할 수 있다.

생물고고학의 좀 더 중요한 장점은 개인의 이력을 구성할 수 있다는 것에 더하여, 연구자들이 자주 집단 내 많은 수의 개인에 접근할 수 있다는 것이다. 분석이 오늘날의 문제에 밀접하게 관련되는 것은 그러한 집단수준에서이다. 의사나 전염병학자도 기초적인 인구학적 특징에 관련된 인구자료에 접근할 수도 있겠으나 온전한 신체에 대한, 여러 시대의 인구에 대한, 문화적 맥락을 달리하는 인구에 대한 정보를 항상 취득하는 것은 아니다. 인간의 생물적 특징이나 문화에 대한 이런 비환원주의적 접근은 인류학적 탐구의 독특한 특징이다ー분석단위들은 연결되고, 광범위하며, 치수로 잴 수 있어야 한다.

인류학자와 역사학자가 시간의 흐름에 따른 환경, 정치·경제구조, 생계와 식이, 취락유형의 변화가 어떻게 인구구조와 발병·사망률에 심대한 영향을 미칠 수 있는지를 이해할 수 있게 되는 것은 고고학이나 생물고고학 자료를 통해서이다. 이제는 고전이되 여전히 관련성 있는 일련의 사례들이, 세계 여러 지점에서의 생계경제적 변화에 연결된 인구집단수준의 보건상태 변화에 초점을 맞춘『농경 등장 무렵의 고병리학 *Paleopathology at the Origins of Agriculture*』(Cohen and Armelagos 1984)에서 보이기도 한다. 램버트 Patricia M. Lambert는 그 책에 수록된 것 같은 연구들이 제시하는 생계변화에 대한 생물문화적 시각에 더하여, 생물고고학자가 진화론적 관점을 수용할 수 있다는 점을 지적하고 있다(Lambert 2009). 인구의 안정성 또는 증가 경향을 유지되도록 하는 비율에서의 재생산 적합성 및 역량을 고찰하는 것도 동일하게 중요하다. 그와 유사한 몇몇 편집서들은 현재 저술을 촉진하고 있을 뿐만 아니라, 집단수준의 인구학, 적합성, 질병에 관련된 자료의 수집과 분석에 한층 체계적인 접근의 길을 닦아주었다.

보건과 질환에 대한 관찰·실험 자료의 또 다른 필요성은, 삶이 한편으로는 가혹하고 거칠거나(Hobbes 1651/2003) 다른 한편으로는 단순하고 목가적(Rousseau 1762/2008)이라는 초창기의 고정관념을 재평가하기 위한 것이다. 유골에서 얻어지는 자료는, 다양한 적응 양태를 보이는 과거 삶에 대한 그런 두 가지 단순화된 관념 모두를 반박했다. 협업적으로 뉴잉글랜드 집단을 다루었던 실리만 Stephen W. Silliman

은 과거에 대한 관념이 다른 방식으로 고착화되는 것을 보여줬다(Silliman 2008). 그는 원주민에 미친 식민화 과정의 영향이 일반적으로 해체 또는 안정적인 일련의 적응적 변화로 인식되어온 점을 다루고 있다. 개인 일생에서의 변화와 함께 물질문화와 여타 분야에서의 연령 및 성별 관련 변화를 보여주게 되면, 변화와 안정 상태에 대한 관념은 인간유해 자료들에 의해 도전을 받을 수도 있다. 환경변화나 식민지의 확장이 발병·출산·사망률에 미친 영향에 대한 경험자료가 없다면, 변화에 직면한 인간의 회생력의 한계에 대해 연구하기 어렵다. 환경, 자원, 식이, 질병 등은 모두 인류사 궤적에 큰 영향을 미쳐왔고, 그것들을 비롯한 여타 인자들은 여러 지역과 시기에 걸쳐 인구집단의 성쇠에 주도적인 역할을 했을 것이다. 다가오는 기후변화나 증대되는 종파주의 전쟁에 대한 인류의 대응이나 회생의 미래를 예측하고자 하는 누구든 과거로부터 온 그런 종류의 자료를 구축해야 한다.

## 7.1.1 압박에 대한 인구집단의 적응

인간의 기본적인 생물적 욕구는 수천 또는 수십 만 년 동안 변하지 않았다. 그런데 그러한 기본욕구를 표현하거나 충족시키는 수단은 문화에 따라 끊임없이 달라진다. 생물고고학은 그런 양상의 변이를 고찰한다. 그런 욕구를 충족시키는 문화·행위적 반응을 변화·수정·적응·변형시키는 인간의 역량에 대해 많은 것을 알려주기 때문이다. 특히, 환경적 재앙, 영양실조와 기근, 국지적 전쟁이나 분쟁, 급변하는 생태·정치·경제적 조건 같은 불리하고 극심한 상황에서 미래 우리 생존의 많은 부분은 인간의 대응 및 처리 기제가 가지는 한계를 인식하는 우리의 역량에 달려 있을 듯하다.

생물고고학자는 보건을, 특히 급변하는 또는 불안정한 긴장 기간에 있어서 인간의 적응력 지표로 활용해왔다. 일반적으로 신체는 위해로부터 스스로를 지키는 기제를 갖춘 하나의 작인作因으로 간주될 수 있다. 그리고 인간사회는 시간이 지남에 따라 질환과 외상의 처치에 일조하는 건강관리와 민속약학의 체계를 발달시켜왔다. 한 문화가 한 장소에서 고고기록을 생성할 정도로 오래 정착했었다면, 병마를 퇴치하여 상대적으로 건강을 유지하는 역량이 성공했기 때문이었을 것이다. 문화에 대한 민족지 연구는 보건과 질환, 양자 모두가 문화체계 내에 병합되며 적응복합체의 일부가 된다는 인식을 폭넓게 입증하고 있다(McElroy and Townsend 2009: 105).

인간집단이 상호작용하는 문화적, 생물학적 영향의 영역에서 퍼져나오는 압박에 어떻게 대응하는지에 관련된 질문들이 주목된다. 생물고고학 분석에 활용되고 있는 압박 및 적응에 대한 생물문화적 접근을 다룬 저작에 대한 회고에서, 주커만Molly K. Zuckerman과 아멜라고스George J. Armelagos는 질환은 압박요인의 영향이 개인들의 효과적인 대응역량을 능가함으로써 생물행동적 작동이 붕괴된 상태임을 피력한다(Zuckerman and Armelagos 2011). 질환 상태는 개인의 대응을 위태롭게 할 뿐만 아니라, 가구 및 집단이나 공동체 수준에서도 영향을 미칠 수 있다. 그러므로 보건과 질병 분석은 인간집단 내에서의 변화와 적응의 생물·사회적 결과를 연결하는 데 일조할 수 있다. 그러한 생물·문화적 과정의 연결은 인간집단이 압박에 어떻게 대처하는지를 이해하는 데에 필수적이다.

인간집단의 적응력은 환경적 압박요인을 완충하는 문화체계에 의해 높아진다. 기술, 사회조직 및 집단의 이념조차도 환경적 압박요인을 거르는 여과 기제를 제공한다. 대부분의 경우, 그러한 완충 기제는 압박을 완화할 수 있어서, 구성원이나 집단 전체에 영향을 주게 된다. 그런데 어떤 경우에는 그 완충기제가 부적절하여, 압박요인이 개인과 집단에 고스란히 영향을 미치게 된다.

고대 질병 분석에서 간과되는 압박의 다른 원천도 있다. 문화가 (예를 들어, 보건체계와 약물 사용을 활용한) 완충기제로 작동하더라도, 압박요인이 문화체계 자체에서 연원하거나 환경으로부터 직접 연원하지 않는 경우가 있다. 문화적으로 야기된 압박요인의 사례가 적지 않다. 예를 들어, 밀폐된 은신처에서 불을 사용하면 거주자들이 흡입할 수도 있는 독성 미립자가 생성되고, 단일 곡물에 의존하는 생계전략으로의 변화는 영양결핍을 초래할 수도 있고, 인구규모와 밀도의 증대는 유행성 전염병원체의 전달에 필수적인 매개를 제공할 수도 있다. 이들은 고대 인구집단에서 보이는 압박과 질환의 양상을 유발한, 문화적으로 중재된 압박요인의 잠재적 몇 사례에 불과하다.

압박요인의 영향은 그 강도와 존속에 달려 있다. 존속 기간이 짧고 전례 없이 강한 압박요인은 상대적으로 효과가 약하다. 며칠 동안의 식량 부족은, 성인은 인내할 수 있겠지만 영유아에게는 치명적일 수 있다. 지속된다면, 상대적으로 (낮은 수위의 독소와 같이) 미력하고 단기적인 압박요인이 심각한 문제를 야기할 수 있다. 압박이 오래 지속되고, 호되고, 통제 불능이라면 심대한 영향을 미치게 된다. 그것은 발병률과 사망률의 증가, 생산성과 재생산의 감소로 반영될 것이다.

인구집단의 일부는, 그들의 생물학적 요구치가 해당 자원으로 충족되지 못하면, 더 큰 위험에 노출될 수 있다. 예를 들어, 신생아는 매우 미숙한 면역체계를 가지고 태어난다. 신생아는 태내에 있는 동안 부여받거나 어머니의 모유를 통해 전달되는 면역질에 의존할 수밖에 없다. 생물학적 미숙기로 인해 영유아는 빈번하게, 성인에게는 미미한 영향을 미치는 압박요인이라도 이겨내지 못한다. 여러 척박한 공동체에서 생후 1년간의 사망률이 특히 높다.

따라서 고고학적 인구집단을 대상으로 하는 질병과 부적응 연구는 개별 인골의 평가로부터 시작된다(6장 참조). 그러나 집단 차원의 보건·수명·체력에 미친 질병 및 여타 압박요인의 온전한 영향을 이해하기 위해서는 집단수준으로 이행하는 것이 매우 중요하다.

## 7.1.2 고통의 연대기: 장기간에 걸친 보건 및 병력 복원하기

고대 질병 연구는 거의 알려지지 않은 과거 삶의 분투를 이해하는 하나의 중요한 영역을 마련한다. 하틀리Leslie Poles Hartley는 "과거는 타국으로, 그곳에서는 달리 행동한다(1953/2011: 17)."라는, 지금은 유명해져 상징이 된 인용문으로 자신의 소설, 『중개자 The Go-Between』를 시작했다. 이는 인간의 생활양식, 동기, 생물학적 조건, 생애에 관련된 과거 사건을 복원하는 의미에 대한 적절한 사고방식이다. 인간유해에서 경험자료를 수집하는 가장 과학적이고 체계적인 접근법을 사용하지만, 생물고고학자가 (문헌기록이 부재한 경우에 특히 그러하듯) 과거 사람들이 어떻게 살고 죽었는지를 밝히기에는 여전히 부족할 것이다. 우리가 과거라고 부르는 타국에서 선조들의 보건상태에 대한 정보는, 일부 지역에서는 이미 수천 년까지 확대될 수 있어 보건문제의 장구한 연대기를 마련해준다. 이는 인간의 생물학적 유해가 제공할 수 있는 역사적 정보의 소중한 단편이다.

의사나 해부학자들은 1800년대 중반부터 이상한 병리적 사례에 대한 관찰을 발표해왔지만(예를 들어, Matthews et al. 1893), 좀 더 기술적記述的이고 인류학적인 분석은 이제는 고전이 된 무디Roy L. Moodie, 후튼Earnest Hooten, 흐르들리치카Aleš Hrdlička, 웰스Calvin Wells, 자르코Saul Jarcho, 그리고 브로스웰Don R. Brothwell과 샌디슨Andrew T. Sandison 등의 연구에서 보듯 1930년대에 시작되었다(Moodie 1923; Hooten 1930; Hrdlička 1908, 1935; Wells 1964; Jarcho 1966; Brothwell and Sandison 1967). 웰스는 특히 고대 질병 연구에서 중요한 유력인사였는데, 그의 전일적 접근은 다음의 인용문에서 가장 잘 엿볼 수 있다. "어떤 집단에게든 질환이나 상해의 양상이 우연의 문제는 아니다. 그들이 직면하는 압박과 긴장에 대한 표현, 곧 그들의 환경과 행위에 관련된 모든 것에 대한 반응은 불변한다. 그것은 그들의 유전적 유산, 그들이 거주하는 환경, 자양분을 주는 토양, 그들의 근거지를 공유하는 동·식물상을 반영한다. 그것은 그들의 일상의 생업, 식이습관, 주거 및 의복의 선택, 사회구조는 물론, 민속과 신화에조차 영향을 받는다(Wells 1964: 17)." 이러한 통합적 접근으로, 다음 몇 세대의 고병리학자와 생물고고학자들은 현대 전염병학의 방법을 활용하여 과거 질병에 대한 집단수준의 분석을 강조하는 접근법을 개발하였다(여러 관련 사례에 대해서는 Buikstra and Roberts 2012 참조).

생물고고학자는 집단수준 분석에 공헌하는 최전선에 서 있다. 미국의 몇 지역과 관련하여, 수백 년을 포괄하는 보건의 연대기가 있다. 예를 들어, 램버트와 워커, 워커와 존슨, 램버트, 그리고 얼랜드슨Jon M. Erlandson과 동료들 등은 거슬러 올라가 고기古期, Archaic period의 이른 때부터 식민시대와 역사시대까지 남부 캘리포니아주에 거주했던 추마시Chumash 원주민집단을 대상으로 보건과 식이의 복원상을 기록하였다(Lambert and Walker 1991; Walker and Johnson 1992; Lambert 1993; Erlandson et al.

2001). 그 자료는 해안 환경에 대한 다양한 적응양상을 부각한다. 여러 인골 손상에 대한 분석과 상세한 환경복원을 포함한 다중방법론적 접근multi-methodology approach을 활용하면서, 워커는 척박한 도서 환경에 살았던 북미원주민(대략 서기전 800년~서기 1150년)은 식료가 풍부하고 다양하던 본토에 살았던 사람에 비해 더 심각한 보건문제의 증거를 보여준다고 설명하고 있다. 섬 주민들은 (160cm 대 162cm로) 신장이 작고, 철분 결핍으로 인한 장애가 (75% 대 25%로) 더 많았다. 자원과 보건상태의 관계를 명확히 하는 데에 더하여, 워커는 오염된 식수원과 이질로 인해, 시간의 흐름에 따른 보건상태의 악화(20%에서 30%로 전염성 질병의 증가)의 변화가 있었음도 보여주고 있다.

유사한 방식으로 수백 년의 시간 폭을 갖는 방대한 인골 계열이 갖춰진 미국의 여타 지역도 연구되었다. 라슨Clark S. Larsen은 전적으로 선사시대부터 식민시기에 이르기까지 스페인 경계지역 주민의 보건양상에 초점을 맞췄다(Larsen 2001). 마인들Richard S. Meindl과 동료들은 오하이오주 오타와카운티Ottawa County의 잘 보존된 대규모 유적인, 리벤Libben 유적에 대한 고인구학 및 고병리학 분석 결과를 제시한다(Meindl et al. 2008a·b). 미국 남서부도 그런 방식으로 여러 유적에서 얻어진 상대적으로 방대한 수집품을 제공하는데, 그들의 보건상태는 마틴Debra L. Martin 및 그의 동료들에 의해 정리되었다(Martin 1994; Martin et al. 1991).

북미에 살았던 이른 시기 토착집단의 보건이력이 복원되면 오늘날 세계 사람들이 직면한 여러 보건문제가 예전의 집단에게도 특유의 성가신 난관이었음이 분명해질 것이다. 예를 들어, 미국 남서부에서 나바호Navajo와 호피Hopi부족 영유아나 아동들은 비원주민에 비해 높은 비율로 중이염에 고통받고 있다(Martin and Horowitz 2003: 136). 유사하게, 미국 남서부의 선사시대 집단들 역시 (영유아나 아동에서 80%에 이르는) 높은 비율의 중이염을 보여주고 있는데, 이는 적어도 서기전 300년까지 소급되는 문제이다. 이염이 생활양식, 기술 또는 보건관리행위에 있어서 최근의 사적 변화의 결과가 아님을 지시하는바, 생물고고자료는 중요하다. 미국 남서부에서 지배적인 조건(모래, 먼지, 바람)은 이염의 격심한 표출을 촉진한다. 만성적인 특유의 양상은 생물문화적 틀 속에서 이해될 필요가 있다. 오늘날에는 항생제와 배농관 같은 처치를 이용할 수 있게 되었지만, 불행하게도 시골이나 보호구역의 외진 곳에 사는 원주민에게는 그렇지 못하다.

이는 집단수준 보건에 대한 생물고고학 연구가 오늘날의 문제에 대한 이해와 성공적인 처치를 실행하는 기여를 늘려가는 데 어떻게 활용될 수 있는지를 보여주는 일례이다. 질환에 대한 시계열의 집단적 관점은 보건문제에 대한 좀 더 완전한 전망을 제공한다. 생물고고학자는 호피와 나바호부족 아동들이 환경과 오랫동안의 문화적 행위로 인해 높은 이염의 위험에 처해 있다고 주장할 수 있다.

종합하면, 개인수준의 병력과 집단수준의 반응적 공동체에 대한 이해와 관련된 그런 생물고고학 연구사례는 인간집단의 회생력은 물론, 적응·생존의 역량을 넘어서 내밀렸을 때 어떤 일이 벌어지는지에 대해 알려준다. 매장된 모집단은 일부 집단적 고통과 집단의 여러 부류들이 경험했던 고통의 일면을 보여준다. 사망연령을 출발점으로 삼음으로써 집단의 인구학적 특징은 비생존의 양상을 측정하고 이해하는 데 이용된다. 산 자를 이해하기 위해 죽은 자에 주목하되, 집단의 인구학적 특징이 그 집단의 일반적 성격에 대해 많은 것을 알려준다는 점은 역설적일 듯하다.

## 7.1.3 장애와 공동체 돌봄의 생물고고학

질환 진행 과정에 대한 서구의 관념 및 고통과 장애에 대한 서구의 인식을 통해 인골로부터 고난의 징후를 직접적으로 해석해내는 것은 매력적이다. 고병리학 저작을 읽다 보면, 흔히 고통, 불안, 고난, 슬픔, 고뇌, 비탄, 비애, 고민에 대한 관념을 포함하여 고대 사람들의 삶의 질을 해석하고자 하는 마음이 인다. 생물고고학자로서는 인골에 병리학적 외상이 없다고 해서 건강하다고 (또는 행복하다고, 운이 좋다고 등등) 말할 수 없고, 심각한 인골의 병리현상이 반드시 장애나 고통에 연원한다고 추정할 수 없기에 주의가 필요하다(Dettwyler 1991).

틸리Lorna Tilley는 집단 또는 공동체 내에서 환자 또는 질병에 걸린 개인을 돌보는 것에 대한 생각의 일례를 제시하고 있다(Tilley 2012). 그녀는 스스로 '추론의 사다리Ladder of Inference'(Tilley 2012: 40)라고 부르는 매우 생산적인 방법론적 접근을 활용하고 있다. 상당히 진행되어 간호하거나 함께 생활한 사람에게 영향을 미쳤을 질병을 앓았던 인간유해가 발견되었을 때, 그녀의 4단계 방법을 활용하면서 돌봄의 생물고고학bioarchaeology of care이 수행될 수 있다. 첫 번째 단계에는 관찰에 입각한 계측분석을 통해 상세한 병리학적 진단을 하는 작업이 포함된다. 두 번째 단계에는 개인이 겪었을 기능적 손상의 범위를 추론하기 위해 병리현상에 대한 의학 및 임상 저작을 활용하는 작업이 포함된다. 틸리는 개인이 스스로 생존할 수 있었는지 아니면 소속 공동체의 다른 이들의 돌봄을 필요로 했는지를 분명히 하는 것이 두 번째 단계의 목표임을 밝히고 있다. 세 번째 단계에는 소속 공동체 내에서 개인을 자리매김하기 위해 민족지나 여타 문화적 정보를 활용하는 작업이 포함된다. 어떤 종류의 보살핌이 가능했으며 베풀어졌는가? 몇 명의 조력자가 필요했었을까?

그런 종류의 질문은 개인의 문화적 맥락을 파악하는 데 활용된다. 마지막 단계는 앞의 세 단계에서 모아진 정보를 취합하여 그 집단의 돌봄 베풀기에 관해 언급할 수 있게 한다. 틸리는 "… 돌봄의 개개 사례는 독특하지만, 보건 관련 돌봄의 모든 사례에서 관찰되는 기본적인 원칙, 곧 돌봄은 대리행위의 산물이라는 인식이 관찰되기도 한다."라고 말한다(Tilley 2012: 40). 그러므로 장애를 가진 개인으로부터 집단수준에서의 돌봄 혜택에 관한 역동적이고 복합적이며 상호 연결된 개념에 대한 고려로 옮아가는 작업은 개인에 대한 연구를 공동체나 집단수준에서의 행위와 연결되게 한다.

인골집합체 내의 개별 매장과 그 모집단 사이에 존재하는 중대한 역동성을 이해하고 인식하는 것이 중요하다. 개인으로 시작하여 집단수준의 질문으로 옮아가는 연구기획은 가장 포괄적이고 유용한 결론을 제공할 것이다. 개인 사례에만 초점을 맞춘 연구는 소량의 생물의학 또는 고병리학 자료로 기여하는 데에 머물 것이고, 전적으로 집단수준에서 행해진 분석은 연령, 성별 및 수집품 내 여타 하위부류를 가로지르는 양상을 아는 데 기여할 것이다. 그러나 (개인과 집단수준의) 두 관점을 조합하면,

궁극적으로 그 도전은 인간 적응과 회생에 관해 밝히기에 더 유용하다.


## 7.2 고인구학

최근 수십 년 동안, 개별 인골의 사망연령 추정 및 고고학적 집단에 대한 사망양상 추정의 정확성을 둘러싼 많은 논란이 있었다. 그런데 고인구통계는 여전히 인구집단의 일반적 보건 분석을 위한 일차적이고 중대한 자료로 남아 있다(Hoppa and Vaupel 2002). 미성년은 치아 석회화와 맹출의 양상에 의거하여 정확하게 연령을 추정할 수 있고, 성인의 연령과 성별을 판정하는 새로운 기법은 온전한 인골이 연구될 수 있다면 97%에 달하는 정확도로 일정하게 적용될 수 있다(Uhl 2012).

생물고고학자가 일반적으로 분석하는 것은 사망한 개인들로 구성된 표본이다. 그 표본이 산 사람들의 모집단에 대해 얼마나 대표성을 갖는지 알기는 쉽지 않다. 밀너George R. Milner와 동료들은, "과거 한 집단과 인골수집품의 연결은 지루하고 고생스럽다. 검토해야 할 뼈는 살고living → 죽고dead → 묻히고buried → 보존되고preserved → 발견되고found → 수습되는saved, 복잡한 거름의 과정에서도 살아남은 것이다." 라면서 그런 연구의 어려움을 표현한다(Milner et al. 2008: 571). 그에 대해 달리 생각해보자면, 생물고고학자는 "표본의 표본, 그의 표본"을 가지게 된다(Roberts and Manchester 2005: 9). 수습된 모든 인골이 실제로 분석되지는 않기 때문에 또 다른 추림이 생긴다는 것을 첨언할 수도 있겠다. 그러므로 생물고고학자는 발굴이나 화석형성의 문제에서부터 보존과 보관의 문제에 이르기까지, 수집품이 왜곡될 수도 있는 상황에 항상 주의를 기울여야만 한다.


## 7.2.1 사망연령과 생명표 분석

인골모집단에 대한 사망 관련 자료는 개인의 사망연령 판정에서 얻어진다. 사망 관련 자료에 대한 전통적인 표현방식은 생존곡선을 도표화하는 것이다. 기대수명은 생존의 함수로서 많은 연구들에서 사용되어왔다. 고인구학을 통해 모수母數는 연령 집단에 따른 발병률이나 사망률의 경향성을 평가하기 위해 생성될 수도 있다(Gage 2010).

인골모집단의 사망률 자료가 개인들의 사망연령 판정에서 얻어지는바, 고병리학과 보건, 식이 및 질병에 대한 여타 분석은 집단수준에서의 경향성을 특징짓기 위해 그러한 연령·성별 범주의 활용, 좀 더 보편적으로는 고전염병학 분석이라는 것에 의존한다. 따라서 고인구학은 발병률과 연령대(와 성별)에 따른 사망률의 경향성 관찰에 활용될 수 있는 모수를 설정하는 데에 중요하다.

사망 관련 자료의 전통적인 표현에는 (평균 사망연령에 의거한) 출생 당시 기대수명에 대한 직접적인 판정 또는 생명표 구축이 포함된다. 출생 시 기대수명을 추정하는 것에 더하여, 모든 연령대에 대한 사망과 생존의 확률도 추산될 수 있다. 추정치에는 통계적 조작操作이 포함되며 다른 연령대에 사망한 개인 몇몇을 활용하는바, 그런 수준의 분서에서 자료는 안전히 이차퍼이며, 실제 인간유해로부터는 분리되어 있다(생명표나 여타 인구학적 매개변수의 구축에 대해서는 Milner et al. 2008 참조).

연령과 성별 특성에 대한 통계적 조작과 생명표의 구축은 실질적으로는 고인구학 분석 중 용이한 부분이다. 자료의 해석이 어렵다. 요한슨Sheila R. Johansson과 호로비츠Sheryl Horowitz는 중요한 연구를 통해, 인골모집단으로부터 인구양상을 복원할 때 기지의 사실로 여겨져야 하는 미지수와 가정의 범위를 간략하게 요약한다(Johansson and Horowitz 1986: 234). 예를 들어, 그들은 "인구학적 특징이 미지인 … 미지의 규칙에 따라 미지의 시기 동안 묻힌" 인골모집단을 다룰 때 감안되어야 할 분석요인의 4가지 국면 또는 수준을 제시한다. 요한슨과 호로비츠에 따르면, 1단계는 매장관행과 차별적인 보존 상태로 인해 연령, 성별, 계층 및 여타 영역에서의 왜곡을 반영할 수 있는 고고학적 발견을 포함한다. 2단계는 연령과 성별에 대한, 수습된 인골자료의 해부학적, 고병리학적 분석을 포함한다. 이 단계에서 접하게 되는 문제에는 연령과 성별의 판정, 연령과 성별의 범주에 있어서 작은 표본 크기, 수많은 사례에서의 사망원인 판정 불가 등으로 인해 알려지지 않은 오류라는 한계가 포함되어 있다.

3단계는 사망률과 출생률의 인구학적 분석을 포함한다. 여기서 그들은 한 집단이 안정·고정·폐쇄적이었는지 여부─현존집단으로부터 얻어지는 본보기 생명표로 선사시대 연령·성별분포를 비교하기 위해 설정되어야 하는 전제─를 증명하는 것은 지극히 어렵다고 지적한다. 끝으로, 4단계에는 사망률 추정치에 의거한 통시적 복원, 이론 수립이 포함된다. 이 단계에서의 문제에는 취득한 사망/출생률이 얼마나 유효한지를 확정할 수 없음이 포함된다. 1·2단계의 오류는 단계별 분석을 통해 생성된 자료의 유효성에 지대한 영향을 미칠 수 있다.

모든 잠재적인 문제들에도 불구하고, 고인구통계는 선사시대 삶과 죽음을 이해하는 데에 주요하면서 결정적일 뿐만 아니라, 모든 가능한 경우에 수행되어야만 한다는 수많은 증거가 있다(예를 들어, Jackes and Meiklejohn 2008; Storey 2009; Trinkaus 2011). 그 외에, 록산딕Mirjana Roksandic과 암스트롱Stephanie D. Armstrong은 생명표를 구축하는 새로운 방식을 제시하고 있다(Roksandic and Armstrong 2011). 전통적으로 생명표는 계산을 위해 5세 또는 10세 급간의 범주를 사용한다. 아직은 정확한 연대순 사망연령을 이용할 수 없는바, 분명한 선형적인 발달생애단계의 활용이 그런 문제를 회피하는 데 도움이 될 듯하다. 예를 들어, 전통적인 생명표에는 신생아~5세의 한 연령부류와 6~10세의 다른 부류가 있을 수 있다. 기존의 연령 판정기법은 5세와 6세를 구별할 수 없고, 그래서 어떤 개인을 전통적 연령부류의 어디에 자리매김할 줄 아는 것이 어렵기도 하고 부정확성을 초래할 수도 있다. 그러나 록산딕과 암스트롱은 발달단계와 일치하는 연령부류의 활용이 연령대를 나누는 더 나은 방법이 될 수 있음을 제시하고 있다. 예를 들어, 영유아기, 이른 아동기, 늦은 아동기, 사춘기, 청년기, 장년기, 중년기, 노년기 등 분명하게 인지할 수 있는 여덟 개의 발달단계가 활용될 수 있음을 제안한다. 그들은 그러한 광폭의 부류가 개인에게 연령을 부여할 때 가용할 방법과 잘 연결될 수 있음을 시사한다.

이러한 보다 높은 수준의 통계분석을 전체 연구계획에 병합할 수 있는 생물고고학 분석은 그 과정에서 가능한 한 많은 주의를 기울여야 한다. 생명표는 인구구조와 집단의 인구학적 특성에 대한 많은 것을 알려주는바, 생명표 분석에 관련하여 고도로 훈련된 연구자들과의 협업을 권고할 만하다. 그 방법은 집단수준에서 분석할 하나의 경로를 제시하지만, 방법론의 세심한 활용이 관건이다.

## 7.3 인골을 활용한 압박의 영향과 집단수준의 변화 모형화하기

뼈 조직은 여타 고고자원으로부터는 얻어질 수 없다는 점에서 생물·문화사에 대한 내구성 있는 기록을 반영한다. 인골이 신체의 주요 부위—머리, 팔, 골반, 척추, 다리—를 반영한다면, 생물고고학자는 개인의 성별뿐만 아니라, 사망연령, 신장, 근육발달의 수준, 외상은 물론 여타 자료를 포괄하는 병리나 질환의 범위도 복원할 수 있다(6장 참조). 이는 생물고고학자로 하여금 과거 사람들의 소집단에서 보이는 차별적 처치나 경험을 복원할 수 있게 해준다(Larsen 1997). 습관적 활동의 성별 차이, 폭력과 불평등의 양상, 사망·발병률, 남·여의 체험의 여타 결과는 다양한 문화, 지역, 시기를 통틀어 집단 내와 집단 간에 형성된다(최근 Hollimon 2011에서 회고되었다).

인골집단의 맥락 분석은 점증적으로 여러 갈래의 자료를 활용하여 좀 더 함축적 방식으로 성별에 따른 차별적인 처치를 복원한다. 인골, 고고학, 문화 등의 여러 갈래 자료를 활용함으로써 연구자들은 가정폭력, 여성의 포획과 노예 만들기의 증거나 제3의 성으로 살았던 개인들에 대한 증거를 식별하게 된다. 그런 학문지식은 전적으로 개인의 사회·생물학적 정체성의 여러 측면에 의해 형성되고 반영되는 인간 뼈대의 가소성에 전적으로 의거한다. 이런 방식으로 인골자료는 성별이나 젠더에 주목하는 연구자들에게 문화와 생물적 특성 간의 쌍방적 영향을 합치는 평가가설을 생성할 수 있게 하는 많은 양의 자료를 마련해준다.

생리적 혼란 및 특정 집단에 미치는 압박의 영향을 이해하는 것은 문화적 완충과 환경적 제약에 대한 이해로 환류한다. 아우어바흐Benjamin M. Auerbach는 인골모집단에는 변화하는 가용식료에 대한 적응상 변이에 관련된 정보를 제공할 대단한 잠재력이 있음을 시사한다(Auerbach 2011). 어떻게 질환, 영양상태, 조기사망이 어떤 공동체에 기능·적응적 영향을 미치는지를 이해하는 것은 지극히 중요하다. 예를 들어, 열악한 보건은 사망을 유발하지는 않아도 성인의 작업역량을 격감시킬 수 있다 (Gagnon 2008; Leatherman 2001). 가장 젊은 부류의 성인여성들에서 부인과 발병·사망률이 높으면, 재생산 능력이 감소한다(Population Reports 1988). 약질의 또는 만성적인 건강문제를 경험한 개인은 사회적 상호작용이나 화합의 형성을 저해하며, 사회적 지원체계를 남용한다.

고대 질병의 양상에 대한 조사는 현대 보건문제 논의로 이어진다. 현대사회에서 영유아와 아동의 보건은 어머니, 가족공동체 등의 역할과 정교하게 연결된다. 모든 인간집단에서 유사한 역동성을 짐작할 수 있으며, 질병의 역사를 이해하는 데에 시간적 깊이를 제공하는바, 상호 연결된 그러한 문제들은 국가단계 이전 공동체를 대상으로도 탐구되어야 한다. 생물고고학자는 생태·문화적 환경의 변화와 인간의 대응양상 변화 간 역동성을 추적하는 독특한 위치에 있다.

보건의 역동성에 관련된 그러한 가설에 초점을 맞추면, 성장지체, 질병, 사망의 뼈대 지표에 의해 압박의 인구학 및 생물학적 영향이 측정될 수 있다. 뼈의 병리적 변형은 일차적으로 손상에 대한 체계적인 기술을 통해 평가된다. 성장과 발달의 양상은 압박에 대한 정보를 제공한다. 인구학적으로, (미주)선사시대 고고유적에서 수습된 절대다수의 인간유해는 18세 미만인데, 아동의 성장과 발달은 결정적 단계의 치아와 뼈대 자료를 활용하면서 비슷하게 척박한 지역에 살고 있는 현대 집단과 비교될 수 있다. 식별할 만한 연령 관련 성장 저하는 아동기 발달장애나 생리적 저하의 양상에 관한 중요한 정보를 산출한다. 특정 —영양성, 감염성, 퇴행성— 질환의 분포와 빈도 또한 보건이력의 필수적인 부분이다. 여러 선사시대 집단을 대상으로 철분결핍빈혈과 같은 영양성 질환의 양상과 빈도가 기록되어 있는데, 부적절한 식이의 이해에 분명한 함의를 갖는다. 여러 인골 집단에 대해서 비슷한 정도로 잘 기록된 전염성 질환도 인구학적 양상, 인구밀도, 정주의 정도에 대한 지표를 제공한다.

생태적 맥락에서 인구·생물·문화적 과정을 연결하는 것은 세계 각지의 보건 담당자나 인구학자에게 중요한 관심을 갖는 종류의 질문을 처리하는 데 필수적이다. 예를 들어, 정치적 중앙집권화와 질병 사이의 관계, 발병·사망률에 미치는 인구 재조직 또는 붕괴의 영향, 그리고 사회분화 및 자원에 대한 차별적 접근과 외상의 관계에 대한 이해는 열악한 보건과 조기사망의 가장 큰 위기에 처한 집단을 알아가는 데 유용하다. 여러 학문 분야의 경계를 가로지르는바, 그런 종류의 문제에는 다차원적인 접근이 필요하다.

이어지는 부분에서는 집단수준에서의 인간유해에 대한 분석이 과거 삶의 양상을 밝힐 수 있는 상이한 방식을 보여줄 세 가지 사례연구가 제시될 것인데, 이는 과거에 대한 우리의 이해에 기여할 것이고 과거 문화에 대해 이어져왔던 여러 잘못된 얘기들을 일소한다.

## 7.3.1 사례연구: 마운드 빌더 —카호키아에서의 지위와 불평등

미시시피강 유역은 어쩌면 북미에서 가장 복합화된 사회 중 하나의 고향인데, 이 지역은 초기 유럽인들이 "마운드 빌더mound builders"로 불렀던 문화적 전통의 심장부이다. 거대한 토축구조물이나 토루土壘(또는 마운드)의 창출로 특징지어지지만, 마운드 빌더라고 함께 묶이는 다양한 문화(집단)는 복합적인 농경사회였다. 그 토루는 크기가 다양한데, 아즈텍 및 잉카제국 이북의 신대륙에서 가장 큰 구조물을 포함한다. 복합적이었음에도 불구하고, 초기 식민지 개척자들이 처음 발견했을 때 이 정연한 인공구조물은 원주민이 만들었다고 보기에는 너무 복합적이어서, 대륙을 차지하고 있었던 "원주민"에 앞서 북미에 유럽인들의 출현을 증명하는 것일 수밖에 없다고 생각했다(예를 들어, 이스라엘의 사라진 (열) 지파the Lost Tribes of Israel, 바이킹 탐험가, 페니키아 항해자). 그러한 인종차별주의 관념은 토축구조물 및 토루는 미지의 마운드 빌더사회에 의해서가 아니라, 현대 북미 원주민의 조상에 의해 조영된 것임을 분명하게 설명하는 과학적 고고학의 출현(Jefferson 1787/1955; Thomas 1884) 전까지 지속되었다.

약탈자 바이킹, 세계를 돌아다니던 페니키아인, 방랑하던 "사라진 지파"에 관한 이야기가 토루에 관한 논의에서 사라져가는 동안, 이 지역에 대한 과학적 조사는 성장을 계속해갔다. 마운드 빌더문화에 대한 미국의 옛적 그리고 지금도 계속되고 있는 환상은 결과적으로 이 지역 고고학의 오랜 전통의 발달로 이어졌다. 마침내 미시시피강 유역은 바익스트라Jane E. Buikstra, 아멜라고스와 (그의 제자인) 랄로John W. Lallo, 로즈Jerome C. Rose 등, 북미의 과거 문화에 대한 초기 인구학적 복원 일부를 발달시켰던 선구자들이 있는 생물고고학의 탄생지로 기여할 것이다(Buikstra 1972; Armelagos and Lallo 1973; Rose 1973). 오늘날에도 이 지역은 생물고고학 연구의 주요 중심지로 남아 있다.

이른바 마운드 빌더문화 전통의 마지막 단계 동안 발달했던 미시시피강 유역의 한 유적을 특정하여 살펴보면, 어떻게 생물고고학에서 집단수준 분석이 과거에 대한 우리의 이해를 형성할 수 있는지가 설명될 수 있다. 카호키아Cahokia는 오늘날의 미주리주 세인트루이스St. Louis에 인접한 일리노이주의 유적인데, 100개(Moorehead 2000)에서 200개(Pauketat 2009)에 이르는 토루를 포괄하는 대규모 복합유적이다. 사실, 인구규모 추정치나 유적에 축조된 구조물에 의거하여, 카호키아가 북미 선사시대의 가장 복합화된 사회 중 하나라고 여겨져왔다.

복합화는 사회분화 및 불평등과 함께하는데, 이 두 가지는 생물고고학 분석으로 밝힐 수 있다. 사회분화와 불평등은 유적복합성, 매장맥락, 인골유해의 일반적 보건 등에 대한 분석으로 밝혀질 수 있다. 멀리 떨어진 지역에서 유입되거나 그쪽으로 유출된 가공품과 이국적 재료를 가진 카호키아의 교역체계는 광범위했다. 그런데 밀너에 따르면, 카호키아의 수장酋長, chief들은 재분배하는 것보다 많은 물품을 받고 있었다는 점이나 환원적 호혜성이야말로 더 큰 복합성 및 지배자가 장악한 더 많은 권력의 진전된 표식이라는 점이 드러난다고 한다(Milner 1998). 이는 부장품 분석에서, 그리고 좀 더 구체적으로는 이국적인 물품의 존재에서 분명하다. 예를 들어, 도구가 카호키아의 복합성을 결정하는 데서 특히 중요하다는 점이 증명되었다. 순동 도끼와

타제 괭이가 그것이다. 순동 도끼는 그 사회에서 지위가 높은 개인의 분묘에서만 발견됨으로써 자체를 카호키아에서 가장 의미심장한 지위 표식 중 하나가 되게 한 반면, 타제 괭이는 그 농경사회의 특성을 강화한다.

카호키아유적의 크고 정교한 분묘토루인 72호는 사회분화와 불평등을 이해하기에 완벽한 사례연구를 제시한다. 1960년대 후반부터 1970년대 전반까지 파울러 Melvin L. Fowler에 의해 발굴(Fowler 1991)되었는데, 그 매장 맥락은 상위 유력자와 함께 포로 또는 노예의 존재를 알려준다(Rose 1999; Koziol 2012). 매장 방식과 외상성 상해의 존재 여부에 의거하여, 일부 개인은 포로로 판별된다(Koziol 2012). 치아를 활용한 유전적 관련성의 표식(Rose 1999)은 물론 동위원소자료를 활용한 식이 복원(Ambrose et al. 2003)에 의거하여, 그들은 비토착민으로 인정된다. 카호키아유적의 포로(의 존재)에 대한 옹호 역시 약탈 형태의 폭력이나 전쟁이 카호키아를 전후한 미시시피강 유역에 상존했었다는 증거에 의해 확증된다(Milner 2007; Milner and Ferrell 2011). 그런 요소들 모두를 종합하면, 카호키아유적 내에서의 사회적 불평등과 통제체제가 제시될 수 있다.

생물고고학이 어떻게 미시시피강 유역에서 사회분화와 불평등을 밝힐 수 있는지를 이해하는 것은 그 과거 사회가 얼마나 복합화되었는지를 보다 분명하게 한다는 점에서 중요하다. 이 한 유적 내의 복합성을 이해함으로써, 그 사회가 어떻게 콜럼버스나 유럽 탐험가 및 뒤이은 정착자의 도래보다 500년 넘게 앞서 그런 정교한 토축구조물과 토루를 조영할 수 있었는지를 쉽게 알 수 있다.

## 7.3.2 사례연구: 푸에블로―미국 남서부에서의 고난과 열악한 보건

미국 남서부에서 인간 거주의 기록은 장구하고 연속적이다. 역사시대에 많은 북미 원주민집단들이 질병으로 죽고, 전투에서 죽고, 원래 고향으로부터 강제 이주당했음에도 불구하고, 미국 남서부 주민은 그 지역에서 500년 넘게 자행되었던 집단학살 정책과 식민의 압박을 겪으면서도 대체로 손상되지 않고 제자리를 지킨 공동체를 반영한다. 특별히 광범위하게 퍼졌던 집단인 푸에블로원주민Pueblo Indian은 고고학자들이 아나사지Anasazi 문화전통으로 기록하는 선사시대 문화전통의 연장선에 있지만, 오늘날의 푸에블로부족에 의해 선조푸에블로Ancestral Pueblo 등 보다 적절한 몇 가지 방식으로 불린다. 현대 푸에블로부족과는 거의 무관한바, "아나사지(나바호의 단어)"라는 호칭에 대한 비판이 정당화된다(Ladd 1991). 선조푸에블로란 호칭을 사용함으로써 고고학자에 의해 연구되는 사람들은 그곳에서 오늘날을 살아가는 푸에블로부족의 조상임을 강조한다. 푸에블로란 말은 스페인 정복자들에 의해 1500년대 (어도비)벽돌집과 리오그란데Rio Grande 강 인근 농경마을에 살던 미주 원주민에게 붙여졌고, 오늘날에는 (유럽인과의) 접촉 오래전, 접촉하던 동안 및 현대에도, 그곳에서 살았던 다수의 이질적인 원주민집단들을 지칭하기 위해 푸에블로집단이 사용된다 (Downum 2012의 몇 개 장 참조).

인간유해 분석과 연결된 고고조사는 대체로 척박하고 언뜻 보기에는 농경에 적합하지 않은 환경에서 존속·번영하기 위해 혁신과 유연함을 활용했던 존속 가능하고 고도로 적응적인 농경공동체를 시사하고 있다. 스토더Ann Lucy Wiener Stodder 는 미국 남서부에서 발견된 인간유해를 바탕으로 한 연구들의 학사적 궤적을 개괄하고 있다(Stodder 2012). 그녀는 서술 위주의 공시적 연구에서부터 종합적인 통시적 개괄에 이르기까지, 일반적인 방법론적 정향이 시간의 흐름에 따라 어떻게 변해왔는지 보여주고 있다. 그녀는 시간의 흐름에 따라 연구 질문이 변해온 방식도 기록하고 있다. 이 지역 인간유해 자료를 해석하는 접근에서 사회·정치적 과정에 대한 이론이 더 현저해져 왔는데, 그로 인해 수백 년에 걸친 그 집단의 생물문화적 접근에 대해 생각할 새로운 길이 열리게 되었다.

사막 환경에서 생활하는 데 따른 생물학적 대가에는, 일부 집단의 일부 분파에게서 보이는 풍토성 영양결핍과 조기사망이 포함된다. 집단 내 또는 집단 간 주기적인 투쟁을 암시하는 외상과 폭력은 산발적이지만 심각했다. 선사시대를 통틀어 학살과 전쟁이 기록되어왔다. 지역과 시기에 따른 질환 빈도의 변이는 인구밀도나 환경적 부침과 같은 요소들이 사막생활의 곤란에 대해 적극적으로 대응하는 집단의 역량에 영향을 주었음을 보여준다. 빈번한 이주, 확장적 연대, 고유한 생태 배경의 창의적 활용과 같은 전략은 특히 12~13세기 동안 인구성장과 영향력 확장이 가능하도록 완충장치를 제공했다. 고고자료와 관련하여 검토된 보건·질환 양상은 고대 생활양식의 복합성과 다차원성을 반영하는 방식으로 과거를 복원하는 데에 일조한다.

산타클라라Santa Clara 푸에블로에서 나고 자란 학자 겸 작가 스웬첼Rina Swentzell 은 생물고고학자와 고고학자가 자기 조상의 생활양식과 생활사를 복원하고자 수행한 연구의 다양한 저작을 되짚었다(Swentzell 1993: 141). 그녀는 고고유적과 유물을 관찰하면서 유의할 만한 매우 다른 뭔가를 알게 된다. "'옛것'이 절대적 진실에 대한 정교하고 형식화된 이념에 따라 남지는 않는다. … 그것들은 그 장소와 시간이 거기에 있는 전부임을 알리면서 남는다. … 그 장소는 그 모든 일―행복, 슬픔, 고통, 의무, 책임, 기쁨―이 일어난 곳이다. 전통적인 푸에블로 세계에서 인간생애는 인간 및 비인간적 존재 모두에 대한 숙려, 동정, 관대함을 장려하는 철학적 전제에 기초한다. … 죽음에 이르러, 윤회와 탈태가 영광스럽게 주어진다(Swentzell 1993: 141)."

인간유해 분석에 관련된 문제 중 하나는 과거로부터의 정보가 미국 남서부의 현재에 대해 알려주는 방식을 정확하게 표명함에 있어 연구공동체가 보여준 무력함이었다. 보건에 관련하여, 북미 원주민의 조기사망률과 성인 발병률이 놀랍도록 높고 일반적인 미국 인구의 비율과도 균형이 맞지 않다는 보고가 1950년대 들면서 나타나기 시작했다(Moore et al. 1975). 식민지화와 보호구역으로의 이주에 연관된 경제·인종적 억압의 영향과 효과를 이해하기 위한 통시적 시각에서 그러한 자료가 검토되지는 않았다. 더 나아가, 미국 내 원주민 보건에 대한 지식은 단지 몇몇 지역에 국한될 뿐만 아니라 대략 같은 시기에 해당하는바, 보건에 관한 선사 및 역사시대 경향성의 분명한 모습이 온전하게 기록되어 있지 않았다는 것은 그다지 놀랍지 않다. 풍부하고 다양한 문화사가 4만 년이 넘는데도, 보건적 위상에 대한 광범위하고 포괄적인 방식의 주의나 세세한 검토가 결여되었음을 인식하면서 의기소침해지기도 한다. 식민화 이전과 이후의 원주민 보건 및 식민화와 보호구역에서의 생활에 따른 보건적 위상 변화에 대한 체계적인 분석이 현재의 공백을 메워줄 것이다. 오늘날, 원주민

공동체는 양호한 건강관리나 일자리, 용수 및 토지와 같은 필수 자원에 대한 접근을 둘러싼 위기를 맞고 있다. 그런 문제들에 대한 해결책을 맥락화하고 도출하기에는, 역사적 경향에 대한 더 나은 이해가 큰 도움이 될 것이다.

애리조나 및 뉴멕시코 주에는 현재 많은 수의 전통적인 푸에블로 마을이 있다. 물질문화, 생계양상, 신앙 및 이념적 행위, 생태 등에 있어 그 공동체들과 선사시대 집단과의 연속성은 분명하다. 푸에블로부족에 독특한 점은 현재에도 존속하는 그다지 훼손되지 않은 문화적 연속성이다. 수천 년 전, 북·중미에 정착한 신대륙 탐험가의 후손으로서 푸에블로부족은 낯설고 변화무쌍한 경제·생태·정치·문화적 조건에 적응하면서 끈덕지게 전통가치를 고수해왔다(Eggan 1979).

모든 푸에블로부족은 (미국) 남서부와 역사적 유대는 물론, 사회조직과 의례주기의 양상을 공유한다. 그러나 현재와 과거의 선·역사시대 모두에서 많은 (정치와 이념을 포괄하는) 문화·언어적 다양성이 있음도 분명하다. 오티즈Alfonso Ortiz는 "푸에블로부족은 다른 삶의 방식을 … 수용하고 흡수하고 활기를 불어넣으면서도 자신들의 삶에 필수요소를 유지함에 있어 천재성을 보였다."라고 언급하면서 미국 남서부에서의 푸에블로의 장구함을 이해하는 데 하나의 해답을 내놓고 있다(Ortiz 1979: 3).

생물고고학 연구와 미국 남서부는 인간집단의 적응과 회생에 대한 우리의 이해에 많은 기여를 해왔다. 스토더는 종종 흉작을 유발하는 환경적 불안이 생계 압박과 건강문제의 증가를 초래한다는 점이 전제되고 있음을 피력한다(Stodder 1989: 145). 콜로라도주 남동부의 메사 베르드Mesa Verde에서 얻은 시기별 보건자료로 그 가설을 검증하면서, 그녀는 질환의 증가가 흉작과 생계 압박보다는 정주와 인구집중에 기인한다는 것을 보여줄 수 있었다. 스토더는 식이 또는 생계의 압박은 발병·사망률에 직접적으로 영향을 미치는 몇몇 요소 중 단지 하나일 뿐이라는 점을 지적한다. 자원에 대한 제한적인 접근, 정치조직, 취락유형, 식료의 가공 및 저장기술, 교역관계 그리고 문화에 기인한 여타의 여러 행위 등 문화적 과정은 기술·사회·이념적 체제를 통해 생계 압박의 부정적 영향을 완화시키는 데 매우 유용할 듯하다.

동일 공동체들에 대한 통시적 분석을 통해, 스토더는 늦은 시기 메사 베르드 표본에서는 보다 활발한 불특정 전염성 질병(및 반대로 완치된 질병)이 있었음을 지적하고 있다(Stodder 1989). 그녀는 생태 및 생계적 요소를 대상으로 복원된 고고학적 맥락을 제시한 뒤, 사망, 성장지체, 영양 문제 및 여타 발병률 지표의 양상에 대한 인구학적 연구를 보여주고 있다. 고전염병학의 방법을 활용하면서, 유년기에 발병률과 사망률이 높아지는 경향에 주목하고 있다. 그녀는 이를 늦은 시기의 끝에 나타난 기후·생태·영양·정치적 변화와 연결시키면서, 시간의 흐름에 따라 공동체 보건이 절충됨을 시사하는 것으로 해석한다.

이른 시기에서 늦은 시기까지의 건강 변화를 요약하면서 스토더는 건강이 저하되었다는 강력한 자료를 제시한다. 이른 시기의 미성년 표본은 사망확률, 영양결핍 이환율罹患率, 출생부터 5세에 이르기까지의 발달장애 등의 빈도가 증대됨을 나타낸다. 아동발병률이 2~3세에 정점에 이른다는 것은 이유離乳의 압박을 시사한다. 늦은 시기 표본에서 사망의 확률은 1세에 가장 높고, 아동발병률은 다소 늦게 (4~5세에) 정점에 달하여 이유가 지연됨을 시사한다. 영양결핍과 발달장애 역시 이 부류에서 더 만연한다. 그녀는 중·노년 여성이 젊은 여성에 비해 더 많은 입빅징후를 가진다는 것도 보여준다.

스토더의 연구는 공동체 보건의 해석에서 여러 인자들을 고려하는 집단수준 분석의 중요성을 강조하기 때문에 중요하다. 고고자료의 일부로 활용된다면, 유골은 척박한 환경에서의 생활에 미친 장·단기적인 영향에 대한 이해에 시간적 깊이와 지리적 변이를 부여할 수 있다. 미국 남서부 집단의 보건과 질환에 대한 연구는 시간의 흐름 속에서 보건의 위상을 다루기 위해 인골을 병합해왔고, 선조푸에블로가 여러 지역과 시기에 걸쳐 다양한 강도의 압박을 받았다는 데에 논란의 여지가 없을 자료를 제공해왔다. 그러나 적잖은 의문이 남겨져 있고, 여러 집단이 창출한 기제와 완충은 전혀 온전하게 이해되지 않고 있다.

선사시대 미국 남서부 사람들이 겪었던 질환의 목록은 상대적으로 길지만 불완전하다. 공표된 자료는 감염, 결핍, 치과질환, 발달문제, 외상 등의 만연을 지시하고 있지만, 고병리학자들은 어떻게 그런 질환들이 집단수준에서 실질적인 역할을 했을

지에 대한 상세한 시나리오를 제시하지 못하고 있다. 압박의 다양한 징후들은 분명하게 중복적인 병인을 가지겠지만, 그러한 형태적 변화의 양상이 미국 남서부에서 압박은 우선 만성적이었고, 성인에게서는 볼 수 없는 정도로 영유아나 아동들에게 영향을 주었으며, 사망률이 아닐지라도 발병률에 심대한 영향을 미쳤을 법하다는 점을 확증한다.

그리하여 미국 남서부에서의 보건은 다음과 같이 요약될 수 있다. 과도한 옥수수 섭취에 따른 심대하고 지속적인 영양결핍이 있었고, 과밀하고 비위생적인 생활조건은 장염과 같은 전염성 질환에 걸릴 확률을 높였고, 충치나 치주질환을 포함하는 치과문제가 주된 관심이었고, 성인 대부분이 무거운 짐을 운반하는 데서 오는 관절염과 퇴행성 척추염을 앓았고, 이나 연충蠕蟲 등 기생충이 만연했으며, 영유아나 아동 사망률이 높았다. 시간 흐름에 따른 경향과 관련하여, 보건문제의 연속선은 대규모 인구밀집에 연관된 질환 증가라는 양상 변화가 있었다는 점을 시사한다(Martin 1994).

### 7.3.3 사례연구: 칼루사부족─스페인령 플로리다의 복합 수렵-채집민

스페인령 플로리다Spanish Florida라는 용어는 스페인 사람들이 다수의 선교회를 수립했던 현재의 조지아 및 플로리다 주 등 미국 남동부지역을 서술하기 위해 사용된다. 라플로리다La Florida로도 알려진 이 지역은 신대륙의 초기 접촉과 선교에 초점이었기에 중요하다.

라플로리다에는 포교 관련 유적에서 수습된 인간유해에 대한 분석을 거쳐 원주민집단을 대상으로 수행된 방대한 연구가 있었다. 그 분석의 결과, 접촉 이전·동안·이후의 인구양상에 대한 이해를 넓혀주게끔 원주민집단에 대한 방대한 양의 정보가 생성되었다. 이 지역에 대한 많은 논문과 책이 발간되었지만, 라슨Clark S. Larsen이 편집한 『스페인령 플로리다의 생물고고학Bioarchaeology of Spanish Florida』(Larsen 2001)이 아마도 가장 포괄적일 것이다. 각 장의 필자들은 생물문화적 접근을 활용하면서, 식이, 삶의 질, 유전적 관계, 병리현상에의 노출 등 이 지역에 거주했던 원주민집단의 생활에 관해 매우 특수한 질문을 던진다(Harrod 2009).

생물고고학 연구가 제시하는 것은, 다양한 이 지역 원주민집단의 식이, 보건, 사망률 등이 스페인 교구 설립의 영향을 상이한 정도로 받은 것처럼, 식민지화의 영향이 본질적으로 일률적이지 않았다는 점이다. 강건성, 치과보건, 형성부전 발생률, 병리적 조건 등의 분석과 같은 전통적인 방법은 물론, 뼛속 질소 및 산소안정동위원소의 비, 치아 마모의 현미경적 증거 등 보다 최신의 방법을 포함하는 광범위한 방법론적 접근을 통해, 생물고고학자들은 이 지역에서 지난 수십 년 동안 원사原史시대 라플로리다의 생활에 관해 상당히 완성된 모습을 그려냈다(Stojanowski 2005a·b). 생물고고학에 대한 생물문화적 접근은 이 지역 연구를 특징짓는 네 개 분야의 접근에서 현저하다.

생물고고학은 라플로리다의 매우 독특한 집단인 칼루사Calusa부족에 대한 이해를 획기히는 데 일조해있다. 이 문화는 여러 이유로 흥미롭다. 첫째, 그들은 데 레온 Juan Ponce de León이 젊음의 샘fountain of youth을 찾는 탐험에서 처음 접한 원주민집단이다(Widmer 1988: 223). 그들은 첫 만남에서 실질적으로는 그를 내쫓았고, 나중에 다시 왔을 때는 치명적인 상처를 입힌 무서운 집단이었다. "1513년 데 레온이 플로리다 땅을 처음 밟았을 때, 80척의 칼루사 전투카누는 하루 종일의 전투 끝에 후퇴할 수밖에 없었다. 8년 후 돌아왔을 때, 그는 한 발의 칼루사 화살로 심한 상처를 입어 얼마 후 쿠바에서 죽게 되었다(Brown and Owens 2010: 33-34)." 둘째, 그들은 농경민이 아니라, 그 지역 남서부 해안을 따라 자리 잡았던 복합 수렵-채집민이었던바, 라플로리다의 다른 집단과는 다르다. 칼루사부족이 농경에 종사했다는 증거는 없다 (Thompson and Worth 2011). 사실, 그 문화는 농경과는 매우 상반되어 아놀드Jeanne E. Arnold는 "역사시대 초기에 스페인이 식물 재배의 기회를 주었을 때, 진흙탕에서 (땅을) 파는 것이 그들의 생애 지위보다 낮다고 하며 칼루사 남성들은 거부했다."라고 언급했다(Arnold 2001: 8).

(미국) 북서부해안문화 중 태평양 연안이나 추마시Chumash문화 중 캘리포니아 주 남부를 따라 발견되는 것과 유사하게, 칼루사부족은 생계를 위해 풍부한 어류 및 해양자원을 이용하는 복합적, 반정주의 수렵-채집민으로 보인다(Johnson and Earle 2000). 라플로리다의 접촉 시기에, 이 지역에서 칼루사부족은 자원 확보를 위해 북미 대륙 내 주변 농경집단을 약탈하는 착취체계에 의존하며 대규모 정치세력을 구축했다(Widmer 1988). 이러한 착취의 결과는 마침내 주변 문화집단들이 약탈을 막기 위해 칼루사와 교역할 잉여자원을 생산했던 조공체계의 발달로 이어졌다. 스페인령 플로리다 시기 동안 칼루사부족에 대한 기록은 한 명의 수장이 소유한 물품을 서술하면서 그의 사회적 지위에 대해 묘사하고 있다. 수장은 여러 줄의 구슬을 다리에 차고, 이마에 잘 보이는 황금 장식을 닮으로써 자신의 높은 사회적 지위를 분명하게 표시했다(Hann 2003).

한John H. Hann은 해안에 적응한 이 수렵-채집집단의 지도자가 가졌던 권력과 위세를 샤를마뉴Charlemagne대제의 그것과 등치시키면서, 칼루사부족의 복합도에 대해 논의한다(Hann 2003). 그러한 연결의 이유는 샤를마뉴대제가 유럽을 통합·통제하는 시도를 했던 800년 무렵, 이 문화는 대규모 도시를 발달시키고, 육중한 토축구조물을 조영하고 있었다. 사실, 칼루사 수장사회의 복합도는 태평양에 면한 미국 북서부Pacific Northwest 문화들에서 드러난 것보다 훨씬 크다. "복합 수렵-채집집단들의 전당에서 플로리다의 칼루사부족은 분명히 최상위에 있다(Arnold 2001: 7)." 그 지도자들이 북서부해안의 지도자들에게 있었던 것보다 더 많은 권위를 소유했던바, 칼루사부족은 더 복합적이었으며, 미국 남동부 전역에서 발견된 농경기반 수장사회나 국가 이전단계 사회들과 오랜 상호작용의 역사를 가지고 있었다(Hann 2003; Widmer 1988).

생물고고학 분석을 통해 과거 문화의 인구양상을 밝히고, 그 사람들에 대한 설화를 입증하거나 기각할 수 있다. 예를 들어, 대략 800년 이전에는 전쟁에 대한 어떤 실제 증거도 없지만 치명적이지 않은 폭력은 만연해 있었다는 허친슨Dale L. Hutchinson의 최근 유해분석은 칼루사에 대한 선재先在의 설화를 뒷받침한다(Hutchinson 2004:

155-156). 거기에서 분쟁이란 약탈이었을 것임을 함축하고 있는데, 칼루사에 대한 민족지기록과 부합한다는 점이다. 반대로, 생물고고학 작업에 기초하면서 켈리 Raymond C. Kelly와 동료들은 설화가 항상 신뢰할 수 있는 것은 아니라는 점을 피력한다(Kelly et al. 2006). 이 대규모 계층사회의 복합성이 인정되는바, 민족지 사례를 인용하면서 칼루사부족이 농경을 수행했다는 주장을 하는 연구자도 있다. 그러나 문화적으로 칼루사라고 식별되는 무덤에 대한 최근의 안정동위원소분석은 옥수수가 식이의 일부가 아니었다는 점을 시사한다(Kelly et al. 2006: 259).

남서부 집단과 달리, 칼루사의 최후에 대해서는 거의 알려져 있지 않다. 식민지화나 그에 동반했던 전염병의 영향에 관한 가설 또는 해당 지역에서 축출되자 소규모 칼루사집단들이 쿠바까지 남으로 이주했다는 가설이 있다. 그러나 보다 많은 생물고고학 연구가 수행되면, 추후에는 더 많은 것들이 알려질 듯하다. 예를 들어, 생물학적 거리biodistance 자료에 주목하면서 민족지·언어학·고고학 증거에 기초하는 진화론적 접근을 활용한 스토야노스프키Christopher M. Stojanowski는 다수의 북미 문화는 일소되지 않았다는 점을 발견하였다(Stojanowski 2011). 대신, 그는 이 지역 원주민집단은 식민지화에 영향을 받았지만, 뼈대지표는 그중 일부 집단이 현대 세미놀 Seminole부족에 의존하여 살아가거나 병합되었음을 암시하고 있다고 주장한다. 아마 후속연구는 칼루사부족이 미국 남동부 또는 쿠바에서 현존하는 집단으로 살아간다는 것을 밝힐 것이다.


## 7.4 요약

고대 인간유해 모집단 연구에 관심을 가진 생물고고학자들은 북미 원주민들과의 관계에 있어 파란만장한 과거를 가지고 있다. 역사적으로 "타자the other"는 탐침에 찔리고, X-선 촬영되고, 계측되고, 문화적 맥락이 없는 과학시료로 다루어져 왔다. 생물고고학자들은 자신이 수행한 것에 사회·정치·윤리적 영역이 있을 수 있다는 것을 실질적으로 인지하거나 인정하지 않은 채 직업을 수행해왔는데, 그러한 오만은 1990년 「(미주) 원주민분묘 보존 및 반환 법령」이 통과되면서 도전받게 된다. 고대 생태와 보건에 대한 환원주의적 과학 연구가 원주민들에게 입힌 실제적이고 감지되는 손상은, 실행에 배태된 윤리·문화적 측면을 인지하고 그에 대응하는 생물고고학에 의해 억지될 것이다.

푸에블로 출신 연구자이자 작가인 나란호Tessie Naranjo는 고고학자가 너무 빈번하게 자기 자료에서 배타적이고 보편적인 진실을 찾고자 하지만, 구전역사는 다중의 진실, 그리하여 다중의 의미를 반영한다는 점을 피력하고 있다(Naranjo 1995). "신화, 설화, 노래는 집 또는 구조물이 단지 물체가 아니라, 다중성, 동시성, 포괄성, 상호연결성 등을 인지하는 우주론적 세계관의 일부로 세계를 묘사한다(Swentzell 1993: 142)." 대체로 생물고고학자들은 자신의 연구에 구전역사나 민족지 연구를 포함하도록 고무되지 않을 뿐만 아니라, 현존집단으로부터 얻어진 그런 자료에 대한 피상적 활용이 현재 미주 원주민공동체로부터 그들에게 향하는 비판을 바꾸지도 못한다.

과거 사람과 관련된 기본 관계에 대한 명백히 기초적인 개괄로부터 많은 것을 배울 수 있다 하더라도, 더 조직화되고 다층적인 이해는 좀 더 광범위한 지식을 포함함으로써 얻어질 것이다. 예를 들어, 공간적 배치, 건축 물질문화, 태생, 질병, 죽음 등은 고고학 기록과 전통적인 구전역사 모두에 나타나는 주요한 문화·생물학적 사건이고, 그러한 두 경로 모두 어떻게 그리고 왜 사람이 아프게 되는지에 대한 보다 진정성 있는 이해로 이어질 수 있다. 아논Roger Anyon과 동료들은 구전과 고고학은 과거에 대한 이해의 두 가지 중첩적인 방식을 제시한다는 점과 구전에서 밝혀진 한 집단의 "실제 역사"는 "고고학이 연구하는 역사와 같다(1996: 14)."라고 말한다.

생애주기와 사망에 대한 이해는 생물고고학자에 의해, 특히 급속한 변화나 불안정의 시기 동안의 인간적응성에 대한 하나의 측정방식으로 오랫동안 활용되어왔다. 과학자로서 우리는 오래전 사망한 인간의 신체적 잔해를 보면서, 우리의 삶을 구성하는 모든 중요한 사건을 복원한다. 구전의 짜임새 있는 중층구조와 연구대상이 된 사람들에 가장 밀접하게 연결된 사람들의 목소리가 없다면, 이론적 모형과 경험적 관찰에 근거하더라도 관련성과 진정성이 부족한 일련의 시나리오를 창출할 수밖에 없다(Martin 1998). 여러 해에 걸쳐 유물과 인간유해로부터 수집된 정보를 연구대상의 현존하는 후손들의 삶을 경시하거나 축소하지 않는 방식으로 활용하는지 여부는 과학 공동체에게 달려 있다. 만약 과학자가 과거에 대한 조사를 계속하려 한다면, 그 발견을 오늘날의 긴박한 문제의 직접적인 해결과 관련짓거나 연결해야 한다. 예를 들어, 호피부족연맹Hopi Nation의 대표들은 고고학자들과 긴밀하게 작업해왔고, 일부 생물학 연구는 고대 유해에 유익하다고 여겨왔다. "일부 호피 사람들은 미국 남서부의 여타 부족 간 유전적 친연성과 그것이 선사시대 이주에 대해 의미하는 바에 관심을 가진다. 친연성에 더하여, 발굴된 인간유해의 연령, 성별, 병리현상 등이 중요한 변수로 간주된다. … (Ferguson et al. 1993: 33)."

생물학적 과거는 현재 및 미래세대를 위한 보건문제의 해결이나 폭력 방지의 실마리를 갖는다. 보건에서 변이의 양상을 추적하는 것은 필요를 충족하기 위하여 인류가 자신들의 행위를 변경·수정·적응·혁신·변형하는 역량에 대해 알려주는 중요한 경로인바 긴요하다. 미래의 생존은, 특히 정치·경제적 압박, 환경적 재앙, 영양실조와 기근, 생태자원의 축소 등 불리한 극한의 조건에서 인간 적응력과 대응기제의 한계를 인지하는 우리의 역량에 달려 있다.

# 참고문헌

Ambrose, S. H., Buikstra, J. E., & Krueger, H. W. (2003). Status and gender differences in diet at Mound 72, Cahokia, revealed by isotopic analysis of bone. *Journal of Anthropological Archaeology, 22* (3), 217-226.

Anyon, R., Ferguson, T. J., Jackson, L., & Lane, L. (1996). Working together: Native American oral traditions and archaeology. *SAA Bulletin, 14* (2), 14-16.

Arnold, J. E. (2001). The Chumash in the world and regional perspectives. In J. E. Arnold (Ed.), *The origins of a Pacific Coast chiefdom: The Chumash of the Channel Islands* (pp. 7-8). Salt Lake City: The University of Utah Press.

Auerbach, B. M. (2011). Reaching great heights: Changes in indigenous stature, body size and body shape with agricultural intensification in north America. In R. Pinhasi & J. T. Stock (Eds.), *Human bioarchaeology of the transition to agriculture* (pp. 203-233). Chichester: Wiley-Blackwell.

Brothwell, D. R., & Sandison, A. T. (1967). *Disease in antiquity.* Springfield: Charles C. Thomas.

Brown, V. P., & Owens, L. (2010). *The world of the southern Indians: Tribes, leaders, and customs from prehistoric times to the present (reprint).* Montgomery: New South Books.

Buikstra, J. E. (1972). *Hopewell in the lower Illinois river valley: A regional approach to the study of biological variability and mortuary activity.* Unpublished Ph.D. dissertation, University of Chicago, Chicago.

Buikstra, J. E., & Roberts, C. A. (2012). *The global history of paleopathology: Pioneers and prospects.* Oxford: Oxford University Press.

Cohen, M. N., & Armelagos, G. J. (1984). *Paleopathology at the origins of agriculture.* Orlando: Academic.

Colwell-Chanthaphonh, C. (2007). History, justice, and reconciliation. In J. L. Barbara & A. S. Paul (Eds.), *Archaeology as a tool of civic engagement* (pp. 23-46). Lanham: AltaMira.

Dettwyler, K. A. (1991). Can paleopathology provide evidence for "compassion"? *American Journal of Physical Anthropology, 84* (4), 375-384.

Downum, C. E. (2012). *Hisat'sinom: Ancient peoples in a land without water.* Santa Fe: School for Advanced Research Press.

Eggan, F. (1979). Pueblos: Introduction. In A. Ortiz (Ed.), *Handbook of North American Indians, Volume 19, Southwest* (pp. 224-235). Washington, DC: Smithsonian Institution Press.

Erlandson, J. M., Rick, T. C., Kennett, D. J., & Walker, P. L. (2001). Dates, demography, and disease: Cultural contacts and possible evidence for Old World epidemics among the protohistoric Island Chumash. *Pacific Coast Archaeological Society Quarterly, 37* (3), 11-26.

Farmer, P. (2003). *Pathologies of power: Health, human rights, and the new war on the poor.* Berkeley: University of California Press.

Ferguson, T. J., Dongoske, K. E., Jenkins, L., Yeatts, M., & Polingyouma, E. (1993). Working together: The roles of archaeology and ethnohistory in Hopi cultural preservation. *Cultural Resource Management, 16,* 27-37.

Fowler, M. L. (1991). Mound 72 and early Mississippian at Cahokia. In J. B. Stoltman (Ed.), *New perspectives on Cahokia and views from the periphery* (pp. 1-28). Madison: Monographs in

World Archaeology, No. 2, Prehistory Press.

Gage, T. B. (2010). Demographic estimation: Indirect techniques for anthropological populations. In C. S. Larsen (Ed.), *A companion to biological anthropology* (pp. 179-193). Chinchister: Wiley-Blackwell.

Gagnon, C. M. (2008). Bioarchaeological investigations of pre-state life at Cerro Oreja. In L. J. Castillo, H. Bernier, G. Lockard, & J. Rucabado (Eds.), *Arqueología mochica nuevos enfoques*. Lima: Fondo Editorial de la Pontificia Universidad Católica del Perú e Institut Français d'Études Andines.

Hann, J. H. (2003). *Indians of central and south Florida* (pp. 1513-1763). Gainesville: University Press of Florida.

Harrod, R. P. (2009). Book Review: Bioarchaeology of Spanish Florida: The impact of colonialism. In: Larsen, C. S. (ed.). Gainesville: University Press Florida (2001). *Southeastern Archaeology , 28* (1):126-127.

Hartley, L. P. (2011). *The go-between*. New York: The New York Review of Books. (Original work published 1953)

Hobbes, T. (2003). *The Leviathan*. Bristol: Thoemmes Continuum. (Original work published 1651)

Hollimon, S. E. (2011). Sex and gender in bioarchaeological research: Theory, method, and interpretation. In S. C. Agarwal & B. A. Glencross (Eds.), *Social bioarchaeology* (pp. 149-182). Malden: Wiley-Blackwell.

Hooten, E. A. (1930). *Indians of Pecos Pueblo: A study of their skeletal remains*. New Haven: Yale University Press.

Hoppa, R. D., & Vaupel, J. W. (2002). *Paleodemography: Age distributions from skeletal samples*. Cambridge: Cambridge University Press.

Hrdlička, A. (1908). Physiological and medical observations among the Indians of the southwestern United States and northern Mexico. In *Bulletin, No. 37, Bureau of American Ethnology*, 103-112. Washington, DC: Smithsonian Institution Press.

Hrdlička, A. (1935). Ear exostoses. *Smithsonian Miscellaneous Collections, 93*, 1-100.

Hutchinson, D. L. (2004). *Bioarchaeology of the Florida Gulf Coast: Adaptation, conflict, and change*. Gainesville: University Press of Florida.

Jackes, M., & Meiklejohn, C. (2008). The paleodemography of central Portugal and the Mesolithic-Neolithic transition. In J.-P. Bocquet-Appel (Ed.), *Recent advances in palaeodemography: Data, techniques, patterns* (pp. 209-258). Dordrecht: Springer.

Jarcho, S. (1966). The development and present condition of human paleopathology in the United States. In S. Jarcho (Ed.), *Human paleopathology* (pp. 3-30). New Haven: Yale University Press.

Jefferson, T. (1955). *Notes on the state of Virginia* (W. Peden, Ed.). Chapel Hill: University of North Carolina Press. (Original work published 1787)

Johansson, S. R., & Horowitz, S. (1986). Estimating mortality in skeletal populations: Influence of the growth rate on the interpretation of levels and trends during the transition to agriculture. *American Journal of Physical Anthropology, 71* (2), 233-250.

Johnson, A. W., & Earle, T. (2000). *The evolution of human societies: From foraging group to agrarian state* (2nd ed.). Stanford: Stanford University Press.

Kelly, J. A., Tykot, R. H., & Milanich J. T. (2006). Evidence for early use of maize in peninsular Florida. In: J. Staller, R. Tykot, & B. Benz (Eds.), *Histories of maize: Multidisciplinary approaches to the prehistory, linguistics, biogeography, domestication, and evolution of maize* (pp. 249-261). 2009: Left Coast Press.

Koziol, K. M. (2012). Performances of imposed status: Captivity at Cahokia. In D. L. Martin, R. P. Harrod, & V. R. Pérez (Eds.), *The bioarchaeology of violence* (pp. 226-250). Gainesville: University of Florida Press.

Ladd, E. (1991). On the Zuni view. In *The Anasazi: Why did they leave? Where did they go? Sponsored by the Bureau of Land Management.* Dolores, Colorado: A panel discussion at the Anasazi Heritage Center. Sponsored by the Bureau of Land Management, Natural and Cultural Heritage Association, Albuquerque.

Lallo, J. W. (1973). *The skeletal biology of three prehistoric American Indian societies from Dickson Mounds.* Unpublished Ph.D. dissertation, University of Massachusetts, Amherst.

Lambert, P. M. (1993). Health in prehistoric populations of the Santa Barbara Channel Islands. *American Antiquity, 58* (3), 509-521.

Lambert, P. M. (2009). Health vs. fitness: Competing themes in the origins and spread of agriculture? *Current Anthropology, 50* (5), 603-608.

Lambert, P. M., & Walker, P. L. (1991). Physical anthropological evidence for the evolution of social complexity in coastal Southern California. *American Antiquity, 65*, 963-973.

Larsen, C. S. (1997). *Bioarchaeology: Interpreting behavior from the human skeleton.* Cambridge: Cambridge University Press.

Larsen, C. S. (2001). *Bioarchaeology of Spanish Florida: The impact of colonialism.* Gainesville: University Press of Florida.

Leatherman, T. L. (2001). Human biology and social inequality. *American Journal of Human Biology, 13* (2), 292-293.

Martin, D. L. (1994). Patterns of health and disease: Health profiles for the prehistoric Southwest. In G. J. Gumerman (Ed.), *Themes in Southwest prehistory* (pp. 87-108). Santa Fe: School of American Research Press.

Martin, D. L. (1998). Owning the Sins of the Past: Historical Trends, Missed Opportunities, and New Directions in the Study of Human Remains. Building a new biocultural synthesis: political-economic perspectives on human biology. The University of Michigan Press, Ann Arbor, 171-90.

Martin, D. L., Goodman, A. H., Armelagos, G. J., & Magennis, A. L. (1991). *Black Mesa Anasazi health: Reconstructing life from patterns of death and disease.* Carbondale: Southern Illinois University Press.

Martin, D. L., & Horowitz, S. (2003). Anthropology and alternative medicine: Orthopedics and the other. *Techniques in Orthopaedics, 18* (1), 130-138.

Matthews, W., Wortman, J. L., & Billings, J. S. (1893). Human bones of the Hemenway collection in the United States Medical Museum. *Memoirs of the National Academy of Sciences, 7*, 141-286.

McElroy, A., & Townsend, P. K. (2009). *Medical anthropology in ecological perspective* (5th ed.). Boulder: Westview.

Meindl, R. S., Mensforth, R. P., & Owen Lovejoy, C. (2008a). The libbon site. In R. Pinhasi & S. Mays (Eds.), *Advances in human paleopathology* (pp. 259-275). West Sussex: Wiley.

Meindl, R. S., Mensforth, R. P., & Owen Lovejoy, C. (2008b). Method and theory in paleodemography, with an application to a hunting, fishing, and gathering village from the eastern woodlands of north America. In M. A. Katzenberg & S. R. Saunders (Eds.), *Biological anthropology of the human skeleton* (2nd ed., pp. 601-618). Hoboken: Wiley.

Milner, G. R. (1998). *The Cahokia chiefdom: The archaeology of a Mississippian society.*

Washington, DC: Smithsonian Institution Press.

Milner, G. R. (2007). Warfare, population, and food production in prehistoric eastern north America. In R. J. Chacon & R. G. Mendoza (Eds.), *North American indigenous warfare and ritual violence* (pp. 182-201). Tucson: University of Arizona Press.

Milner, G. R., & Ferrell, R. J. (2011). Conflict and death in a late prehistoric community in the American Midwest. *Anthropologischer Anzeiger, 68* (4), 415-436.

Milner, G. R., Wood, J. W., & Boldsen, J. L. (2008). Advances in paleodemography. In M. A. Katzenberg & S. R. Saunders (Eds.), *Biological anthropology of the human skeleton* (2nd ed., pp. 561-600). Hoboken: Wiley.

Moodie, R. L. (1923). *Paleopathology, an introduction to the study of ancient disease*. Urbana: University of Illinois Press.

Moore, J. A., Swedlund, A. C., & Armelagos, G. J. (1975). The use of life tables in paleodemography. In A. C. Swedlund (Ed.), *Population studies in archaeology and biological anthropology: A symposium* (pp. 57-70). Washington, DC: Memoirs of the Society for American Archaeology 30.

Moorehead, W. K. (2000). The Cahokia mounds. In J. E. Kelly (Ed.), *Classics in southeastern archaeology series*. Tuscaloosa: The University of Alabama Press.

Naranjo, T. (1995). Thoughts on migration by Santa Clara Pueblo. *Journal of Anthropological Archaeology, 14*, 247-250.

Novak, S. A. (2008). *House of Mourning: A biocultural history of the Mountain Meadows Massacre*. Salt Lake City: The University of Utah Press.

Ortiz, A. (1979). Introduction. In A. Ortiz (Ed.), *Handbook of North American Indians, Volume 19, Southwest* (pp. 1-4). Washington, DC: Smithsonian Institution Press.

Pauketat, T. (2009). *Cahokia: Ancient America's great city on the Mississippi*. New York: Viking-Penguin.

Pérez, V. R. (2010). From the Singing Tree to the Hanging Tree: Structural violence and death with the Yaqui Landscape. *Landscapes of Violence* 1 (1): Article 4.

Population Reports. (1988). *Mother's lives matter: Maternal health in the community*. Reports Issues in World Health Series L, No. 7.

Roberts, C. A., & Manchester, K. (2005). *The archaeology of disease* (3rd Aufl.). Ithaca: Cornell University Press.

Roksandic, M., & Armstrong, S. D. (2011). Using the life history model to set the stage(s) of growth and senescence in bioarchaeology and paleodemography. *American Journal of Physical Anthropology, 145* (3), 337-347.

Rose, J. C. (1973). *Analysis of dental micro-defects of prehistoric populations from Illinois*. Unpublished Ph.D. dissertation, University of Massachusetts, Amherst.

Rose, J. C. (1999). Mortuary data and analysis. In M. C. Fowler, J. C. Rose, B. Vander Leest, & S. R. Alher (Eds.), *The Mound 72 area: Dedicated and sacred space in early Cahokia* (pp. 63-82). Springfield: Reports of Investigations, No. 54, Illinois State Museum.

Rousseau, J.-J. (2008). *The social contract*. New York: Cosimo. (Original work published 1762)

Silliman, S. W. (2008). Collaborative indigenous archaeology: Troweling at the edges, eyeing the center. In S. W. Silliman (Ed.), *Collaborating at the trowel's edge: Teaching and learning in indigenous archaeology* (pp. 1-21). Tucson: University of Arizona Press.

Stodder, A. L. W. (1989). Bioarchaeological research in the basin and range region. In A. H. Simmons, A. L. W. Stodder, D. D. Dykeman, & P. A. Hicks (Eds.), *Human adaptations and cultural change in the greater Southwest* (pp. 167-190). Wrightsville: Arkansas Archaeological

Survey Research Series, no. 32.

Stodder, A. L. W. (2012). The history of paleopathology in the American Southwest. In J. E. Buikstra & C. A. Roberts (Eds.), *The global history of paleopathology: Pioneers and prospects* (pp. 285-304). Oxford: Oxford University Press.

Stodder, A. L. W., Martin, D. L., Goodman, A. H., & Reff, D. T. (2002). Cultural longevity in the face of biological stress: The Anasazi of the American Southwest. In R. H. Steckel & J. C. Rose (Eds.), *The backbone of history: Health and nutrition in the western hemisphere* (pp. 481-505). Cambridge: Cambridge University Press.

Stodder, A. L. W., & Palkovich, A. M. (2012). The bioarchaeology of individuals. In C. S. Larsen (Ed.), *Bioarchaeological interpretations of the human past: Local, regional, and global perspectives*. Gainesville: University Press of Florida.

Stojanowski, C. M. (2005a). The bioarchaeology of identity in Spanish colonial Florida: Social and evolutionary transformation before, during, and after demographic collapse. *American Anthropologist, 107* (3), 417-431.

Stojanowski, C. M. (2005b). *Biocultural histories of La Florida: A bioarchaeological perspective.* Tuscaloosa: The University of Alabama Press.

Stojanowski, C. M. (2011). Social dimensions of evolutionary research: History in colonial Southeastern U.S. *Evolution: Education and Outreach, 4* (2), 223-231.

Storey, R. (2009). An estimation of mortality in a pre-Columbian urban population. *American Anthropologist, 87* (3), 519-535.

Swentzell, R. (1993). Mountain form, village form: Unity in the Pueblo world. In S. H. Lekson & R. Swentzell (Eds.), *Ancient land, ancestral places: Paul Logsdon in the Pueblo Southwest* (pp. 139-147). Santa Fe: Museum of New Mexico Press.

Thomas, C. (1884). Who were the mound-builders? *The American Antiquarian, 6,* 90-99.

Thompson, V. D., & Worth, J. E. (2011). Dwellers by the Sea: Native American adaptations along the southern coasts of North America. *Journal of Archaeological Research, 19,* 51-101.

Tilley, L. (2012). The bioarchaeology of care. *The SAA Archaeological Record, 12* (3), 39-41.

Trinkaus, E. (2011). Late Pleistocene adult mortality patterns and modern human establishment. *Proceedings of the National Academy of Sciences of the United States of America, 108* (4), 1267-1271.

Uhl, N. M. (2012). Age-at-death estimation. In E. A. DiGangi & M. K. Moore (Eds.), *Research methods in human skeletal biology* (pp. 63-90). Oxford: Academic.

Walker, P. L., & Johnson, J. R. (1992). The effects of European contact on the Chumash Indians. In J. W. Verano & D. H. Ubelaker (Eds.), *Disease and demography in the Americas* (pp. 127-139). Washington, DC: Smithsonian Institution Press.

Wells, C. (1964). *Bones, bodies, and disease: Evidence of disease and abnormality in early man.* London: Thames and Hudson.

West, W. R., Jr. (1993). Research and scholarship at the National Museum of the American Indian: The new "inclusiveness". *Museum Anthropology, 17* (1), 5-8.

Widmer, R. J. (1988). *The evolution of the Calua: A nonagricultural chiefdom on the southwest Florida coast.* Tuscaloosa: The University of Alabama Press.

Zuckerman, M. K., & Armelagos, G. J. (2011). The origins of biocultural dimensions in bioarchaeology. In S. C. Agarwal & B. A. Glencross (Eds.), *Social bioarchaeology* (pp. 15-43). Malden: Wiley-Blackwell.

8장

# 생물고고학에서의 특수 활용: 미세관찰

생물고고학에는 새로운 기법과 방법론적 접근의 폭발적인 증가가 있었다. 몇몇 요인들이 이전보다 더 많은 방법이 개발되는 데에 기여해왔다. 첫째, 화학, 생물학, 지질학, 물리학 등 인간유해 연구에 적용될 수 있는 기법을 제공해온 여타 과학 분야에서 주요한 학술적 진전이 있었다. 둘째, 다른 학문 분야로부터 점점 더 많은 방법들을 흡수하면서 공유된 유산, 고대 이주, 생물학적 친연성 등(의 문제)을 강조하는 사업들에 대한 지원과 관심도 증대되었다. 마지막으로, 생물고고학이나 법의인류학의 최근 성장 및 그에 대한 관심이 새로운 방법론적 접근의 활용을 부채질했다 (Martin and Harrod 2012). 그런 새로운 방법들이 공통적으로 담보하는 것은 종래의 기법으로는 쉽게 얻기 어려운 정보를 취득하기 위해 뼈대와 치아의 조직을 활용할 길을 열어주도록 해당 분석에 전문화된 접근을 제공한다는 점이다.

여기서 초점은 그런 특수 활용이 정체성, 계통, 이주에 관한 추가 정보라는 측면에서 제공할 수 있는 것 일부를 간단하게 개관하는 것이다. 인간유해의 조직을 활용하는 유전학 또는 생물의학 연구를 수반할 뿐만 아니라, 모든 사전 동의를 둘러싼 복잡성 및 비용과 편익에 대한 평가를 동반하는바, 이 분야에는 윤리적 쟁점이 많다 (O'Rourke et al. 2005). 또한, 과학계가 그런 기법들을 파괴적이라 규정하는 듯, 분석이 끝나면 조직은 없어진다. 예를 들어, 점점 더 유행하고 있는 두 가지 특수기법으로 안정동위원소분석과 DNA특성복원—또는 유전자분석—을 들 수 있는데, 둘 모두 뼈대나 치아조직 몇 그램을 훼손할 수는 있다. 이 두 가지 방법 모두는 6장에서 논의된 것과 같은 좀 더 전통적인 분석을 통해 표면층에서 얻어지는 것을 넘어서, 생물고고학자와 법의인류학자에게 생물학적 정체성과 친연성에 관한 자료를 제공할 수 있는 역량을 부여한다. 동위원소분석은 과거 식이에 대한 보다 양호하고 정확한 동정同定은 물론 집단 내 개인의 친연관계를 이해하는 수단을 제공한다. 이러한 특수 활용기법은 육안관찰로부터 현미경, 더 나아가 분자 수준 관찰로 전이할 수 있게 해준다. 거기에는 (해면골 두께 및 골단위분석 등) 조직학의 기법이나 (동위원소 또는 원소분석 및 유전자분석 등) 세포학의 기법이 포함된다.

## 8.1 뼈와 치아의 표면 아래서

뼈대와 치아는 경성결합조직hard connective tissues으로 불리는데, 표면이 마모되거나 부서지더라도, 그 표면 아래에는 단백질 잔여물(콜라겐) 곧, 관련 조직의 유기질 요소가 있을 수 있다. 주된 요소는 칼슘과 인산염으로 이루어져 있는데, 이것이 그 조직에 딱딱한 성질을 부여한다. 콜라겐과 인회석 두 요소는 모두 고대 인골에서 추출되었을 때, 다양한 종류의 장비를 활용하여 분석될 수 있다. 분석을 위해 콜라겐과 인회석을 추출하고 처리하는 과정에서 고대 뼈 시료는 불가역적으로 변형되며, 대부분의 경우 조직은 진행 과정에서 사라진다. 이러한 기법들은 생물고고학자로 하여금 뼈대나 치아가 한 사람에 대해 밝혀 줄 것들을 미세하게 관찰할 수 있게도 하지만, 한편으로 독특한 윤리·분석·해석상 문제를 노정하기도 한다.

대부분의 이러한 기술의 한 가지 한계는 분석 중에 일정량의 뼈대나 치아 조직이 심각하게 변형되거나 파괴된다는 점에서 과학계에서 파괴적인 것으로 간주된다는 점이다. 그러한 특수 활용기법이 파괴적이라는 인식은 부족 대표자들의 다양한 우려로 이어졌다. 우려가 제기되는 것은 그런 연구를 수행하려면 소량의 뼈대나 치아가 파괴되기 때문이다. 그에 더하여, 많은 미주 원주민들은 자신은 물론 선조에 대한 생물의학·유전학·과학적 연구를 경계하고 있다. 해리Debra Harry 는 외부 과학자나 생물고고학자가 연구를 수행할 때, 미주 원주민에 대해 제기된 쟁점들을 매우 면밀하게 개괄하고 있다(Harry 2009: 147). 해리는 여러 사례를 들면서 "연구가, 역사적으로 원주민은 단순히 연구대상이지 동반자는 아니게 기여하되, 의미 있는 참여나 연구결과물로부터의 잠재적 이득이 없는 하향·내향형의 과정이었다."라고 설명한다.

그런데 일정 정도의 잠재적 혜택이 있음이 알려지면서, 그런 특수 활용기법이 제공하는 자료는 DNA연구에 일부 부족의 참여를 유도하였다. 문화적 연관성, 계보, 선조들의 이주가 증명됨으로써 부족에게 유리하게 작동한 소송절차도 그런 혜택에 포함된다. 일부 원주민집단으로부터 고대DNAaDNA 연구수행에 필요한 허가를 부분적이나마 성공적으로 취득한 오루크Dennis H. O'Rourke와 동료들은 "… 고대DNA 연구로부터 도출된 추론은 아마도 선주先住의 논증, 부족 정체성의 정의 및 여타 적용사례 등을 기초로 하는 수자원과 토지에 대한 권리 쟁송 등 법적인 목적으로 활용될 것"이라는 식으로 특수 활용기법의 미래를 요약하고 있다(O'Rourke et al. 2005: 237).

## 8.1.1 파괴, 개변 그리고 변형: 윤리적 고려

그러한 (파괴·변형적) 용어가 고대 인간유해에 관심을 갖는 다른 구성원에게는 어떤 의미를 가질까? 인간유해는 거의 모든 경우 발견·발굴되기 전에 이미 변형되고 파괴되었다. 4장에서 자연 및 인문적 (고대와 현대 모두에서의) 화석형성 과정이 여러 경로로 뼈를 파괴하고 변형하고 훼손한다는 점이 논의되었다. 식물의 뿌리, 육식동물, 곤충, 유수 및 여타 생물교란은 인체의 206개 뼈를 한 개체의 온전한 인골로는 거의 결합되기 어려운 소수의 조각난 뼈로 줄일 수 있다. 9장에서 논의하듯이, 뼈대와 치아의 자르기, 바르기, 해체하기, 태우기, 조각하기 등과 같은 고대 관행은 인간유해를 줄이고 조각낼 수 있다. 흔히 늑골 같은 작은 뼈 또는 두개골 (또는 일반적으로 어린이의 뼈) 등과 같이 깨지기 쉬운 것들은 전부 없어지거나 작고 얇은 조각으로 남을 수 있다.

파괴적이나 침해적이라는 용어는 그러한 새로운 기법이 실질적으로 수반하는 것에 비하자면 약한 묘사이다. 캐천버그M. Anne Katzenberg 는 고대 인간유해에 대한 작업 수행의 본질에 관해 사려 깊은 생각을 제시한다(Katzenberg 2001). 캐천버그는 「(미주) 원주민분묘 보존 및 반환 법령NAGPRA」이나 유사한 법제화 및 심리 이전에도, 캐천버그와 동료들은 후속 연구자를 배려하여 고대 뼈의 파괴나 뼈 조직 제거가 일부 새로운 혁신적 기법의 수행을 방해할 가능성에 주의를 기울였다. 캐천버그는 1980년대 연구자들이 뼈 파괴에 대한 후손들의 생각에 관심이 없었지만 요즈음은 그러한 정서가 받아들여질 수 없음을 지적한다. 그런데 캐천버그는 생물고고학자는 언제나 연구에 활용될 고대 뼈의 양을 감소시키는 일부 행위에 일정한 우려를 가져왔음을 주목한다. 어떻게 파괴 분석이 이뤄지는지에 관련된 쟁점을 고려하면서, 캐천버그는 원자흡광분광광도(법)atomic absorption spectrometry와 같은 일부 분석기법은 표본의 파괴를 초래하지만, X-선 형광분석X-ray fluorescence, XRF을 이용하면 뼈는 분말이 되어 분석되더라도 향후 분석(또는 본국 송환)에 활용될 수 있음을 지적하고 있다(Katzenberg 2001). 앞의 방법은 파괴적으로 간주되지만 뒤의 것은 그렇지 않다.

파이퍼Susan K. Pfeiffer 는 생물고고학자들이 자신의 작업을 다른 사람에게 설명하기 위해 전형적으로 사용하는 용어가 불필요할 만큼 '파괴적' 또는 '비파괴적'이라는 용어로 환원되고 있음을 피력한다(Pfeiffer 2000). 연령과 보건의 매개변수를 결정하기 위한 뼈의 조직학 분석에서 자신의 작업에 대해, 파이퍼는 '변형적'이라는 용어의 사용을 선호한다. 그는 뼈 박편 제작을 뼈 조직의 파괴가 아니라 변형으로 논한다. 이는 단지 연구를 덜 문제적으로 보이게 하기 위한 의미론적 실천만은 아니다. 다른 종류의 사고를 유도하는 방식으로 뼈에 일어날 일의 복잡성을 매우 다른 방식으로 개념화하는 것이다.

생물고고학자는 한정적이고 편협한 전문용어를 사용함으로써 과학종사자가 아닌 사람이나 부족의 대표들과 소통할 기회를 스스로 제한해왔다. 우리 자신의 경험을 통해 우리는, 얼마나 많은 조직이 소요되는지, 얼마나 많이 유실되는지, 과정에 어떤 것들이 수반되는지에 대한 대안적 사고방식의 제공이 논의를 차단하기보다는 조장할 수 있음을 알아왔다(Martin et al. 2001). 기회와 그런 방법을 통해 얻어지는 것들에 대한 대안적 사고방식을 제안하는 식으로 방법을 설명함으로써, 비생물고고학자에게 조직학·생물의학·분자학적 연구에 대한 좀 더 폭넓고 함축적인 사고방식을 제시할 듯하다.

## 8.1.2 후손공동체의 복잡하고 다양한 시각

파괴되는 조직의 양은 일반적으로 매우 적지만(0.5~1g에 이름), 일부 부족은 자신들이 인·허가하는 유형의 연구에 대한 정책과 검토에 "파괴적 분석 금지"라는 문구를 넣고 있다(Harry 2009: 162). 그러나 일부 부족은 그러한 특수 활용기법을 허용함으로써, 과학자를 비롯한 사람들이 조상에 관한 정보를 신대륙 원주민의 기원에 대한 더 나은 이해에 활용할 수 있게 한다. 말리Ripan S. Malhi와 동료들은 카누 크릭Canoe Creek, 소다 크릭Soda Creek, 도그 크릭Dog Creek 등 집단에 속했던 5,000년 전 사람 둘의 DNA에 대한 분석 허가를 얻었다(Malhi et al. 2007). 연구 결과는 신대륙으로의 최초 이주에 관한 기존의 시각을 넓혀주었다.

톨베어Kimberly Tallbear는 부족들이 DNA분석을 자신들의 고대 선조를 증명하는 데에 사용함으로써, 미국 정부가 자신들을 연방이 인정하는 부족으로 선언할 경우에 대해 논의한다(Tallbear 2003). 그러나 해리는 DNA분석을 부족들이 선조의 유해 송환을 못하게 하는 데에 활용되었던 (케네윅인Kennewick Man과 스피릿동굴인Spirit Cave Man의) 두 사례를 개괄한다(Harry 2009). 곧, DNA분석 등의 활용은 부족들이 자기 선조를 증명할 수 있거나 그 유해에 대한 권리를 증명하는 것을 차단할 수 있는, 양쪽 모두를 지지할 수 있다. 패권적인 식민지정책(Marks 2005)이나 자발적인 양해·동의 없이 원주민을 대상으로 수행된 생물의학 연구(Drabiak-Syed 2010)에 대한 더 포괄적인 전망으로 다뤄진다면, 그런 문제는 더 복잡해진다. 짐머만Larry J Zimmerman은 자신이 "과학식민주의scientific colonialism"로 부르는 것에 대해 탐색하면서 그런 문제를 심도 있게 다룬다(Zimmerman 2001: 169). 그는 고고학(과 확대시키면 생물고고학) 연구와 원주민을 둘러싼 역사는 오만의 역사이자, 소외되고 경시된 사람들로부터 자료를 취한 역사라고 주장한다. 그러한 교훈적 이야기는 생물고고학자가 인간유해를 대상으로 수행하는 연구보다 원주민에게 더 많은 연관이 있음을 나타낸다.

그러므로 이는 생물고고학자가 항상 인지하고 민감하게 대해야 할 매우 복잡하고, 급변하며, 관계적인 영역이다. 모든 상황과 모든 집단에 맞게 취할 수 있는 용이한 윤리적 입장은 없다. 미국에서 연방이 인정하는 565개 이상의 부족과 그것을 추구하는 많은 부족이 있는바, 특수 활용기법 연구를 바라보는, 또한 앞으로 바라볼 여러 상이한 방식이 있을 듯하다. 원주민에 대한 분자·생화학분석과 연계한 보다 협업적인 여러 사업이 창출될 잠재성은 있지만, 그런 연구에 대한 반대 역시 많을 듯하다. 그리고 모든 반대가 그 분석이 파괴적인지 여부에 달려 있지는 않고, 더 많은 경우 해당 부족이 정보를 자신들에게 혜택이 되고 자기 본모습을 위태롭게 하지 않는 방식으로 활용할 수 있을지에 달려 있을 것이다. 매우 얇은 선조의 늑골 조각을 희생하는 것은 부족이 자신들에게 가치가 있을 정보를 얻기 위해 기꺼이 하는 것일 수도 있고 아니면, 그렇게 안 하는 것일 수도 있다.

인간유해에서 얻어진 DNA자료의 여러 활용 중 한 분야는 신대륙의 인간거주나 미주 원주민의 기원에 대한 이해의 영역에 있다. 「미주대륙의 인간유전자 역사: 마지막 개척자The Human Genetic History of the Americas: The Final Frontier」라는 제목의 과학적 흥미를 사로잡는 리뷰에서, 오루크와 라프Jennifer A. Raff는 그런 연구의 학제적 성격에 대해 자세하게 개괄하고 있다(O'Rourke and Raff 2010). 현대인 및 고대 원주민 집단으로부터 얻은 DNA, 고고기록, 10여 개 분야 과학자들이 참여한 인구학 모형을 결합하면서, 이 리뷰는 그런 자료가 원주민의 기원에 관련된 질문에 얼마나 가치 있는지를 열정적으로 설명하고 있다. 많은 구전역사가 그런 종류의 질문에 만족스러울 만한 해답을 주기 때문에, 많은 미주 원주민에게 그 정보는 그다지 유익하지 않을 뿐만 아니라 시시하기조차 할 것이다(Deloria 1997).

　미주 원주민의 기원에 대한 과학적 접근에 가해지는 또 다른 비판은 어떤 저작에서도 토착적인 지식, 구전역사 또는 원주민의 발언이 병합되지 않는다는 것이다. 에코-호크Roger C. Echo-Hawk는 현재의 노스다코다주에서 고고학·역사학적으로 발견되는 원주민집단인 아리카라Arikara부족을 대상으로 한 사례연구를 제시한다(Echo-Hawk 2000). 그는 구전과 고고기록 모두가 아리카라의 기원과 이주를 서술하고 있고, 각각 따로 하기보다는 양자가 함께하면 이해를 도모하는 데에 훨씬 좋을 것이라는 결정적 선례를 제시한다. 마찬가지로, 위틀리Peter M. Whiteley도 호피Hopi부족의 사례연구를 들면서 고고자료와 구전을 결합하는 것이 과거에 대한 더 엄정하고 확장된 해석을 제공할 것임을 설명하고 있다(Whiteley 2002). 이 연구는 구전역사가 과거에 대한 해석을 위해 일차적인 증거원으로 간주되어야 하지, 신뢰성이 결여된 신화적인 이야기로 무시되지 말아야 하는 이유의 좋은 사례가 된다.

　생물학적 정체성이나 친연성 복원에서 DNA기반 연구와 같은 특수 활용기법의 가능성을 고려함에 있어 또 다른 복잡한 요인은 연구자가 정체성이 유동적이며, 상관적이고 역동적이라고 암시하는 순간, DNA연구가 생물학적 정체성을 DNA에서 연원한 무언가로 만든다는 것이다. 브로드윈Paul E. Brodwin은 "… 근원주의적 정체성은 더욱 강력하고 매력적으로 성장한다. 예를 들어, 새로운 유전학적 지식은 개인의 정체성이 선천·자연·불변의 특성이라는 관념에 객관적 과학의 명성을 부가한다. 인간 게놈을 배열하고 분석하는 작업의 급속한 발전은 정체성에 대한 근원주의적 사고를 강화해왔다."라고 하며, 유전학 연구에 대한 비판으로부터 그런 점을 절제하여 간취해내고 있다(Brodwin 2002: 323). 이는 고대DNA 정보가 다양한 집단에 의해 어떻게 해석될 것인지에 함축된 복잡성 일부를 부각한다. 특수 활용기법 연구에 대한 부족의 관심을 밝히는 마지막 사례연구는 오마하Omaha부족 선조의 인골에 대해 현재 진행 중인 연구로부터 온다. (미국)연합통신에 보관된 1991년 속보는 오마하원주민의 요청으로, 생물고고학자들이 1700년대 후반에 비정되는 40기의 오마하 분묘를 분석한다는 것을 보도했다. 처음에는 식민시대의 접촉을 통해 전염된 병이 오마하원주민 다수를 죽음에 이르게 했다고 여겨졌다. 부족의 관리는 역사시대 인골에서 나타난 납에 대해 동위원소분석을 비롯한 특수 활용기법을 허가했다. 분석된 인골들 절반에서 납동위원소가 매우 높은 수준으로 확인되었다. 이는 상당 비율의 죽음이 당시 원주민들이 입수할 수 있었던 다양한 교역물품으로부터의 납 중독에 기인한 것일 수도 있었음을 시사했다. 거기에는 토기, 도료, 통, 탄환 등이 포함된다. 당시 부족 역사가인 헤이스팅스Dennis Hastings는 "… 우리 조상의 인골은 과학을 통해 우리에게 말하고 있다."라고 얘기했다(Secter 1991). 라인하르트Karl J. Reinhard와 가지A. Mohamad Ghazi는 추적연구를 수행하면서 다양한 토양과 유물의 납을 검사했다 (Reinhard and Ghazi 1992). 이 연구는 당시 납은 미주리주 일대에서 채굴되었고 다양한 도료와 토기를 제작하는 데 사용되었음을 발견하였다. 이 연구는 교역물품의 사용으로 인해, 개인들이 납 중독의 위험에 노출되어 있었음을 확인했다.

## 8.2 생물고고학의 주요 특수 활용기법 개괄

보전된 콜라겐이나 인회석을 활용하기 위해 해부학적 표면 아래에 이르는 뼈대와 치아를 분석하는 기법은 고대·역사시대·과학수사대상의 인간유해로부터 계통, 친족, 보건, 식이, 질환, 성장, 발달 등을 이해하는 작업의 핵심이 되고 있다.

### 8.2.1 조직학 및 세포질분석

조직학 수준에서, 뼈는 골단위osteon로 불리는 다세포단위로 배열된다. 뼈의 조직분석은 일반적으로 조직이나 세포 수준에서 골단위의 정상 또는 비정상적인 모습을 찾는다(그림 8.1).

너무 많거나 너무 적거나 열악하게 무기질화된 골단위가 모두 일종의 생리적 문제의 신호이다. 골단위의 수와 크기는 당연하게 인간의 연령에 따라 변화하는데, 그

**그림 8.1** 골단위를 보여주는 횡단면(Wikimedia Commons 제공)

러므로 그 계량화는 개인의 대략적인 나이를 제시하는 데 활용될 수 있다. 뼈에 대한 조직분석은 사망연령, 일부 병리, 생물인류학적 특성에 대한 정보를 제공할 수 있다. 뼈에 대한 현미경관찰을 수행하는 데 필요한 시료의 크기는 (종이 한 장 두께 정도인) 대략 100*μm*이다. 그런데 뼈의 단면을 얻으려면 뼈를 톱으로 잘라야한다. 파괴되는 조직의 양은 매우 적으며, 그 파괴는 대퇴골의 중간몸통, 여섯 번째 늑골을 삼분했을 때 중간부분, 요골 말단부의 선별된 지점으로부터 1cm의 (대략 3g 무게의) "마개plug" 를 취함으로써 최소화될 수 있다. 이런 기법은 병원에서 생검生檢을 위해 환자로부터 조직의 작은 조각을 떼어낼 때 사용된다. 그 위치들은 임상적으로 중요하며, 뼈 성형 연구에서 다른 연구자들도 활용해왔다(Robling and Stout 2008). 뼈 표본은 그런 다음 사진기와 컴퓨터 연결 장치가 갖춰진 고배율 현미경을 활용하기 위하여 얇게 절단 되고, 끼워지고, 분석된다.

### 8.2.1.1 횡단면분석

골단위를 분석하기 위해 뼈의 조각을 절단하는 작업은 개인의 연령 추정, 나이에 따른 뼈 소실osteoporosis의 측정, 움직이는 동안 뼈에 부과되는 부하압박의 판정을 위한 지극히 효과적인 기법이다. 아가왈Sabrina Agarwal과 동료들은 터키 차탈회육Çatalhöyük유적의 인구집단을 관찰하면서 횡단면에서 보이는 피질골 밀도에서는 남녀 간 차이가 없지만, 생애나 뼈 소실에 있어서는 남녀 차가 있었음을 알게 되었다. 흥미롭게도, 그 집단의 남성은 생애의 늦은 시기에 뼈를 소실하는 반면, 여성은 생애 중간 무렵에 소실하고 늙도록 그 수준을 유지했다(Agarwal et al. 2011: 9). 그 결과, 노년에는 양측이 유사하게 뼈가 소실되었는데, 현대 인구집단들에서 보이는 바와는 현저하게 다르다. 이는 아마도 문화나 젠더에 따른 노동구분 등의 여타 요인이 뼈 소실의 원인이 됨을 시사한다.

근래 수십 년 동안, 루프Christopher B. Ruff와 같은 학자들은 뼈의 횡단면분석으로 활동, 특히 이동에 관한 정보를 밝히는 방법을 탐구해왔다(Ruff 2008). 횡단면분석을 활용하면서, 루프는 장거리를 이동하거나 굴곡진 지대를 통과한 집단이 좀 더 두꺼운 피질골을 가진다는 것을 보여주었다.

## 8.2.2 분자분석

인체 조직은 대부분 분자 수준의 수분, 탄소, 질소, 산소, 수소, 칼슘, 인 등으로 구성된다. 인체에는 스트론튬, 아연, 구리, 불소, 철, 납 등 뼈대와 치아의 조직에 포함된 미량의 다종다양한 원소와 무기질이 있다. 상이한 식료—예를 들어, 육지 대 해양 및 사막 대 초원지대 동물—는 상이한 양의 미량원소를 제공하기 때문에, 인체에 포함된 일부 미량원소의 양은 통상적으로 섭취한 음식의 종류에 관한 정보를 밝혀준다.

고대 인골에서 콜라겐은 늘 적당하게 보전되지는 않는데, 연구가 가능할지 여부는 콜라겐 측정을 통해서만 결정될 수 있다. 동위원소분석은 뼈의 콜라겐 비율을 대상으로 수행되는데, 그것이 (뼈의 유기물 또는 무기물의 비율과는 달리) 동위원소의 온전함을 유지하기 때문이다. 어떤 뼈든 활용될 수 있지만, 많은 연구자는 이미 조각나거나 부러진 것을 이용하며, 늑골이 자주 그러한 침해성 분석의 희생양이 되기도 한다. 뼈 표본은 어떤 뼈로부터도 채집될 수 있다. (크기와 무게가 건포도 하나 정도인) 대략 1g(0.035oz)의 뼈 분말이 필요하고, 이미 부러진 늑골 또는 대퇴골 조각이 채취될 수 있다. 피질골의 안쪽 부분만이 이용될 수 있는데, 1g의 오염되지 않은 뼈 분말을 추출하려면 보통 2~3g의 뼈가 필요하다. 표본은 탈염되고, 칼슘염이 분해되고, 이산화탄소가 방출·복원·정화된다. 증류와 여과를 통해 약 20mg의 건성 젤라틴이 얻어지면, 겔의 질량분석이 수행된다.

## 8.2.2.1 동위원소 및 원소분석

뼈대와 치아의 조직에 포함된 탄소, 산소, 질소 등 동위원소(원자질량이 다른 동일한 원소의 비방사성 원자)에 대한 분석은 지리적 위치 및 특정의 식이 구성요소를 밝혀준다. 스트론튬, 질소, 산소, 탄소 등은 특정 지리적 위치에 따라 다른 값을 제공하는 안정동위원소이다. 인간은 지리상 특정 지점에서 생산된 식물, 해양자원, 육류 및 여타 산물을 소비하는데, 그러한 산물은 특정(한 기지旣知의) 비율로 다양한 안정동위원소를 함유한다. 그것은 화학적 표시로 일컬어지기도 한다. 뼈 콜라겐에서 추출된 탄소의 안정동위원소분석은 생전에 개인이 섭취했던 상이한 종류의 식물성 식료의 상대비율을 밝힐 수 있다.

슈워츠Henry P. Schwarcz와 셰닝거Margaret J. Schoeninger는 그러한 분석 작업에 대해 아주 잘 개괄하고 있다(Schwarcz and Schoneninger 1991). 예를 들어, 탄소 안정동위원소분석은 C3 대 C4 광합성 경로를 가진 식물의 양을 식별할 수 있는데, 서로 다른 식물은 이 두 탄소동위원소를 다르게 물질대사로 변화시키기 때문이다. C4 식물에는 옥수수, 비름(속), 명아주(속), 쇠비름(속), 여러 가지 일반적인 풀, 수수(류), 용설란, 유카(속), 부채선인장(속) 등이 포함된다. C3 식물에는 견과류, 두류, 밀, 쌀, 덩이줄기 등이 포함된다. 옥수수나 여타 C4 식물을 많이 섭취한 사람은 다른 식료를 더 많이 섭취한 사람보다 높은 (또는 더 작은 음의) $^{13}C/^{14}C$값을 갖는다. C4 식물 식품을 주로 섭취한 사람은 약 -7.5‰의 $\delta^{13}C$값을 갖는다. 동위원소비는 널리 인정되는 기준에 상응하는 비율로부터의 (‰의 기호를 사용하여) 천분율 편차로 표현된다. 편차는 델타$\delta$값으로 제공된다. 뼈 콜라겐은 대략 10년의 탄소순환속도를 갖는바, 동위원소의 값은 장기간에 걸친 식이의 평균을 제시한다. 계절적 변화 또는 단기간의 식료 부족은 이 방법으로는 쉽게 식별되지 않는다.

흑연로를 이용한 원자흡수분광법atomic absorption spectrophotometry은 뼈의 미량원소를 측정하는 부수적 방법으로 수행된다. 주성분원소와 미량원소의 분석에는 2g의 뼈가 소요된다. 뼈는 질산에 담긴 뒤 건조된다. 스트론튬, 칼슘, 아연, 마그네슘, 바륨, 구리, 나트륨, 납 등은 모두 식이요소를 식별하는 연구에 활용되어왔다. (백분율로 보고되는) 주성분원소와 (골회나 원래 뼈의 백만분율ppm로 보고되는) 미량원소 둘 모두 그런 류의 분석에 활용되어왔다. X-선 형광분석의 이용이 하나의 대안적 방법이기도 한데, 표본에 집적된 방사선을 쬐어 특정 분자에서 전자의 소실을 측정함으로써 작동한다. 방사선의 에너지가 가해져서 다른 원소에서 다른 수준의 전자가 방출된다. X-선 형광분석기는 그 과정을 감지하고 기록할 수 있다. 이 기법을 활용하는 데의 문제에는 사후 화석형성 과정에서 뼈에 원소가 침착될 가능성이 포함된다. 그러나 스완스턴Treena Swanston과 동료들은 표면 원소의 보정방법을 찾아내고 있다(Swanston et al. 2012).

어떠한 접근방식이든 그 진가는 원소가 개인의 생애에 관한 많은 것을 밝혀준다는 점이다. 다른 연령대에 형성된 뼈대 및 치아조직의 스트론튬과 산소 동위원소는 출생지 및 이주를 알려줄 수 있다. 치아 에나멜은 생애 이른 시기에 형성되는바, 동위원소 구성은 아동기의 거주지를 밝혀주는 반면, 뼈대는 그 마지막 십 년의 거주 양상을 밝히게 해준다(Katzenberg 2001). 스트론튬만도 식이를 위해 소비한 식물의 양과 종류에 대해 매우 지시적일 뿐만 아니라, 뼈의 스트론튬/칼슘비는 소비된 식물의 영양단계에 대한 중요한 지표이다. 예를 들어, 그리스 해안의 후기 신석기시대(약 서기전 5000~3200년) 동굴무덤 유적인 알레포트리파Alepotrypa에서 수습된 동위원소 자료는 예측했던 것과는 반대로, 그 집단이 해양성 식료를 소비하지 않고 이미 주로 농산물에 의존적이었음을 밝혀준다(Papathanasiou et al. 2000). 슈어Mark R. Schurr는 질소 동위원소를 관찰하면서 아동기에서 이유기를 구분할 수 있음을 발견하였지만, 블레이클리Robert L. Blakely는 스트론튬/칼슘비는 임신 중이거나 수유하고 있는 여성에게서 상승함을 보여줬다(Schurr 1998; Blakely 1989).

동위원소분석의 목적은 자신의 개인적 정체성을 형성하거나 집단의 인구통계를 이해하는 데에 기여하는 개인의 특성을 인지하는 것이다. 예를 들어, 동위원소는 서로의 관계 속에서 고려되어야 한다는 점이 제안되어왔다. 구리와 아연은 식료에서 육류의 양을 추정하는 데 성공적으로 활용되어왔다. 스트론튬과 마그네슘의 수준은 낮지만, 아연의 수준이 높은 표본에 대한 결합적 분석은 개인이 더 많은 육류를 소비한 지표를 제공할 듯하다. 반대로, 스트론튬, 아연 및 마그네슘의 높은 집적은 해산물 소비를 가리킨다. 단백질 자원에 관한 해석은 질소 동위원소값과의 비교를 통해 교차 검증될 수 있다. 그런 연구는 여러 가지 동위원소와 그들 상호의 관계 속에서 상대적 수준을 검토한다. 예를 들어, 콜트레인Joan B. Coltrain과 동료들은 뉴멕시코주 챠코 캐년의 대형 의례유적(900~1150년)에서 남성 분묘에 대한 원소분석을 수행했다(Coltrain et al. 2007: 317). 이 연구는 챠코 캐년에서 정교하게 안치된 남성이 전 지역을 통틀어 다른 사람들에 비해 유의하게 더 많은 육류를 섭취했음을 밝혀냈다.

유사하게, 탄소동위원소의 수치와 원소 수준을 병합함으로써, 식이에서 다른 종류의 식물성 식료를 구분하는 것이 가능하다. 두류, 덩이줄기, 견과류에 있는 동위원소들과 원소로는 스트론튬과 마그네슘의 높은 수준 및 아연의 낮은 수준을 보이는 뼈로 특징지어지는 식이는 덩이줄기나 두류보다는 (잣 등의) 견과류에 대한 의존을 암시한다. 납은 성장기 아동에 미치는 고도의 유해성으로 인해 보건연구에서 관심이 증대되고 있다. 선사시대 집단에서의 납 수준 추산은 역사시대 및 현대 납 중독을 복원하는 데 필수적일 것이다.

## 8.2.2.2 유전자분석

화석이나 고대 고고잔존물에서 DNA를 추출하는 분석기법은 과학계나 부족 대표자들이 모두 관심 갖는 또 다른 파괴적 방법을 제안한다. 건조된 연조직이 가용할 만큼 잘 보존된 시료를 대상으로 많은 연구들이 수행되어왔지만, 소수의 연구자만이 건조한 고대 뼈에서 DNA를 추출하는 작업을 하고 있다. 현재까지 그런 분석은 매우 시험적이어서 자료의 해석에 연관된 기술적 문제가 남아 있다. 그 기법은 완벽해지고 있으며, DNA의 한 분자도 분석할 수 있는 매우 민감한 DNA 증폭기법인 중합효소 연쇄반응polymerase chain reaction, PCR을 포함한다. 이 기법은 맹아기—현재로선 기본적으로 유럽에서 실험단계—에 있지만, 본래 물질의 매우 작은 표본이 분석에 소요될 것임을 예고한다. 이 기법은 인간유해에 한정되지는 않고, 고고학적 동물상이나 수천 년 된 고대 화석에도 활용될 것이다.

다양한 분석에서 얻어진 DNA는 계통, 생물학적 거리biodistance, 친족, 이주, 유전적 질환에 관한 정보를 산출하고, 미지의 성인과 아동에게서 생물학적 성을 식별하는 데에도 일조할 수 있다. 인류학에서는 유전자를 대상으로 수행된 많은 연구가 있었는데, 분자인류학molecular anthropology이라 불리는 온전히 독립된 분야로의 발달을 유도하였다(Zuckerkandl 1963).

신대륙을 통틀어 미토콘드리아 DNAmtDNA에 대해 검토한 켐프Brian M. Kemp와 슈어의 최근 연구는 미주대륙 점유에 관한 중요한 함의가 있다(Kemp and Schurr 2010). 그들이 발견한 것은 현존하는 유전적 다양성은 두 가지를 제시한다는 점이다. 첫째는 신대륙 최초의 인구집단은 부동의 통로ice-free corridor가 개방되기 전 진입했던 집단에서 연원한다는 것이다. 둘째는 인골의 형태계측적 특징에 의거해 제시되었던 대로, 오늘날 인구집단은 여러 집단이 아니라 단일집단에서 연원했다는 것이다(Kemp and Schurr 2010: 14). 이러한 발견에 함의된 바는 그들이 클로비스 최초설Clovis-first hypothesis이나 케네윅Kennewick의 인골에 대한 최근의 주장에 반대를 피력한다는 것이다. 클로비스 최초설은 미주 원주민이 큰 동물사냥의 석기기술(클로비스 석기)을 사용하던 인구집단에서 연원한다는 것과 그들은 큰 동물 무리를 쫓아 부동의 통로를 통해 들어왔다는 것을 진술하고 있다. 케네윅인에 대한 주장은 그가 북미 원주민과 관련되지 않으며, 오히려 폴리네시아 집단의 후손이라는 점을 피력하고 있다.

### 8.2.3 사진과 X-선

사진과 X-선조차 비파괴적이면서 파괴적인 것으로 간주된다. 사진은 인간유해의 기록에 유용하고, 휴대용 X-선 장비는 현장과 실험실에서 점점 더 자주 사용된다. 대부분의 생물고고학자들은 인간유해에 대해 그런 비파괴적인 실행을 고려할 것이다. 그러나 그런 분석도구는 부족 대표자들에 의해서도 승인되어야 하는데, 때로는 유해의 영혼과 정신 파괴나 교란 등 여러 가지 이유로 사진과 X-선 사용의 허가를 꺼려하기도 한다. 또는 사진과 X-선은 부족의 가치를 거스를 목적으로 이용될 것이라는 불신이 있을 수도 있다.

전통적으로, 비파괴적 분석은 생김, 불변계측점, 정상 및 병리적 발달, 비정상적 특징 및 여타 가시적 측면 등을 관찰·계측함으로써 (육안해부학 수준으로도 불리는) 표면형태학을 활용한다. 뼈의 일부 내부구조를 볼 수 있음은 고대 영유아 및 아동의 성장과 발달 양상을 추적하는 데 중요한데, 그러므로 휴대용 방사선기구의 발전과 더불어 X-선은 매우 유용하게 되었다. 또한 X-선은 성인 뼈의 면적, 강건성, 강도, 두께 등에 대한 정보를 제공해왔다. X-선이 승인되면, 뼈를 구성하는 내부구조에 대한 분석을 수용함으로써 인골 표면 아래에 대한 영구적인 정보를 제공하는 추가적인 장점을 가진다.

### 8.3 요약

이런 종류의 특수 활용기법은 증가 추세에 있지만, 미래에도 계속 제기될 것 같은 복잡한 문제를 적잖이 유발했다. 일찌감치 그런 방법들 중 많은 것들이 파괴적 적용이라는 측면에서 논의되었는데, 과학자가 아닌 이들에게는 그것들이 어떻게 받아들여지는지로 제한되었다. (6장에서 논의된 대로) 인간유해에 대한 과학적 관찰과 계측은 과거에는 논란의 여지가 적었고 더 일반적으로 수용되었다. 그런 연구에서는 분석 중에 뼈가 줄어들지도, 변형되지도, 손상되지도 않는다. 그러나 그 새로운 방법들이 파괴적이기 때문에 어쨌든 더 나쁘다는 생각은 부정확한 이분법이다. 뼈대와 치아에 실제 일어난 것을 개념화하는 다른 방식도 있어서, 생물고고학자는 기법들을 어느 하나의 또는 여러 범주들에 소속시키는 (스스로 만든) 함정에 빠지지는 않도록 수행해 갈 것이다. (파괴 또는 비파괴적이라는) 단어들이 전달하는 것은 정확하지도 않을 뿐만 아니라, 그 특수 활용기법들이 수반하거나 제공하는 것의 보다 암시적이고 모호한 측면을 제시하는 데에도 도움이 되지 않는다.

대부분의 과학자들은 뼈의 발굴, 실험실로의 이동, 촉진, 사진 및 X-선 촬영이 파괴적이거나 침해적이거나 어떤 방식으로든 뼈의 물리적 속성을 변화시킨다고 생각하지는 않는다. 아직 일부 후손들에게는 그 선조들에게 적용되는 분석 과정 — 예를 들어, 복구, 수장, 과학적 관찰, 계측, 사진 및 X-선 촬영 — 이 심각하게 문제된다. 생물고고학자들은 인간유해에 대한 비파괴적 또는 파괴적 기법의 수행이 의미하는 바에 대한 자신들의 표준적 개념이 보편적이라고 전제할 수는 없다. 과학적 분석기법을 분류하는 이 이원적 방식이 고대 유해에 주목하는 부족 및 부족 이외 사람들에 대한 개별 과정의 잠재적 효용을 모호하게 한다. 그리고 그것은 두 가지로 작동한다. 부족대표자들은 X-선을 파괴의 범주에 넣는데, 형이상학적 관점에서 뼈를 통과하는 방사성 중금속 이온의 방출이 뼈를 자르고 재로 만들어버릴 만큼 침해적이고 파괴적으로 간주될 수도 있다.

「(미주) 원주민분묘 보존 및 반환 법령NAGPRA」의 제정으로 부족 당국의 허가 없이는 고대 분묘를 발굴하거나 분석할 수 없다. 미국에서 고대 분묘를 접했을 때, 어떤 경우 부족의 고문과 대표들은 분석을 위해 유해가 옮겨지는 것을 바라지 않기도 한다. 부족 사람이 인간유해를 발굴하고 제거하는 것은 지극히 위험하며, (맥락을) 교란하고, 파괴적이며, 침해적이라고 간주된다. 연구자들이 적절한 실험계획안과 실험실 관행을 구성하는 것에 대해 자신들만의 관념을 가지고 있는 것처럼, 그러한 생각은 인간유해가 어떻게 이해되는지에 대한 관념의 일부를 형성한다. 그러나 분묘를 접했는데 부족 당국이 분석을 승인하는 상황도 있다. 흔히 그것은 뼈가 분석을 위해 노출되었지만, 땅으로부터 옮겨지지 않는 제자리분석의 경우이다. 그것은 생물고고학자에게는 난감한 방식이지만, 유해에 파괴나 교란을 입히고 싶지 않은 후손집단의 바람과 그 선조의 정체성과 생전 경험을 복원하기 위한 정보를 얻고자 하는 생물고고학자의 욕구 간 정중한 절충을 제공하는 방법이기도 하다. 향후에는 미국과 여타 지역에서 더 많은 협업, 대화, 절충이 과학으로서 생물고고학을 인간유해를 다루는 통합적이고, 참여적이며, 타당하고, 윤리적인 접근으로 강화시킬 것이다.

# 참고문헌

Agarwal, S. C., Glencross, B. A., & Beauchesne, P. (2011). Bone growth, maintenance and loss in the Neolithic community of Çatalhöyük, Turkey: Preliminary results. *In Archaeological research facility laboratory reports* (pp. 1-33). Berkeley: Archaeological Research Facility, UC Berkeley.

Blakely, R. L. (1989). Bone strontium in pregnant and lactating females from archaeological samples. *American Journal of Physical Anthropology, 80*(2), 173-185.

Brodwin, P. (2002). Genetics, identity, and the anthropology of essentialism. *Anthropological Quarterly, 75*(2), 323-330.

Coltrain, J. B., Janetski, J. C., & Carlyle, S. W. (2007). The stable- and radio-isotope chemistry of western basketmaker burials: Implications for early Puebloan diets and origins. *American Antiquity, 72*(2), 301-321.

Deloria, V., Jr. (1997). *Red earth, white lies: Native Americans and the myth of scientific fact.* Golden: Fulcrum Publishing.

Drabiak-Syed, K. (2010). Lessons from Havasupai Tribe v. Arizona State University Board of regents: Recognizing group, cultural, and dignitary harms as legitimate risks warranting integration into research practice. *Journal of Health and Biomedical Law, 6*, 175-225.

Echo-Hawk, R. C. (2000). Ancient history in the new world: Integrating oral traditions and the archaeological record in deep time. *American Antiquity, 65*(2), 267-290.

Harry, D. (2009). Indigenous peoples and gene disputes. *The Chicago-Kent Law Review, 84*, 147.

Katzenberg, M. A. (2001). Destructive analyses of human remains in the age of NAGPRA and related legislation. In *Out of the past: The history of human osteology at the University of Toronto.* Ontario: CITD Press. Retrieved from http://tspace.library.utoronto.ca/citd/Osteology/Katzenberg.html.Accessed February 15, 2013.

Kemp, B. M., & Schurr, T. G. (2010). Ancient and modern genetic variation in the Americas. In B. M. Auerbach (Ed.), *Human variation in the new world: The integration of archaeology and biological anthropology* (pp. 12-50). Carbondale: Occasional Papers, No. 38, Center for Archaeological investigations, Southern Illinois University.

Malhi, R. S., Kemp, B. M., Eshleman, J. A., Cybulski, J. S., Smith, D. G., Cousins, S., et al. (2007). Haplogroup M discovered in prehistoric North America. *Journal of Archaeological Science, 34*, 642-648.

Marks, J. (2005). Your body, my property: The problem of colonial genetics in a post-colonial world. In L. Meskell & P. Pels (Eds.), *Embedding ethics: Shifting boundaries of the anthropological profession* (pp. 29-46). New York: Berg.

Martin, D. L., Akins N. J., Goodman A. H., & Swedlund A. C. (2001). *Harmony and discord: Bioarchaeology of the La Plata Valley . Totah: Time and the rivers flowing excavations in the La Plata Valley* (Vol. 242). Santa Fe: Museum of New Mexico, Office of Archaeological Studies.

Martin, D. L., & Harrod, R. P. (2012). New directions in bioarchaeology, special forum. *The SAA Archaeological Record, 12*(2), 31.

O'Rourke, D. H., Hayes, M. G., & Carlyle, S. W. (2005). The consent process and aDNA research:

Contrasting approaches in North America. In T. R. Turner (Ed.), *Biological anthropology and ethics: From repatriation to genetic identity* (pp. 231-240). Albany: State University of New York Press.

O'Rourke, D. H., & Raff, J. A. (2010). The human genetic history of the Americas: The final frontier. *Current Biology, 20*(4), R202-R207.

Papathanasiou, A., Larsen, C. S., & Norr, L. (2000). Bioarchaeological inferences from a Neolithic ossuary from Alepotrypa Cave, Diros, Greece. *International Journal of Osteoarchaeology, 10,* 210-228.

Pfeiffer, S. (2000). Palaeohistology: Health and disease. In M. A. Katzenberg & S. R. Saunders (Eds.), *Biological anthropology of the human skeleton* (pp. 287-302). Hoboken: Wiley.

Reinhard, K. J., & Ghazi, A. M. (1992). Evaluation of lead concentrations in 18th-century Omaha Indian skeletons using ICP-MS. *American Journal of Physical Anthropology, 89,* 183-195.

Robling, A. G., & Stout, S. D. (2008). Histomorphometry of human cortical bone: Applications to age estimation. In M. A. Katzenberg & S. R. Saunders (Eds.), *Biological anthropology of the human skeleton* (2nd ed., pp. 149-182). Hoboken: Wiley.

Ruff, C. B. (2008). Biomechanical analyses of archaeological human skeletons. In M. A. Katzenberg & S. R. Saunders (Eds.), *Biological anthropology of the human skeleton* (2nd ed., pp. 183-206). Hoboken: Wiley.

Schurr, M. R. (1998). Using stable nitrogen-isotopes to study weaning behavior in past populations. *World Archaeology, 30*(2), 327-342.

Schwarcz, H. P., & Schoeninger, M. J. (1991). Stable isotope analyses in human nutritional ecology. *Yearbook of Physical Anthropology, 34,* 283-321.

Secter, B. (1991). A Tribe Reveals Its Deadly Secret From the Grave: Sophisticated new tests indicate Omahas were decimated in the last century by poisoning caused by handling of lead. Los Angeles Times. Accessed October 15, 2012.

Swanston, T., Varney, T., Coulthard, I., Feng, R., Bewer, B., Murphy, R., et al. (2012). Element localization in archaeological bone using synchrotron radiation X-ray fluorescence: Identification of biogenic uptake. *Journal of Archaeological Science, 39*(7), 2409-2413.

TallBear, K. (2003). DNA, blood, and racializing the tribe. *Wicazo Sa Review, 18*(1), 81-107.

Whiteley, P. (2002). Prehistoric archaeology and oral history: The scientific importance of dialogue. *American Antiquity, 67,* 405-415.

Zimmerman, L. J. (2001). Usurping Native American voice. In T. L. Bray (Ed.), *The future of the past: Archaeologists, Native Americans, and repatriation* (pp. 169-184). New York: Routledge.

Zuckerkandl, E. (1963). Perspectives in molecular anthropology. In S. L. Washburn (Ed.), *Classification and evolution* (pp. 243-272). Chicago: Aldine.

9장

# 물질문화로서 신체

인간의 신체는 육신으로서의 모습을 갖게 하는 뼈, 조직, 혈액 그 이상이다. 그
것은 사회적 교류와 문화적 관념의 궁극적 상징이므로 의미가 부여된다. 그것은 인
간 의식을 담는 물리적 매개이며, 그 세계를 통해 사람을 움직이고, 사람들이 죽으면
서 남기는 것이다. 여기서 신체는 사람들의 세계관이 특정 문화 내에서 상징화되는
데에 어떻게 이용되는가라는 측면에서 검토된다. 신체를 연령, 성별, 신장 및 영양결
핍, 질환, 외상의 존부 등 단순한 범주화를 넘어서는 방식으로 바라보는 것이 중요하
다. 그런 전통적 정의를 극복함으로써 연구자로 하여금 개인의 생애에 대해 고려하
게 한다. 일생을 통해 복수의 정체성을 갖는다는 점과 그들이 자신의 신체에 지속적
으로 영향을 미치는 역동적이고 관계적인 사회 환경 속에서 생활하였다는 점을 연
구자가 기억하는 것은 중요하다.

신체는 물질문화와 사회의 밀접한 관련성에 대한 연구로 간주되어야 한다. 그
러나 그보다는 더, 그것이 작동하는 해당 사회의 공유된 방법론체계나 사회경제적
조직과 관련하여 어떻게 공존·변화하는가라는 측면에서 이해되어야 한다. 소페어
Joanna R. Sofaer는 생물고고학은 뼈대학(과학)과 정체성 또는 인류학적 고고학(인문학)
사이에 존재하는 것으로 인식되는 구조적 이원론에 맞서야 한다고 주장한다(Sofaer

2006). 생물고고학자는 곧잘 뼈를 분석의 시료로 연구하거나 아니면 인골로부터 얻어진 경험 자료로 답해져야 하는 인간 적응과 문화에 대한 질문을 던진다. 한편으로, 그들은 상이한 질환과 뼈의 징후가 특정 부위에 나타나는 방식을 연구하면서 각 지표를 고립된 현상으로 본다. 다른 한편으로, 그들은 가끔 사회의 다양한 특성에 대한 질문을 던지는 것으로 시작하기도 한다. 그런 접근법은 좋은 출발이지만 이론으로 병합되지 않는 개인의 생애 경험에 대한 불완전한 그림을 제공할 뿐이다.

그 물질성과 사회규범의 투영을 통해 신체가 가질 수 있는 상이한 의미를 도출하기 위해서는 문화적 구축에 대한 검토를 통해야만 한다. 그런 사회규범은 생사를 불문하고 부단한 절충의 지점으로서 신체 구성체의 일부이다. 출생 전부터 시작되는 특정의 문화적 조건에 달려 있는바, 신체의 "객관적" 특성은 그 맥락을 고려하지 않고는 이해될 수 없다.


## 9.1 의례와 의례화된 행위

"신체는 어떤 한정체계도 상징할 수 있는 모형이다(Douglas 1966/1992: 115)."


사회이론가와 문화인류학자는 오랫동안 인체의 사회·문화적 의미를 이해해왔다. 그것은 각 개인이 수집하는 생애경험의 저장소이다. 신체는 물질문화의 최종적인 형태여서 문화와 생태가 총체적 인간경험으로 종합되는 물질적 객체이다. 그렇듯, 신체는 과거 생활양식과 행위를 복원하는 데에 가장 귀중한 정보원情報源의 일부를 이룬다. 고고학, 특히 생물고고학은 최근에야 물질문화라는 측면에서 신체를 바라보는 것이 중요함을 깨닫게 되었다.

여기서는 의례와 의례화된 행위의 개념을 살펴본다. 이 개념들은 신체에 표현된 "한정체계bounded system"를 이해하고 해석하는 데에 매우 중요하다. 의례는 수행의 경직성에 집중되는 행위양상을 생성하는 특정한 방식이며, 문화적으로 용인된 방식으로 특정 강박관념을 일탈적이게 만드는 특정 주제를 복제한다(Liénard and Boyer 2006). 의례화된 행위를 둘러싼 주제에는 생득권부터 전사집단 내 형제적 유대에 이르기까지 모든 것이 포함된다. 그러한 의례는 흔히 뼈의 개변 또는 크기·형태의 변형이라는 측면에서 뼈대에 증거를 남긴다. 다음에서는 몇 유형의 개변에 의거하여 신체적 실행과 표상화 관행의 복합적 관계가 다루어질 것이다.

## 9.1.1 신체개변과 장식

신체는 개변이라는 방식을 통해 상징이 된다. 의미 있는 방식의 신체개변을 통해, 인간은 자신의 정체성과 사회적 지위를 확립한다. 고고기록으로부터 사회적 정체성의 상징으로서 신체개변을 이해하는 것이 과거 사람의 생애경험에 관해 생물고고학자가 수행하는 연구의 근본적인 목표로 인식되기 시작했다. 신체개변은 사회적 정체성의 표현을 보는 가장 현저하고 가시적인 방식이다. 그렇듯, 세계 여러 문화를 이해하고 설명하기 시작한 이래 연구자들의 상상을 사로잡았다(Flower 1881).

신체장식은 메시지를 전달하는 수단이어서 본질적으로 복합적이지만, 자신이 누구인지를 표현하는 데 있어 개인에 대한 특정의 기능을 갖기도 한다. 신체개변은 상징적인 동시에 공유된 언어를 의미하는 정보를 전달한다. 그러나 그것은 기능적이며, 물질적 목적에 기여한다. 따라서 신체장식과 함께 장식 토기, 무기, 의복 등 물질문화는 특정인의 사회적 정체성을 복합적 방식으로 표현할 수 있다. 이는 인체가 개인적인 것과 사회적인 것의 접점으로 작동하기 때문이다. 신체개변 및 장식을 통해, 개인은 적극적으로 다른 사람들로부터 자신을 구분할 수 있다. 신체개변은 몇 가지 사항을 달성한다(개인정체성의 표시를 제공하며, 집단 내 응집력을 경계지을 수도 있다). 그런 것들은 구조화된 개변과 창조된 상징·실제적 경계에 기초하여 독특한 의미가 주어진다는 점에서 "문화적 신체cultural bodies"의 예이다(Blom 2005).

신체개변은 문화와 관념의 표현임에도 불구하고 재생산(곧, 진화적) 적합성을 알리는 장이기도 하다. 인류가 왜 신체를 개변하는지에 대해 그런 문화적 설명이 근사

近似할 수는 있지만, 궁극적인 원인은 재생산의 성공이라는 논지이다(Carmen et al. 2012). 흥미롭긴 하지만 모든 인체장식 및 개변이 성 선택sexual selection으로 환원될 수는 없다. 인간은 더 이상 생물적으로만 제한될 수 없으며, 단순히 식량과 성에 의해서만 추동되지도 않는다. 생물문화적 접근은 그 관계가 훨씬 더 복잡하며, 신체개변과 같은 복합적인 의례를 이해하기 위해서는 생물학을 문화 및 이념과 통합하는 것이 중요하다는 점을 피력한다.

### 9.1.1.1 인위 두개변공

두개변공頭蓋變工, cranial deformation은 두개골에 부과된 일정한 압력을 통해 영유아의 두개둥근천장을 의도적으로 또는 우연하게 변형하는 것이다. 미주 원주민집단에서, 이는 편두 만들기로 가장 보편적이게 나타나는데, 생후 1년간 영유아를 요람판에 묶어둔 결과이다. 인위적 또는 문화적 두개변공은 바라는 크기와 형태를 얻기 위해 머리를 의도적으로 변형하는 과정이다.

그런 관습의 보다 정교한 사례에는 두개골 모양을 강압적으로 변형하는 작업이 결부된다. 전형적으로, 머리 뒤(는 흔히 요람판에) 및 앞 모두를 압착함으로써 달성된다. 이는 길게 비스듬한 머리를 만들기 위해 미국 북서해안Northwest Coast 문화들에서 보이는 것처럼 판을 앞이마 뼈에 대고 묶거나 선사시대 페루 문화들의 경우와 같이 속박기구로 머리를 감쌈으로써 완수될 수 있다.

그런데 두개변공에는 여러 상이한 유형이 있다. 흔히 변공은 그 영향을 가장 많이 받는 뼈로 묘사한다(몇 예로는 전두-시옷점fronto-lambdoidal, 전두-후두fronto-occipital, 시옷점lambdoidal, 후두occipital 등이 있다). 두개변공의 유형과 위치에서 보이는 변이는 문화마다 다르기도 한데, 연구자들은 뼈대학이 하나의 학문 영역이 된 직후부터 그 양상을 서술해오고 있다. 그 초기 연구 일부는 미국의 동부(Neumann 1942) 및 남서부(Stewart 1937)에서의 두개변공에 관해 매우 자세하게 기록하고 있다.

블롬Deborah E. Blom은 남부 안데스산지의 너덧 지역에 접한 몇몇 고고유적(500~1100년)에서 수습된 412개체 인골을 세심하게 분석하였다(Blom 2005). 그는 개인들이 어떤 지역에 살았는지를 식별하기에 유용한 매우 독특한 양상들을 찾아냈다. 예를 들어, 티와나쿠Tiwanaku유적의 통치 및 의례중심으로부터 떨어진 지역에서는 두개변공이 널리 실행되고 있었는데, 머리의 전두-후두 부위에 변형이 있는지 또는 환형 개변이 있는지를 관장하는 구체적인 규칙이 나타났다. 설사 비슷해 보일지라도, 전문가의 눈에는 쉽게 띄는 중요한 차이가 있다. 그런데 티와나쿠에는 (앞서) 기술된 두 가지 두상 형태 모두가 있어, 다양한 집단이 인근 지역으로부터 티와나쿠 수도로 이주했음을 시사한다. 두개 형태의 변형이 경계는 물론 두 개별 지역의 정체성을 유지하는 상징적 수단으로서 역할을 했다.

인위 두개변공은 전 세계 여러 사회에서 수천 년간 실행되었다. 다엠스Aurelie Daems와 크루처Karina Croucher 는 고대 근동 전역에서 그런 관습이 수행되었는지를 논의하면서 특별히 이란의 한 선사시대 유적에서 드러난 현상을 개관하고 있다(Daems and Crouche 2007). 이 연구는 사람들이 개인적 또는 사회적 정체성의 일부로서 자신의 신체를 변형하는 방식에 대한 통찰력을 제공하기 위해 해당 지역에서 발견된 조상彫像에 대한 조사를 병합함으로써 인골유해에 대한 분석과 해당 유적의 물질문화를 조화시키고 있다. 근동에는 여기저기에 인위 두개변공의 증거가 있다. 일부 네안데르탈의 두개골은 그 풍습의 증거를 보여주었는데, 이라크 북부의 샤니다르 1·5의 두개골에는 변공의 징후가 나타났다(Trinkaus 1982: 198-199; Meiklejohn et al. 1992: 84). 그런 풍습은 신석기시대 후기에 증가하는데, 두개변공을 모사한 조상들에서도 그러하다. 다엠스와 크루처의 작업은 물질문화(물질성과 신체)와 사회적 정체성/종족성이 동시에 고려될 때, 그 사이에 얼마나 복잡하고 복합적인 관계가 상정될 수 있을지를 설명하고 있다(Daems and Crouche 2007).

티슬러Vera Tiesler 는 메조아메리카의 두개성형기법에 대해 매우 장황하게 개괄하고 있다(Tiesler 2012). 필자는 그런 관습이 범문화적으로나 시기별로 어떻게 정체성, 종족성, 미모, 지위, 젠더를 표현하도록 채택되었는지를 탐구하고 있다. 마야 유적들의 고고잔적은 사회구조, 정치적 복합도, 경제적 기반, 우주관을 연구하는 데 활용되어왔다. 예를 들어, 메조아메리카 몇몇 지점의 도상에는 두개성형에 이용된 도구들이 보인다. 그런 표현은 인간의 외양상 유사 또는 상징적 관계에 기초한 심미적 즐거움으로 간주되는 행위에 부합하도록 어떻게 물리적으로 조작되었는지를 제시하고 있다. 압박을 위해 머리 앞쪽에 놓인 고정되지 않은 판과 영유아를 묶는 둥근 압박판으로 두개를 앞뒤에서 누른다(Tiesler 2012: 14).

신체는 언제나 사회 및 신체적 존재에 의해 흔적이 남는다. 사람은 자기 신체를 여러 가지 상이하고 소소한 방식으로 변형하는데, 두개를 변형하는 풍습은 영구적인 흔적을 남김으로써 연구되고 맥락화된다. 따라서 생물고고학의 접근은 다양한 사회적 형태로 가치가 창조·축적되는 사회적 정체성을 추정하게 한다(Tiesler 2012; Blom 2005; Torres-Rouff 2002).

### 9.1.1.2 신체개변과 장식화의 여타 형태

인간이 자신이 속한 사회의 관념을 소통·체화하는 통로로서 자기 신체를 개변·변형하는 방식에 관한 여러 다른 사례가 있다. 중국의 전족은 수천 년 동안 실행되었다. 두개변공과 비슷하지만 생물학적 손상의 영향이 더 많게, 소녀의 발가락뼈를 부러뜨리고 단단하게 묶는 바람에 발이 자라면서 속박기구는 발가락을 발아래로 오므라들게 하여 발바닥 아치의 중간 부위가 그 위에 고정되게 한다. 그러한 고통스런 기술이 아름다움과 높은 지위를 상징하는 것으로 일컬어졌지만, 본질적으로 여성을 무력하고 절뚝거리게 만들었다(Cummings et al. 1997).

코헨Erik Cohen은 역사적으로는 버마Burma로 불리는 현재 미얀마와 태국 일부 지역에서 어릴 때부터 놋쇠 고리를 연속적으로 자기 목에 더하는 여성에 관련된 고대 풍습의 부활에 대해 논의하고 있다(Cohen 2008). 목에 걸린 고리의 무게와 속박력은 쇄골과 갈비뼈를 아래쪽으로 눌러 해당 여성들이 특별히 목이 길다는 환상을 갖게 한다. 이 관습은 역사시대에는 불법이었지만, 관광객들이 "기린 여인giraffe woman"을 관람하는 비용을 지불하는바, 여성들은 다시 한번 목 늘리기의 고대 전통을 부활시키고 있다. 이 신체개변 및 장식의 관습은 아름다움은 물론 젠더 역할에 대한 전통적인 관념의 측면에서 커다란 의미를 지닌다. 고리는 여성으로 하여금 머리나 상체를

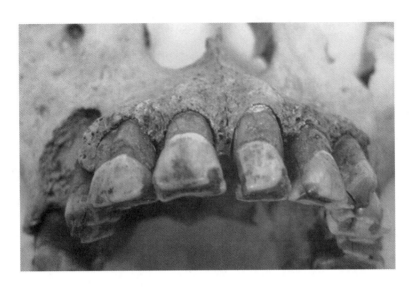

**그림 9.1** 치아개변(푸에블로 보니토의 327.099호 무덤). ((미)국립자연사박물관 인류학분과 제공)

자유자재로 움직이기 어렵게 했는데, 흔히 목의 고리는 팔·다리 고리와 연계되어 움직임을 더욱 제한하였다.

치아개변에는 치아의 변공 또는 제거가 포함된다. 그것은 돌이나 금속을 상감하기 위해 치아에 줄질을 하거나 구멍을 뚫는 형태를 취할 수 있다(치아개변의 도상안내는 Ichord 2000 참조). 치아개변의 풍습은 세계 여기저기의 역사를 통틀어 발견(Scott and Turner 1988; Milner and Larsen 1991; Alt and Pichler 1998)되어왔지만, 그에는 심각한 위험이 결부되어 있다(그림 9.1). 에나멜질의 파괴에 따라 상아질이 노출됨으로써, 개인을 사망에 이르게 하는 감염의 위험에 빠뜨릴 수 있다(Logan and Qirko 1996). 그런 보건상 영향에도 불구하고, 치아개변은 사람들에게 정체성을 수립하거나 사회적 지위를 획득하기 위한 지극히 가시적인 수단을 제공한다.

## 9.2 의례화된 전쟁, 피의 속죄, 보복

　고대 세계에서의 폭력은 대체로 명백하지는 않고, 그 수준도 집단에 따라 매우 동태적이며, 시·공간 모두를 따라 가변적이다. 행위 이면의 논리를 이해하는 데서 폭력이 자행되는 맥락이 중요하다. 폭력 행사는 인간사회에 널리 퍼져 있지만, 그 동기와 의미의 측면에서 여전히 (추가적인) 이해가 요구된다. 폭력에 대해서는 여러 상이한 시각이 있다. 폭력은 흔히 선택압력에 의해 유발되고 진화를 통해 전달되는 공격성이라는 타고난 행위에 의거하여, 인간의 본능이라고 (잘못) 비쳐진다. 또는 폭력은 본질적으로 비서구적인 독특한 문화현상의 표현으로 (잘못) 검토된다. 그런 행위에 대한 설명은 흔히 "신화적 타자mythic other"를 탄생시킨 용어들에 (잘못) 반영된다. 그러한 이국적이거나 위험한 집단이 "정상normal" 사회와의 비교를 통해 진부한 도덕론과 행위를 규정하는 데에서 중요한 사회적 기능을 수행함으로써 비전문적 인식론으로 들어왔다. 깁슨Mel Gibson의 2006년 영화, 〈아포칼립토Apocalypto〉는 마야의 인신희생 및 의례적 신체 처리에 대한 유사과학적 분석과 피, 공포, 혼돈에 대한 대중적 열망 사이에서 통로로 역할하면서 그런 정도의 작용을 했다.

　폭력은 복합적인 행위로서, 분석을 위해서는 최신의 이론적 틀을 활용하는 섬세한 접근을 필요로 한다. 예를 들어, 생물고고학은 의례적인 사후 신체 조작으로부터 사망 무렵의 폭력을 구별해냄으로써, 무엇이 폭력이고 또 아닌지에 대한 평가의 복잡성을 처리함에 있어 장족의 발전을 이루었다. 마틴Debra L. Martin과 동료들은 고대 인간유해와 그것이 안치되는 장송의 맥락이 초기 비국가단계 집단에서의 폭력을 이해하는 생산적인 방법을 제공한다고 피력하고 있다(Martin et al. 2012). 이념, 사회적 관계, 외상 및 유해에 가해진 여타 폭력의 징후를 연결하면서, 생물고고학자는 의례화된 폭력이 구체화되는 복합적인 방식을 보여주게 된다.

### 9.2.1 의례적 전쟁

고고학적으로는 거의 알 수 없는바, 의례적 전쟁은 복잡한 주제이다. 서뉴기니 다니Dani족 사이의 의례전투와 의례적 전쟁을 기록한 유명 다큐멘터리 〈죽은 새들 Dead Birds〉(가드너Robert Gardner 감독의 1963년 작)에서 특히 분명하다. 이 영화에서 시청자는 다니족 사이에서 폭력이 얼마나 과격했는지를 보게 된다. 그들의 의례전투, 유목생활양식, 망루 건설 등에 그러한 폭력성의 증거가 있다. 다니족 남성들은 같은 부족이 아니라고 간주되는 주변 골짜기의 "다른" 집단으로부터의 어떤 잠재적 위협에도 경계를 늦추지 않는다.

의례적 전쟁을 다루면서 폭력이 다니족의 이념에 그렇게 중요한 부분이라고 주장하는 영화의 초점에도 불구하고, 시청자가 실제로 보는 것은 죽음 또는 부상을 불러오는 폭력적 회전會戰이 규범이 아니라는 점이다. 대신, 이웃을 상대해 실제 전쟁을 치를 경우, 그것은 일반적으로 치명적이지도 않으며, 실제로는 누군가 다치거나 매우 드물게는 죽으면 끝난다. 전투는 두 경쟁 집단이 누구의 영토도 아닌 한 지역에 마주 서서 서로에게 창을 던지는 것으로 구성된다. 사망이 발생하기는 하지만, 부상 정도를 당하는 것이 더 일반적이다. 이러한 과격한 회전은 고고학적으로는 드러나지 않는다.

논란을 불식하고, 지위를 확립·증대시킬 뿐만 아니라, 특정 지역에서 경쟁 집단 사이의 저강도 폭력을 유지하는 경로를 제시하는바, 과거에는 의례적 폭력 또는 의례적 전쟁의 그런 모형이 보편적이었을 듯하다. 페루 및 남미의 안데스산지 나머지 부분에 걸쳐, 팔매와 돌로 수행되는 의례전투로, 틴쿠tinku라고 불리는 의례적 전쟁의 한 형태가 있다. 의례전투에서 치명적 폭력으로 초점을 전이시킨 잉카의 정복(전쟁)이나 나중의 스페인인 도래에 앞서, 그것은 해당 지역에서 권력관계를 유지하는 (대부분의 시기 동안) 비치명적 수단이었다(Chacon et al. 2007; Tung 2007; Gaither 2012).

의례적 전쟁이 어떻게 충돌의 대안으로 작동할 수 있는지에 대한 가장 현저한 사례는 포틀라치potlatch의 발달 전까지 수천 년 동안 문화의 주된 부분이 전쟁-관련

활동이었던 미국 북서부 해안에 있다. 전쟁은 고고기록이나 민족지 서술에서 보이는 사회계층화의 시작, 거대한 무역망 수립, 무기의 등장을 즈음하여 현저해진다. 사회적 위계를 수립하는 데 활용될 수도 있던 희귀하거나 이국적인 물품에 대한 접근성을 제공하는바, 무역은 특히 중요하다. 노예포획을 위한 습격의 순환주기 발달은 무역을 강조하는 일환이다(Maschner 1997). 고고기록에는 무기―예를 들어, 창, 전투용 곤봉, 단검, 역자형 화살촉―의 출현, 요새화된 집과 마을, 별도 전사계급의 발달, 인골 및 현존 집단을 대상으로 한 (비)치명적 폭력이나 전리품 노획thophy taking의 증가 등이 포함된다(Ames and Maschner 1999; Boas 1966). 집단 간 경쟁과 전쟁은 사회적 지위의 등장에 영향을 받는다. 지위 역시 개인·혈족·마을의 수준에서 유지될 필요가 있었다. 지위를 둘러싼 경쟁에 대안적 수단을 제공하는 의례적 전쟁의 발달은 증대되는 폭력의 부수현상이다. 무역 및 노예포획을 위한 습격의 확장으로 추동되기는 했지만, 포틀라치로 알려진 선물공여의 체계가 발달하게 되었다. 본질적으로 파푸아 뉴기니 대형Big Man체제의 "모카moka"와 유사하게, 경쟁자에게 선물을 공여함으로써 사회적 지위를 확립하고 유지하는 것이 목표이다(Codere 1990). 그것은 부의 획득보다는 과시에 관한 것이다. "수장酋長은 일부러 자신의 경쟁자를 최소한 대중의 눈앞에서라도 영원히 모욕하거나 이기려 한다(Miller 2000: 85)."

## 9.2.2 인신희생

뼈와 시신 및 관이나 골호骨壺는 과거와 현재 집단 모두의 문화적 영역에 대한 통찰력을 제공할 수 있는 구체적 사물이다. 예를 들어, 켈트Celt의 한 분파인 골Gaul족은 자신들을 위대한 전사로 만들었다고 믿는 지하세계의 신을 기쁘게 하는 동시에 승리를 축하하고 잠재적 적들을 위협하도록 서기전 3세기 후반, 프랑스 북부에 기획된 신전들을 세웠다. 적의 시신을 해체한 후 사제는 그 뼈를 부숴 골수가 드러나게 했다. 뼈를 부러뜨린 후 사제는 그것들을 납골당의 한 방에 쌓고 불태웠다. 그 신전들은 공공의 전리품 보관소로도 역할을 하였다. 그 신전들은 사지 뼈나 두개골로

장식되었는데, 일부에는 자연 그대로 부패하게 남겨진 목 잘린 전사를 위한 선반도 있었다(Rives 1995).

예를 들어, 티슬러와 쿠지나Andrea Cucina는 인간유해의 처리를 둘러싼 복합·다양·모호성을 분석하기 위하여 사망 무렵 및 사후의 문화적 처리를 증명하는 고전Classic 및 후고전Postclassic기 마야의 인골집합체를 조사함으로써 그런 것을 이행한다(Tiesler and Cucina 2007). 생물문화적 틀 안에서 인간유해에 대한 통합된 학제적 조사를 통해, 고전기 및 후고전기 마야유적에서 수행된 장송에 관련되었거나 관련되지 않은 행위에 대한 폭넓은 평가가 얻어질 것이다. 애쉬모어Wendy Ashmore와 겔러Pamela L. Geller가 논의했던 대로, 망자의 공간적 배치와 장송맥락은 사회적 의미를 전달할 수 있다(Ashmore and Geller 2005). 마야의 다양한 장송공간을 그 사례로 삼아, 그들은 장례기념물의 형태와 위치가 기념 및 사회적 재생산의 장소는 물론 우주 방향측정의 지점으로서 역할을 할 수 있음을 주장한다. 무덤 내 시신의 안치 또한 상징적 의미를 가진다. 분쟁, 폭력, 전쟁 등에 연결되는 것과 같은 마야 인신희생의 복합성을 검토하여야만 특정 유형으로의 분류가 가능하다.

폭력과 외상을 인지하기 위해서는 고고유적에 있는 물질문화나 인간유해 모두에 대한 함축적이고 세밀한 분석이 필요하다. 따라서 인골자료의 모습을 변형시킬 수 있는 변수들에 대한 포괄적인 이해를 갖는 것이 중요하다. 티슬러는 고고학, 뼈대학, 화석형성학을 결합한 분석에 의거하여 장례에 관련되거나 관련되지 않은 수행사항을 구분할 새로운 이론적 개념들을 개괄한다(Tiesler 2007). 민족지 및 도상 자료의 활용을 통해, 티슬러는 마야의 고고유적에서 장례에 관련되거나 관련되지 않은 수행사항을 식별하는 데 활용할 수 있는 대안적인 일련의 화석형성학적 지표의 존재를 주장한다.

루체로Lisa J. Lucero와 깁스Sherry Gibbs는 두 동굴유적의 상이한 잔적에 대한 세심한 분석이 어떻게 조상의 유해 및 희생으로부터 마녀처형을 구별해낼 수 있는지를 보여주는 강력한 사례를 제공한다(Lucero and Gibbs 2007). 여기서 다시 언급하건대, 다중퇴적의 실행을 인지하게 하는 것은 화석형성학, 작인作因, 의례행위에 대한 세심한 활용이다. 파커 피어슨Michael Parker Pearson은 사자는 "산 자의 의도에 따라 조작"되며, 그 장례의식은 "정치적 결정"의 산물이라는 점에 주목한다(Pearson 1993). 고전기 마야인에게는 저승으로 가는 입구로 간주되었던 동굴에, 시신을 안치하는 것은 희생대상을 거기에 안치함으로써 그 영혼이 저승으로 가기를 재촉한다는 점을 암시하고 있다. "마야인들은 처형된 마녀(나 희생대상)를 지구의 입구, 특히 동굴에 둠─오래된, 스페인 도래 이전에 연원한 전통─으로써 비장례적인 방식으로 유해를 진열한다(Lucero and Gibbs 2007: 50)."

마법박해는 오랫동안 미국 남서부에서 출토된 인골의 사망 무렵 개변에 대한 가능성 있는 설명으로 간주되어 왔으며, 인류학자들 사이에서는 논란거리가 되기도 하였다. 미국 남서부에서 900~1250년에 해당하는 인골에는 다양한 상흔이 보이는데(Lambert 1999, 2000; Martin 1997), 가장 납득하기 어려운 형태의 해당 시기 외상은 절단흔, 광범한 사망 무렵 골절, 타격상흔, 소각 등이다(Billman et al. 2000; Turner and Turner 1999). 콜로라도주 남서부의 슬리핑 유트산Sleeping Ute Mountain 남사면에서 확인된 1150년 무렵의 시신 절단, 식인풍습 및 공동체 폐기 등은 심각한 집단 간 폭력이 최소한 일부나마 그 집합체의 형성에 있어 중요함을 시사한다.

최소개체수MNI가 1에서 35인 인간유해가 있는 약 40개 유적이 현재는 해체되고 인위적으로 개변된 인간유해를 방증하는 것으로 인식되었으며, 대체로 900년에서 1200년으로 비정되고 있다(요약은 Baker 1990; Billman et al. 2000; Turner and Turner 1999; White 1992 참조). 그 집합체는 스페인인 도래 이전의 폭력행위의 결과라는 보편화된 합의가 있다(Darling 1998: 747). 오길비Marsha D. Ogilvie 와 힐튼Charles E. Hilton 역시 마녀 절멸과 결부된 의례화된 폭력이 그런 유해의 원인일 수 있음을 시사하면서, 뉴멕시코주 북서부의 후기 푸에블로 II 기(약 900~1100년)의 사례를 들고 있다(Ogilvie and Hilton 2000).

선조푸에블로Ancestral Pueblo에 대한 매장기록은 인골집합체의 폭넓은 다양성과 모호성을 보여준다. 900년부터 역사시대에 걸치는 기간에 비정되는 고고학적 맥락에서 발견된 인위 개변된 인간유해에 대해서는 특히 그러하다. 앞서 논의된 대로, 집합체에 포함된 해체된 유해는 주로 식인풍습이나 관련 활동의 결과로 간주되지만, 현재 쟁론하고 있는 다른 가설도 있다. 달링Andrew J. Darling은 푸에블로 역사에서 마녀처형의 고유한 성격에 대한 상세한 민족지 자료를 바탕으로 마법 처단에 관한 개연적 가설을 제시한다(Darling 1998). 희생성 마녀처형은 거의 모든 대륙에서 수천 년간 이어진 유구하고 복잡한 역사를 가지고 있다. 거의 모든 사례에서, 고발된 마녀는 문화적으로 특화되고 고도로 의례화된 방식으로 고문당하고 살해된다.

폭력은 희생양 및 그 자행의 사회적 환경을 재형성한다. 그것은 지속적인 효과가 없는 기억을 남기는 일시적이고 단속적인 사건으로만 간주되지 말아야 한다. 폭력은 개인과 문화 모두에게 미래의 실체를 규정짓는 결정요인이 되기 때문이다. 따라서 그것이 일종의 정적인 실체가 아니라 일상적 실천에 따라 실존하게 되었다면, 문화적 본질을 보는 것이 중요하다. 하나가 아니라 여러 문화체계가 있다. 그런 체계들은 공동체를 둘러싼 상황이 변함에 따라 변신을 계속할 것이다. 폭력 연구자(또는 그 문제에 주목하는 그 어떤 인류학자)들의 목표는 단일 사건을 살피면서 특정 집단의 체계적 기능―희생, 폭력, 전쟁―을 획일화하는 것이 아니라, 어떻게 사람들이 여러 자극에 대한 유동적 반응을 용인하는 사건과 과정에 의해 속박되는지를 이해하고자 하는 것이어야 한다.

과거의 희생을 식별하는 데에는 한계가 있다. 예를 들어, 특히 과거의 아동희생을 보자면, 흔히 유아살해, 아동학대, 조기사망을 유도하는 여타의 문화적 풍습 또는 보건 관련 사망과도 구분하기 어렵다. 그러나 생물고고학적 관점을 활용하면, 아동희생과 여타의 아동사망 구분은 가능할 듯하다. 생물고고학은 아동이 거주하고 있는 세계 및 그들이 스스로의 세계를 찾을 때 좌우되기도 하며 창조하기도 하는 문화적 과정을 이해하는 방법을 제공한다. 아동의 외상 분석에 대한 이런 전일적 접근은 아동학대의 경우를 유아살해나 아동희생으로부터 구별하여 진단하는 데 일조한다. 유아살해를 식별하지 못하는 것은 그것이 단지 다른 형태의 경시로 간주되어 아동학대로 가장될 수도 있다는 사실에 기인한다. 그러한 접근에 수반되는 문제는 비록 간접적 유아살해(Brewis 1992)와 구별하기 어려울지라도 아동학대, 특히 경시의 행위는 문화적으로 매우 다른 함의를 갖는다는 점이다. 더 깊은 사회정치 및 이념적 관습을 가장하는바, 유아살해를 아동학대로 부르는 것은 문제의 소지가 있다. 누가 희생되고 어떻게 실행되어야 하는지를 둘러싼 관념에 따라, 희생되기로 지명된 아동은 상이한 생물고고학적 표시를 보일 것이다. 예를 들어, 그들은 희생의 준비과정에서 보호되고 잘 양육되었을 수도 있고(Wilson et al. 2007), 아니면 희생을 위해 선택된 아동에게서는 미리 공헌물이 되도록 하는 유전적 질환의 증거가 보일 수도 있다(Weyl 1968). 논란의 여지에도 불구하고, 그 아동이 높은 지위를 가지거나 선천적 결함으로 인해 조기에 선택된다면, 장기적인 학대에 따른 상흔의 양상이 보이기를 기대할 수 없을 것이다.

## 9.2.3 구금과 고문

생물고고학 연구는 구금·결박·고문에 연관된 신체에 있는 상이한 종류의 폭력을 구별해내는 데 활용될 수 있다(Martin and Osterholtz 2012; Blondiaux et al. 2012). 5장에서는 라플라타의 선조푸에블로 성인 여성의 비정상적인 매장 형태가 제시되었다. 인골분석 결과, 매장맥락, 고고학적 복원 사항을 종합하면서, 일제히 구금과 고된 노동을 지시하는 여러 갈래의 증거들이 얻어졌다. 일군의 여성은 상해상습성, 즉 일생에 걸친 반복적인 외상 및 상해를 보인다(고대 사회에서 상해상습성과 폭력을 연관시킨 초기 연구 중 하나인 Judd 2002 참조). 습격과 (여성)납치 중에 얻어진 둔력鈍力으로 생긴 외상 때문인 듯한 치유된 두부함몰골절도 지표에 포함된다. 그 여성들에게는 하체에도 여러 가지 치유된 골절뿐만 아니라, 관절에 국부적인 외상(예를 들어, 고관절 탈구)도 있다. 그런 것들은 체벌이나 거친 처치의 결과일 수도 있다. 그 여성들은 열악한 보건(감염, 영양 문제)의 징후도 보인다. 수개월 또는 수년 동안의 고된 노동은 그 여성들에게 명확한 근육지표, 외상성 관절염, 외상에 의한 병리현상 등을 유발하였다. 그들은, 신체에 외상이나 병리로 고통받지 않았던 개인과는 다른 매장의 맥락에서 수습되었다. 이런 경우, 그 여성들은 어떤 의도성 또는 부장품도 없이 안치되거나 수혈유구에 버려진 것으로 보인다.

오스터홀츠Anna J. Osterholtz는 고문과 처형을 분석하는 방법론을 개척하였다 (Osterholtz 2012). 필자는 인골에 노정된 핵심적인 양상이 있음을 발견했다. 예를 들어, 콜로라도주 세이크리드 릿지Sacred Ridge의 집합체는 800년 무렵 살해·해체되어 수혈유구에 안치된 최소 33명의 유해로 이루어져 있다. 그 사람들의 발뼈에 대한 검사는 대량학살 중에 행해진 듯한 족쇄 채우기나 고문에 부합하는 상해 양상을 알려준다. 사람들은 자기 친척이 양발의 옆을 맞고 베여 족쇄가 채워지거나 발바닥이나 발등을 맞는 고문을 당하는 것을 억지로 보게 되었을 것이다. 골조직의 벗겨짐은 물론, 절단흔, 뼈의 휘어짐, 고문과 족쇄 채우기에 부합하는 여타 흔적 등이 성인 남녀 모두의 인골에 나타난다. 족쇄 채우기는 개인이 물리적으로 이동하거나 도망가지 못하게 했었을 것인데, 이는 신체 및 심리적 효과 모두를 가진다. 걷고 뛰기를 안정화시키는 인대를 타격하거나 끊는 것을 유발하는바, 족쇄 채우기는 발 양쪽의 손상을 통해 가시화된다. 발바닥 때리기를 통한 고문은 세계적으로 매우 길고 다양한 역사가 있다. 고문은 말 그대로 공격자에게 고통을 주는 (또는 고통주기를 멈추는) 권력을 부여함으로써 포로에 대한 사회적 통제를 강화한다. 이런 유형의 상해는 사망 후에는 효용이 없기 때문에 사망 전 자행되어야만 한다.

여전히 구금, 노예제도, 속박 및 고문을 복원하는 데에는 많은 과제가 있다. 고통은 개인마다 느끼는 강도가 다를 것인바, 기록하기가 매우 어렵고, 객관적으로 수치화하기는 더더욱 어렵다. 생물고고학자에게도 비슷한 정도로 어렵기는 하겠는데, 실행의 측면에서 고문 같은 개념을 검토할 때 더욱 중요한 것은 타인의 고통을 목격한 충격이다. 어떤 측면에서는 소중히 여기는 사람이 고통받는 것을 강제로 보는 것은 스스로가 그런 고통의 대상이 된 만큼 강력할 것이다. 소중히 여기는 사람이 괴로움에 빠진 것만이 아니라, 그 상황을 완화할 만한 힘이 없다는 것이다. 고통은 태생적으로 관계적인바, 그 분석은 학살의 규모가 개인의 관찰을 넘어서는 경향이 있는 세이크리드 릿지와 같은 양상에 대한 작업을 인격화하는 한 방편이다. 그런 유형의 폭력에 대한 총체적 연구를 이해함으로써, 개인이 비슷한 처지에 있는 자신과 가족에 대해 느끼고 상상하는 것을 짐작할 수 있다.

### 9.2.4 대량학살

시신의 존재는 강력한 사회적 메시지를 전달한다. 온전하거나 해체·훼손된 신체의 부재 역시 사회의 정신적 충격을 야기한다. 죽음이라는 것이 흔히 특별하게 복합적인 의식을 수반하는 탓이다. 생사를 불문하고 신체는 사회적 표현과 경쟁이 기록되는 장이다. 사회적 종속, 착취, 집단적 살해를 밝히는 것은 살과 뼈이다. 10~13세기 동안 산후안분지San Juan Basin는 미국 남서부 선조푸에블로 집단에서의 폭력의 복합성에 대한 통찰력을 제공한다(Stein and Fowler 1996). 전반적으로 대부분의 학자들은 건조환경과 점진적으로 척박해지는 환경조건이 폭력과 대량학살의 광범위한 발현을 자극했을 것이라는 데 동의한다. 요새화된 유적, 목책, 방어용 건조물, 공동체의 결집, 망루와 같은 구조물 등의 고고학적 증거가 있다(Wilcox and Haas 1994; LeBlanc 1999). (문헌기록에는 습격, 매복, 공동체 간 폭력, 종족 내 또는 부족 내 격돌로 묘사되는) 전쟁과 습격에 대한 공포가 10세기부터 이어지는 그 시기의 방어용 건조물에 대한 가장 개연적인 이유로 제시되고 있다(LeBlanc 1999: 119).

북산후안 지역에 있는 샌드 캐년 푸에블로Sand Canyon Pueblo(1250~1285년)는 10개의 정식적인 매장, 형식을 갖추지 않은 채 안치된 다수의 매장을 포괄하여 매장의 전 유형을 보여준다(Kuckelman 2007). 비형식적으로 매장된 한 사람은 45세 남성으로, 방바닥에 드러누워 있었다. 사망 당시, 그는 머리 왼쪽에 치유된 두부함몰골절과 이마 쪽에 치명적인 사망 무렵 골절이 있었다. 그 유적에서 난폭하게 살해당한 또 다른 사람은 붕괴된 벽에 깔린 15세 소년이었다. 그는 두개골 아래쪽과 코에 타박이 있었으며 사망 무렵 아래턱의 치아 몇 개가 부러졌다. 또 다른 12~15세 청소년은 키바kiva의 바닥에 엎드린 채 발견되었다. 뒤통수에 큰 두부함몰골절은 두개골에 부가적인 골절과 함께 머리에 가해졌던 타격이 사인이었음을 시사한다.

커클만Kristin A. Kuckelman과 동료들은 (콜로라도주) 캐슬록Castle Rock유적의 해체된 인골집합체가 대량학살이라는 해석을 선명하게 제시한다(Kuckelman et al. 2002). 비교문화·민족지·고고학·역사학 자료에서 얻어진 정보를 활용하며 일련의 검증 가능한 가설이 제시되었다. 각 가설을 위해서 확인되어야 하는 것에 대한 예측이 면밀하게 논의되었다. 이 유적의 인골 부위들은 단일 집합체로 분석되지는 않았다—오히려 인간유해존부human remains occurrences, HRO를 따라 연속적으로 표시된 소군집의 뼈를 대상으로 가능한 인과관계를 우선 별도로 분석한 뒤, 유적 전체를 대상으로 나머지 인간유해존부 모두와 비교하여 검토하였다. 가해자들은 특정 사회의 특수한 정체성에 "숨겨진" 물질적 요소를 파괴함으로써, 한 집단의 사람들에 대한 신체적 훼손뿐만 아니라, 그들의 신념체계에 대한 이념적 학살을 야기한다.

해당 유적 내 한 맥락에서 발견되는 뼈들에 대해서는 식인행위에 관련된 가설이 부합하지만, 조각난 유해 모두에 대해서 그렇지는 않다. 물질성을 병합한 생물고고학 방법론을 활용하면서, 이 조사단은 여러 가설을 검증하여 전쟁활동과 식인풍습 (또는 식인풍습과 연계된 전리품 노획) 모두를 수용할 근거를 발견하였다. 대체로 온전한 개체나 매장자료와 연계된 뼈 퇴적의 다양한 양상에 대한 분석을 근거로, 필자들은 캐슬록을 대량학살 유적으로 설명하고 있다. 일부 개인은 여기저기 땅바닥에 남겨졌고 일부는 사후 육식동물에 의해 찢겼으며, 일부 유해는 학살 후, 돌아온 가족 구성원에 의해 수행된 이차장을 반영한 듯하다. 달리 말하자면, 부러진, 쪼아진, 태워진, 마모된 뼈 사이에서 보이는 미묘한 차이의 전체 범위에 세심하게 주목하면 함께 수행된 일련의 활동에 대해 더 구체적이고 정확한 설명을 규정할 수단을 얻게 된다. 해체된 인간유해의 분류와 해석에 대한 이러한 유형의 생물고고학적 접근은 생물학과 연구 대상 공동체의 사회·환경적 영역 사이에 있는 간극을 해소한다(Pérez 2012b).

뼈대학 기록은 캐슬록(Kuckelman et al. 2002), 카우보이 워시Cowboy Wash(Billman et al. 2000) 등지에서의 대규모 마을 학살을 입증한다. 그런데 이 유적에서 발견된 집합체나 무덤이 교전 중 맞아 죽은 시신으로만 이루어져 있지는 않다. (공격의 주범이나 귀환한 생존자에 의한) 시신의 처리, 해당 시기의 고유한 망자 매장의례, 폭력에 의한 사망에는 현저한 다양성이 엿보인다. 게다가 폭력적 상호작용에서 죽음을 면한 희생자를 지시하는 인골 증거도 있다. 많은 선조푸에블로 유적에서는 치유된—비치명적—외상성 부상과 머리의 상처도 보이는데, 12~13세기 동안 증가한다(Martin 1997; Martin et al. 2010).

스페인인 도래 이전 푸에블로 경관에는 간헐적으로 마주치는 해체되고 부러지고 쪼이고, 때로는 태워지고, 주로 분해된 인골집합체가 흐트러져 있었다. (아동과 성인 남녀 모두를 포함하는) 그런 수집품은 식인풍습(Turner 1993; White 1992), 마법 징벌(Darling 1998), 전쟁(Wilcox and Haas 1994), 의례화된 해체(Ogilvie and Hilton 2000) 등을 반영하는 것으로 다양하게 해석되어왔다. 아마도 폭력이 유발한 그런 죽음이나 사망 무렵 희생자 신체변형의 이면에 있는 동기가 무엇이든 간에, 사망과 변형은 인구학적으로 대표성이 있을 것으로 보이는 대부분의 경우에 있어 (영유아, 아동, 성인 남성 및 여성 등) 아표집단에 대해 가해졌던 폭력적 행동이 어느 정도 명백함을 시사한다.

## 9.2.5 식인풍습

식인풍습의 개념은 수천 년간 인류의 상상을 사로잡아왔다. 인류학, 특히 생물고고학은 진지한 학술적 탐색을 통해 이 주제에 주요하게 기여해왔다. 타 문화의 최초 기록자로 흔히 인용되는 헤로도토스Herodotus는 서기전 5세기, 문명의 영역 저 너머의 인육을 먹는 신비한 사람들에 대해 언급하고 있다(Arens 1979: 10). 그런 관습을 실행하는 사람들은 언제나 이른바 문명세계의 가장자리 너머에서 발견되어왔다. 그런 사람은 야만인으로 간주되긴 했지만 인간이 아니라고 낙인찍히지는 않았는데, 그런 행위를 수성獸性의 수준으로 환원시킴으로써 중립화하고 식인의 궁극적 금기에 결부된 혐오와 공포를 없애는 목표를 도모했을 듯하다(Hulme 1986: 14). 15세기 말까지 식인이라는 용어는 사람의 살점을 먹는 행위를 표현하였다.

"식인종anthropophagi"은 이미 있던 그리스어 두 단어, "먹는 자"와 "인간의"를 조합하여 만들어졌다. 이 단어는 그리스 사람들이 흑해 너머에 사는 것으로 생각하는 종족집단을 일컫는 데 사용되었다(Hulme 1986: 15). 존재했다고 알려진 한 원주민집단을 지칭하기 위해 콜럼버스Christopher Columbus가 비유럽 용어, "카니발cannibal"을 만들었다. 카리브인Caribs으로 알려진 그 사람들은, 스페인식 발음 실수를 거쳐 카니브canib, 마침내는 카니발(곧 식인종)이 되었다(Arens 1979: 44).

1492년 11월 23일에 유럽의 문헌에 식인자라는 용어가 처음 등장한다. 자신의 일지에서 콜럼부스는 아라와크Arawak 부족이 "보이오Bohio"라고 불렀던 섬에 접근하는 과정을 자세히 밝히고 있다. 다음의 경과는 콜럼부스의 일지에서 발췌한 것으로, 아라와크부족의 진술에 대해 언급한다. "[그들은] 이 땅은 매우 넓고 거기에는 이마에 눈이 하나인 사람들이 있으며, '식인종'으로 불리는 다른 사람들도 있다고 말했다. 그 마지막에 대해, 그들은 커다란 공포를 보였고, 그곳으로 경로가 정해졌을 때 말을 잃었는데, 콜럼부스가 말하길, 그 사람들이 자신들을 먹거나 매우 호전적이기 때문이다(Hulme 1986: 16-17)."

그런 주제가 불러일으키는 주의나 호기심의 양이란 측면에서 식인풍습에 맞먹을 것은 거의 없다. 식인풍습의 그럴듯한 사례를 증명할 고고유물복합체는 구석기시대 전기에서 오늘날의 인구집단에까지 이른다. 카르보넬Eudald Carbonell은 80만 년 이전으로 비정되는 (부르고스의 아타푸에르카산맥Sierra de Atapuerca, Burgos) 그란 돌리나Gran Dolina의 TD6층에서 출토된 호모 안테세소르Homo antecessor의 후두개 유해가 가장 오래된 식인풍습 사례임을 제안했다(Carbonell et al 2010). 지메네즈-브로베일Sylvia A. Jiménez-Brobeil과 동료들은 서기전 5500~3000년에 비정되는 이베리아반도의 유적들을 검토하면서, 식인풍습을 입증하는 적어도 4개소 유적이 있다고 주장하였다(Jiménez-Brobeil et al. 2009).

인류학자는 식인풍습을 3개의 개별 범주―"(1) 자신이 속한 집단의 구성원을 먹는 것을 일컫는 족내식인풍습endocannibalism, (2) 외부인 섭취를 지시하는 족외식인풍습exocannibalism, (3) 자신의 신체 일부를 섭취하는 것을 의미하는 자기식인풍습autocannibalism"―를 갖는 분류로 규정해왔다(Arens 1979: 17).

1948년, 리드Erik K. Reed는 미국 남서부의 고고 기록을 재검토하였다. 그는 두 사례를 제외하고는 식인풍습에 대한 증거에 대해 회의적이었고 납득하지도 못했다 (Nickens 1975: 284). 1948년 이래, 미국 남서부의 포 코너스Four Corners 일대에서 작업하던 여러 연구자들은 고고기록에서 식인풍습일 법한 증거들을 보고해왔다. 화이트Tim D. White는 자신의 저서『만코스 5MTUMR-2346유적의 선사시대 식인풍습 *Prehistoric Cannibalism at Mancos 5MTUMR-2346*』을 통해 남서부 포 코너스 일대에서 식인풍습의 가능성이 있는 19개 경우를 표시했다. 전부는 아니지만 앞서 언급한 유적들의 일부가 일람표에 올라 있다(White 1992: 36-39).

선조푸에블로 사람들이 산후안분지를 점유했던 기간 동안 나타난 폭력의 유형에는 현저한 다양성이 있다. 폭력과 전쟁이 선조푸에블로의 생활에서 역할을 했음에는 의심의 여지가 없다. 그러한 다양성을 설명하는 폭력의 시나리오를 입증할 만한 자료가 빈약하게 발견된다는 과제가 남아 있다. 비치명적 부상을 가진 개인들에게서 보이는 다양성, 상습범적 개인, 보건문제를 가진 개인은 폭력이 다르게 전개되었을 수 있었음을 제시한다. 해체되거나 과도하게 처리된 자료에서 보이는 다양성의 폭은 공개처형이나 식인풍습을 수행하는 소부대(활동) 같은 포괄적인 활동이 안치, 개변의 유형, 파손 정도, 절단흔 등에 나타난 차이를 설명할 수 있다는 생각에 의심이 들게도 한다.

4장과 본 장의 9.2.1절에서 논의된 대로, 해체된 집합체의 일부는 폭력과는 무관하고, 매장의례, 숭배, 봉헌 등과 관련이 있을 가능성이 매우 높다. (본질적으로 폭력과 무관한) 매장의례는 폭력 및 협박행위와 동시에 일어날 수 있는바, 차이를 보기 위해 유적을 전면적으로 복원하는 작업의 일부로서 각 집합체에 대해 세심하게 검토할 것이다. 그렇게 다양성을 간과함으로써, 해체되고 인위적으로 개변된 인간유해를 다룸에 있어, 연구자는 결론을 식인풍습으로 비약하지는 말아야 한다.

미국 남서부에서의 식인풍습에 대한 주장을 입증하기 위해 활용되는 뼈대학적 증거와 관련하여, 11·12세기에는 높은 정도의 사회복합화와 매장의 다양성이 있었다는 중요하고 충분한 증거가 자료로 제시되고 있다. 예를 들어, 종종 "일람표checklist

식" 뼈대학이라고 불리는 데에 과도하게 많은 연구자가 관여되어 있다. 곧, 그들은 분류상 정보의 존부만을 고려하는 자료수집양식(Turner and Turner 1999: 489)에 의존했고, 그 과정에서 그들은 자주 그런 집합체를 생성한 인간행위의 여러 범주를 무시하거나 호도하면서 다루어진 인간유해에 대한 기술적 설명에 초점을 맞추었다.


## 9.3 세상의 작인으로서 신체

현대 서구사회에는 사후의 신체는 거의 무의미하다는 믿음과 무의식적 사고가 흔하다. 그런데 그것이 사실이라면, 알링턴 (미)국립묘지Arlington National Cemetery와 같은 공동묘지 또는 장소는 없었을 것이다. 작인, 기억, 문화적 의미 등이 시간의 흐름에 따라 재창출되는 동태적 공간을 반영하는바, 그런 장소는 의미심장하다. 여러 문화에서, 시신은 단순히 하나의 객체는 아니며, 대신 오히려 세상에서 작인으로 역할하는 하나의 실체이다. 세상의 거의 모든 사회에서, 사람들은 자신들의 조상을 숭배하고 기념한다(예를 들어, 이집트 대피라미드, 로마의 카타콤Catacombs, 알링턴 (미)국립묘지 등). 신체가 더 이상 특별한 방식으로 소통하거나 권력을 갖지 못한다면, 고도로 가시적인 장소에 국가적으로 시신을 진열하는 경우가 그렇게 많지는 않을 것이다. 다음에서 조상숭배 또는 망자에 대한 찬양의 개념이 탐색될 것이다. 사자의 뼈를 전리품으로 보관하는 행위는 정복된 적의 힘을 취하는 행동과 관련이 있음을 보여준다. 전쟁과 습격의 고도로 의례화된 측면과 아울러 조상숭배나 전리품 노획의 징후를 탐색함으로써, 시신은 산 자에 대해 상징 및 의례적 권력을 갖는 것으로 비쳐진다.

### 9.3.1 조상숭배

모든 인간사회는 죽음을 둘러싼 특유의 의례, 신앙, 관습을 가지고 있다. 망자를 안치하는 방식과 죽음에 연관된 의미는 문화마다, 한 마을 내에서도, 이웃마다도 다르다. 의례의 의미 및 시기, 참석이 예상되는 사람도 엄청나게 다양하다. 그런 사망의례는 정신과 영혼이 내세로 이동하는 데에 조력하기, 영혼과 육신을 분리하기, 산 자와 죽은 자 사이의 경계를 만들기 등을 비롯한 다양한 역할을 수행한다(Hubert 2000: 209).

사망의례는 시신, 영혼, 애도자 등 세 명의 극작가로 구성되는데, 그 모두 사망에 즈음하여 의례적 여행을 떠나게 된다. 시신은 생전과 사후세계를 연결하는 과도적인 대상인바, 그 이행의 표시는 그를 통해 나타난다. 죽음이 단순히 생물학적 현상이 아닌 것처럼, 인간유해도 단순히 물리적 대상은 아니다. 양자 모두는 그 처리에 헌정되는 의례처럼 문화적으로 구축된다(Heinz 1999: 155). 따라서 신체는 그를 통해 사회와 문화가 해석될 "자연상징natural symbol"으로 활용될 수 있다(Heinz 1999: 156).

인류의 최초 조상 때부터, 사망 무렵 인위적 처치를 입증하는 해체된 뼈의 집합체는 인류사의 일부가 되어왔다(Pickering et al. 2000). 그런 행위의 구체적 이유를 확증하기는 어렵지만, 개연적인 설명은 매장관행, 의례적 파괴, 훼손, 식인풍습, 폭력 등을 아우른다. 시신분할을 실행하는 문화에서, 신체 부위는 전신을 반영하게 된다. 진열 또는 기념되는 신체 부위는 흔히 힘을 북돋우는 것으로 간주되어 망자를 기억하거나 그로부터 힘을 얻는 방법에 관한 강력한 상징적 의미를 갖는다.

1066~1555년의 중세 영국에서는 시신분할의 관습이나 이차장이 일반적이었다. 예를 들어, 십자군원정 중 유럽으로 시신을 이송하는 어려움은 시신을 삶아 살을 뼈에서 분리함으로써 해결되었다. 그런 다음 살은 태워졌고 뼈는 기독교적 매장을 위해 유럽으로 송환되었다(Quigley 1996: 82). 따라서 필립 3세Philip Ⅲ의 시신이 포도주와 물에서 삶겨졌을 때, 그의 해체된 인골은 신체의 축약판이 되었고 가장 고결한 부분으로 간주되었다. 십자군시대에는 심장 매장도 보편적인 관행이었다. 부분적으로, 심장은 유럽으로 송환하기 쉽기 때문이기도 하고, 고대 상징과 성경주석 때문이기도 했다(Daniell 1997: 122).

신체의 다른 부위도 별도로 처리될 수 있다. 예를 들어, 헤리퍼드의 주교Bishop of Hereford가 1228년 이탈리아에서 사망했을 때, 그의 심장과 머리는 영국으로 송환되었다. 영국 대헌장Magna Carta의 서명자 중 한 명인 드 로스Robert de Ros가 사망하자 그의 심장은 크록스턴 대성당Croxton Abbey에 묻혔고, 내장은 커크햄 대성당Kirkham Abbey의 대제단 앞에 묻혔다. 그 시기 동안 시신의 해체는 구교 교회가 구가한 승리의 나날과 밀접한 관계가 있는 것으로 보인다. 1229년에, 교황 보니파시오 8세Pope Boniface Ⅷ는 자신이 잔혹하고 세속적인 관행이라고 지칭했던 바의 금지를 공표했다. 그 계승자, 교황 베네딕토 11세Pope Benedict XI는 매장의 실용적 측면 때문에 입장을 바꾸었고, 더욱 실용적이었던 교황 요한 22세Pope John XXⅡ는 시신분할의 면허를 발행함으로써 돈을 벌 방법을 찾아냈다(Daniell 1997: 123).

14세기에 이미 영국에서는 봉안당 또는 납골당이 보편화되었고, 교회나 부속 묘지는 인간유해로 넘쳐나게 되었다. 뼈가 높이 쌓인 회랑은 교리문답 수업이나 자선모임의 개최에 활용되었다. 유럽 전역의 여러 지하묘지처럼, 그런 납골당은 다양한 크기와 모양으로 뼈를 쌓아올리면서 양식화되었다. 실용적 요구를 충족하는 것 외에, 납골당은 어떤 때는 영성靈性의 수준을 제고하는 데에 활용되었다. 예를 들어, 1450년경부터 브르타뉴Brittany 서부에서 성당은 교회의식에 대한 공식적인 참여를 증진시키기 위해 기존의 사망예배를 장려하기 시작했다.

종종 시신의 부위를 구하고 보유한다. 성자의 신체는 전 세계 대성당으로 분배되었다. 남는 부분은 수백 년 동안 밀매·증여·보관·전시·절도·회수되었다(Quigley 1996: 250). 가장 작은 신성한 유골조차도 종교적 신뢰를 유발하거나 재확인하는 물리적 실존을 갖게 된다. 251년 순교한 성 아가타St. Agatha의 두개골, 다리, 팔, 가슴은 시실리아의 카타니아Catania에서 형상 속에 보관되고 매년 세 번 공개된다(Quigley 1996: 259). 일부 유골은 교회나 개인에게 증여되었지만, 일부는 매매되었다. 11세기 영국의 카누트대왕King Canute은 성 오거스틴St. Augustine의 팔에 엄청난 대가를 지불했다고 전해진다. 열렬한 수집가들은 다량의 유골을 축적하였는데, 개인 소장의 규모는 지위의 상징이었다. 인체 해부모형, 특히 유골의 공개 전시는 한때 꽤 보편화되었다. 작센Saxony의 지배자는 17,000개의 성聖유골을 소유했고, 프리드리히 2세Frederic the Great는 15~16세기 초 19,000개 이상의 성유골을 습득하였다(Quigley 1996: 261).

수집의 열정이 무척 강했던 때문에 링컨의 성 휴St. Hugh of Lincoln가 성 메리 막달레나St. Mary Magdalene에 대한 존경을 표하기 위해 노르망디로 순례를 떠났을 때, 그녀의 팔에서 두 조각을 떼어내어 영국으로 가지고 올 기회를 얻었다(Quigley 1996: 263).

성유골에 종교적 신뢰를 유발하거나 재확인하는 물리적 실존이 있는 것과 마찬가지로, 어떤 경우 죄수의 유해는 파괴되거나 계속적인 단죄를 유도할 수도 있는 상징적 관련성을 갖는다. 유럽에서 죄수의 시신은 매장이 거부되었고, 처형의 일부로서 절개되거나 해체되었다. 그 긴 역사 동안, 성당은 망자의 이단을 심리하고 유죄가 입증되면 성스러운 묘지에서 파내어져 소각되거나 다른 곳에 다시 묻혔다. 영국 성공회는 캔터베리 대주교 베켓Thomas Becket에게 사후 400년이 지나 대역죄를 언도하였고, 그의 유해는 파내어져 공개적으로 소각되었다.

시신의 해체는 흔히 분명하게 법적 사형선고에 명시된다. 에드워드 3세Edward III 치하의 영국법에는 대역죄가 선고된 사람은 반쯤 죽여진 채, 내장이 제거되고 보는 앞에서 소각되고, 머리는 절단되며, 사지가 찢겼다. 중죄인의 조각이 다른 사람에 대한 경고로 전시되는 것은 드물지 않았다. 예를 들어, 1306년 대관보기戴冠寶器, Crown Jewels를 훔쳐 교수된 퍼들리코트Richard de Pudlicote는 잠재적 절도범들의 기를 꺾기 위해 교회당 문에 사지가 펴진 채 못 박혔다(Quigley 1996: 281).

북미에서는, 여러 상이한 집단들이 매장관행의 일부로서 관례대로 인간유해를 해체했다. 그들은 적의 전사들을 의례적으로 파괴하거나 불구로 만드는 데에 참여했다. 현저한 공공건물을 갖춘 대규모 성채城寨복합체인 멕시코 자카테카스Zacatecas의 라께마다La Quemada 유적에서는 매우 다양한 인골 퇴적이 드러났는데, 그 많은 수의 개체는 사망 무렵의 골절, 절단흔, 크기와 모양 축소, 소각 등의 형태로 광범위하게 개변되었다. 500~900년에 점유되었던, 이 고전기 종말기Epiclassic 유적은 멕시코 중부지역이 방기된 시기 동안 메조아메리카의 북부 경계를 반영한다(Nelson 1997; Nelson et al. 1992; Trombold 1985).

라께마다에서 인골집합체의 변이는 시신 수장收藏의 다중적인 접근이 실행되었음을 시사한다. 메조아메리카를 통틀어, 그런 유형의 복합적인 매장관행에 관한 여러 사례가 있다. 이는 부분적으로 인간 신체가 여러 문화의 관념과 복잡하게 얽혀 있었다는 사실에 기인한다. 예를 들어, 나와틀Nahuatl부족은 신체의 특정부위나 뼈가 치유나 고통을 주는 힘이 있다고 믿었다. 개인 생명력의 일부가 자기 뼈에 보존되었다는 믿음은 후속하는 설명에 드러난다. 희생된 개인의 대퇴골은 전투에서 그를 포획한 전사의 집에 보관된다. 포획자가 전투에서 돌아오면, 그 아내는 남편의 무사귀환을 빌면서 유골을 지붕에 매달고, 종이로 싸고, 천연 수지향을 피운다(Durán 1951: 167).

중요한 뼈로서 대퇴골에 관련된 화제는 멕시코시티에 있는 〈위대한 테노치티틀란La Gran Tenochtitlan〉이라는 리베라Diego Rivera의 벽화에 묘사된 것처럼, 오늘날에도 보인다. 번잡한 거리 장면을 묘사한 이 그림에는 인간의 대퇴골을 쥐고 있는 의사를 바라보는 한 사람이 서 있다. 나와틀부족 역시 많은 경우, 신이 인간에게 부여하는 초자연적 힘은 신체의 왼쪽에 저장된다고 믿었다(López Austin 1980: 165). 대신전에서 발견되는 해체된 인간유해들도 왼쪽 부위에 대한 선호의 유형을 따른다는 점이 흥미롭다. 고대 나와틀은 관절도 매우 중요하게 여겼다. 정령신앙의 하위중심지로 알려진 그 지역은 초자연적 힘이 뼈로 들어가 손상을 일으킬 수도 있는 취약한 지점이라고 여겨졌다. 이로써 팔걸이의자나 쓰레기더미로부터 회수된 많은 골단―사지뼈의 끝―이 제거되었던 이유가 설명될 수 있다.

멕시코 중부 나와틀부족의 영향을 받은 언어를 쓰면서 현재 라께마다 인근에 거주하는 우이촐 원주민Huichol Indians에게 해체·격리된 인골 부위는 그들의 여러 신화에서 핵심적 역할을 한다(Furst 1996; Grimes 1964; Lumholtz 1900; Negrín 1975; Zingg 1938/1977). 그것은 산체스Jose Benitez Sanchez의 연사그림yarn tablas에서 보인다(Sánchez 1975). 한 연사그림에는 죽음의 순간에 자신의 신체를 조각나게 한 생장의 시始조모Great Grandmother Growth 이야기가 있다. 그 다양한 신체 부위로부터 새로운 식물과 동물들이 탄생했다. 산체스는 대홍수에서 생장의 시조모의 도움으로 살아남은 사람에 대해 이야기한다. 죽음에 임박하여 그 육신은 흩어지고, 그로부터 새로운 식물과 동물이 창조되었다(Negrín 1975).

우이촐 원주민에 대한 고전적 민족지에서 룸홀츠Carl Lumholtz는 "죽음의 신God

**그림 9.2** 룸홀츠가 죽음의 신으로 불렀던 우이촐 원주민의 조각상(Lumholtz 1900: 61) 복원의 일례. 허리와 등에 둘러진 띠에 부착된 사지뼈에 대한 묘사에 주목해보자.

of Death", 토카카미Tokákami에 대해 묘사하고 있다(Lumholtz 1900). 징Robert M. Zingg에 따르면 토카카미는 시체를 먹는 무시무시한 귀신이며 죽음의 표상이되, 룸홀츠가 제시한 대로 신은 아니지만 우이촐 신화에서 현저하게 묘사되는 해체된 인골자료의 또 다른 사례인 듯하다(Zingg 1938/1977: 365). 룸홀츠의 『우이촐 원주민의 상징 *Symbolism of the Huichol Indians*』(1900: 61)에 나오는 우이촐의 시체 먹는 귀신 조각상 그림에는 허리와 등에 둘러진 띠에 부착된 인간의 사지뼈를 상징하는 흰색 선이 있다(그림 9.2).

　　인골집합체의 변이는 라꿰마다에서 망자의 수장에 대한 다중의 접근이 실행되었다는 민족지의 근거를 보여준다. 실제로, 적 유해의 파괴와 더불어 의례화된 조상숭배는 다중(매)장 행위가 존재함을 입증할 강한 개연성이 있다(Nelson et al. 1992; Pérez 2002; Pérez et al. 2000). 유해의 다수, 특히 두개골과 사지뼈는 유적 전체를 통틀어 몇몇 주거 및 의례중심시설에 있는 선반 위에 안치되거나 매달린다(Nelson et al. 1992). 따라서 집합체가 전체로는 개인이 해체·육탈되었다는 충분한 근거를 보여주지만, 특정 부위에 부가된 중요성과 더불어 각 집합체 내 절단흔의 빈도와 형태의 차이를 밝혀주는 것은 절단된 뼈를 유형화하는 분석이다.

특수한 매장관행이 숭배 과정의 일부인지를 고려할 때, 사회정치적 측면에 따라 정의하거나 그에 기초하여 평민으로부터 지배층을 구분하려는 시도는 지극히 일반적인 반면, 무당과 같은 역할을 가진 개인을 찾는 것은 그다지 일반적이지 않다. 그럼에도 불구하고 신체의 물질성을 통해 조상숭배를 추론할 수 있다면, 일부 사례에서는 연구를 통해 영적 지도자의 매장을 식별할 수 있어야 합리적일 듯하다. 여러 상이한 문화적 표현을 파악하는 데 활용되는바, 인류학적으로 무당을 정확히 정의하는 것이 어렵지만, 일반적으로는 변형의 상태를 유발하거나 다른 영역으로 가로질러 가거나 산 자와 그렇지 않은 자를 중재하는 종교적 또는 영적인 개인을 일컫는다.

생물고고학 기록에는 물질문화와 여타 한정적 특성에 의거하면, 무당을 알 수 있다고 주장되는 몇 사례가 있다. 그로스만Leore Grosman과 동료들은 여러 측면에서 독특한 이스라엘의 한 나투프Natuf 분묘에 관해 매우 상세하게 묘사하고 있다(Grosman et al. 2008). 대리석 판으로 (무덤)방이 만들어지고, 벽은 회칠 되고, 큰 돌이 신체 위에 놓였고, 섭식을 위해 깬 흔적이 있는 50개 넘는 거북딱지와 더불어 사지뼈가 없는 30명의 사람도 포함되어 있었다. 이 유적에서 나온 45세 성인 여성은 일부 뼈들에 선천적인 비대칭이 있어, 이상한 걸음걸이를 보였었을 듯하다. 그녀는 왼쪽 다리에 보조기구를 지녔다. 전체적으로 보자면, 그런 갈래의 증거들은 그녀가 속한 공동체로부터 매우 존경받았던 사람임을 암시하는 듯하다. 마허Lisa A. Maher와 동료들은 여우의 유해가 들어 있는 이상한 무덤에 대해 이야기한다(Maher et al. 2011). 이 무덤이 선행하는 무덤들과는 다른데, 그들은 동물계와의 변화하는 관계 가능성을 언급하고 있다. 포르Martin Porr와 알트Kurt W. Alt는 가장 풍부하게 부장된 유럽 중석기 시대 무덤 중 하나인 중부 독일 바트 뒤렌베르크Bad Dürrenberg의 고립된 무덤에서 수습한 인골을 분석하였다(Porr and Alt 2006). 그들은 의식변용 상태를 유발할 신경학적 조건을 만들 수도 있는 제1경추와 뒤통수 큰구멍의 구조에 병리학적 변이를 가진 한 사람에 주목하였다. 이 성인 여성의 무덤에서 발견된 부장품 및 주칠과 결합된 뼈대 관련 정보는 해당 무덤의 물질성에서 주술적 요소의 가능성을 시사하고 있다.

다름에 대한 생애경험을 고려할 때, 그것은 단지 젠더 또는 종족성, 계급, 연령… 그 이상임을 명심하는 것이 중요하다. 그런 문화적 현상은 한 사람의 신체적 경험에서 중첩되거나 엇갈린다. 생물고고학은 구축된 정체성에 대한 상이한 체험의 중첩을 이해하는 데 중요한 역할을 가지고 있다. 신체적 실천에서 상이한 정체성은 물질문화로 간주되고 구성되어야 한다. (조상숭배로 알려진 것처럼) 신체적 경험은 그런 정체성을 확립하는 데 활용된 물질문화만큼 다양하기 때문에, 정체성을 구축할 때 젠더와 같은 단일 요인에만 집착하지는 않는 것이 중요하다. 물질문화로서 신체라는 개념은 물질문화를 신체의 연장으로 자리매김하기 때문에 생물고고학자에게 정체성, 여기서는 영성의 사회적 구축을 해석하는 방식을 제시한다.

## 9.3.2 전리품 노획

적의 유해를 노획·진열하는 관행은 일찍이 플라이스토세(Conroy et al. 2000)부터 현대 전쟁(Harrison 2006)에까지 이른다. 흔히 "전리품 노획"으로 불리는 인위 개변된 인간유해는 인간 신체의 어떤 부위도 아우를 수 있고, 동·서반구 모두에서 잘 기록되어왔다(Chacon and Dye 2007b의 몇몇 장 참조). 이 장의 9.1절에서 논의된 것처럼, 시신은 가해자와 희생자 모두에게 삶과 죽음 사이의 전이적 대상으로 간주된다. 그렇듯, 전리품 노획의 문화적 의미는 적의 유해를 의례적으로 파괴하거나 절단함으로써 강력한 메시지를 보낸다(Pérez 2012a). 시공에 걸쳐 전리품 노획의 관행을 설명하고자 하는 하나의 포괄적 가설이 "흔히 (인간전리품 노획과 같은) 전투가 결부된 원주민의 전쟁과 의례행위에 대한 이론적 논의가 해당 지역의 엄청난 생태·문화적 다양성에 대한 고려"를 필요로 한다면, 심각하게 문제될 소지가 있다(Chacon and Dye 2007a: 5). 그러나 희생자에 대해서는, 그런 유형의 문화적 행위가 미치는 신체 및 심리적 영향이 엄청남을 가설화하는 것이 합당할 듯하다. 이런 유형의 폭력은 유해의 진열이 승리자의 권력과 힘, 정복당한 집단의 죽음을 드러내는 광경을 생성할 뿐만 아니라, 생존자에게 충격을 주는 심리적 장애를 유발한다. 그것은 젊고 건강한 남성, 여성 및 아동을 식별할 수 없는 신체부위의 무더기로 변환시킴으로써 달성된다.

## 9.4 사자의 상징과 권력으로서 신체: 윤리적 고려

생물고고학은 편향의 문제를 노출시키는 연구맥락을 창출할 책무가 있다. 과학적 탐구에 대한 규칙은 그 가치, 다시 말해 자연계에 대한 정확한 이해와 상관성을 갖지만, 분석이 행해질 분야 또는 측면의 선택은 바로 연구자의 사회적이고 문화적인 가치와 상관관계가 있다.

법의인류학자나 생물고고학자를 포함한 사회과학자는 사건을 복원함으로써, 부분적으로는 신체에 남겨진 문화적인 형성 과정상의 징후를 활용함으로써 인간행위를 분석하려 한다. 거의 모든 사람이 그 사건이 해당 문화로부터 공간 및 시간적으로 분리되었다면, 훨씬 편하게 냉정하고 임상적인 방식으로 그 작업을 수행할 수 있다고 이야기해줄 것이다. 그 사건에 친숙할수록, 냉정하고 분석적이기는 더 어려워진다. 선사시대 인골을 다루는 생물고고학자에게는 특히 그러하다.

그렇다면, 물질문화로서 신체는 거기에 어떻게 연관될까? 인간유해는 그것을 통해 문화적 과정을 검토할 수 있는 렌즈이다. 시신이 어떻게 논의·은폐·전시되는지는 산 자와 죽은 자 모두를 조사하는 출발점으로 활용될 수 있다. 인류학자는 잠재적 편향을 제한·노출하기 위해서라도, 자신의 개인적 동기와 연구에 대한 투자를 고려해야 한다. 연구자는 본인 연구의 문화적 전제를 확인하거나 상이한 주장 하에서 해답이 어떻게 규정될지에 대해 묻는 작업과 계속해서 씨름해야 한다. 이런 식으로 연구자는 살아있는 사람들을 소외시키거나 죽음에 결부된 의미 및 신체 또는 그 일부를 논의·응시·전시하는 것의 타당성에 대한 이해를 가로막는 시각을 회피할 수 있다.

## 9.5 요약

본 장의 초점은 신체가 사회적 상호작용을 강화하고 문화적 이념을 재확인하는 의례의 대상으로 활용될 수 있는 길을 설명하는 것이었다. 6장에서 신체는, 개인의 생애경험을 반영하는 다양한 방식 및 사회·정치적 세력에 의해 구상화되는 방식이라는 측면에서 탐구되었다. 본 장은 그런 접근을 확장하여 신체가 사후에도 어떻게 계속해서 작인으로 작동하는지를 이해한다. 조상숭배에서 전리품 노획에 이르기까지, 의례화된 전쟁에서 대규모 학살이나 식인풍습에 이르기까지, 신체와 그 일부는 다중적인 역할이나 정체성을 취할 수 있다. 그 실체에 대한 이해는 향후 연구자들이 인골자료를 바라보고 해석하는 대안적 방식을 개념화하게 해준다. 그런 접근은 분명히 조금 더 추상적이어서 파악하기가 더 어렵지만, 해당 개인이나 집단의 시각에서 거의 탐구되지 않는 인간 존재의 영역에 대한 통찰력을 제공한다. 인간유해가 일상의 특정 의례 및 의식의 측면을 전달하는 데에 활용되는 다양한 방식을 이론화하는 것은 그것이 밝힐 수 있는 통찰력을 도모함에 있어 중요하다.

# 참고문헌

Alt, K. W., & Pichler, S. (1998). Artificial modifications of human teeth. In K. W. Alt, F. Rosing, & M. Teschler-Nicola (Eds.), *Dental anthropology fundamentals, limits and prospects* (pp. 387-415). New York: Springer.

Ames, K. M., & Maschner, H. D. G. (1999). *Peoples of the northwest coast: Their archaeology and prehistory.* London: Thames and Hudson, Ltd.

Arens, W. (1979). *The man eating myth.* Oxford: Oxford University Press.

Ashmore, W., & Geller, P. L. (2005). Social dimensions of mortuary space. In G. F. M. Rakita, J. E. Buikstra, L. A. Beck, & S. R. Williams (Eds.), *Interacting with the dead: Perspectives on mortuary archaeology for the new millennium* (pp. 81-92). Gainesville: University Press of Florida.

Baker, S. A. (1990). Rattlesnake Ruin (42Sa 18434): *A case of violent death and perimortem mutilation in the Anasazi culture of San Juan County, Utah.* Unpublished MA thesis, Brigham Young University, Provo.

Billman, B. R., Lambert, P. M., & Leonard, B. L. (2000). Cannibalism, warfare, and drought in the Mesa Verde region in the twelfth century AD. *American Antiquity, 65,* 1-34.

Blom, D. E. (2005). Embodying borders: Human body modification and diversity in Tiwanaku society. *Journal of Anthropological Archaeology, 24*(1), 1-24.

Blondiaux, J., Fontaine, C., Demondion, X., Flipo, R.-M., Colard, T., Mitchell, P. D., et al. (2012). Bilateral fractures of the scapula: Possible archeological examples of beatings from Europe, Africa and America. *International Journal of Paleopathology*, edited by Helen Codere. 2(4), 223-230.

Boas, F. (1966). *Kwakiutl Ethnography, edited by Helen Codere.* Chicago: University of Chicago Press.

Brewis, A. A. (1992). Anthropological perspectives on infanticide. *Arizona Anthropologist, 8,* 103-119.

Carbonell, E., Cáceres, I., Lozano, M., Saladié, P., Rosell, J., Lorenzo, C., et al. (2010). Cultural cannibalism as a paleoeconomic system in the European Lower Pleistocene: The case of level TD6 of Gran Dolina (Sierra de Atapuerca, Burgos, Spain). *Current Anthropology, 51*(4), 539-549.

Carmen, R. A., Guitar, A. E., & Dillon, H. M. (2012). Ultimate answers to proximate questions: The evolutionary motivations behind tattoos and body piercings in popular culture. *Review of General Psychology, 16*(2), 134-143.

Chacon, R. J., Chacon, Y., & Guandinango, A. (2007). The Inti Raymi festival among the Cotacachi and Otavalo of Highland Ecuador. In R. J. Chacon & R. G. Mendoza (Eds.), *Latin American indigenous warfare and ritual violence* (pp. 116-141). Tucson: University of Arizona Press.

Chacon, R. J., & Dye, D. H. (2007a). Introduction to human trophy taking: An ancient and widespread practice. In R. J. Chacon & D. H. Dye (Eds.), *The taking and displaying of human body parts as trophies by Amerindians* (pp. 5-31). New York: Springer.

Chacon, R. J., & Dye, D. H. (2007b). *The taking and displaying of human body parts as trophies by Amerindians*. New York: Springer.

Codere, H. (1990). Kwakiutl: Traditional culture. In W. Suttles (Ed.), *Handbook of North American Indians, Vol. 7: Northwest coast*. Washington, DC: Smithsonian Institution Press.

Cohen, E. (2008). Southeast Asian ethnic tourism in a changing world. *Asian Anthropology, 7*(1), 25-56.

Conroy, G., Weber, G., Seidler, H., Recheis, W., Nedden, D. Z., & Haile, J. (2000). Endocranial capacity of the bodo cranium determined from three-dimensional computed topography. *American Journal of Physical Anthropology, 113*, 111-118.

Cummings, S. R., Ling, X., & Stone, K. (1997). Consequences of foot binding among older women in Beijing, China. *American Journal of Public Health, 87*(10), 1677-1679.

Daems, A., & Croucher, K. (2007). Artificial cranial modification in prehistoric Iran: Evidence from crania and figurines. *Iranica Antiqua, 42*, 1-21.

Daniell, C. (1997). *Death and burial in medieval England, 1066-1550*. London: Routledge. Darling, A. J. (1998). Mass inhumation and the execution of witches in the American southwest. *American Anthropologist, New Series, 100*(3), 732-752.

Douglas, M. (1992). *Purity and danger: An analysis of the concepts of pollution and taboo*. New York: Routledge. (Original work published 1966)

Durán, D. (1951). *Historia de las Indias de Nueva España y Islas de la tierra firme* (D. Heyden & F. Horcasitas, Trans.). Mexico City: Editora Nacional.

Flower, W. H. (1881). *Fashion in deformity: As illustrated in the customs of barbarous and civilised races*. London: MacMillan.

Furst, P. T. (1996). Myth as history, history as myth: A new look at some old problems in Huichol origins. In S. B. Schaefer & P. T. Furst (Eds.), *People of the peyote: Huichol Indian history, religion, and survival* (pp. 26-60). Albuquerque: University of New Mexico Press.

Gaither, C. (2012). Cultural conflict and the impact on non-adults at Puruchuco-Huaquerones in Peru: The case for refinement of the methods used to analyze violence against children in the archeological record. *International Journal of Paleopathology, 2*(2-3), 69-77.

Gardner, R. (1963). *Dead birds*. Watertown, MA: Documentary Educational Resources.

Grimes, J. E. (1964). *Huichol syntax*. The Hague: Mouton and Company.

Grosman, L., Munro, N. D., & Belfer-Cohen, A. (2008). A 12,000-year-old Shaman burial from the southern Levant (Israel). *Proceedings of the National Academy of Sciences of the United States of America, 105*(46), 17665-17669.

Harrison, S. (2006). Skull trophies of the Pacifi c War: Transgressive objects of remembrance. *The Journal of the Royal Anthropological Institute, 12*(4), 817-836.

Heinz, D. (1999). *The last passage: Recovering a death of our own*. New York: Oxford University Press.

Hubert, J. (2000). *Madness, disability and social exclusion: The archaeology and anthropology of "difference"*. New York: Routledge.

Hulme, P. (1986). *Colonial encounters: Europe and the native Caribbean, 1492-1797*. London: Methuen.

Ichord, L. F. (2000). *Toothworms and spider juice: An illustrated history of dentistry*. Brookfield: Millbrook.

Jiménez-Brobeil, S. A., du Souich, P., & Al Oumaoui, I. (2009). Possible relationship of cranial traumatic injuries with violence in the south-east Iberian Peninsula from the Neolithic to the Bronze Age. *American Journal of Physical Anthropology, 140*(3), 465-475.

Judd, M. A. (2002). Ancient injury recidivism: An example from the Kerma period of ancient

Nubia. *International Journal of Osteoarchaeology, 12*, 89-106.

Kuckelman, K. A. (2007). *The archaeology of Sand Canyon Pueblo: Intensive excavations at a late-thirteenth-century village in southwestern Colorado* [HTML title]. Cortez: Crow Canyon Archaeological Center. Retrieved July 27, 2010, from www.crowcanyon.org/sandcanyon

Kuckelman, K. A., Lightfoot, R. R., & Martin, D. L. (2002). The bioarchaeology and taphonomy of violence at Castle Rock and Sand Canyon Pueblos, Southwestern Colorado. *American Antiquity, 67*, 486-513.

Lambert, P. M. (1999). Human skeletal remains. In B. R. Billman (Ed.), *The Puebloan occupation of the Ute Mountain Piedmont, Vol. 5: Environmental and bioarchaeological studies*. Phoenix: Publications in Archaeology, No. 22, Soil Systems.

Lambert, P. M. (2000). Violent injury and death in a Pueblo II-III sample from the southern Piedmont of sleeping Ute Mountain, Colorado. *American Journal of Physical Anthropology Supplement, 30*, 205.

LeBlanc, S. A. (1999). *Prehistoric warfare in the American southwest*. Salt Lake City: The University of Utah Press.

Liénard, P., & Boyer, P. (2006). Whence collective rituals? A cultural selection model of ritualized behavior. *American Anthropologist, 108*(4), 814-827.

Logan, M. H., & Qirko, H. N. (1996). An evolutionary perspective on maladaptive traits and cultural conformity. *American Journal of Human Biology, 8*, 615-629.

López Austin, A. (1980). *The human body and ideology: Concepts of the ancient Nahuas*. Salt Lake City: University of Utah Press.

Lucero, L. J., & Gibbs, S. A. (2007). The creation and sacrifice of witches in classic Maya society. In V. Tiesler & A. Cucina (Eds.), *New perspectives on human sacrifice and ritual body treatments in ancient Maya society* (pp. 45-73). New York: Springer.

Lumholtz, C. (1900). Symbolism of the Huichol. *Memoirs of the American Museum of Natural History, III*. New York.

Maher, L. A., Stock, J. T., Finney, S., Heywood, J. J. N., Miracle, P. T., & Banning, E. B. (2011). A unique human-fox burial from a pre-Natufian cemetery in the Levant (Jordan). *PLoS One, 6*(1), e15815.

Martin, D. L. (1997). Violence against women in the La Plata River Valley (A.D. 1000-1300). In D. L. Martin & D. W. Frayer (Eds.), *Troubled times: Violence and warfare in the past* (pp. 45-75). Amsterdam: Gordon and Breach.

Martin, D. L., Harrod, R. P., & Fields, M. (2010). Beaten down and worked to the bone: Bioarchaeological investigations of women and violence in the ancient Southwest. *Landscapes of Violence 1*(1), Article 3.

Martin, D. L., Harrod, R. P., & Pérez, V. R. (2012). Introduction: Bioarchaeology and the study of violence. In D. L. Martin, R. P. Harrod, & V. R. Pérez (Eds.), *The bioarchaeology of violence* (pp. 1-10). Gainesville: University of Florida Press.

Martin, D. L., & Osterholtz, A. J. (2012). A bioarchaeology of captivity, slavery, bondage, and torture. New directions in bioarchaeology, special forum. *The SAA Archaeological Record, 12*(3), 32-34.

Maschner, H. D. G. (1997). The evolution of northwest coast warfare. In D. L. Martin & D. W. Frayer (Eds.), *Troubled times: Violence and warfare in the past* (pp. 267-302). Amsterdam: Gordon and Breach.

Meiklejohn, C., Agelarakis, A., Akkermans, P. A., Smith, P. E. L., & Solecki, R. (1992). Artificial cranial deformation in the proto-Neolithic and Neolithic near east and its possible origin:

Evidence from four sites. *Paléorient, 18*(2), 83-97.

Miller, J. (2000). *Tsimshian culture: A light through the ages.* Lincoln: University of Nebraska Press.

Milner, G. R., & Larsen, C. S. (1991). Teeth as artifacts of human behavior: Intentional mutilation and accidental modification. In M. A. Kelley & C. S. Larsen (Eds.), *Advances in dental anthropology* (pp. 357-378). New York: Wiley.

Negrín, J. (1975). *The Huichol creation of the world.* Sacramento: E. B. Crocker Art Gallery.

Nelson, B. A. (1997). Chronology and stratigraphy at La Quemada, Zacatecas, Mexico. *Journal of Field Archaeology, 24*, 85-109.

Nelson, B. A., Darling, J. A., & Kice, D. A. (1992). Mortuary practices and the social order at La Quemada, Zacatecas, Mexico. *Latin American Antiquity, 3*(4), 298-315.

Neumann, G. K. (1942). Types of artificial cranial deformation in the Eastern United States. *American Antiquity, 7*(3), 306-310.

Nickens, P. R. (1975). Prehistoric cannibalism in the Mancos Canyon, Southwestern Colorado. *Kiva, 40*(4), 283-293.

Ogilvie, M. D., & Hilton, C. E. (2000). Ritualized violence in the prehistoric American southwest. *International Journal of Osteoarchaeology, 10*, 27-48.

Osterholtz, A. J. (2012). The social role of hobbling and torture: Violence in the prehistoric Southwest. *International Journal of Paleopathology, 2*(2-3), 148-155.

Pearson, M. P. (1993). The powerful dead: Relationships between the living and the dead. *Cambridge Archaeological Journal, 3*, 203-229.

Pérez, V. R. (2002). La Quemada tool induced bone alterations: Cutmark differences between human and animal bone. *Archaeology Southwest, 16*(1), 10.

Pérez, V. R. (2012a). The politicization of the dead: Violence as performance, politics as usual. In D. L. Martin, R. P. Harrod, & V. R. Pérez (Eds.), *The bioarchaeology of violence.* Gainesville: University of Florida Press.

Pérez, V. R. (2012b). The taphonomy of violence: Recognizing variation in disarticulated skeletal assemblages. *International Journal of Paleopathology, 2*(2-3), 156-165.

Pérez, V. R., Martin, D. L., & Nelson, B. A. (2000). Variations in patterns of bone modifi cation at La Quemada. *American Journal of Physical Anthropology Supplemental, 30*, 248-249.

Pickering, T. R., White, T. D., & Toth, N. P. (2000). Brief communications: Cutmarks on a plio-pleistocene hominid from Sterkfontein, South Africa. *American Journal of Physical Anthropology, 111*, 579-584.

Porr, M., & Alt, K. W. (2006). The burial of Bad Dürrenberg, Central Germany: Osteopathology and osteoarchaeology of a Late Mesolithic shaman's grave. *International Journal of Osteoarchaeology, 15*(5), 395-406.

Quigley, C. (1996). *The corpse: A history.* Jefferson: McFarland and Company, Inc.

Rives, J. (1995). Human sacrifice among pagans and Christians. *Journal of Roman Studies, 85*, 65-85.

Sánchez, J. B. (1975). *Tablas.* Los Angeles: Ankrum Gallery.

Scott, G. R., & Turner, C. G., II. (1988). Dental anthropology. *Annual Review of Anthropology, 17*, 99-126.

Sofaer, J. R. (2006). *The body as material culture: A theoretical osteoarchaeology.* Cambridge: Cambridge University Press.

Stein, J. R., & Fowler, A. P. (1996). Looking beyond Chaco in the San Juan basin and its peripheries. In M. A. Adler (Ed.), *The prehistoric Pueblo world, A. D. 1150-1350* (pp. 114-

130). Tucson: University of Arizona Press.

Stewart, T. D. (1937). Different types of cranial deformity in the Pueblo area. *American Anthropologist, 39*(1), 169-171.

Tiesler, V. (2007). Funerary and nonfunerary? New references in identifying ancient Maya sacrificial and postsacrificial behaviors from human assemblages. In V. Tiesler & A. Cucina (Eds.), *New perspectives on human sacrifice and ritual body treatments in ancient Maya society* (pp. 14-45). New York: Springer.

Tiesler, V. (2012). Studying cranial vault modifications in ancient Mesoamerica. *Journal of Anthropological Sciences, 90*, 1-26.

Tiesler, V., & Cucina, A. (2007). *New perspectives on human sacrifice and ritual body treatments in ancient Maya society.* New York: Springer.

Torres-Rouff, C. (2002). Cranial vault modification and ethnicity in middle horizon San Pedro de Atacama, North Chile. *Current Anthropology, 43*, 163-171.

Trinkaus, E. (1982). Artificial cranial deformation in the Shanidar 1 and 5 Neanderthals. *Current Anthropology, 23*, 198-199.

Trombold, C. D. (1985). A summary of the archaeology of the La Quemada region. In M. S. Foster & P. C. Weigand (Eds.), *The archaeology of West and Northwest Mesoamerica* (pp. 327-352). Boulder: Westview.

Tung, T. A. (2007). Trauma and violence in the Wari empire of the Peruvian Andes: Warfare, raids, and ritual fights. *American Journal of Physical Anthropology, 133*, 941-956.

Turner, C. G., II. (1993). Cannibalism in Chaco Canyon: The charnel pit excavated in 1926 at small house ruin by Frank H.H. Roberts, Jr. *American Journal of Physical Anthropology, 91*, 421-439.

Turner, C. G., II, & Turner, J. A. (1999). *Man corn: Cannibalism and violence in the prehistoric American southwest.* Salt Lake City: The University of Utah Press.

Weyl, N. (1968). Some possible genetic implications of Carthaginian child sacrifice. *Perspectives in Biology and Medicine, 12*(1), 69-78.

White, T. D. (1992). *Prehistoric cannibalism at Mancos 5MTUMR-2346.* Princeton: Princeton University Press.

Wilcox, D. R., & Haas, J. (1994). The scream of the butterfly: Competition and conflict in the prehistoric southwest. In G. J. Gumerman (Ed.), *Themes in southwest prehistory* (pp. 211-238). Santa Fe: School of American Research Press.

Wilson, A. S., Taylor, T., Ceruti, M. C., Chavez, J. A., Reinhard, J., Grimes, V., et al. (2007). Stable isotope and DNA evidence for ritual sequences in Inca child sacrifice. *Proceedings of the National Academy of Sciences of the United States of America, 104*(42), 16456-16461.

Zingg, R. M. (1977). *The Huichols: Primitive artists.* Report of the Mr. and Mrs. Henry Pfeiffer expedition for Huichol ethnography. Millwood: Kraus. (Original work published 1938)

10장

# 적합성, 교육, 미래

학제성學際性의 과제를 다룬 논문에서, 브루어Garry D. Brewer는 "… 세상은 여러 문제를 안고 있지만 대학은 학과로 나뉘어 있어…."라고 쓰고 있다(Brewer 1999: 330). 이는 연구자가 전공의 분절에서 탈피하여 학과 밖의 사람들과 공동사업을 구성하기 위해 모험을 떠나라는 초기 요청이었다. 근래 15년 넘게, 오늘날의 복잡한 문제해결을 위해 자기 영역 밖의 사람들과 함께 작업하는 사회·자연과학자가 필요할 것이라는 인식이 있었다. 역사적 궤적 때문에도 생물고고학은 사실상 학제적이다. 해부학과 생명과학에서 시작하여 생물인류학으로 진화하였고, 그런 연후에 고고학 및 문화이론을 아우르도록 확장하면서 협업을 위한 학제적 가능성에 대한 눈부신 비전으로 발달했다. 인간을 시·공간 모두에 자리매김하는 다영역적 접근을 당연한 일로 간주함을 의미하고, 환경, 지질, 역사, 생물의학 등의 관점을 혁신적 방식으로 아우르는 인류학 정신이 그 핵심에 있다. 하나의 전공으로서 생물고고학은 세상(과 거기에 사는 사람들)이 언제나 문제를 안고 있었다고 함축적으로 인식할 뿐만 아니라, 어떻게 과거 사람들이 생존하고 생존의 난제에 굴복하거나 그를 변형했는지를 이해함으로써 오늘날의 문제에 대한 중요한 관점을 제시할 수 있다. 문제들에 더 장구한 시간의 틀을 부과함으로써 인간이 창출할 수 있는 그런 류의 복합적인 적응을 밝힐 수 있다. 또한 그것은 문명이 붕괴했을 때 무엇이 잘못되었는지를 검토할 수 있게 한다. 생물고고학 자료는 문화 또는 물리적 환경에서의 극단적 상태에 대한 인간적응의 한계가 어떠한지 분명하게 밝힐 수 있다. 문제를 해결하고, 혁신적이고 (현실)참여적인 방식으로 가르치고, 과거 및 현재의 과제에 대응하는 윤리적 과학에 대한 지침을 제공하는 데 있어 생물고고학은 그 모두를 담보한다.

## 10.1 응용생물고고학: 과거를 뼈 분석으로 옮기기

인류학의 다른 분야처럼, 인간유해 관련 연구도 오늘날 현실의 문제를 다루는 데에 일조하도록 응용할 수 있어야 한다. 4장에서 논의한 대로, 법의인류학은 그런 연구가 응용되는 결정적인 하나의 방식이다. 그러나 법의인류학이, 뼈에 주목하는 연구자가 오늘날 인류가 직면한 문제에 대처하는 유일한 경로는 아니다. 많은 인류학자들은 확연한 인간행위를 다루는 일환이 되는 진입점(또는 시작의 기회)으로 인간유해를 활용한다. 뼈대와 치아는 단지 접근점일 뿐, 연구의 핵심은 여타 맥락화와 다른 자료와의 통합에 있다. 학생들이 오래된 뼈를 다루는 데 관심이 있다고 할 때, 흔히 "너희의 더 큰 질문은 무엇인가?", "너희는 인간 상태에 관한 어떤 종류의 사항에 관심이 있는가?" 등을 묻는다. 통합적이고, (현실)참여적이며, 윤리적인 생물고고학을 가르치는 것은 학생들에게 뼈를 넘어 현재에 관련된 연구로 나아가는 방편을 제공하는 하나의 경로이다.

### 10.1.1 세계 보건과 영양에서 폭력 및 갈등까지:
### 죽은 자를 통해 산 자 이해하기

인간유해에 결부된 연구는 (앞 장들에서 논의된 대로) 과거의 식이나 질환 탐구에 가치가 있다는 것이 증명되어왔다. 그러나 과거의 보건과 영양에 대해 알게 된 것은 역병 확산(Barrett et al. 1998) 또는 결핵 같은 질병의 재등장 결과(Roberts and Buikstra 2003)를 이해하는 데 유용할 수 있다. 그런 연구는 환경적 조건이 짧은 기간을 넘어 어떻게 한 인구집단의 장기적 보건에 영향을 미치는지를 이해하는 데에도 유용한데, 현대 임상문헌을 활용하는 작업이 주로 단속적이거나 불완전한 의학기록 및 수십 년간 계속해왔지만 질병 양상을 밝히지는 못한 장기적 연구에 의존해야 하는 탓이기도 하다(Roberts 2010).

현대사회에서 부검을 실행하지 않는 쪽으로 가는 경향의 증대를 상쇄하는 것이 인간유해의 연구가 보건에 관한 이해를 증진할 수 있는 하나의 방법이기도 하다. 임상적 또는 상투적인 검시로 불리듯, 해부를 금지하는 관념적 시각, 검시방법과 유용성에 대한 오해, 그 수행에 결부된 시간적 제약 등 여러 요인으로 인해 미국, 캐나다, 유럽연합 및 호주를 통틀어 그 비율은 심각하게 떨어졌다(Burton and Underwood 2007). 미국과 영국에서 그 비율은 10~15%로 추정된다(Ayoub and Chow 2008; Burton and Underwood 2007). 많은 질병과 고통은 사후 해부에 의해 온전히 관찰될 수 있고 검시가 흔히 진단되지 않은 질병을 밝히거나 임상적 진단을 무효로 만들 수도 있는바, 검시정보의 상실은 문제된다(Roulson et al. 2005; Burton and Underwood 2007). 특히, 병력이 잘 기록된 역사상 집단에 대한 생물고고학 연구는 임상적 부검이 제공할 수 있는 정보의 최소한 일부라도 얻을 수 있는 길을 열어준다.

보건과 질환처럼, 폭력도 오늘날 세상에 여전히 상존하는데, 그 원인은 여전히 사회적 불평등 및 자원에 대한 제한적 접근성이나 자원의 한정성에서 찾아질 듯하다. 과거의 폭력 양상에 대한 분석으로, 연구자가 그 미래 양상에 대한 더 나은 해석을 할 수 있게 해줄 뿐만 아니라, 폭력과 갈등의 원인에 대한 더 정확한 이해를 제공하게 한다.

폭력에 대한 더 효과적인 해석이란 측면에서, 외상의 유형·심도·위치에 대한 자료는 다음 같은 종류의 질문에 해답을 제시할 수 있게 됨으로써, 어떻게 폭력이 개인에게 영향을 미치는지를 시사하는 별도의 두 갈래 증거를 제공할 수 있다. (1) 충격지점과 외상성 두뇌손상 가능성의 관계에 의거할 때, 희생자에 대한 장기적인 행위의 결과는 어떠한가? (2) 그런 유형화가 가해자에 관한 정보를 암시하는가? 최근 몇 년간, 보건전문가들은 비교적 단기간에 여러 차례 병원이나 진료소로 재입원해야 하는 반복적인 상해로 인해 고통받을 위기에 처한 인구집단의 일부가 있음을 지적해왔다. 이렇게 외상이 반복되는 양상은 상습상해로 불린다. 임상저작에서 이런 현상은 흔히 (예를 들어, 음주나 낮은 사회적 지위와 같은) 근인近因의 산물로 일컬어진다. 상습상해를 보는 인류학적 접근의 가치는 진화론 및 생물문화적 렌즈를 통해 상습상해가 집단 내 누구에게도 영향을 미칠 수 있음을 명확히 한다는 것이다. 그런 요인들이 처치를 받을 여력이 없는 구금·노숙·미고용인구의 매우 높은 비율과 연결되면, 상습상해(자)의 감염 및 사망률이 불가피한 이상으로 높아지고 공동체는 불필요하게 높은 비용부담을 갖게 된다.

『기후변동과 폭력의 생물고고학The Bioarchaeology of Climate Change and Violence』의 제목으로 출간 예정인 해로드Ryan Harrod와 마틴Debra L. Martin의 책은 과거의 폭력에 대한 이해가 얼마나 그 원인을 더 양호하게 식별할 수 있게 해주는지에 관련된 사례를 강조한다(Harrod and Martin 2014). 기후변동에 기인한 자원 부족이 폭력을 유발한다는 점을 시사하는, 공표된 연구가 있었다(Raleigh and Urdal 2007). 그것은 흔히 폭력이 증가하는 시점 또는 그 무렵, 여러 차례 가뭄이 있었다는 사실에 의거한다. 문제는 폭력과 기후 등락의 상관성이 반드시 인과관계를 내포하지는 않는다는 것이다. 과거의 폭력을 탐구하고 기후 이외의 인자에도 주목하면서, 해로드와 마틴은 이주와 같은 여타 사회정치적 이유를 이해하는 것이 더 중요하다는 점을 보여준다. 기후변동에 기인한 폭력을 막기 위한 정책이 만들어지기 전, 기후와 인문적 요인 모두가 폭력의 발달과 유지에서 차지하는 역할을 고려함이 더 생산적일 것이기 때문에 그런 점은 매우 중요하다.

법의인류학과 생물고고학 분야는 해당 사회 내 사회적 지위, 생활양식, 영양, 보건활동 수준 등과 같은 특정인의 생애경험에 따른 신체적 결과에 대한 통찰을 부여하는바, 미래에도 성장을 계속할 것이어서 여러 주변 전공이나 연구접근법을 넘어서는 특징이기도 하다.

## 10.1.2 민족지생물고고학: 산 자를 통해 망자 이해하기

워커Phillip L. Walker와 동료들에 의해 처음 제시된 민족지생물고고학ethnobioarchaeo-logy은 생물고고학자들이 현장에서 인골의 변화에 대해 더 나은 이해를 도모하는 데 활용될 수 있는 자료를 수집하기 위해 작업하는 문화인류학자나 인간행위생태학자들과 협력하는 사업을 묘사하기 위해 사용된 용어이다(Walker et al. 1998: 389). 그 개념은 현존하는 인구집단에 대한 연구를 통해서 생물고고학자들이 과거의 행위를 해석할 더 나은 모형을 개발할 수 있다는 것이다. 워커는 이 분야의 선구자이다. 이 접근을 명명하기에 앞서, 그는 중부 아프리카에서 수렵채집집단을 다루던 휴렛Barry S. Hewlett과 공동으로 연구하고 있었다.

근래, 해로드는 더 많은 생물고고학자들이 민족지생물고고학을 자신들의 연구에 병합해야 한다고 주장해왔다(Harrod 2012). 논평의 요점은 고고학자들이 죽은 자의 삶을 해석하기 위해 반세기 넘게 산 자를 연구해왔는데(Kleindienst and Watson 1956), 아직도 몇 안 되는 이 유형 연구가 인간유해를 분석하는 연구자들에 의해 수행되었거나 되고 있다. 해로드는 민족지생물고고학적 접근을 병합한 사업들을 부각한다. 그 첫째는 치과보건에 초점을 맞춘, 인지인류학자 스기야마Lawrence Sugiyama, 문화인류학자 챠콘Richard Chacon과의 공동연구이다(Walker et al. 1998)(그림 10.1).

그 사업은 아마존분지Amazonia Basin의 야노마뫼Yanomamö, 요라Yora, 쉬위아르Shiwiar 등 원예농경집단 사이의 치과보건을 탐구했다. 해당 연구의 중요성은 치아의 변화와 영양 사이 관계가 선행 연구들이 추정했던 것보다 더 복잡함을 보여주었다는 것이었다. 더욱이, 치과병리에 대한 문화의 중요한 영향을 보여주면서 연구자들은 행위 또는 문화적 관행이 치아 상태에 심대한 영향을 끼친다는 점을 알아냈다.

둘째 사업은 해로드, 마틴 그리고 인지인류학자 리에나르Pierre Liénard의 공동연구였다(Harrod et al. 2012)(그림 10.2). 그 사업은 동아프리카 투르카나Turkana 이목민 사이의 폭력 양상을 검토했다. 이 사업의 중요성은 폭력은 이념과 깊이 뒤얽혀 있으며, (그 양상은) 폭력에 관한 이전의 여러 생물고고학 연구가 제시했던 것보다 훨씬

**그림 10.1** 포레마바보파테리 마을 인근에서 활로 사냥하는 야노마뫼부족 성인남성 옆에 선 챠콘 박사(스기야마 촬영)

복잡함을 발견했다는 점이다.

　민족지생물고고학의 중요성은 단지 연구자들이 인간유해 연구에 행위와 이념을 주입할 수 있게 해주는 민족지유추를 제공한다는 것만은 아니다. 생물고고학자와 민족지에 초점을 맞춘 연구자 사이의 협력은 쌍방향적이다. 생물고고학자들은 장기간에 걸쳐 수백 명을 분석하면서 민족지 연구에 통찰을 제공(7장 참조)할 수도 있는데, 현존하는 집단을 다룰 때는 대개 가능하지 않다. 그런 측면에서 고대 인간유해에 대한 연구가 현대 질환을 다루는 연구에 제공할 수 있는 것과 유사하다.

## 10.2 생물고고학 교습:
## 4개 분야 접근의 중요성과 이론의 필요성

2장에서 언급된 대로, 생물고고학 연구는 책임과 윤리의 기풍에 의해 인도되어야 하며, 그것은 사회적 이론과 윤리가 후속세대 생물고고학자의 교육방식에 내재되어 있어야만 유지될 수 있다. 학생들이 생물고고학 방법에 숙련되어야 함은 의심의 여지가 없지만, 더불어 이 전공의 이론적 토대를 이해하는 데에 주목해야 할 필요도 있다. 학생들이 생물고고학 연구라는 세부전공으로의 여정을 시작할 때, "왜 그것이 중요하며, 누가 혜택을 보는가?"라는 질문이 우선 던져져야 한다. 생물고고학에서 요구되는 것은 학생들이 그것이 생물문화적 접근이며, 연구의 진정한 핵심은 뼈를 넘어선다는 점을 이해하는 것이다. 생물문화적 접근은 연구전략을 구성하고 맥락화하는 데에 일조하는바, 인간행위를 가장 잘 설명하는 방식으로 자료가 수집되게 한다.

그 접근법은 간단하다. 이론적 전제나 분석의 틀 없이는 어떤 경험적 분석도 있을 수 없다. "우리에게 말하는 자료"에 대한 단순히 중립적 선택으로서의 해석은 없다. 이론지식의 양립하는 특성이 이와 관련이 있다―곧, 설명적이고 구성적이라는 것이다(Smith 1995: 27-28). 생물문화적 패러다임에서 도출된 생물고고학이론은 각양각색의 개별 사례들에 대해 공통되며, 더 일반적이고 일관된 설명을 제공하는 지식의 산물이다. 이론적 개념에 대한 강조 없이는, 학생들은 자주 경험자료(곧, 인간유해)에만 몰두하거나 매료되며, 더 포괄적인 맥락에 자료를 적용하는 작업의 이점과 타당성을 알지 못하게 된다. 이론은 단순히 생물고고학적 경험지식이 가지는 가능성의 산물일 뿐만 아니라, 그 전제조건이다. 생물고고학의 교육목표에 대해 돌아보자면, 그것은 뼈대학의 한 과목만은 아니다. 이론의 구성적 기능으로 미래의 담당자나 연구자를 훈련하는 것이 보다 시간독립적인 지적 교육의 결정적인 역할에 적합하다. 달리 말하자면, 이론·방법·자료에 종합적으로 주목하면서 생물고고학을 가르치는 것은 전혀 쓸모 없어지지 않을 유용한 기술로서의 비판적 사고를 창출한다.

**그림 10.2** 투르카나부족 남성과 서 있는
리에나르 박사(보쉬트 촬영)

생물고고학 교습은 사실 전달 이상이었고, 많은 교육과정은 과학수사나 이국적인 것의 매력으로 학생을 흡수하는 데에 초점을 맞추어왔다. 생물고고학 교수법에 대한 더 나은 접근은 읽자마자 곧 잊어버릴 활동을 지양하고, 학생들이 비판적 사고자가 되게 하는 실질적인 교육과정으로 탈바꿈하고 있다. 생물고고학 연구는 학생들이 타자의 삶의 측면들을 떠올리게 해야 한다. 본질적으로, 그 연구는 문화적 행위에 대한 설명모형을 제공하는바, 타자를 대변한다. 흔히 연구자는 스스로가 연구하는 행위에 참여하지는 않지만, 자신들의 문화 및 정서적 의미를 전달하고자 한다.

생물고고학 교습은 가르치는 과목의 대상이 되는 개인 및 문화의 윤리적 표현을 병합해야 한다. 그 목적은 넓은 문화적 맥락에서 학생으로 하여금 개인이 어떻게 더 포괄적인 문화집단의 구성원으로 존재하는지에 대한 함축적인 이해를 발전시키는 정보를 제공하는 것이어야 한다. 학생이 인류학 4개 분야 교육에 안착하고 이론적 틀과 생물고고학 분야의 경험지식을 이해할 때, 그런 작업은 더 용이해진다. 그 자료가 자체를 대변할 수 없기 때문에, 모든 관찰은 이론-의존적이다. 관찰 자체가 서술 대상인 바로 그 실체에 영향을 미칠 수 있다는 사실과 결합되면, 근본적으로 생물고고학 연구자 및 학생이 자신과 타자의 전제를 인지하도록 훈련된다.

생물고고학은 모든 사회들의 토대를 탐색할 독특한 기회를 제공하며, 문화적 정체성 및 민족형성을 이해하는 기초가 된다. 이 분야는 물질문화로서 신체에 대한 연구와 과거 생활양식에 대한 탐색을 통해, 문화유산 또는 유형적 대상(유적, 경관, 유구, 유물, 문헌기록)과 무형적 가치(관념, 관습 및 그것들을 불러일으키는 지식)의 조합을 창출하는 독특한 기회를 제공한다. 생물고고학은 문화유산 판정이나 수장收藏의 필수적 요소—예를 들어,「(미주) 원주민분묘 보존 및 반환 법령NAGPRA」—여서, 여러 세계평화유지 임무에 중요한 법의과학에 점증적으로 병합되고 있다. 더구나 생물고고학은 고용이 증대되는 분야인데, 그 상황은 계속될 듯하다. 근래 몇십 년간 경제 급등에 수반된 문화유산관리 산업의 급속한 확장은 생물고고학 기술을 보유한 (대학) 졸업자에 대한 전례 없는 수요를 창출해왔다.

## 10.2.1 학제적 학습의 모형

생물고고학은 전통적인 문/이과 구분을 가로지르는 분야이며, 대부분의 전문분야보다 더 광범위하고 다양하다. 학생들은 생물고고학적 문제에 폭넓게 기법들을 적용해야 하고, 현장과 실험실에서의 기술적 적용에 대한 협력 지원을 어디에서 얻어야 하는지에 대한 적절한 세부지식으로 무장되어야 한다. 학생들에게 그러한 필수기술들을 제공하는 한 방편은, 대학교나 대학이 특히 전문적 세부영역을 가로지르는 연합교육과정 같은 협업적 실천뿐만 아니라, 실용적일 시설이나 장비를 공유하는 방안을 탐색하는 것이다. 생물고고학의 잠재적 강점 중 하나는 그 다양성인데, 그런 다양성을 고려하면서 협업을 진전시키는 어떤 노력도 학생 교육의 범위와 깊이를 늘린다.

탐구중심 교습전략에 따라 배우는 학생들이 설명 위주로 배우는 학생들보다 내용 및 개념 습득에 대한 심화된 이해를 보일 것임이 제기되어왔다. 생물고고학 연구자들은 점점 더 전통적인 전공 경계 사이에 놓인 생산적인 영역으로 관심을 돌리고 있다. 학생들은 점점 더 자신들의 직업생활 과정 동안 전통적인 전공들 사이로 이동해야만 하는 세상을 위해 스스로를 준비시켜야 함을 깨닫고 있다.

생물고고학 교육의 학제적 요소는 문제해결 그 자체보다는 과정 및 계획을 강조한다. 그런 접근은 학생들이 작업과 학문생애의 모든 국면에 적용할 수 있는 비판적 사고의 기술을 발달시킴으로써 수학이나 과학과 같이 보다 개인적인 맥락에서 개념을 탐구하게 해준다. 그런 생물고고학 교습방법은 학생들로 하여금 발견·탐구·문제해결을 위해 배우는 기술을 활용할 수 있게 해준다. 생물고고학은 의도적이고 본질적으로 전공을 가로지르는 학습을 촉진하는 교수전략이다.

## 10.2.2 참여학습

생물고고학의 교습에 대한 가장 보편적인 접근법 중 하나는 전통적인 강의 및 강독과 실험실 실습을 결합하는 것이다. 그런 교육철학은 유용하지만 학생들로 하여금 자신들의 가능성을 온전하게 달성하지는 못하게 한다. 생물고고학은 스스로 문제-중심의 학습모형을 제공한다. 문제-중심 학습은 학생이 공동으로 질문에 답하고 문제를 해결하여 자신들의 경험을 반영하는 (탐구적인) 학생-중심적 교수전략이다. 학습은 도전적이고 개방적인 문제들로 추동된다. 학생들은 소규모의 협업적 동아리 속에서 공부하고, 교수는 학습의 "촉진자"로서의 역할을 한다.

생물고고학 교습에 대한 하나의 흥미진진한 접근법은 협동적인 학습동아리를 활용하는 것이다. 협동적 동아리는 서로 지지하고 북돋우며 조언함으로써 구성원 모두가 성공할 수 있는 자활적이고 자율적인 "학습팀"으로 작동한다. 바우어-클랩Heidi J. Bauer-Clapp과 동료들은 자신들의 논문,「저비용, 고효율 교육: 생물고고학 및 법의인류학 현장실습과정을 위한 교수법 모형Low Stakes, High Impact Learning: A Pedagogical

Model for a Bioarchaeological and Forensic Anthropology Field School」에서 그 접근법의 유용성을 언급하고 있다(Bauer-Clapp et al. 2012). 그 현장실습과정은 플라스틱 인골과 소품들로 만들어진 "무덤"과 "사건현장"을 활용하는데, 발굴 및 실험실분석의 방법을 배울 저비용의 기회를 제공한다. 그 과정은 현장자료를 발굴·분석하고 보고서를 작성하는 활동을 위한 최선의 과정을 공동으로 결정하는 팀을 이뤄 실습하는 학생들이 있는 동료교육적 요소를 특징으로 한다. '학습팀' 접근법에는 자신들의 연구목표를 설정하거나 그것을 어떻게 다룰지를 계획하는 데에 공동의 책임을 지는 학생들이 관련된다. 이는 학생들에게 학습 성과를 제고하는 통솔역할이나 갈등관리 기술을 부여하는 지극히 중요한 학습방법 습득기술이다.

직관에는 반하지만, (가장 고유한 저작을 생성하는) 최선의 집단은 의도적으로 이질성의 기초를 형성해왔다. 장기 생물고고학 사업을 기획할 때, 지휘자는 상이한 배경, 기술, 역량, 태도를 가진 학생들로 조사단을 구성해야 한다. 동질적인 집단이 좀 더 순조롭게 협업하겠지만, 미래에는 더 다양한 사람들과 생산적으로 작업해야 한다는 집단역학 관련의 중요한 교훈을 깨닫지 못한다. 동질적인 집단은 "집단사고"로부터 영향을 받을 수도 있다. 생물고고학 과정은 그런 독특한 교수법을 채택한다. 단체과업의 잠재성을 극대화하고 지식, 기술, 관점의 다양성이 공정하게 배분되는 것을 담보하기 위하여, 지휘자는 학생들의 역량을 평가하는 시간을 가져야만 한다.

## 10.2.3 윤리교육의 도구

앞서 그리고 2장에서 논의된 대로, 윤리는 생물고고학 교습의 최전선에 있어야 한다. 생물고고학은 학문적 훈련 및 연구 경험을 일반대중, 특히 학생에 대한 문화유산윤리 교육에 활용해야 할 의무가 있다. 대부분의 대학생들이 자신이 생각하는 생물고고학에 대해 진심으로 열광하지만, 학문 분야로 이를 접한 학생은 거의 없기 때문에 그것은 매우 중요하다. 생물고고학, 확장하여 일반적인 문화유산에 대한 지식은 대중매체─예를 들어, 〈본즈Bones〉, 〈씨에스아이CSI〉, 〈인디애나 존스Indiana

Jones〉, 〈라라 크로프트Lara Croft〉, 〈히스토리채널History Channel〉, 또는 〈디스커버리채널Discovery Channel〉—나 자연사박물관 관람을 통해서도 얻어진다. 생물고고학과 같이 문화유산을 다루는 수업에 들어오는 학생은 선입관과 강력한 오해를 동반한다.

학생들이 동반하는 믿음체계의 해체는 흔히 교수자가 직면하는 가장 어려운 과제 중 하나이다. 생물고고학은 학생들로 하여금 기존의 차별과 착취에 대응하여 작업하는, 이 전공을 적극적으로 되짚어보고 비평할 수 있게 하는 독립적 교수법을 수용할 필요가 있다. 이러한 접근은 생물고고학자들이 차지하는 교육 및/또는 직업적 공간의 구체적인 요구에 대비하게 한다.

요즘 생물고고학은 실행에 있어서 비전공자나 토착 이해당사자의 참여를 아울러야 한다는 점을 인식하고 있다. 인간유해에 대한 분석에서 도출되는 생체정보 활용을 병합하는 생물고고학의 과정은, 과학적 탐구에 활용될 "자료"가 어떻게 타자에게 영향을 주는지에 대한 학생들의 이해를 넓히기 위해, 해당 수집품이 다양한 이해당사자들에게 어떻게 간주되고 있는지에 초점을 맞출 필요가 있다. 비록 해당 수집품이 미국 밖에서 와서 「(미주) 원주민분묘 보존 및 반환 법령」이나 여타 국제법의 대상이 아니더라도, 학생들이 대학·학과·공동체에 대한 해당 수집품의 관계를 이해하는 것은 중요하다. 비록 신원을 확인할 수 있는 후손공동체가 없더라도, 어떻게 해당 수집품에 대한 접근이 가능하게 되었는지를 고려하는 것은 중요하다. 많은 수집품들이 비유럽인인바, 생물고고학자는 강의실에서 학생들의 기대와 경험을 형성할 탈인종적 이념의 맥락에 따라, 그것을 활용한 교습의 과제를 이해해야 한다. 이는 학문교육에서 자신들의 특권과 권력을 고려하지 않았던 학부생에게는 특히 중요하다.

## 10.2.4 생물고고학에서 현실참여의 역할

대학교 및 대학은 자신들의 사회봉사나 현실참여 임무를 쇄신·조정하는 책임이 있는바, 그것이 연구자들에게 의미하는 바도 달라졌다. 이제 학자가 되기 위해서는 교육, 연구 그리고 봉사를 통합하고, 학계 밖의 사람들과 관계를 맺고, 변화의 촉매로서 학습될 수 있는 것을 종합하거나 활용해야 한다는 점이 명확하다. 생물고고학은 학생들에게 자신들의 연구에서 한 걸음 물러서서 이론과 실천 사이의 가교를 만드는 연결의 탐색을 요구하는바, 그들을 특유의 방식으로 훈련시키기에 적합하다. 생물고고학 및 인류학의 학과들은 자주 연구, 교육, 공동체 봉사 사이의 균형을 맞추려는 데서 올 수 있는 긴장과 씨름한다. 연구자가 상대적으로 안전한 학교로부터 복잡하면서 대체로 뒤엉킨 영역인 행동주의적 연구로 옮아갈 때 특히 그러하다.

정치적으로 부과된 그런 연구과제에 참여하고자 하는 많은 사람들에게 뒤따르는 비판은 행동주의적 연구가 객관성을 결여하고 대체로 단순하며, 문제제기나 이론화가 미약하다는 것이다. 그럼에도 불구하고 연구자가 학생들에게 "그것이 왜 중요하며, 누가 혜택을 누리는지"라는 지침성 질문을 좇으라고 요구한다면, 그 훈련을 통해 과학과 사회의 관계에는 정치 너머의 연구와 같은 것은 있을 수 없다는 점을 깨닫게 될 것이다. 저명한 역사가 진Howard Zinn의 책 제목은 다음과 같은 경구를 생각나게 한다. "달리는 기차 위에서 중립은 없다You Can't be Neutral on a Moving Train." 연구자, 특히 생물인류학자가 직면한 문제는 세상에서 빠져나오는 것이 아니라, 세상으로 들어가는 방법이다. 현실참여의 학문태도를 아우름으로써, 생물고고학은 연구, 교육, 통합, 그리하여 대중 참여의 호혜적인 관행을 지식 생산으로 병합하는 작업을 개선할 수 있다. 그리하여 더 많은 포괄성과 모든 집단을 이롭게 하는 진정한 협업적 사업을 가져다준다.

이상의 모든 것은 정규적으로 활기찬 생물고고학 연구 환경에 의해 강화되거나 그와 얽혀야 한다. 학생들은 가장 높은 기준의 연구가 가지는 흥미진진함을 접해야 할 뿐만 아니라, 다양한 현장·실험실 작업은 물론 정부, 박물관, 사립기관 및 수요가 있는 공동체 협력자 등과의 견습활동에 참여할 기회도 가져야 한다.

## 10.3 생물고고학의 미래: "나"에 대한 생물고고학

생물고고학은 인류학의 흥미진진하고 혁신적이며 타당한 세부전공으로, 전대미문의 번성을 경험하고 있다. 생물고고학에서 새로이 학위를 취득한 박사들은 다량의 지식(책과 논문들)을 산출하고 있으며 가파르게 증가하고 있다. 플로리다주립대학교 출판부는 오하이오주립대학교의 라슨Clark Spencer Larsen이 (책임)편집하는 "인류 과거의 생물고고학적 해석: 지방·지역·전 지구적 관점Bioarchaeological Interpretations of the Human Past: Local, Regional, and Global Perspectives"이라는 제목의 총서를 발간한다. 이 총서는 "… 압박에 대한 생물문화적 반응, 보건, 생활양식과 행위적 적응, 인류사에서의 생체역학적 기능과 적응적 변화, 식이의 복원과 식습관, 생물학적 거리와 인구사, 전쟁과 갈등, 인구학, 사회적 불평등, 인구집단에 대한 환경의 영향 …"에 주목한다고 기술되어 있다[http://www.upf.com/seriesresult.asp?ser=bioarc]. 2013년까지 『미주대륙에서 정체성의 생물고고학Bioarchaeology of Identity in the Americas』(Knudson and Stojanowski 2009), 『인간 머리의 생물고고학The Bioarchaeology of the Human Head』(Bonogofsky 2011), 『개인의 생물고고학The Bioarchaeology of Individuals』(Stodder and Palkovich 2012), 『기후변동과 생물고고학Bioarchaeology and Climate Change』(Robbins Schug 2011), 『폭력, 의례, 와리제국: 안데스산지의 고대 제국에 대한 사회적 생물고고학 Violence, Ritual and the Wari Empire: A Social Bioarchaeology of Imperialism in the Ancient Andes』(Tung 2012), 『폭력의 생물고고학Bioarchaeology of Violence』(Martin et al. 2012) 등의 제목을 가진 12권의 책이 총서로 출간되어 있다. 이들을 비롯하여 총서의 다른 책들은 다양한 사회·정치경제적 조건을 관찰하기 위한 생물고고학 방법·이론·자료 활용의 통합적이고, 학제적이며, 생물문화적인 측면을 강조한다. (라스베이거스에 소재한 네바다주립대학교의 마틴Debra L. Martin이 [책임]편집하는) "생물고고학과 사회이론Bioarchaeology and Social Theory"이라는 제목의 새로운 총서가 스프링거사Springer Publications에 의해 시작되고 있다. 이 총서는 폭넓은 고대 및 역사시대를 배경으로 인간행위에 대한 설명을 개발함에 있어 이론의 활용을 강조할 것이다.

과거와 현재의 연결을 강조하는 흥미로운 블로그와 웹사이트가 생겨나고 있다. 〈골단위에 의해 촉진되는Powered by Osteons〉이라는 킬그로브Kristina Killgrove의 웹사이트는 생물고고학을 대중문화, 현대의 문제, 생물고고학 연구에서의 허와 실 등에 대한 비평과 연결시킨다[http://www.poweredbyosteons.org/]. 〈그 뼈들에는 무엇이 있나?: 나에 대한 생물고고학What's in These Bones?: The Bioarchaeology of Me〉이라는 제목을 가진 카르타치아노Christina Cartaciano의 블로그[http://www.theposthole.org/read/article/99]는 그다지 머지않은 미래에 생물고고학자에 의해 발견될 자신의 뼈를 상상하도록 독자를 초대한다. 그들은 가용의 관찰 및 특수 활용기법이라는 도구로 무엇을 밝힐 수 있을까? 그는 자신이 영국에서 죽더라도, 괌Guam섬에서 나고 자랐었을 수 있다는 것을 밝히기 위해 동위원소의 활용을 깊이 고려한다. 그러나 앞 세대와는 달리, 미래 생물고고학자들이 동위원소 식이분석을 수행하는 데에는 복잡함이 있을 것이다. 생수의 음용이나 수입육의 섭취는 동위원소의 징후가 분석되기 복잡하게 한다. 더 나아가 카르타치아노는 DNA분석에 대해 숙고한다. 자신의 어머니는 필리핀에서, 아버지는 미국에서 태어났다는 것을 밝혀 줄 수 있을까?

지금은 그 모든 것 이상이 "생물고고학"에 대한 빙Bing 또는 구글Google 검색으로 찾아질 수 있는데, 2005년 무렵 이전에는 철저하게 불가능했다. 〈뼈는 거짓을 말하지 않는다Bones Don't Lie〉에서 미시간주립대학교의 박사수료생은 생물고고학과 매장연구의 새로운 지식에 뒤처지지 않을 뿐만 아니라, 그것이 의미하는 모든 바에 대해 자신만의 새로운 시각을 가미한다[http://www.bonesdontlie.com/]. 〈과거의 사고Past Thinking〉는 고고학에 연관된 웹사이트들의 긴 목록을 모아놓았고, 그중 많은 수는 생물고고학을 포함한다[http://www.pastthinking.com/links/]. 예를 들어, 조이스Rosemary Joyce는 주로 생물고고학과 매장연구에 대한 통찰력을 아우르는 〈고대의 신체, 고대의 삶Ancient Bodies, Ancient Lives〉이라는 흥미로운 블로그를 관리하고 있다[http://ancientbodies.wordpress.com/].

### 10.3.1 생물고고학 관련 일자리

2013년에 생물고고학 및/또는 법의인류학의 정년보장과정 조교수 자리로 공지된 학술적 일자리가 15개나 있었다. 그런데 심각하게 주목해야 할 흥미로운 경향은 그 채용정보 대부분이 생물고고학은 학제적이라는 사실에 홈페이지를 할애하고 있다는 것이다. 채용정보들은 생물고고학자를 법의인류학, 고고학, 문화인류학, 고인류학 등의 과목을 개설할 수 있을 것과 연관시키고 있다. 생물고고학은 필연적으로 학제적이며 인류학과 내에서 중요하다는 것이 암묵적 전제로 제기되고 있는데, 이야말로 최근의 현상이다.

생물고고학자는 학계를 넘어, 크고 작은 지표조사와 발굴사업을 수행하는 문화자원관리cultural resource management, CRM 회사에도 점점 더 많이 채용되고 있다. 생물고고학자는 과학수사 사건을 다루는 시·군이나 주의 검시관 사무실에서도 무리 없이 일할 수 있다. 생물고고학자는 최근 및 그다지 최근은 아닌 내전이나 장기전쟁의 학살 희생자를 발굴하는 국제인권단체에서 일할 필요도 있다. 박물관 일이야말로 생물고고학자에 완벽하게 적합한바, 고고수집품을 수장·편성하는 데에 점점 많이 채용되고 있다.

### 10.3.2 미국에서는 생물고고학이 실천되고 있다

「(미주) 원주민분묘 보존 및 반환 법령」 제정 이후, 원주민 고문이나 대표자들이 무덤의 발굴을 허가하지 않기 때문에, 미국에서 생물고고학은 더 이상 성장할 만한 활동이 아니라는 많은 주장이 제기되었다. 부족민이 아닌 고고학자에 의해 수행되는 현장실습과 대규모 발굴에는 대체로 매장의 복구나 분석이 결부되지 않는다는 것이 사실임에도 불구하고, 일부 부족들에서는 자체 고고학조사단을 운용하는 경향이 늘고 있고, 일부 경우 무덤을 발견·분석하기도 한다. 대학원뿐만 아니라, 학부 차원에서도 미주 원주민인류학 전공의 대규모 정원을 가진 노던 애리조나대학교 인

**그림 10.3** 강의실험실의 그라우어 박사

류학과는 그 좋은 사례가 된다. (계간)『미국고고학회 소식 *The SAA [Society for American Archaeology] Archaeological Record*』은 정기적으로 미국과 그 외 국가 모두에서 고고학자, 생물고고학자 및 원주민집단 사이의 협업에 대해 초점을 맞춰왔다.

뉴욕에 있는 미국자연사박물관이나 워싱턴의 스미소니언협회Smithsonian Institute 를 비롯한 대규모 국립 및 주립 박물관은 자신들의 책임하에 인골수집품에 관한 제 안을 수용하고 사업을 수행하고 있다(그림 10.3).

역사시대 공동묘지를 재배치하게 하는 사업이 점증하고 있는데, 그런 노력들이 역사시대 초기 북미의 생활조건에 대한 이해에 새로운 길을 열고 있다. 시카고의 로 욜라대학교 인류학과 교수이자 학과장인 그라우어Anne L. Grauer 는 일리노이주 피오 리아시립공동묘지Peoria City Cemetery 발굴과 분석의 책임 생물고고학자로 재임했었 다. 1800년대 분묘들은 도서관의 확장이 결부된 공공사업으로 인해 옮겨지고 분석 될 필요가 있었다(그림 10.3).

페이엣빌Fayetteville의 아칸소주립대학교 인류학과 교수인 로즈Jerry Rose는 공병 대의 사업으로 인해 침수될 대규모의 역사적 미국 흑인 공동묘지를 발굴·분석하도

**그림 10.4** 요르단 (고대 게대라)
움 카이스 유적의 로즈 박사

록 돕는 대형사업의 지휘자였다. 그는 미시시피강 하류역 및 미시시피강 이서지역의 남부Trans-Mississippi South에서 선사 및 역사시대 인간유해를 다루면서 뼈대와 치아 연구를 수행해왔다. 그는 1995년부터 2007년까지 요르단에서 연례 생물고고학 현장실습학교를 관장했다(그림 10.4). 로즈 박사는 2008년부터는 이집트에서 현재에도 진행 중인 현장실습학교를 지휘해오고 있다.

블룸필드Bloomfield의 인디애나주립대학교 인류학 및 미국 흑인 연구과정의 조교수인 드 라 코바Carlina de la Cova는 1800년대 이후 미국 흑인 및 유럽계 미국인 빈곤층의 보건격차를 검토하는 생물고고학에 연구의 초점을 맞춰왔다. 그녀는 인종, 정체성, 이념, 문화 및 사회경제적 지위 등에 관한 이론을 병합하고 있다. 인간유해로부터 얻어진 정보에 더하여, 인구통계기록, 족보, 정부문서, 의료기록 등 역사적 일차 원천자료를 종합하고 있다. 여러 연구에 이용된 바 있는 백골화된 시신 모집단에 대한 연구도 진행 중이다. 그 대규모 인골수집품은 신분이 알려진 것으로 여겨지는바, 참고집단으로 활용되었다. 그 유해 및 역사나 배경에 대한 그의 연구는 (의과대학이나 연구기관에 수장된) 수집품의 많은 수가 대체로 빈곤하거나 교도소, 정신병원 아니면 빈

**그림 10.5** 강의실험실의 드 라 코바 박사(잉글리쉬 촬영)

민가에서 온 개인들로 이루어져 있음을 밝혀냈다(그림 10.5).

블레이키Michael Blakey 는 버지니아주 윌리엄스버그Williamsburg에 소재한 윌리엄 앤 메리대학 인류학과의 전미인문학기금교수이다. 그는 미국 흑인묘지African Burial Ground (조사)사업의 선임지휘자였다. 건설 사업으로 인해, 이전에 노예였던 아프리카인이나 17·18세기 뉴욕시에 살았던 미국 흑인 등의 사람들이 묻혔던 공동묘지의 존재가 밝혀졌다. 그는 그 인간유해의 분석을 이끌었을 뿐만 아니라, 뉴욕시의 숌버그 흑인문화 도서관Schomburg Center in Black Culture에 의해 조율되었던 조상들의 귀환의식Rites of Ancestral Return이라는 재매장의식에도 기여했다. 그는 아프리카인의 이산African Diaspora에 대한 생물고고학 및 (대중)참여연구의 윤리에 대한 작업을 계속하고 있다(그림 10.6).

이들을 비롯한 많은 생물고고학자들이 현실참여 및 윤리적 연구의 경계를 확장하고 다음 세대 생물고고학들을 연구와 지식의 새로운 영역으로 인도하면서, 인간유해로 자기 학생들과 작업하고 있다. 앞서 그리고 이 장에서 논의된 생물고고학이라는 학문은 「(미주) 원주민분묘 보존 및 반환 법령」(과 전 세계의 유사 법령)이 인간유해 분석의 종말을 가져왔다고 생각하는 사람들에게 이 분야 연구가 20년 전보다 오늘날 좀 더 포괄적인 집단과 연관되고 있다는 분명한 메시지를 보낸다.

**그림 10.6** 강의실험실의 블레이키 박사(무어 촬영)

## 10.4 요약

이 책은 생물고고학이 무엇인지에 관한 모든 측면을 포괄하도록 구상되지는 않았다. 그리고 저자들의 생물고고학에 대한 표현은 미국에서 수행되는 몇 가지 생물고고학적 접근 중 하나일 뿐이라는 점도 인식하고 있다. 생물고고학에 대한 저자들의 시각은 광범위하며, 이론, 현실참여, 윤리적 고려의 실천에 뿌리박고 있다. 인간의 상황에 대한 중요한 질문에 답하고, 학계 외부 인사를 참여시키고, 단지 법령과 대중적 인식만으로 모양 지어지지는 않는 기풍―일련의 윤리규약―을 계발하며, 학생과 비전공자들이 혁신적이고 창조적으로 새로운 영역에 생물고고학적 접근을 적용할 수 있게 유도하도록, 이 분야 내의 가능성에 대한 개괄로 체제를 구상하였다.

# 참고문헌

Ayoub, T., & Chow, J. (2008). The conventional autopsy in modern medicine. *Journal of the Royal Society of Medicine, 101*(4), 177-181.

Barrett, R., Kuzawa, C. W., McDade, T. W., & Armelagos, G. J. (1998). Emerging and re-emerging infectious diseases: The third epidemologic transition. *Annual Review of Anthropology, 27*, 247-271.

Bauer-Clapp, H. J., Pérez, V. R., Parisi, T. L., & Wineinger, R. (2012). Low stakes, high impact learning: A pedagogical model for a bioarchaeology and forensic anthropology field school. *The SAA Archaeological Record, 12*(3), 24-28.

Bonogofsky, M. (2011). *The bioarchaeology of the human head: Decapitation, decoration, and deformation.* Gainesville: University Press of Florida.

Brewer, G. D. (1999). The challenges of interdisciplinarity. *Policy Sciences, 32*(4), 327-337.

Burton, J. L., & Underwood, J. (2007). Clinical, educational, and epidemiological value of autopsy. *Lancet, 369*(9571), 1472-1480.

Harrod, R. P. (2012). Ethnobioarchaeology. New directions in bioarchaeology, special forum. *The SAA Archaeological Record., 12*(2), 32-34.

Harrod, R. P., Liénard, P., & Martin, D. L. (2012). Deciphering violence: The potential of modern ethnography to aid in the interpretation of archaeological populations. In D. L. Martin, R. P. Harrod, & V. R. Pérez (Eds.), *The bioarchaeology of violence* (pp. 63-80). Gainesville: University of Florida Press.

Kleindienst, M. R., & Watson, P. J. (1956). "Action Archaeology" the archaeological inventory of a living community. *Anthropology Tomorrow, 5*, 75-78.

Knudson, K. J., & Stojanowski, C. M. (2009). *Bioarchaeology and identity in the Americas.* Gainesville: University Press of Florida.

Martin, D. L., Harrod, R. P., & Pérez, V. R. (2012). The bioarchaeology of violence. In C. S. Larsen (Ed.), *Bioarchaeological interpretations of the human past: Local, regional, and global perspectives.* Gainesville: University Press of Florida.

Raleigh, C., & Urdal, H. (2007). Climate change, environmental degradation and armed conflict. *Political Geography, 26*, 674-694.

Robbins Schug, G. (2011). Bioarchaeology and climate change: A view from south Asian prehistory. In C. S. Larsen (Ed.), *Bioarchaeological interpretations of the human past: Local, regional, and global perspectives.* Gainesville: University Press of Florida.

Roberts, C. A. (2010). Adaptation of populations to changing environments: Bioarchaeological perspectives on health for the past, present and future. *Bulletins et Mémoires de la Société d'anthropologie de Paris., 22*(1-2), 38-46.

Roberts, C. A., & Buikstra, J. E. (2003). *The bioarchaeology of tuberculosis: A global perspective on a re-emerging disease.* Gainesville: University Press of Florida.

Roulson, J., Benbow, E. W., & Hasleton, P. S. (2005). Discrepancies between clinical and autopsy diagnosis and the value of post mortem histology; a meta-analysis and review. *Histopathology, 47*, 551-559.

Smith, S. (1995). The self-images of a discipline. In K. Booth & S. Smith (Eds.), *International relations theory today* (pp. 1-37). Oxford: Polity Press.

Stodder, A. L. W., & Palkovich, A. M. (2012). The bioarchaeology of individuals. In C. S. Larsen (Ed.), *Bioarchaeological interpretations of the human past: Local, regional, and global perspectives*. Gainesville: University Press of Florida.

Tung, T. A. (2012). *Violence, Ritual, and the Wari Empire: A social bioarchaeology of imperialism in the ancient Andes*. Gainesville: University Press of Florida.

Walker, P. L., Sugiyama, L. S., & Chacon, R. J. (1998). Diet, dental health, and cultural change among recently contacted South American Indian Hunter-Horticulturists. In J. R. Lukacs (Ed.), *Human dental development, morphology, and pathology: A tribute to Albert A. Dahlberg* (pp. 355-386). Eugene: University of Oregon Anthropological Papers, No. 54.

# 찾아보기